中国西部民族地区
中小企业发展制度建构研究

ZHONGGUO XIBU MINZU DIQU
ZHONGXIAO QIYE FAZHAN
ZHIDU JIANGOU
YANJIU

陶清德 著

人民出版社

目　　录

图 表 目 录

序

随着市场经济体制的逐步形成,中小企业在创造社会财富,满足市场需求,安置劳动就业等方面的地位和作用已日益为人们认识。政府及各界都在积极采取措施,引导和促进中小企业的发展。然而,由于中小企业设立及发展中的先天不足,加之它的点大面广,问题复杂,导致我们对中小企业的扶持促进虽有大旗挥动,政策连连,但实际效果却不太明显,不少企业仍难沐春风。究其原因,不仅在于我们的一些政策体系不够配套,更在于我们对中小企业依然底数不清,难以区别不同情况采取一些有区别性的扶持与促进措施。为此,对中小企业进行深入研究,在此基础上不断提出相关的政策建议,仍是一个长期而复杂的任务。而对于我们这些做研究的人来说,也是一个持续性的重大课题。

清德同志是一个认真、勤奋、刻苦的学者,他从 2000 年开始进行中小企业法研究,从不敢轻易示人的"豆腐块"拼稿,到系列化研作,出专著,再到获得国家哲学社会科学基金资助项目,他将自己钟情的中小企业法研究搞得有声有色。涓涓细流,终成江海;孜孜情怀,终究有报:他在中小企业法研究方面已发表论文 10 篇,出版专著一部,完成一项国家哲学社会科学基金资助项目,即呈现在我们眼前的《中国西部民族地区中小企业发展制度建构研究》。这是一部研究我国西部民族地区中小企业发展制度建构的专著。该项目研究延续 5 年,虽然较 60 多万字的初稿砍删过半,只保留了 25 万余字的篇幅,但它仍从实证分析到理论奠基,再到制度建构,以民族社会学为纲,以中小企业法实证研究为线,题目彰显观点、立场,文字犀利,逻辑浑然。10 年的积累、磨炼、思考,自然有不同寻常的眼界,清德同志在书中提出,中小企业法具有政策性和法律性;在当代社会,如同行政参与立法一样,政策也对制度建构发挥着重要作用:一方面,政策的相当部分内容要为立法所规范,被法律所吸纳;另一方面,法律的某些规定要靠政策去具体和体现。《中小企业促进法》是立法机关根据我国中小企业发展的现状和遇到的问题而出台的一部从多方面促进中小企业发展的法律。毫无疑问,它的出台,总结了我国发展促进中小企业的若干政策措施和做法,使之上升为法律。该法的实施也需要有关方面出台大量的具体规定和政策措施来配套。虽然法律出台后,国家有关部门也制定了一批实施办法,但从整体看,实施中小企业法的若干规定仍嫌不足,以至于法律的某些规定仍被"束之高阁"。这固然有实施力度不够之故,也确有许多理论问题支持不足的原因。

现代化乃社会结构的根本变革,这种变革不能靠移植西方法律或仅靠制定法律来完成。法律可以组织专家起草,而法律的实施则需要人们的自觉遵守,而人们的自觉守法则更多地需要人们的观念变革,尤其是社会最不发达群体之观念的变革才是根本。清德同志从基层走来,一点点从社会调查中积累知识,以对中小企业和基层社会群体的深切情感,从民族社会学的方法,向我们展现了中小企业法在中国西部民族地区的另类社会存在状态——内卷化,并由此娓娓道来,一个个见地如此熟悉又如此陌生,令人深思:中小企业的"族群"化,企业文明和民族文化的"未整合状态",中小企业不断重复进行的"族群"生计方式简单再生产,小商品经济和小农牧经济共同维护下的本地生计小作坊企业或家族企业,农牧业减免税和财政补贴政策支持下的农业回归现象,"生计"市场经济,中小企业"发展"对业已存在的"族群分层"的强化和族群"行业分层"趋向,小农牧经济和小商品经济反向限制企业化进程,中小企业法目标政策和民族族群政策的冲突,等等。这些情况和观点向我们提出这样一个问题,即对普适性法律如何根据西部和民族地区这样的局部性、地方性、区域特殊性作出区别性规定,抑或地方立法机关如何依据法律规定,结合本地实际出台一些实施条例和办法。这便是我对清德同志论著的一点感想。细微处作者自有高论,还是交给读者品评吧!

作为参与《中小企业促进法》立法工作的一位成员,我对有这样的研究成果出世,深感由衷高兴。值此书出炉之际,为之作序,引为好学之人欣赏评析。

朱少平

2010 年 8 月 31 日

引　论

一、"切片"

　　这是一份有关中国西部民族地区中小企业发展制度建设的研究成果,选题的角度是基于两个方面的考虑:一是中国西部社会整体发展与西部民族地区的发展紧密相连;二是西部民族地区中小企业的发展及发展环境建设是西部民族地区现代化的根本推动力。鉴于当前西方法制移植①和法治理念对人们观念世界——尤其是理论界——的深刻影响,我认为有必要在这里申明一下本文的立场:(1)研究不限于法律方面。在中国社会里,"制度"并不等于法定,中小企业法更不能用传统的"法"去界定,政策在很大程度上起着制度建构的作用。② (2)将中小企业法归结为社会法的组成部分。③ 而按照法学界的一般观点,认为中小企业法是经济法的组成部分。严格说来,这个观点并不是我的创造,在 20 世纪三四十年代,我国老一辈法

---

　　① 在此我没采用法学界普遍沿用的"法律移植"的概念,而是"法制移植"。我认为,"建设社会主义市场经济"不是"移植"市场经济国家共有的市场规则——法律,更重要的是学习和借鉴与调整市场经济相适应的制度模式和蕴涵于法律制度中的法治理念、精神。

　　② 关于这一点,在拙著《中小企业法律制度研究》(甘肃人民出版社 2004 年版)中进行了系统阐述(第 102—121 页);后来,在发表的《中小企业"政策法案"的两面》一文中又进一步作了引申,见《甘肃理论学刊》2006 年第 4 期,第 120—125 页(该文被中国人民大学报刊复印资料全文转载,见人大复印资料《经济法学、劳动法学》2006 年第 11 期,第 15—21 页)。

　　③ 关于此观点,我在《中小企业法的性质及地位》一文中做过详细论述,见《甘肃高师学报》2007 年第 2 期(总第 12 卷),第 76—78 页。

学家张则尧、李景禧、陆季藩、张蔚然等通过对德、日等当时经济立法和经济法学说发达国家的研究,就认为经济法、合作社法、劳动法、社会保障法等属于社会法的组成部分。① (3)研究不局限于政治国家的范围,把中小企业作为一个社会现象和社会功能组织来研究。通过对西部民族地区中小企业发展状况进行的大量调查研究,我发现西部民族地区中小企业发展与国家关于中小企业普适立法之间存在着不协调,西部民族地区的中小企业制度建构上存在着一种企业"内卷化"现象②,西部民族地区对中小企业发展有着特殊的制度要求。这一切都无法使我们把西部民族地区中小企业发展机制的研究停留在现行国家立法和现有国家中小企业政策的范围内。当然,这并不否认把现行国家中小企业立法和政策作为本文研究对象和进行西部民族地区中小企业制度建构研究的基本出发点。

对于任何一项研究项目,面临的第一个问题就是确定研究范围,即社会学上所谓的"切片"。就本研究项目而言,有四个层层递进的概念是需要澄清的:西部;民族地区;中小企业;制度建构。西部,指本研究项目的自然地理范围,而民族地区则包含了人文地理的因素;中小企业,则指明本研究项目具体认知对象;制度建构,指明了本研究项目的最终落脚点不是对现行国家西部开发政策和国家的普适性制度作简单的归集和诠解,而是从西部的实际情况作应运性研究。

中小企业不是一种法律意义上的企业组织形式,而是对一个国家或地区活动的所有企业按照一定的经营规模标准所作的政策分类。这种分类是国家为方便制定和执行特殊的财政税收、产业、区域等政策以促进特定产业或行业及某一特定地区社会经济的发展,对符合一定经营规模的企业在量上的界定。尽管目前从事中小企业经济、法律或社会研究的国内外专家学者花大量的精力追踪中小企业定量界定的理论渊源,但对它的政策性认识是一致的。至于把达到什么样的经营规模的企业划归到中小企业的范围

---

① 张世民:《中国经济法历史渊源原论》,北京·中国民主法制出版社 2002 年版,第 252—257 页。

② 对西部民族地区社会经济发展中存在的"内卷化"现象,我将在另一研究专著《现代化、企业文明和族群发展——西部民族地区近代化困境和出路》中专门做论述。

内,其标准在不同的国家和地区、在同一个国家或地区的不同的社会经济发展时期是不同的,而且构成参照标准的可量化要素也存在较大差异。有些国家或地区采用单一的规模标准,或企业职工人数,或企业年销售额,或企业资产总额,或企业固定资产总额,等等;有些国家或地区则采用综合性指标,即以上述两项或两项以上指标为界定标准;更多的国家或地区则在一般企业综合性规模标准基础上,外加行业标准,对不同的行业规定不同的标准。[①]

在我国,对一项制度的研究,往往是很关注定性的。其中的缘由不排除量的求证需要付出比定性更多的劳动。但这恰恰是本研究报告所无法回避的求解路径。我所研究的问题,不是为了证明西部民族地区中小企业这样的"族群"应否受到国家特殊政策的垂顾,而是通过调查研究去发现中小企业在西部地区的实际生存状态和对国家中小企业一般立法的依存度。另外,在我国,生活在村级区域范围内的人们彼此之间存在着很强的依赖性,不分姓氏组成一种生产、生活联盟,属于"家"的范围,而企业作为一种社会组织,在中国人的传统观念中则属于"商"的范畴。但是,这二者在西部民族地区社会转型过程中,彼此渗透已经表现得很真切。所以,尽管西方现代企业制度是推动我国传统企业法律文化变迁的重要因素,但是企业之间并没有形成如同"家"之诚信为基础的"族群"信赖关系,相反企业之间在利益分配面前呈一种"疏离"状态。这样,我国西部民族地区中小企业的实际生存状态常常游离于传统社会与法制国家的夹缝中,呈现出各种变态形式,也是我所关注的。

在具体研究过程中,我们没有将西部民族地区挨个作以排列、梳理,而是作了必要的侧重性筛选:(1)本研究项目属于中小企业问题研究,在具体问题上侧重于制度需求研究;(2)从选材的空间范围上看,突出中小企业在我国西部民族地区生存、发展的区域特殊性;(3)为了达到上述目标,对"民族地区"作了必要的技术上的处理,以做到宏观和微观兼顾,既不把研究对象的空间范围定得过大而使研究流于空洞、虚饰,也不把研究对象的空间范

---

① 陶清德:《中小企业法律制度研究》,兰州·甘肃人民出版社2004年版,第27页。

围定得过小而无法做到细致入微却繁琐冗长。首先,原则上以国家法定的行政区域为研究单元,最小分析单元确定在县级,以国家法定的国家行政区域作为研究单元。这样,陕西省虽然属于西部省份,居住在陕西的民族达54个之多,但大多处于散居状态,没有一个国家法定的行政区划意义上的民族自治地方,就不把它纳入研究范围之内了。其次,为了使研究具有涵盖性和普遍性,在研究单元的确定上也作了一些特别处理,把最低一级的研究单元确定为民族自治县(旗),有时由于特殊情形也会对研究范围作必要调整:如果省级行政区本身是自治区,就以整个自治区为研究对象,如果是自治州就以整个自治州作为研究对象,而不进一步细分至县级单元;一般省级行政区下设自治州的,就以自治州作为研究单元;一般省级行政区下虽然没有设立自治州,但在行政区域内设自治县的,就以自治县作为研究单元;尽管是一般省级行政区域,但是下设行政单元中自治州、自治县或者民族乡的基数很大,占有明显比重的,也会把整个省级行政区域、地级行政区域或县级行政区域作为"民族地区"来对待,譬如,青海省、贵州省、云南省,而宁夏回族自治区既没有下辖的民族自治州也没有民族自治县,也没有民族乡,就以整个自治区为研究单元。

二、研 究 方 法

把中小企业问题和民族地区社会经济发展问题结合在一起进行研究,是本研究项目最为重要的创新之处,它同时也给我的研究工作带来了不小的难度。很久以来,在与少数民族有关的研究中,强调实地调查已成成例。尽管本研究项目所进行的实地调查,算不得严格的人类学意义上的"田野工作",但由于它跟民族问题挂钩,为了获取第一手的资料,就不得不深入到民族地区去,把企业置于当地民族的文化背景中去考量,与国家现行的企业制度和中小企业法律制度去比对。在这样的角度上看,我的研究工作既是社会学的又是民族学的。在民族地区中小企业的实际存在状态的认定上,我用本地人的理解来观察企业,尽量能够反映事实真相,用当地人自身的观点去解释企业,揭示企业的民族、地域特点;在制度建构上则比对国家关于企业制度的一般规定,从国家企业立法的一般观点去解释当地中小企业运营方面存在的问题。在更多的情况下,我是把这两种方法结合起来,分析民族地区中小企业实际存在的经营管理制度的表面现象后面的深层存在理由,不作出"国家企业立法是完全正确的"或"当地企业的经营管理制度是有问题的"这一类武断的判断。

尽管在了解特定区域的具体企业管理模式方面,需要找几家当地的中小企业作为典型,深入作个案调查,以掌握当地企业的整体特征。但是,对西部民族地区这样一个大的区域范围内的中小企业进行跨区域调查,首先需要的是对这个区域范围的中小企业赖以生存的自然地理状态、生态环境、人才资源状况、政府对这些地区中小企业的政策待遇和执法状况等硬环境和软环境要有一个宏观上的把握,把西部民族地区的中小企业作为一个"族群"去研究。因此,个案调查和微观调查仅仅是作为本课题的一个辅助调查手段。

另外,本课题主要是针对企业展开调查,资料来源无非是两方面:一是政府部门,那里可以获得当地中小企业发展的一些基本情况和宏观数据;二是企业,这才是制度建构研究的调查重点。企业的实际经营组织形式是怎样的? 经营管理制度又是一种什么样的情形? 企业的哪些做法是合乎国家一般企业立法规定的? 哪些是合法的但与本地实际情况、民族传统习惯做法是抵牾的? 哪些对当地实际而言是合理的,但与国家的一般企业立法是冲突的? 等等。无论是政府部门还是担负生产任务的企业,它们都有工作时间限制,不会有太多的时间跟你"聊天",谈话方式几乎就根本不具有可行性。所以,每一次调查之前,我都尽量做好充分的准备,到政府部门去时,事先列好所要获得的数据清单,拟好所要问的问题提纲,并尽量做到简明扼要。到企业去时,事先跟人家约好时间;找企业职工了解情况最好选择在下班时间;现场询问作调查问卷表,列的问题不要太多,不要期望在一家企业获得我想了解的所有情况。街头巷尾跟当地人聊天,是比到一些企业作专门调查更有效的方法,可以使我站在一个企业局外人的角度,去判断企业的实际经营处境、经营理念和发展前景。这样的调查,我一般很少采用现场录音、记录的方式。未征得谈话对象的同意,私自录音,是不道德、不合法的。事后及时追忆、记录、整理谈话内容,是每天必做的工作。因为现在以个人身份进行的调研,批量发送调查表很难得到回音,我所获得的资料主要就是来源于实地调查。我的宗旨就是,不求全面,只要有典型性、代表性就行;不贪多,只要有针对性、说明性就行;不繁冗滥制,只要真实、可靠就行。

综上所述,本研究项目进行实地调查的方法概括起来包括两个层次:一是调查类型上,主要采用自观和他观、宏观和微观、专门和综合相结合的方法。在涉及具体问题时分别有所侧重,如对少数民族地区中小企业实际运行制度的认识上,侧重于自观,而在企业组织制度的合法性认识上则以国家立法为标准,侧重于他观;在对西部民族地区中小企业发展状况的认识上,侧重于宏观把握,而在具体的企业组织形式认识上侧重于微观;等等。二是在具体的调查方法上,主要采用观察、个别专访、问卷调查等。当然,实地调查并不是一种单纯的搜集资料的方法,其中包含着对搜集到的材料的恰当取舍,需要我们运用辩证的方法和法学、社会学的基本理论,进行综合、定量、定性分析,这都是必不可少的手段。

三、研究成果创新缩要*

本研究成果系国家哲学社会科学基金 2005 年度项目(05XFX013)。于 2009 年 9 月顺利通过国家社科规划办组织专家鉴定结项,鉴定等级良好,结项证书号20090866。本研究成果从法学、政策学、民族社会学的视角,对西部民族地区中小企业发展状况进行了实地调研和分析,对国家和西部民族地区支持中小企业发展的政策、立法进行了系统归类和研究,提出了许多

---

* 此部分文字为本书稿出版前我校"学术著作公示表"之"原创性学术观点、见解介绍"条之内容,陈列于此,以为自我解剖与批评。古人言曰:生花之笔,倒峡之词,人人赞美,流芳百世,非文字之传,一念之正气使然。我辈虽无高山流水、阳春霓裳之撰才,但亦不为"琵琶王四"、"江湖术士"之属,且著平淡如水之文字,尽数所行之事,逐次铺陈,或"断线之珠",或"无梁之屋",亦为家本,视散金碎玉,权作零出,或不成体统,则例行公事,皆请教于才学之人。

西部民族地区中小企业发展中值得关注的现象、问题以及解决路径、对策，主要内容分为三大部分：（1）第一部分为第一至第三章。通过调查、检索的事实资料对西部民族地区中小企业发展状况进行了全面、系统描述，对西部民族地区促进中小企业发展的四种典型模式进行了总结和评价。（2）第二部分为第四至第七章。以第一部分的事实材料为基础，对我国西部民族地区中小企业发展状况进行了实证分析，论述了西部民族地区中小企业发展中存在的主要问题和特点、西部民族地区中小企业发展中的"内卷化"现象、我国现行扶持西部民族地区中小企业发展的制度体系、现阶段国家支持西部民族地区中小企业发展制度体系的特点和局限性。（3）第三部分为第八章，提出了促进西部民族地区中小企业发展制度体系的系统对策。

第一章，介绍了研究对象的"空间"范围。创新观点有：（1）在我国，政策和法律一样，起着制度建构的作用。（2）形式上看，西部和西部民族地区是指地理空间范围，但是从新中国历次"西部"进入国家政策关注焦点的情形来看，西部民族地区至少在四种意义上被使用：自然地理、法律、民族、文明形态。（3）"西部民族地区中小企业发展制度建构研究"下的"西部民族地区"不限于自治区、自治州、自治县，还包括民族乡、镇。

第二章，描述了西部民族地区中小企业的发展状况。创新之处有：（1）对未列入《中小企业划分标准暂行规定》的"服务业中小企业划分标准"进行了研究；（2）对西南五省民族地区中小企业发展状况进行了样本分析；（3）对西北六省民族地区进行了实地考察分析，对国家中小企业普适性标准的合理性提出了基于客观实际的质疑，对西北六省民族地区普遍存在的"家族企业和企业的家族化"现象、个体经营户在本地统一市场形成和发展中的地位进行了刻画。

第三章，系统归纳了西部民族地区促进中小企业发展的四种典型模式。本部分内容是根据课题组问卷和实地调研材料汇总而成，创新观点有：（1）西部民族地区应当根据本地的实际探索促进中小企业发展的模式；（2）"龙头"企业模式和区域中心城市发展模式是西部民族地区中小企业发展的理想模式。

第四章，综述了西部民族地区中小企业发展中存在的特点和主要问题。

原创性结论有:(1)西部民族地区中小企业发展存在着生产过剩和生产力不足的双重困境;(2)西部民族地区已经完成的公司制中小企业普遍存在股东"空挂"和利用公司有限责任规避法律的现象;(3)市场主体制度根本上取决于社会经济发展程度和市场空间,现代企业制度不是万能的;(4)小商品经济是小农经济的产物,西部民族地区的中小企业总体上是小农经济和小商品经济条件和观念下成长起来的本地企业;(5)欠发达的小农牧经济、资源开采性工业和主要依靠个体经营户支撑的第三产业只能在一定程度上暂时解决社会就业压力,并造成高度工业化的假象,并不能培育发达的市场经济和市场经济观念。

第五章,从民族社会学的角度论述了西部民族地区中小企业发展中存在的"内卷化"现象。本章所运用的"内卷化"理论、差序格局理论是他人的,但是把它们用于分析我国西部民族地区中小企业发展则完全是本研究成果的创新:(1)西部民族地区中小企业治理结构中的"差序";(2)企业文明和民族文化的未整合状态;(3)"生计"市场经济;(4)同一族群长期过密从事同一行业,会弱化族群整体的生计能力;(5)小商品经济维护和延续小农经济;(6)中小企业和民族地区中小城镇"捆绑"发展的理论在西部民族地区不可行;(7)针对民族地区的惠农政策产生的农业回归,不利于民族地区中小企业和市场经济的发展;(8)西部民族地区中小企业和"族群分层"的纠缠;(9)现代化理论与民族区域自治制度的不关联;(10)小农经济和小商品经济对企业化模式的反向限制。

第六章,综述了促进西部民族地区中小企业发展制度体系,提出了促进西部民族地区中小企业发展制度体系由宪法和宪法性规定及西部大开发政策、中小企业法、民族地区地方专门立法和地方性政策三个层级组成;认为西部民族地区中小企业发展属于"地方性事务",地方性中小企业立"法"是促进西部民族地区中小企业发展制度建设的重点。

第七章,论述了现行促进西部民族地区中小企业发展制度的特点和局限性。创新性观点有:(1)促进西部民族地区中小企业发展的政策措施具有区域性和族群性,以财政、税收政策为主;(2)促进西部民族地区中小企业发展制度和民族区域自治政策之间不协调,族群被淡出了现代经济部门;

(3)现阶段促进西部民族地区中小企业发展的立法和政策存在着目标政策和族群政策的冲突、工具政策和区域政策的错位。

　　第八章,就促进西部民族地区中小企业发展制度提出对策、建议。其中原创性观点有:(1)"内生性"增长是西部民族地区中小企业发展的根本出路。(2)西部民族地区中小企业发展制度建设要区分区域政策和族群政策。(3)促进西部民族地区中小企业发展必须将区域政策确定为国家的中小企业基本政策,把族群政策纳入中小企业政策体系,在民族区域自治制度中引入企业化政策。(4)实行中小企业"政策法案"制,规范西部民族地区中小企业地方立法。(5)修正、整合我国中小企业理论,实行中小企业界定指标浮动调整区间制,着力扶持和发展县域经济和非公有制中型企业。(6)建立国家对西部民族地区传统产业部门和少数族群的补偿制度。(7)建立适应西部民族地区特点的中小企业发展财政税收支持制度:在中小企业发展基金支持项目下增加支持民族地区中小企业发展事项;专设针对民族地区少数族群的中小企业特种贷款担保业务;开展针对民族地区中型企业的贴息贷款业务;开展针对中小企业的开发性金融业务;在中央对民族地区财政补助措施中引入激励机制;采取特别税收优惠措施鼓励民族地区中小企业发展。(8)健全西部民族地区中小企业融资制度:实行额度信贷资金抵免营业税措施;设立民族地区中小企业发展政策性信贷制度;开通西部民族地区成长型中小企业直接融资"绿色通道";将西部民族地区中小企业政府采购优先权份额法定化;设立专门针对西部民族地区科技型、成长型、出口型、民族特色产品型的区域性中小企业风险投资基金。(9)建立适应西部民族地区区域经济文化特点的中小企业特别制度体系:对少数民族成员投资企业的行为给予特别保护;规范民族地区中小企业的内部治理结构和家庭、家计、家族经营企业的经营管理。(10).健全西部民族地区中小企业社会化服务体系,建立政府主导的多层次、多元化的中小企业社会化服务机构和具有西部民族地区特色的中小企业技术创新服务体系。

陶清德

2009 年 12 月 26 日于兰州

第一章　西部和西部民族地区

从理论上讲,西部民族地区中小企业是在西部、西部民族地区这样的背景下存在和发展的,同样对西部民族地区中小企业发展问题的研究必须以对西部和西部民族地区、西部民族地区中小企业的发展状况和特点的认识为基础。国家关于西部开发的各项政策同样适用于西部民族地区,适用于西部中小企业发展的政策同样适用于西部民族地区的中小企业。西部民族地区中小企业发展研究涉及三个相互联系且层层递进的概念:西部、西部民族地区、西部民族地区的中小企业。

一、西　部

(一)三次成为国家政策关注焦点的"西部"

在新中国历史上,西部有三次成为国家政策关注的焦点:一是20世纪50年代的"一五"计划和全国性的民族识别、人口普查;二是20世纪60年代至70年代末的"三线建设";三是1999年以来的"西部大开发"。

1."一五"、"二五"计划期间

1953年,我国开始实施"一五"计划。"一五"计划是以苏联援建的156项工程为中心展开的。当时苏联高级经济专家和政府要员提出,中国的经济建设要想快速发展,就必须把人、财、物集中在沿海和东北地区的一些大中城市。但是,毛泽东认为,把156项工程全部集中在东北和沿海大城市对我国的工业均衡布局和国家建设的全面展开不利,提出在经济建设上要考

虑我国的实际情况,应当安排一批项目到西部,尤其是国防建设项目应将近1/2安排在西部。他指出:"我国轻工业和重工业,都有约70%在沿海,只有30%在内地。这是历史上形成的一种不合理的状况。沿海的工业基地必须充分利用,但为了平衡工业发展的布局,内地工业必须大力发展。"根据毛泽东的这一意见,周恩来等国家领导人与苏联方面进行反复协商,最后决定将106项民用工业企业的21项、44项国防工业企业中的21项建在西部。这样,"西部"作为一个国家政策范畴第一次出现在国家决策文件中,构成新中国国家区域政策的重要内容。整个"一五"期间,国家在西部地区投资39.2亿元,占全部项目投资的20%,建成铜川玉石凹立井、西安热电站、乌鲁木齐热电站、鄠县热电站、兰州热电站、成都热电站、重庆热电站、个旧电站、云南锡业公司、白银有色金属公司、东川矿务局、会泽锡铅矿、兰州炼油厂、兰州合成橡胶厂、兰州氮肥厂、兰州石油机械厂、兰州炼油化工机械厂、西安高压电瓷厂、西安开关整流器厂、西安绝缘材料厂、西安电力电窗容器厂等一系列重点项目和配套项目。今天西部地区的工业企业就是在"一五"期间投资建成的工业企业基础上发展起来的。"一五"时期国家投资西部决策的实施和对西部地区的大规模建设,极大地改变了西部地区的落后面貌,使过去几乎没有工业的西部地区建起了一批轻、重工业企业,有力地促进了西部地区社会经济的发展和城市化进程。经过"一五"、"二五"两个"五年"计划,我国西部地区的电力、煤炭、钢铁、石油、有色金属、兵器、航空、建材、电子电气等企业已经初具规模,西部一些大城市如西安、重庆、成都、兰州等走上了工业化道路。"一五"期间国家在西部地区的21项民用工业企业和21项国防工业企业的投资建成,实质上成为新中国历史上第一次对西部地区的大规模开发。

与国防和经济建设"一五"、"二五"计划同时并进的牵涉西部的政治色彩很浓的工作是民族识别和全国第一次人口普查。新中国刚刚建立,为了贯彻《中国人民政治协商会议共同纲领》(以下简称《共同纲领》)确定的民族政策,也为了宣传党和国家的民族政策,深入推进民族地区的土地改革运动,改善民族关系,巩固祖国统一,1950～1953年中央先后派出西南、西北、中南、东北和内蒙古等民族访问团，展开民族识别工作。紧接着1953年全国开展人口普查。民族识别工作到1964年暂告一段落，其结果是从400多个自报族体中确认了53个少数民族，成立了4个民族自治区和若干民族自治州、自治县，包括1947年成立的内蒙古自治区，就有5个相当于省级行政区域的民族自治区和大部分新设的自治州、自治县在西部。围绕贯彻党和国家民族区域自治政策和边疆政策而开展的民族识别工作，西部作为执行特定政治功能的区域进入国家政策的视野。也正由于特定的时代背景，我国的民族区域自治政策就侧重于它的政治功能。

2."三线建设"时期

西部作为特殊的国家政策区域的第二次大规模开发是"三五"计划开始的"三线建设"时期。"三线建设"是指1964年至1978年期间，国家在中西部地区13个省、自治区进行的一场以战备为指导思想的大规模国防、科技、工业和交通基本设施建设。"三线建设"启动的背景是1960年中苏交恶和1964年美国在我国东南沿海的蓄意挑衅。"三线"地区大致是以甘肃祁连山脉乌鞘岭以东、山西省雁门关以南和京广铁路以西及广东韶关以北大约318万平方公里的广大地区。"三线建设"的重点项目包括：连接西南的川黔、成昆、贵昆、襄渝、湘黔等几条重要交通干线；攀枝花、酒泉、武钢、包钢、太钢等五大钢铁基地以及为国防服务的10个迁建和续建项目；贵州六枝、水城和盘县等12个煤炭工业矿区；四川映秀湾、龚嘴、夹江和甘肃刘家峡、湖北青山等水电、火电工业；四川天然气；四川德阳重机厂、东风电机厂和贵州轴承厂等军工机械工业；等等。"三线建设"关于一、二、三线的划分主要考虑国防和国防建设需要，在可能的范围内也考虑了经济的合理布局。因此，"三线建设"又是我国经济建设史上一次大规模的工业迁移和工业战略布局调整。从1966年"三线建设"全面铺开到1978年十一届三中全会，历经三个"五年"计划，投入资金2052亿元，投入人力高峰时达400多万，安排建设项目1100多个。"三线建设"是新中国建设史上最重要的一次战略部署，对我国当时和此后的国民经济结构、经济布局产生了深远而重大的影响。"三线建设"的布点与选址原则是靠山、分散、隐蔽、大分散、小集中，因此多分布在西部少数民族集中的区域。20 世纪 80 年代以后，伴随着改革开放和"冷战"趋于缓和，"三线建设"由保密名词公之于世，"三线建设"单位也由于位置偏僻、闭塞而难有发展，国家于 1983 年 12 月在成都成立国务院"三线"办公室（1990 年改为国家计委"三线"办公室，现为国防科工委"三线"协调中心），专门就"三线"建设项目的调整、迁并、转产事宜作出安排和协调。1984 年 11 月成都"三线"会议确定第一批调整、迁并、转产企业后，"三线"企业陆续迁往邻近的中小城市，带动了咸阳、宝鸡、沙市、襄樊、德阳、绵阳、汉中、天水等一批中型工业城市的兴起，成为西部地区城市化、工业化的重要力量。而技术密集型企业和军工企业则迁往成都、重庆、西安、兰州等西部省会城市。目前，这些迁移企业多半已经完成改制，由军工企业转为民用企业，并实行现代企业制度；未迁移企业，部分在当地政府的帮助下经转产后继续生存、发展，剩余部分逐步走向荒废关闭。从总体上来看，尽管"三线建设"时期国家在西部地区投资设立的企业已经全部完成了迁、并、转，但是这些企业在新时期仍然是西部地区工业企业的核心和重要力量，西部地区的经济结构、企业产业布局明显带有脱胎于"三线建设"的"偏执"特点，在短时间内很难改变由此形成的经济和产业布局结构。当然，"三线建设"对西部社会经济的现在乃至未来的积极影响也是巨大的，江泽民同志在 20 世纪 90 年代多次对西部地区进行视察，对"三线建设"时期建成的大型企业倍加关注，提出对"三线建设的重要性""应当有进一步的认识"。"三线建设"虽然是以战备为中心，但客观上初步改变了国家工业东西部布局的不合理状况，建成了一批以能源交通为基础、国防科技为重点、原材料工业与加工工业相配套的、科研与生产相结合的战略后方基地，建成了一批重要的铁路、公路干线和支线，促进了西部省区经济和科技文化的发展，给西部地区以后的工业化、现代化创造了条件。如果没有"三线建设"时期大规模改善西部的工业、交通和科技基础状况，今天我国东部和西部地区的经济差别将更加悬殊。

3. 西部大开发时期

1999 年党中央提出"加快西部大开发"的战略决策，是新中国成立以来

第三次对西部地区进行的大规模开发建设。早在 20 世纪 80 年代,邓小平同志就提出了"两个大局"①和"先富带后富"②的"阶梯推进式"国家发展战略构想。按照"阶梯推进式"理论,我国地域空间按经济发展水平分为东、中、西三大地带;经济发展的空间和时序选择实行自东向西,按技术梯度,使"先进技术"地带逐步向"中间技术"、"传统技术"地带推移。国家"七五"计划基本上全面阐述了三个地带经济发展战略。1999 年 6 月 9 日江泽民同志在中央扶贫开发会议上指出,"现在,加快中西部地区发展步伐的条件已经具备,时机已经成熟",提出把加快开发西部地区作为党和国家的一项重大战略任务。1999 年 6 月 17 日江泽民同志在西安召开的西北五省区国有企业改革和发展座谈会上,明确提出"加快西部地区大开发""是一个全局性的发展战略","不仅具有重大的经济意义,而且具有重大的政治和社会意义"。1999 年 9 月 22 日中共十五届四中全会通过决议明确提出"国家要实施西部大开发战略"。同年 10 月,时任国务院总理的朱镕基就西部开发进行调研后指出,实施西部大开发战略是一项复杂的系统工程,要有步骤、有重点地推进,当前和今后一个时期最重要的是抓好四个方面的工作:一是加快基础设施建设;二是切实加强生态环境保护和建设,实行"退耕还林(草)、封山绿化、以粮代赈、个体承包";三是积极调整产业结构;四是大力发展科技和教育。2000 年 1 月,党中央对实施西部大开发战略提出了明确要求,国务院成立了西部地区开发领导小组,国家西部大开发战略拉开了序幕。数年来,国务院颁布了《关于实施西部大开发若干政策措施》、《关于进一步做好退耕还林还草试点工作的若干意见》,中共中央办公厅、国务院办公厅印发了《西部地区人才开发十年规划》,国务院办公厅转发了国务院西部开发办制订的《关于西部大开发若干政策措施实施意见》(下简称《西部开发政策意见》),国家计委、国务院西部开发

---

① "两个大局"的内容:"一个大局"是沿海地区加快对外开放,较快地先发展起来,内地要顾全这个大局;另"一个大局"是沿海地区发展到一定时期,要拿出更多的力量帮助内地发展,沿海地区也要顾全这个大局。

② "先富带后富"的内容是:让一部分人、一部分地区先富起来,然后带动更多的人、更多的地区逐步富裕起来。

办印发了《"十五"西部开发总体规划》和《"十一五"西部开发总体规划》等。

第三次西部开发与前两次"西部开发"有着显著的不同,不仅是因为这次西部开发有宽松的国际政治、经济环境条件,避免了决策和政策执行上的过度"政治化"、"意识形态化",更重要的是这次西部开发是在我国实行改革开放20年后国家整体国力显著提高、从经济体制到经济建设取得显著成就的情况下提出来的。既有以往西部开发的经验教训可借鉴,又有国内外良好的政治、经济、社会条件作支持,我们有足够的时间和精力按照社会经济发展的内在规律作出精心谋划,突出区域发展中经济、社会、文化发展的地位,使西部开发成为西部地区走向族群同发展、社会共进步的地区现代化之路的新契机。

(二)"西部"的范围

无论从哪一个阶段上看,西部都是一个相对的概念。其中,所谓的第一次和第二次"西部开发"都是今人面对现阶段的国家西部大开发的"历史追忆",甚至我们可以说20世纪50、60年代的两次"西部开发"都没有形成一个严格的政策意义上的"西部"概念。

"一五"计划和"三线建设"时期受到当时国际国内政治、战争"气候"的直接影响,政策文件中所谓的"西部"都主要指的是军事战略意义上的"西部"。"一五"计划时期,国家领导人和国家政策性文件中所指的"西部"主要是根据距离正在我国周边发生的或可能发生的战争的战场远近来确定的,范围比较含糊,常常因时因国防需要而含义不同,譬如,将现今一般不划在"西部"的山西划进了"西部"的范围。"三线建设"时期又逢中苏关系恶化,"西部"的范围尽管仍然主要按军事战略意义划分,但较"一五"计划时期有较大变化,"西部"的范围和"三线"的范围一致,包括四川(含今重庆)、河北、山西、河南、湖北、湖南、广西、云南、贵州、陕西、青海、甘肃、宁夏13个省、自治区。其中,位于西北、西南的7省区又被称为"大三线",而中部六省被称为"小三线"。我们现今一般划在"西部"地区的新疆、内蒙古、西藏都不包括在"三线"的范围内。

有人认为我国政策和学界对西部的界定是一种约定俗成的大体划分。① 其实就历史事实、目前的经济联系程度及问题研究的方便而言,这样的观点都是很难成立的。(1)在历史上,陕西省自秦以降,就属于正统的中原地区的组成部分,其以西以北成为汉民族和少数民族"供纳"关系的基本屏障。② (2)现阶段,国家在政策上将内蒙古、广西两省划到西部,主要是出于过去延续至今的民族政策的考虑,新中国成立后实行的以"族群"为对象的民族政策,就已经以"民族"暗合西部和"边疆"了。(3)就研究的角度来讲,所谓"科学"主要从选题的便利考虑,没有绝对的标准,不能说迎合政策的就是科学的。(4)这种划分还带有一种偏见的成分,将西部、民族地区和落后地区画等号,以地理界限强化民族界限,国家政策上将广西、内蒙划分到西部更突出了这一点。"落后"这个词用于描述经济、科学技术发展程度等可实证的对象是可以的,但在涉及民族关系的问题方面不加甄别地把它用于描述族群文化差异,则容易伤害族群感情,激化族群矛盾,甚至引发族群冲突。退一步来讲,我们很难说哪种文化是先进的,哪种文化是落后的;正像地球上一些物种的灭绝一样,绝灭的物种不一定是落后的,所谓的"落后"不过是今人或至多是几代人拿自己很有限的标准作出的判断;我们也很难说适应主流经济类型的文化就是先进的文化,不适应现阶段主流经济类型的文化就是落后的文化,过时不等于落后,"黄树叶落,青树叶也落",淘汰了的不少也属于"精品"。(5)即便从前两次"西部开发"的经验判断,"西部"也更多地是一个政策符号,而非"约定俗成"。再退一步来讲,国家的任何政策行为都应当有利于强化民族和地区之间的社会经济联系、弱化民族和地区之间的隔离带,而不是相反。

当前西部大开发角度上的"西部"有明确的政策界定,它既指特定的地理空间位置,更强调经济、文化和民族内涵。2001 年 8 月 29 日国务院西部

① "除按照国家规定正式划为西部地区的西南和西北 10 省自治区和直辖市以外,还包括比照享受国家对西部地区优惠政策的内蒙古和广西两个民族自治区……是一种约定俗成和在科学研究、政策上允许的划分。"(王梦奎:《西部大开发与地区协调发展·序言》,北京·商务印书馆 2003 年版,第 1—2 页)

② 宋蜀华、陈克进:《中国民族概论》,北京·中央民族大学出版社 2001 年版,第 39 页。

开发办发布的《西部开发政策意见》第 1 条关于西部地区的范围界定明显反映了这一新特点:西部地区"包括重庆市、四川省、贵州省、云南省、西藏自治区(以下简称西藏)、陕西省、甘肃省、宁夏回族自治区(以下简称宁夏)、青海省、新疆维吾尔自治区(以下简称新疆)、内蒙古自治区(以下简称内蒙)、广西壮族自治区(以下简称广西)"。① 本文所讲的民族地区就是现阶段国家西部开发政策意义上所界定的"西部"范围内的民族地区。

国家政策上将全国划分为东、中、西三个经济带采用的是多元化标准。从现行政策看,将全国划分为东、中、西三部分的标准有以下四点:①自然地理位置。自然地理位置上更靠近我国西部的领土部分,就属于西部。地理位置的政策性交通因素是"是否沿海"。上世纪 70 年代末 80 年代初,国家在政策上设定了 4 个经济特区和 14 个沿海开放城市,实行与其他经济区域不同的经济政策,确定了沿海和内地的基本划分界线,这也奠定了后来将全国划分为东、中、西三部分的雏形。②行政区划。政策上将全国划分为东、中、西三个不同经济区域,要考虑单一制国家结构形式下的中央和地方的纵向权力分配,要保持地方行政区划结构的完整性,将最小分割单位确定在省级行政区域,以便于法律、政策的执行。③民族和民族政策。将重庆市、四川省、贵州省、云南省、西藏、陕西省、甘肃省、宁夏、青海省、新疆、内蒙、广西统称为西部地区的一个基本解释是这些省级行政区域是我国少数民族聚居集中的地方。将相当于省级行政区域的五大民族自治区都划到西部,尤其是将内蒙和广西划到西部,也体现了国家政策上有这方面的考虑,在国家政策规划上也更便于制定、执行民族政策和支持少数民族地区的社会经济发展的族群政策。④历史因素。无论政策上对西部地区的范围作出如何变通规定,总是不能忽视参考历史因素。《西部开发政策意见》确认的属于西部的 12 个省级行政区域,除陕西省,在中国历史上都属于"大西部"的范围。更何况我国从上世纪 80 年代初对东南沿海地区有给予区别于内地省份的特殊优惠政策的先例。

从现阶段关于三大经济带的划分,西部包括我国西北、西南 12 个省级

---

① 此处引文原文中并未注解,括弧中的注解系本文作者所加。

行政区域,土地总面积687.1万平方公里,占全国陆地总面积的71.6%;到2004年末,人口总数为3.71亿人,占全国总人口的28.6%;2004年全年实现国内生产总值27585亿元,占全国的19.6%。西部地区拥有辽阔的地域、丰富的自然资源,具有极大的开发潜力,是我国国民经济长期持续发展的后备基地。西部是我国四大河流长江、黄河、珠江、雅鲁藏布江的发源地和主要流域所在地,水能蕴藏量达5.57亿千瓦,占全国水能蕴藏量的82.5%。西部矿藏资源丰富,在全国已探明的140种矿藏资源中,西部地区有120多种。其中,煤炭储量占全国的39.4%,石油储量占27.8%,天然气储量占87.5%,一些稀有金属的储量名列全国甚至世界前茅。西部是我国目前自然风貌保持最完好的地区,旅游资源得天独厚,秦始皇兵马俑、敦煌莫高窟、九寨沟、长江三峡等等,都孕育着勃勃生机的西部旅游业的未来发展前景。西部地区有漫长的边境线,是我国南、西、北对外陆路开放的门户地区,具有特殊的区位优势。西部地区有20多个民族与邻国属同一民族,各民族族缘关系悠久,语言文字相同,习俗相近,很多民族有着共同的宗教信仰,与周边各国有着传统的经济文化联系,在资源结构和经济技术结构方面与周边国家存在很强的互补性。新中国成立60年来,中国西部地区经济社会有了较大发展,积累了较强的经济技术基础。"三线"建设时期,西部各省、市、自治区建立起来了2000多个大中型企业,形成了一批专业化程度高、辐射能力强的行业,培养了一批专业技术人才,积累了较强的技术力量,从而确立了西部地区在全国工业布局中的重要地位。①

二、西部民族地区

"西部"是一个源于国家政策的术语,民族地区则是一个有明确法律内涵的范畴。因此,西部民族地区包含了法律和政策的双重意义。事实上,在我国历来是政策和法律一样起着制度建构的作用。西部民族地区是指依据

---

① 根据《西部概况》(见"中国西部网")概括而成。

《中华人民共和国宪法》(以下简称《宪法》)、《中华人民共和国民族区域自治法》(以下简称《民族区域自治法》)和其他宪法性法律文件确定的、行政地理位置在国家"西部大开发"政策确认的"西部"范围的民族自治地方。

(一)民族地区

民族地区是指根据《宪法》确认的民族自治地方。现行《宪法》第 30 条规定:"中华人民共和国的行政区划如下:全国分为省、自治区、直辖市;省、自治区分为自治州、县、自治县、市;县、自治县分为乡、民族乡、镇。直辖市和较大的市分为区、县。自治州分为县、自治县、市。"《民族区域自治法》是我国民族区域自治方面的基本法律,是我们确定西部民族地区范围的直接法律依据。1984 年 5 月 31 日六届全国人大二次会议根据《宪法》规定审议通过的《民族区域自治法》(该法已于 2001 年 2 月 28 日再经九届全国人大常委会第二十次会议修订)第 2 条规定:"各少数民族聚居的地方实行区域自治","民族自治地方分为自治区、自治州、自治县"。第 12 条规定:"少数民族聚居的地方,根据当地民族关系、经济发展等条件,并参酌历史情况,可以建立一个或者几个少数民族聚居区为基础的自治地方","民族自治地方内其他少数民族聚居的地方,建立相应的自治地方或者民族乡"。根据此规定,以行政级别划分的民族地区包括民族自治区、民族自治州和民族自治县三级三类;民族乡、镇不属于一级民族自治地方,不享有宪法和有关法律规定的自治权,但依照法律和有关规定,民族乡、镇结合本民族特点享有在教育、文化、经济、卫生等方面可以采取相应措施的权力;各民族地区和民族乡、镇都是我国领土不可分割的组成部分,都属于我国的一级地方行政区域。

民族自治地方的行政级别尽管不决定自治权的大小和内涵,但是它决定行政权力行使的有效空间范围。按照《宪法》、《中华人民共和国地方各级人民代表大会和地方各级人民政府组织法》(以下简称《地方国家机关组织法》)、《中华人民共和国立法法》(以下简称《立法法》)的规定,自治区的人民代表大会及其常务委员会根据本行政区域的具体情况和实际需要,在不同宪法、法律、行政法规相抵触的前提下,可以制定地方性法规;省、自治区的人民政府所在地的市,经济特区所在地的市和经国务院批准的较大的市(以下简称较大的市)的人民代表大会及其常务委员会根据本市的具体情况和实际需要,在不同宪法、法律、行政法规和本省、自治区的地方性法规相抵触的前提下,可以制定地方性法规,报省、自治区人民代表大会常务委员会批准后施行;①除《立法法》第8条规定的事项②以外,其他事项国家尚未制定法律或者行政法规的,自治区和较大的市根据本地方的具体情况和实际需要,可以制定地方性法规,在国家制定的法律和行政法规生效后,地方性法规同法律或者行政法规相抵触的规定无效,制定机关应当及时予以修改或者废止;经济特区所在地的省、市的人民代表大会及其常务委员会根据全国人民代表大会的授权决定,制定法规,在经济特区范围内实施;民族自治地方的人民代表大会依照当地民族的政治、经济和文化特点,制定自治条例和单行条例——自治区的自治条例和单行条例,报全国人民代表大会常务委员会批准后生效,而自治州、自治县的自治条例和单行条例,报省、自治区、直辖市人民代表大会常务委员会批准后生效;自治区和较大的市的人民政府,可以依据法律、行政法规和本省、自治区、直辖市的地方性法规,就执行法律、行政法规、地方性法规的规定和属于本行政区域的具体行政管理事项,制定规章。可见,法律上规定的民族地区既包含了行政区域的含义,也包含着民族自治权的含义。

从民族自治权的角度上讲,具有行政隶属关系的民族地区之间存在着各自制定的法律性规范文件、政策性规范文件之间的冲突和协调问题,它们

---

① 在目前,我国还没有一个省、自治区的人民政府所在地的市属于一级民族自治地方,也没有哪一级民族自治地方设置为经济特区,也没有哪一个经济特区设置在民族自治区域内,国务院也没有批准哪一个民族自治州、自治县为"较大的市"。今天没有,并不等于今后也不会有。

② 《立法法》第8条规定,下列事项只能制定法律:"国家主权的事项;各级人民代表大会、人民政府、人民法院和人民检察院的产生、组织和职权;民族区域自治制度、特别行政区域制度、基层群众自治制度、犯罪与刑罚;对公民政治权利的剥夺、限制人身自由的强制措施和处罚;对非国有财产的征收;民事基本制度;基本经济制度以及财政、税收、海关、金融和外贸的基本制度;诉讼和仲裁制度;必须由全国人民代表大会及其常务委员会制定法律的其他事项。"

同样属于民族地区制度建设要解决问题的范围。对此,《宪法》《立法法》、《地方国家机关组织法》《民族区域自治法》等也提出了解决方案:民族自治区、民族自治州、民族自治县的国家机关有依法制定自治条例、单行条例的权力——自治条例和单行条例可以依照当地民族特点,对法律和行政法规的规定作出变通规定,但不得违背法律或者行政法规的基本原则,不得对宪法和民族区域自治法的规定以及其他有关法律、行政法规专门就民族自治地方所作的规定作出变通规定;自治区人民代表大会及其常务委员会有依法定权限制定地方性法规的权力,自治区人民政府有依法定权限制定地方性规章的权力,以及将来可能出现的属于自治州的较大的市的人民代表大会及其常务委员会根据本州的具体情况和实际需要,制定地方性法规和属于自治州的较大的市的人民政府制定地方性规章的权力,但不得与宪法、法律、行政法规和本省、自治区的地方性法规相抵触,此类规章还不得与本级人民代表大会及其常务委员会制定的地方性法规相抵触。

另外,对于一个法治国家,法律在效力上优先于政策,政府制定的政策不得与国家《宪法》和法律相冲突,但不影响政策对立法的先导作用和客观上存在的政策在执行上的优势地位。《中华人民共和国民法通则》(以下简称《民法通则》)等许多部法律都明确规定,"法律没有规定的,遵循国家政策"。而且我国立法实践中也存在着"没有立法的"或"立法条件不成熟的",可以由政府部门制定指导性政策,或者"没有上位立法的",允许地方立法或制定地方性政策,加以规范指导的先例。

(二)西部民族地区

根据《宪法》《民族区域自治法》等法律文件关于我国民族自治地方的规定,结合国家西部大开发政策关于西部的范围界定来看,西部民族地区就是指符合《宪法》《民族区域自治法》的规定,享有民族自治权力的西部民族自治区域,具体包括 5 个民族自治区、27 个民族自治州、80 个自治县和 3 个自治旗。

表 1　我国西部民族自治地方简表①

项目 自治区	面积 （万 km²）	人口（万人）				二、三级民族自治地方和 自治乡、镇		
		总人口	自治 民族	汉族	其他 民族	自治州 数（个）	自治县、旗 数（个）	民族乡、 镇（个）
新疆	166.5	1963.1	897.7	780.2	285.2	5	6	43
西藏	122.8	263.4	252.1	9.3	2.0	0	0	8
内蒙	118.3	2384.4	408.0	1866.5	110.0	0	3	19
广西	23.7	4925.0	1605.0	3027.0	293.0	0	12	61
宁夏	6.6	587.7	206.5	377.4	3.8	0	0	0
合计	437.9	10123.6	3369.3	6060.4	694.0	5	21	131

项目 自治州	面积 （km²）	人口（万人）				自治县和民族乡、 镇（个）	
		总人口	自治 民族	汉族	其他 民族	自治县	民族乡、 镇
昌吉回族自治州	76975.9	156.4	18.2	116.7	21.5	1	13
巴音郭楞蒙古自治州	472471.1	114.8	4.8	66.2	43.8	1	1
克孜勒苏柯尔克孜 自治州	70916.3	46.8	13.4	3.1	27.1	0	1
博尔塔拉蒙古自治州	26895.7	45.2	2.7	30.5	12.0	0	0
伊犁哈萨克自治州	269504.0	414.6	106.5	186.8	121.3	2	17
阿坝藏族羌族自治州	84242	85.1	62.0	20.1	3.0	0	2
凉山彝族自治州	60423	428.5	192.6	220.6	15.4	1	13
甘孜藏族自治州	152629	91.4	72.1	16.8	2.5	0	7
黔东南苗族侗族自 治州	30334.7	438.5	324.5	79.5	34.5	0	17
黔南布依族苗族自 治州	26197.0	397.4	184.2	174.2	39.0	1	12
黔西南布依族苗族 自治州	16804.1	309.0	——	178.4	——	0	3
西双版纳傣族自治州	19700	87.6	30.2	21.7	35.7	0	13
文山壮族苗族自治州	32239	335.5	143.5	143.6	48.3	0	16
红河哈尼族彝族自 治州	32931	404.3	69.0	176.2	159.0	0	8

---

① 除非特别指明，本文所有采用数据均为 2004 年末数据。

项目\自治州	面积（km²）	人口（万人）				自治县和民族乡、镇（个）	
		总人口	自治民族	汉族	其他民族	自治县	民族乡、镇
德宏傣族景颇族自治州	11526	105.9	46.7	51.2	8.0	0	5
怒江傈僳族自治州	14703	48.0	24.4	3.8	19.8	2	3
迪庆藏族自治州	23870	33.8	11.8	4.7	17.2	1	3
大理白族自治州	29459	338.3	113.0	170.7	54.6	3	16
楚雄彝族自治州	29258	256.2	66.3	174.3	15.6	0	6
临夏回族自治州	8417	193.7	60.7	83.6	49.4	0	4
甘南藏族自治州	40201	67.4	47.5	——	——	0	4
海北藏族自治州	39354	27.0	5.8	11.4	9.8	1	3
黄南藏族自治州	17921	21.5	13.9	2.0	5.6	1	0
海南藏族自治州	45895	39.5	22.5	12.8	4.2	0	0
果洛藏族自治州	76312	14.5	13.1	——	——	0	0
玉树藏族自治州	188794	28.3	27.5	0.06	0.7	0	0
海西蒙古族藏族自治州	325785	36.0	6.4	——	——	0	1
合计	2243511.8					14	168

续表1-1　我国西部民族自治地方简表

项目\自治县	面积（km²）	总人口（万人）	汉族比例	少数民族比例	自治民族比例	自治民族占少数民族比例	民族乡
云南省①	**109541**	**652.7**					**21**
南涧彝族自治县	1802	21.7	50.6	49.4	46.2	91.2	0
漾濞彝族自治县	1957	10.0	36.7	63.3	44.9	70.9	0
石林彝族自治县	1777	23.1	65.4	34.6	33.6	97.6	0

①　云南省的29个民族自治县除楚雄州、红河州、文山州、西双版纳州、大理州、德宏州、怒江州、迪庆州下设的自治县以外的自治县有：石林彝族自治县、禄劝彝族苗族自治县、寻甸回族彝族自治县、峨山彝族自治县、新平彝族傣族自治县、元江哈尼族彝族傣族自治县、普洱哈尼族彝族自治县、墨江哈尼族自治县、景东彝族自治县、景谷傣族彝族自治县、镇沅彝族哈尼族拉祜族自治县、江城哈尼族彝族自治县、孟连傣族拉祜族佤族自治县、澜沧拉祜族自治县、西盟佤族自治县、玉龙纳西族自治县、宁蒗彝族自治县、双江拉祜族佤族布朗族傣族自治县、耿马傣族佤族自治县、沧源佤族自治县，共20个。

续表

自治县＼项目	面积（km²）	总人口（万人）	汉族比例	少数民族比例	自治民族比例	自治民族占少数民族比例	民族乡
宁蒗彝族自治县	6206	23.8	20.2	79.8	61.3	76.9	1
景东彝族自治县	4532	35.4	53.7	46.3	39.6	65.6	0
峨山彝族自治县	1972	15.0	34.0	66.0	55.1	83.7	0
寻甸回族自治县	3966	50.2	78.3	21.7	12.1	55.7	0
屏边苗族自治县	1906	14.7	38.5	41.5	40.8	66.3	0
河口瑶族自治县	1313	7.9	36.2	63.8	27.3	42.8	1
沧源佤族自治县	2539	16.0	6.9	93.1	84.7	90.9	1
西盟佤族自治县	1391	8.4	6.0	94.0	70.2	75.0	1
玉龙纳西族自治县	7648	21.1	15.6	84.4	56.5	66.7	4
维西傈僳族自治县	4661	14.5	16.5	83.5	54.9	65.8	0
澜沧拉祜族自治县	8807	47.3	33.0	77.0	42.1	54.6	8
墨江哈尼族自治县	5459	35.4	35.9	74.1	60.5	81.5	2
耿马傣族佤族自治县	3837	25.1	48.1	51.9	37.2	71.8	2
巍山彝族回族自治县	2266	30.3	56.7	44.3	33.4	77.1	0
禄劝彝族苗族自治县	4378	44.8	69.4	30.6	25.0	82.1	0
景谷彝族傣族自治县	7777	29.7	54.5	45.5	39.4	86.4	0
贡山独龙族怒族自治县	4506	3.5	3.8	96.2	33.9	35.2	0
新平彝族傣族自治县	4233	27.0	29.6	70.4	63.5	90.3	0
兰坪白族普米族自治县	4455	19.6	6.6	93.4	55.7	59.6	0
江城哈尼族彝族自治县	3476	9.4	19.1	80.9	66.8	82.1	0
普洱哈尼族彝族自治县	3670	18.6	50.0	50.0	42.3	84.8	0
金平苗族瑶族傣族自治县	3677	32.0	14.5	85.5	43.0	50.4	1
元江哈尼族彝族傣族自治县	2858	19.8	20.2	79.8	75.1	94.5	0
孟连傣族拉祜族佤族自治县	1957	11.7	14.5	85.5	75.4	88.5	0

续表

项目 自治县	面积 （km²）	总人口 （万人）	汉族 比例	少数民 族比例	自治民 族比例	自治民族 占少数民 族比例	民族乡
镇沅彝族哈尼族拉祜族自治县	4223	20.5	47.8	52.2	45.8	88.0	0
双江拉祜族佤族布朗族傣族自治县	2292	16.4	55.5	44.5	42.0	94.5	0
广西	**353339**	**408.3**					**6**
环江毛南族自治县	4553	36.2	8.1	91.9	16.2	17.7	1
隆林各族自治县	3551	35.9	20.7	79.3	——	——	0
龙胜各族自治县	2538	17.0	24.2	75.8	——	——	0
恭城瑶族自治县	2149	28.0	39.2	60.8	50.7	83.4	0
巴马瑶族自治县	1971	24.1	14.6	85.4	16.9	19.8	0
大化瑶族自治县	2716	41.6	7.6	92.4	21.0	22.7	0
都安瑶族自治县	4059	61.5	4.6	95.4	21.0	22.4	0
富川瑶族自治县	1572	30.1	52.2	47.8	46.7	97.7	0
金秀瑶族自治县	2518	15.0	21.6	78.4	34.4	43.9	0
融水苗族自治县	4624	47.4	26.7	73.3	40.8	55.7	2
三江侗族自治县	2430	35.3	19.2	80.8	51.8	64.1	3
罗城仫佬族自治县	2658	36.2	26.8	73.2	31.0	42.3	0
贵州省①	**26689**	**500.6**					**2**
三都水族自治县	2384	31.5	3.2	96.8	64.5	64.1	0
松桃苗族自治县	2681	65.3	58.4	41.6	26.7	95.1	0
玉屏侗族自治县	516	14.3	4.4	93.6	89.0	95.5	0
沿河土家族自治县	2469	56.9	44.5	55.5	53.0	81.1	0
印江土家族苗族自治县	1961	41.9	29.5	70.5	57.2	67.4	0
关岭布依族苗族自治县	1468	32.9	33.8	64.2	43.3	63.7	0

---

① 贵州省在下设自治州以外设立的民族自治县有9个：道真仫佬族苗族自治县、务川仫佬族苗族自治县、关岭布依族苗族自治县、镇宁布依族苗族自治县、沿河土家族自治县、松桃苗族自治县、玉屏侗族自治县、印江土家族苗族自治县、威宁彝族回族苗族自治县。

项目\n自治县	面积（km²）	总人口（万人）	汉族比例	少数民族比例	自治民族比例	自治民族占少数民族比例	民族乡
镇宁布依族苗族自治县	1702	35.1	41.3	58.7	37.4	90.8	0
紫云苗族布依族自治县	2283	34.5	33.6	66.4	60.3	90.3	0
道真仡佬族苗族自治县	2156	34.1	11.2	88.8	80.2	88.1	1
务川仡佬族苗族自治县	2773	42.6	1.6	98.4	86.7	67.6	0
威宁彝族回族苗族自治县	6296	110.5	74.4	25.6	17.3	66.6	1
青海省①	**25826**	**167.7**					**16**
门源回族自治县	6896	15.2	54.7	45.3	39.6	87.4	1
化隆回族自治县	2740	23.2	25.5	74.5	48.4	65.0	5
互助土族自治县	3321	35.7	76.8	33.2	17.0	51.2	3
循化撒拉族自治县	1749	11.4	7.4	92.6	62.4	67.4	4
河南蒙古族自治县	6250	2.9	0.6	99.4	93.0	93.6	0
民和回族土族自治县	1780	36.8	48.8	61.2	58.0	94.8	1
大通回族土族自治县	3090	42.5	54.4	45.6	35.7	78.3	2
甘肃省②	**129409**	**109.4**					**7**
东乡族自治县	1510	27.0	13.4	86.6	79.7	92.0	0
天祝藏族自治县	7147	21.7	61.8	38.2	29.1	77.4	1
肃北蒙古族自治县	66700	1.3	37.3	62.7	37.6	60.0	0
肃南裕固族自治县	20456	3.6	45.2	54.8	26.8	48.9	6
张家川回族自治县	1312	31.0	31.0	74.3	69.0	92.9	0
阿克塞哈萨克族自治县	31374	1.0	54.0	46.0	26.7	58.0	0

---

① 青海省在下设自治州以外设立的民族自治县有5个：大通回族土族自治县、民和回族土族自治县、互助土族自治县、化隆回族自治县、循化撒拉族自治县。

② 甘肃省在下设自治州以外设立的民族自治县有5个：张家川回族自治县、肃北蒙古族自治县、肃南裕固族自治县、天祝藏族自治县、阿克塞哈萨克族自治县。

项目 自治县	面积 （km²）	总人口 （万人）	汉族 比例	少数民 族比例	自治民 族比例	自治民族 占少数民 族比例	民族乡
积石山保安族东乡族撒拉族自治县	910	23.0	47.5	52.5	17.9	34.1	0
新疆①	**135938**	**56.5**					**2**
焉耆回族自治县	2441	12.5	45.1	54.9	22.5	41.0	0
木垒哈萨克自治县	13299	8.7	68.0	32.0	24.5	76.5	1
巴里坤哈萨克自治县	36989	10.1	65.7	34.3	32.3	94.3	0
察布查尔锡伯自治县	4472	16.8	36.2	63.8	12.2	19.1	0
和布克赛尔蒙古自治县	28193	5.0	34.3	65.7	33.8	51.5	0
塔什库尔干塔吉克自治县	50544	3.4	4.6	95.4	86.8	91.1	1
四川省②	**20889**	**61.3**					**16**
峨边彝族自治县	2395	14.3	66.8	33.2	33.1	99.7	0
马边彝族自治县	2383	18.2	53.1	46.9	37.0	78.9	0
木里藏族自治县	13252	12.7	21.2	78.8	32.7	41.4	5
北川羌族自治县	2869	16.1	40.9	59.1	56.6	95.8	11
重庆市	**14539**	**205**					**0**
石柱土家族自治县	3013	43.4	39.1	60.9	53.0	87.0	0
秀山土家族苗族自治县	2450	50.1	48.0	52.0	37.8	72.7	0
酉阳土家族苗族自治县	5173	57.4	45.3	54.7			0
彭水苗族土家族自治县	3903	54.1	38.6	61.4	55.7	90.7	0
内蒙古	**89411**	**75.1**					**3**
鄂伦春自治旗	59800	28.2	89.5	10.5	1.0	9.5	0

---

① 新疆在下设自治州以外设立的民族自治县有 2 个：巴里坤哈萨克自治县、塔什库尔干塔吉克族自治县。

② 四川省在下设 3 个自治州以外设立的民族自治县有 3 个：峨边彝族自治县、马边彝族自治县、北川羌族自治县。

自治县＼项目	面积（km²）	总人口（万人）	汉族比例	少数民族比例	自治民族比例	自治民族占少数民族比例	民族乡
鄂温克族自治旗	19111	14.5	62.7	37.3	7.3	19.8	1
莫力达瓦达斡尔族自治旗	10500	32.4	80.3	19.7	9.5	48.2	2

资料来源:根据《新疆统计年鉴》、《内蒙古统计年鉴》、《西藏统计年鉴》、《广西统计年鉴》、《宁夏统计年鉴》、《四川统计年鉴》、《贵州统计年鉴》、《甘肃统计年鉴》、《青海统计年鉴》、《云南统计年鉴》(2005 年中国统计出版社出版)汇总而成。

5 个民族自治区占到我国全部省级行政区域的 14.7%,总面积 437.9 万平方公里,占全国土地总面积的 45.6%。其中,新疆、西藏、内蒙分别占据了全国省级行政区域土地面积由大到小排序的前 3 位,3 个自治区的总面积达到 407.6 万平方公里,占到全国总面积的 42.5%,占 5 个自治区总面积的 93.1%。新疆、西藏、内蒙、广西、宁夏 5 个自治区的自治民族在本行政区内总人口中的比例除内蒙外都达到了 30% 以上,最高的西藏达到了 95.7%。在这 5 个自治区辖区内,下设 5 个二级民族自治地方和 21 个三级民族自治地方(新疆 6 个,内蒙 3 个,广西 12 个),还设有 131 个民族乡、镇。其中,5 个自治州全部分布在新疆,总面积 91.7 万平方公里,总人口 777.8 万人;21 个自治县分布在新疆、内蒙和广西,分别为 6 个、3 个和 12 个,总面积 57.8 万平方公里,总人口 539.9 万人;131 个民族乡、镇分布在新疆、西藏、内蒙、广西,分别为 43 个、8 个、19 个和 61 个;而宁夏则没有下设二、三级民族自治地方和民族乡、镇。

西部 12 个省级行政区域包括 27 个民族自治州,占到全国 30 个自治州的 90%。27 个自治州,除已经包含在新疆自治区中的 5 个自治州以外,剩余的 22 个自治州占到全国 30 个自治州的 73.3%,总面积达到 130.7 万平方公里,占到全国总面积的 13.6%。27 个自治州中,有 10 个自治州下设自治县 14 个,有 22 个自治州下设民族乡 168 个。截至 2005 年,我国有 117 个民族自治县和 3 个相当于民族自治县的民族自治旗。其中,117 个民族自治县中,西部地区有 80 个,而 3 个自治旗全部在西部。这 83 个民族自治县、旗（下除非特指，统称为自治县）分布在西部 9 个省级行政区域内，云南、广西、贵州、青海、甘肃、新疆、四川、重庆、内蒙分别为加起来85，85 个自治县占全国民族自治县总数的 69.2%，总面积 587591 平方公里，人口 2236.6 万人。在 85 个自治县中，除在各自治区和省、自治区下设的自治州设立的自治县外，在一般行政区域另设的自治县有 47 个，占到民族自治县数量的一半以上，说明我国在设立民族地方时尽量贯彻精简和维护民族自治权力相结合的原则，既防止民族自治地方的重复滥设，又尽量使得每个民族都能够设立标志自身独立自治地位的民族自治地方；既保证如蒙古族、维吾尔族、藏族、回族等人口数量较多的少数民族建立民族自治区，又保证如鄂伦春族、鄂温克族等这样数量很少的少数民族也设立民族自治地方，以贯彻《宪法》和《民族区域自治法》规定的维护各民族平等的原则。我国 55 个少数民族中，设立法定的民族自治地方（包括自治区、自治州、自治县）的民族有 44 个，即使聚居度未达到国家设立自治县规模的少数民族"聚居地"也设立非正式民族自治地方——民族乡或镇。西部 85 个自治县中，有 28 个自治县下设共 72 个民族乡、镇（具体情况见表1）。

　　总的来看，我国西部 12 个省级行政区域下设 5 个民族自治区、27 个自治州、80 个自治县、3 个自治旗，总面积 566.1 万平方公里，占全国总面积的58.97%。① 此外，尽管民族乡不是一级民族自治区域，也不享有《宪法》、《民族区域自治法》等法律授予的自治权，但是民族乡依照法律和有关规定，可以结合本民族的特点，在经济、文化、教育和卫生等方面有采取相应措施的权力。可见，民族乡制度具有补充我国民族区域自治制度不足的功能，民族乡对维护我国各民族平等和团结及聚居度达不到设立自治县规模的"散居"少数民族的合法权利起着特殊作用。我国西部 12 个省、自治区、直

---

　　① 民族自治地方土地总面积的计算公式为：5 个自治区的土地面积+云、贵、川、甘、青 5个省下设的 22 个自治州的土地面积+云、贵、川、甘、青 5 个省下设自治州以外的 44 个自治县和重庆市下设的 4 个自治县的土地面积。

辖市共有739个民族乡(或镇、苏木①),占到全国1248个(分布在28个省、自治区、直辖市)的59.2%。这739个民族乡,除了我们前面提到的297个分布在5个自治区、22个非自治区下辖的自治州和47个既非自治区下辖又非自治州下辖的自治县以外,还有442个分布在其他一般行政区域中(统计数据如表2)。

表2 民族乡在西部地区的分布简表

		新疆	内蒙	西藏	广西	云南	贵州	四川	甘肃	青海	重庆
民族乡数	总数	43	19	8	63	171	253	105	39	31	4
	自治州下	32	——			59	32	32	8	4	
	自治县下	2	3			20	2	16	7	16	——
	其他	——				94	219	89	24	12	4

注:①表格第1行为西部11个省级行政区域各自民族乡总数;第2行为各民族自治州下设的民族乡的数量;第3行为各民族自治县下设的民族乡的数量;第4行为除民族自治区域(自治区、自治州、自治县)以外的民族乡数。

②云南省自治县下和自治州下,河口县和金平县属于红河州,在计算时二者存在重复计算。

在西部12个省级行政区域中,宁夏自治区下没有设立二级和三级民族自治地方,整个自治区也没有一个民族乡。因此,在研究中,只能把自治区作为一个研究单元来处理。而在中国历史上,陕西省自春秋战国以降、宋以前,数千年作为中原汉族与北、西北、西、西南、南、东南周围少数民族融会之地,形成了以西安为中心的向四周散射状的民族融和区域,它长久充任中国汉民族的都城和政治、经济、文化地理载体,孕育了中国其他任何一个行政区域没有的对外来文化的包容性、亲和和熔铸能力,似乎什么样的民族文化在这里都会变成沧海一粟。尽管省内居住民族囊括了我国所有族群种类,但是一直没有形成单个的民族集中居住一地的情形,因而没有构成法律意义上的民族自治地方的条件,甚至非正式的民族行政区域——民族乡也只有3个。从这个角度上讲,把陕西省作为中国汉族和周边少数民族文化融

———————————

① 民族镇、苏木行政级别上相当于民族乡,所以在大多情况下我们都把它们称为民族乡。现阶段,我国有59个民族镇和2个民族苏木。民族镇吉林5个、辽宁27个、黑龙江8个、湖南和湖北各1个、山东和海南各3个、河南9个、陕西2个、内蒙古有苏木1个。

合的典范,作为民族文化学研究的对象会更有价值,而把它作为民族地区中小企业发展问题的研究对象则在事实上和法律上都难以成立。退一步来讲,中小企业问题本质上是一个政策和法律问题,国家法律上和政策上都没有将民族乡纳入民族地区的范围。本文也将遵循这样的成例,研究的空间范围限定在县级(含县级)以上民族地区,只在个案中或特殊情况下将民族乡作为研究的范围。

第二章 西部民族地区中小企业的发展状况

国家促进中小企业发展的普遍立法和一般政策、对西部和西部民族地区实施的各项优惠政策,为西部民族地区中小企业的发展提供了有力的政策支持,创造了优良的法制、政策环境。但是,由于历史、地理等种种原因,我国西部民族地区的中小企业发展程度远远滞后于其他地区,进而制约了西部民族地区的"近代化"进程①。

一、中小企业的范围

什么样的企业是中小企业?世界各国通行的做法包括定性界定、定量界定或定量界定和定性界定相结合三种界定方式。由于发展中小企业往往与就业、产业等国家政策密切相关,所以国家立法对中小企业的界

---

① 与现代社会中人们对"现代化"的讨论相比,对于西部民族地区中小企业发展问题,我更愿意采用"近代化"这样的概念。原因有二:一是"现代化"更根本的含义是指发端于资本主义工业革命时期的"一个以传统的前工业社会向工业化和城市化转化为主要内容的内部社会变革"。(戴维·波普诺:《社会学(下)》,沈阳·辽宁人民出版社1987年版,第618页)从这个意义上讲,"现代化"是一个源自于西方近代社会人们组织社会生产方式的变革事实的描述,而不是真正历史上的"现代"社会才产生的事实。二是对于现阶段的西部民族地区而言,"现代化"实际上就是改变传统的生产生活方式,采用企业化、市场化生产方式,由封闭的农业社会向工业化、城镇化社会过渡。因此,对西部民族地区而言,"现代化"的真正本质就是"近代化"。

定带有很强的政策性，多采取定量界定，以便根据政策需要灵活掌控。① 但近年来为了克服定性界定过于刚性和定量界定赋予行政执法机关自由裁量权过宽的弊端，越来越多的国家或地区采用定性界定和定量界定相结合的方式。② 我国对中小企业的界定就采用定性和定量相结合的方式。

2002 年 6 月全国人大常委会通过的《中华人民共和国中小企业促进法》(以下简称《促进法》)第 2 条第 1 款规定："中小企业是指在中华人民共和国境内依法设立的有利于满足社会需要，增加就业，符合国家产业政策，生产经营规模属于中小型的各种所有制和各种形式的企业。"紧接着，第 2 款规定："中小企业的划分标准由国务院负责企业工作的部门根据企业职工人数、销售额、资产总额等指标，结合行业特点制定，报国务院批准。"《促进法》清楚地说明了中小企业的三个特征：(1) 量的规定性。中小企业是按生产经营规模对企业的一种法定分类，不是对企业的定性分类。我国中小企业按照职工人数、销售额和资产总额三项指标确定。(2) 合法性。中小企业必须依"法"设立。这里的"法"指的是企业法(包括实体法和组织法)，而不是中小企业法或《促进法》。合法性是企业纳入《促进法》调整范围的前提，也是《促进法》与一般企业法的链接点。(3) 政策性。中小企业虽冠以"企业"之名，但它本身不属于企业法的范围，而属于应就业、产业、技术革新等国家、社会政策而生的特殊法律范围，属于特殊的政策目标对象。政策性是《促进法》的根本特征。

2003 年 2 月 29 日国家经贸委、国家计划委、财政部、国家统计局根据《促进法》第 2 条第 2 款之规定联合颁布了《中小企业划分标准暂行规定》(以下简称《企划规定》)。这是新中国成立以来第 7 次调整大、中、小型企

---

① 陶清德：《中小企业"政策法案"的两面》，北京·中国人民大学报刊复印资料《经济法学、劳动法学》，2006 年第 11 期，第 15—21 页。

② 林汉川：《中国中小企业创新与持续发展》，上海·上海财经大学出版社 2006 年版，第 144—145 页。

业法定划分标准。① 国家经贸委发布的[2003]143号文件《关于印发中小企业标准暂行规定的通知》中指出："《企划规定》中的中小企业标准上限即为大企业标准的下限……;对尚未确定企业划型标准的服务行业,有关部门将根据2003年全国第三产业普查结果,共同提出企业划型标准。"《企划规定》把所有从事产业活动的企业归为8个行业,再加上待定企业划型标准的服务业,共有9个行业。(见表3)

表3　我国大中小企业划分标准及适用指标要件

类型		大型企业	中小企业	中型企业	小型企业
行业	条件	同时要件	选择要件	同时要件	选择要件
工业企业	职工人数(Wt)(人)	$[2000,\infty)$	$(0,2000)$	$[300,2000)$	$(0,300)$
	销售额(St)(万元)	$[30000,\infty)$	$(0,30000)$	$[3000,30000)$	$(0,3000)$
	资产总额(Ct)(万元)	$[40000,\infty)$	$(0,40000)$	$[4000,40000)$	$(0,4000)$
建筑业企业	职工人数(Wt)(人)	$[3000,\infty)$	$(0,3000)$	$[600,3000)$	$(0,600)$
	销售额(St)(万元)	$[30000,\infty)$	$(0,30000)$	$[3000,30000)$	$(0,3000)$
	资产总额(Ct)(万元)	$[40000,\infty)$	$(0,40000)$	$[4000,40000)$	$(0,4000)$
零售业企业	职工人数(Wt)(人)	$[500,\infty)$	$(0,500)$	$[100,500)$	$(0,100)$
	销售额(St)(万元)	$[15000,\infty)$	$(0,15000)$	$[1000,15000)$	$(0,1000)$
批发业企业	职工人数(Wt)(人)	$[200,\infty)$	$(0,200)$	$[100,200)$	$(0,100)$
	销售额(St)(万元)	$[30000,\infty)$	$(0,30000)$	$[3000,30000)$	$(0,3000)$
交通运输企业	职工人数(Wt)(人)	$[3000,\infty)$	$(0,3000)$	$[500,3000)$	$(0,500)$
	销售额(St)(万元)	$[30000,\infty)$	$(0,30000)$	$[3000,30000)$	$(0,3000)$

---

① ①20世纪50年代实行以企业拥有的职工人数为单一标准来划分企业规模,规定企业职工达3000人以上的为大型企业,500至3000人为中型企业,500人以下为小型企业。②1962年,国家对企业规模划分标准进行了调整,企业规模的划分主要采用固定资产价值标准。③1978年,国家计委下发了《关于基本建设项目的大中小型企业的划分标准的规定》,改为按年综合生产能力为企业规模划分标准。④1988年对1978年企业划分标准进行了细化。⑤1992年,国家经贸委发布了《大中小型企业划分标准》,企业划分标准再次调整。⑥1999年,国家出台《工业企业划分标准》,规定统一按照企业销售收入、资产总额、营业收入划分企业规模,主要是企业的年销售收入和资产总额。

类型 行业	条件	大型企业 同时要件	中小企业 选择要件	中型企业 同时要件	小型企业 选择要件
邮政业企业	职工人数（Wt）（人）	[1000,∞)	(0,1000)	[400,1000)	(0,400)
	销售额（St）（万元）	[30000,∞)	(0,30000)	[3000,30000)	(0,3000)
住宿和餐饮业企业	职工人数（Wt）（人）	[800,∞)	(0,800)	[400,800)	(0,400)
	销售额（St）（万元）	[15000,∞)	(0,15000)	[3000,15000)	(0,3000)
服务业企业	待定	待定	待定	待定	待定

注：①本表根据《中小企业标准暂行规定》整理而成；

　　②本表对中小企业的界定采用区间法表示，闭区间符号表示含端点值，开区间符号表示不含端点值（下面类表与此表同）；

　　③本表中所谓的"同时要件"是指要同时满足表中所列条件，"选择要件"是指只要满足表中所列的其中一项条件即可；

　　④表中第4列，是我国《中小企业标准暂行规定》对中小企业的一般规定。

到目前为止，服务行业企业规模划型的国家标准还没有出台，上海市出台了一个《国家未划型的主要行业小企业上海暂定标准》（以下简称《小企业上海标准》）（见表4）。该标准采用的企业规模界定指标和《企划规定》部分不同，它按照从业人数、注册资本、营业额三个指标划分服务业中小企业。把服务业中小企业划分为居民服务业、社会服务业、体育和文化艺术业、社区服务业、科学研究、综合技术服务、企业管理7类27个行业。《小企业上海标准》对于我国其他省份、乃至全国制定服务业中小企业企划标准有重要的借鉴意义。

二、桂、滇、黔、川、渝民族地区的问卷调查

搞清楚西部民族地区中小企业发展的实际情况是国家制定和实施扶持

这些地区中小企业发展政策措施的依据。从 2005 年 8 月至 2007 年 4 月，本研究项目组织人员分工对西部民族地区中小企业发展状况进行了调研，对甘、青民族地区和蒙、新、藏、宁 4 个民族自治区由专人负责进行了实地考察，而对桂、滇、黔、川、渝 4 个省民族地区和 1 个民族自治区采取了以问卷调查为主和个别区域实地考察相结合的方式。实地调查和问卷调查内容大致分三大方面的内容：一是中小企业的所有制形式、行业分布、组织形式、经营规模、融资渠道和融资方式、信用和风险管理、人才和技术及研发能力、市场营销和经营战略；二是中小企业的经营环境，包括中小企业对中小企业立法的关注程度、中小企业参与中小企业信用担保协会的深度和获得信用担保的机会、中小企业实际享受国家和地方的税收优惠政策和财政支持、获得政府采购的机会和成本；三是中小企业之间、中小企业与同行业大型企业、国有大中型企业之间的合作与协作程度。下面根据获取数据信息主要方式的差异分"西南五省"和"西北六省"分别就民族地区中小企业发展情况作以叙述。

表4　国家未划型的主要行业小企业上海暂定标准

行业		指标			说明
		从业人员（人）	注册资金（万元）	营业额（万元）	
居民服务业	理发、美容、化妆业	(0,50)			
	沐浴业	(0,80)			
	洗染业	(0,80)			
	摄影及扩印业		(0,200)		
	托儿所	(0,30)			
	日用品修理业	(0,50)			
	家务服务业	(0,50)			
	殡葬业		(0,200)		
	其他居民服务业	(0,50)			

行业		指标			说明
		从业人员（人）	注册资金（万元）	营业额（万元）	
社会服务业	旅馆业			(0,500)	
	租赁服务业	(0,30)			
	旅行社		(0,200)		
	娱乐服务业			(0,200)	
	信息、咨询服务业	(0,20)			包括广告业,公证业,律师事务所,会计、统计、审计、咨询业,社会调查业,其他社会服务业未包括信息咨询服务业。
	计算机应用服务业			(0,500)	
	其他社会服务业	(0,50)			包括市场管理服务业和其他未包括的社会服务业。
社区服务业		(0,30)			
体育文化艺术业	体育		(0,300)		
	文化艺术业	(0,20)			包括艺术、出版、文物保护、图书馆、档案馆、群众文化、新闻、文化艺术经纪和代理业,其他文化艺术业。
	电影		(0,1000)		
	电视		(0,500)		
科学研究	自然科学研究		(0,100)		
	社会科学研究	(0,30)			
	其他科学研究		(0,100)		
综合技术服务	气象、地震、测绘、技术监督、海洋环境、环境保护		(0,100)		包括气象、地震、测绘、技术监督、海洋环境、环境保护。
	技术推广、科技交流、工程设计和其他综合技术服务	(0,30)			包括技术推广、科技交流、工程设计和其他综合技术服务。
企业管理机构		(0,50)			

注:此表根据上海市出台的《国家未划型的主要行业小企业上海暂定标准》汇总而成。

（一）桂、滇、黔、川、渝民族地区问卷调查样本基本情况

问卷调查样本主要分布在广西自治区、云南和贵州各3个民族自治州、四川3个自治州和北川羌族自治县、重庆的4个民族自治县。样本主要是课题组成员自己联系托请"关系"通过当地中小企业局、统计局、乡镇企业局等部门和学校、事业单位人员或个人帮助发放与回收的。① 从2005年8月至2007年4月先后通过以上渠道断断续续向以上四省民族地区发放调查问卷5000份，收回有效问卷925份，并根据收到问卷的先后进行了陆续统计和汇总。被调查对象在某些问题理解上与调查表设计问题存在一些偏差，但只要是能够揭示问卷所反映问题的答卷，我们都基本算进了有效问卷中。就有效问卷925份的情况来讲，所有制形式、行业分布、组织形式、融资渠道和融资方式、信用和风险管理、人才、经营环境、获得政府采购的机会、同行业合作等方面的问卷比较理想，能够比较好地反映西部民族地区中小企业的实际发展状况。

（二）桂、滇、黔、川、渝民族地区问卷具体情况

1. 企业的所有制形式、行业分布、组织形式

（1）企业所有制类型和隶属关系

本来从市场经济而言，企业的所有制形式不应当是什么问题。1998年以来国有企业改革的一个重要内容就是中小企业的非国有化②，而《促进法》也明确规定了中小企业"所有制无限定性"原则。但是，在我国大部

---

① 现阶段，私人主持的研究项目社会调查有诸多困难，政府统计等职能部门有关科室在付费情况下，愿意利用工作便利负责替私人调研发放问卷调查表，并负责回收。但一般个人研究项目根本无法承受全额调研费用支出，大多只好采取问卷调查和实地调查结合的方式，甚至动用私人关系发放调查问卷。

② 1997年中共十五大明确提出国家对关系国民经济的关键行业和关键领域建立国有独资公司或实行国家控股，对原国有企业实行"抓大放小"。这项政策的实际执行效果是企业体制转型，除国家垄断经营的行业，国有中小企业必然从市场中退出。这项政策还产生一个后果是，原集体所有制企业的大量破产或拍卖、私营化。这在西部民族地区中小企业调查中表现得都比较明显。

地方政府官员的观念中,企业的所有制类型仍然是获得各种政策支持、税收优惠的条件。另外,目前我国的统计法和统计制度没有修订,基本上采取的还是计划经济阶段的价值理念设计统计项目,这在很大程度上影响了统计项目和统计数据作为"政绩标志"在政府官员中的答卷选择。在我们回收的 925 份有效调查问卷中,对中小企业的所有制形式与隶属关系做出有效回答的答卷是 767 份和 728 份,占有效答卷的 82.9% 和 78.7%。国有、集体、私营、合资企业的构成比例如下表(见表 5①):

表5　中小企业所有制类型及隶属关系

所有制	样本数(个)	比例(%)	隶属关系	样本数(个)	比例(%)
国有	80	10.43	部属	16	2.20
集体	104	13.56	市、州属	179	24.59
私营	427	55.67	区、县、自治县	270	37.09
涉外资本	16	2.09	乡镇	193	26.51
其他	140	18.25	其他	70	9.62
合计	767	100	合计	728	100

注:涉外资本企业是指外国企业、私人参与投资及经营管理的企业,包括港澳台商投资的企业、外商合资企业、外商独资企业。其他类型企业是指被问卷人认为不属于国有、集体、私营、涉外企业的企业类型。

我们发现,在样本所涉及西部民族地区国有企业占 10.43%,集体所有制企业占 13.56%,私营企业占 55.67%,涉外资本企业占 2.09%,其他类型的企业占 18.25%。从此表中,我们可以清楚地看出,这些地区中小企业的

---

①　我们没有采用一般调查者通常采用的调查指标,即将联营企业、国有独资公司、有限责任公司、股份有限责任公司、股份合作制、外资企业与国有企业、集体企业、私营企业并列制卷的模式。我们认为企业的所有制形式只包括三种类型:国有、集体、私人;联营、公司、股份合作属于企业的经营组织形式;独资、合伙、公司、一人有限责任公司、国有独资公司属于企业的经营管理模式,更多地涉及的是企业资本的责任划分;外资企业不应与所有制相列,因为所谓外资企业主要指的是企业有涉外资本来源,尽管如此它们还是按照中国法律设立的中国企业,应当按照企业经营管理形式归入到公司、合伙、独资等企业组织形式中去,但从融资角度考虑有将其单列的必要,故在问卷中置于所有制形式栏中。

所有制类型中,私营企业的数量达到了一半以上,公有制企业、尤其是国有企业的数量较低。这说明我国国有中小企业已逐步从这些地区的市场中退出,企业体制转型成效显著,对当地政府部门提出了今后地方企业政策的重心必须向非公有制经济转移的新要求。不过,在问卷中还有几个表格中无法反映出来的现象:一是黔东南、黔南州和四川凉山州的私营企业的数量和同省其他汉族居住地区的私营中小企业的数量不相上下;二是广西的合资企业的数量要高出西南其他民族地区2倍;集体企业的实质"身份"不明朗,有些营业执照上挂着"集体"的名号,资本管理则完全是私营。

在隶属关系上看,在被调查西部民族地区,部属中小企业的数量与前5年相比,有了大幅度下降;市(地级市)、自治州属企业主要集中于当地经济效益比较好的企业和自来水、热力等公益性的自然垄断企业,区、县、自治县一级的占的比例则更高,达到37.09%,有些民族地区甚至达到70%以上;乡镇企业的比例为26.51%,较前几年比例有所下降,但下降幅度不是太大。不过,效益比90年代要差,破产、重组、租赁、承包经营的要占到70%左右,维持原集体所有制性质的,不到10%。从总体上来讲,中央直属中小企业数量极少,在很多民族自治县甚至没有一家中央直属企业,地方性中小企业因企业改制而大幅度增加,在地方经济中已经占据主导地位。

(2)企业的行业分布

行业分布调查受两方面因素的影响:一是国家的统计口径,国家统计制度上关于行业的分类和国家中小企业划分标准之间存在着不一致;二是国家和地方在中小企业划分标准上存在着不一致,许多民族地区都根据当地实际情况对国家中小企业划分标准作出了变通规定,以确定当地政府重点支持的行业和企业。尽管如此,我们还是按照国家《企划规定》并根据我们所掌握的西部民族地区的大致情况制作了选题,并按照国家统一规定制定选项。在我们收回的925份答卷中,对企业的行业分布问题共有879家中小企业作出了有效回答。具体情况如下表(见表6):

表6　中小企业的行业分布情况

行业	样本数（个）	比例（％）	行业	样本数（个）	比例（％）
采矿	68	7.74	医药、卫生	25	2.84
农产品加工	58	6.60	建筑	20	2.28
制造	20	2.28	交通、运输、仓储	26	2.96
化工	13	1.48	冶金	12	1.37
房地产	34	3.89	电、热、燃气、水的生产和供应	36	4.10
租赁、商业服务	51	5.80	邮电、通讯	19	2.16
批发、零售	117	13.31	社会保障和社会福利	6	0.68
餐饮、住宿	76	8.65	科学研究、技术服务	5	0.57
家具制造	14	1.59	地方特色产品、工艺	100	11.38
文化、体育和娱乐	61	6.94	其他	118	13.42
总计	879				

从表6来看,西南民族地区中小企业在采矿、农产品加工、商业批发和零售、餐饮和住宿、地区特色产品和工艺等劳动密集型和传统产业领域的比例较高,占53.47％;而服务业、尤其是商业企业为主的第三产业发展较快,占40％以上,这主要是近年来国家在这些地区基础设施建设投资增加拉动的结果。

（3）企业的组织形式

中小企业的组织形式是我们关注的另一个焦点问题。从回收的925份有效答卷看,对企业的组织形式都做出了回答,主要情况统计、汇总如表7:

表7　中小企业的组织形式

组织形式	样本数（个）	百分比（％）	组织形式	样本数（个）	百分比（％）
个人独资	108	11.68	股份合作制	105	11.35

组织形式	样本数（个）	百分比（%）	组织形式	样本数（个）	百分比（%）
合伙	147	15.89	国有独资公司	19	2.05
有限责任公司	478	51.68	其他	68	7.35
股份有限责任公司	8	0.86			
总计			925		

从样本反映的具体情况来看,样本所在民族地区中小企业的企业组织形式以有限责任公司、合伙企业和个人独资企业为主体,三者总计达79.25%。这说明近年来企业的市场转轨在民族地区也取得了明显成效。就西部民族地区社会经济发展和市场发育状况来看,对中小企业最适宜的组织形式应当是合伙制,但当地中小企业却"响应国家号召"热衷于建立公司。据我们研究的结果发现,投资人主要看准的是公司的有限责任,包括许多已经事实上登记注册为有限责任公司和股份合作制的企业,实际经营管理完全是合伙制或个人独资企业的运营模式。许多企业登记设立人,在登记之日起就已经在考虑经营不善时的逃债了。这从另一个方面反映了我国企业立法存在着脱离实际的情形。股份合作制是我国特有的一种企业组织形式,是近年来原乡镇集体企业和城镇集体企业转轨后采用较多的形式,在我们的问卷中占到11.35%的比例,这反映出样本民族地区近年来集体经济改制的基本方向。如果考虑近年来企业(包括公司)利用就业压力强行以企业职工工资入股和一些"集体"企业变相"集资",解决企业资金困难的现象,我们估计实质上的股份合作制企业的比例比样本反映的比例要高。这在政府部门的统计、审计、财务报表上是无法反映出来的,许多地方政府也默许这种非法集资行为。

2. 企业的经营状况

我们对925份样本的17个主要经营指标进行了归类、比对(见表8):

表8　样本企业的基本经营情况表　　（单位:万元）

项目＼年份	2001	2002	2003	2004
固定资产	626.55	716.41	724.23	761.31
流动资产	814.59	846.75	870.73	896.13
其中:应收账款	227.26	238.88	256.48	250.82
负债	689.01	770.64	756.67	774.86
银行贷款	861.02	897.89	991.89	756.83
全年营业收入	921.51	945.88	945.69	903.88
产品销售收入	734.06	659.54	631.43	612.32
其中:产品销售费用	46.01	57.90	65.33	70.66
原材料	415.45	436.63	412.20	383.96
人工工资	106.28	106.79	107.26	112.40
研究开发费	16.19	17.55	22.47	30.02
出口创汇	272.02	271.39	267.73	259.82
税金	63.34	67.03	75.81	73.47
利润	73.88	72.43	73.14	77.0
其他费用支出	4.16	5.04	5.93	4.23
欠款	226.94	252.60	274.82	308.63

注:①样本企业数为925份;

②其他费用支出指企业税金、原材料、工资等支出以外的社会收费、摊派等各种规费;

③欠款指企业在生产经营过程中,拖欠交易相对人的货款、服务报酬等。

以2004年为例说明。我们发现,2004年样本中小企业平均资产为1657.44万元,人均资产为10.05万元。固定资产和流动资产都呈逐年上涨的趋势,分别较2001年上涨了21.51%和10.01%,流动资产的增长幅度低于固定资产。出现这种情形的主要原因是随着近年来西部大开发的推进,人们对企业增长预期看好,中小企业把有限的资金和利润用于增加固定资产和改进技术设备上。应收账款为250.82万元,占到流动资金的27.92%,中小企业流动资金不足是普遍现象。企业平均资产负债为1192.09万元,资产负债率为46.75%,负债水平很高。银行贷款756.83万元,和实际负债的差距不大,说明企业融资的主要渠道是银行,企业向私人

(包括企业)融资的空间很小,尤其受1999年以来国家整顿金融秩序政策的影响,民间直接融资受到很大限制。但是,样本企业中也反映出一个基本事实,从银行获得直接贷款的企业很集中,不到8%。全年平均营业收入903.88万元,产品销售收入612.32万元,销售费用70.66万元,原材料成本383.96万元,工资支出总额112.40万元,企业的经营效益不是很好。企业的研究开发费用为30.02万元,呈逐年上涨的趋势,但比例很低,只有4.98%,这是企业将主要的投资应用于企业硬件改造的结果。企业创汇主要集中在当地优势产业和传统特色产业上。2004年的平均利润为77.0万元,比上年增长5.28%,增幅很小。2003年后国家加大对中小企业规费收支的审查力度,中小企业的社会收费和摊派费用较前些年有所下降。综合企业应收账款和欠款来看,企业之间相互拖欠账款比较严重。

在样本企业中,五省民族地区中小企业的亏损情况很普遍,平均亏损率要达到34.67%。其中,广西和四川、重庆的民族自治地方的企业亏损率相对较低一些,平均亏损率分别为23.64%、18.25%、16.45%,而云南、贵州民族地区的中小企业亏损率要达到33%以上,有些地区甚至高达44.67%。从投资形式看,个人独资企业、合伙企业的亏损率要远远低于股份合作制企业和公司制企业。另一方面,公司制企业的经营"寿命"要比个人独资企业和合伙企业长久,亏损的个人独资企业、合伙企业一经资不抵债很快就进入破产还债程序,而公司和股份制企业或由于牵涉多方面利益,或由于内部比较好的制约机制,运行相对"稳健"。从所有制来看,私营企业和外资企业的亏损率很低;但私营企业规模较小,负债率和负债经营也较少见,负债一般都是短期债务;国有中小企业的亏损率最高,经营管理人员也较私营企业、外资企业缺乏责任心,平均亏损达68.97%;大部分集体所有制企业正在向公司制和股份合作制转轨,未转轨企业的亏损率要高于已经完成转轨的企业,分别为43.25%和25.30%。

3. 融资渠道和融资方式

调查显示,占样本中小企业8成以上的企业都有固定资产投资,而占9成以上的企业都有流动资金。资金来源渠道结构如下(见表9):

表9　样本企业资金来源结构　　　　　　　　（单位:%）

资金比例	固定资产投资			流动资产		
	自有比例	贷款比例	其他来源比例	自有比例	贷款比例	其他来源比例
0.0	5	83	81	7	72	85
0.1~49.9	9	11	9	14	17	10
50.0~99.0	12	4	6	27	9	4
100.0	74	2	4	52	2	3
合计	100	100	100	100	100	100

中小企业固定资产主要依靠自有资金运作,完全依靠贷款或从其他渠道融资的企业仅占5%,而且一般承诺还款的期限都在1年以内。固定资产全部通过贷款获得的中小企业仅占2%,且主要是国有和集体企业;通过其他渠道(包括从亲友、邻里、民间借贷等)融资的占4%。私营、外资企业几乎全部依靠自有资金购置固定资产。中小企业获得流动资产信贷的情形较固定资产稍好一些,但是这个"稍好"是中小企业用企业固定资产提供抵押或第三方提供担保获得的,中小企业很难有机会获得信用贷款,除非是国有中小企业或政府出面支持的地方龙头企业。而且,从调查反映的情况来看,非公有制中小企业获得贷款的机会越来越难。不过,五省民族地区中小企业获得金融贷款的难度也存在着差异,即使在同一个省的不同民族地方也存在着较大差别,固定资产和流动资金的一半以上的自有资金因地方的经济条件和政府部门的支持力度不同而有差异。广西、四川省凉山自治州、云南红河州、大理州、贵州省黔东南州来源于金融机构贷款的比例更高些,在15%~25%之间,其他民族地区则更低些。

除自有资金和金融机构贷款之外的其他融资方式在样本企业中占有很重要的位置,尤其在弥补中小企业流动资金不足方面发挥着很重要的作用。在样本企业中,通过债券融资、民间借贷、亲友帮助、内部集资、政策性担保贷款筹集资金的企业比例分别为0.02%、48.30%、12.12%、34.91%和4.65%。其中,通过民间借贷、内部集资筹集资金的中小企业的比例合计达到83.21%。这表明,民族地区中小企业通过国家法定的融资方式获得融资相当困难,非正式的融资渠道,甚至违法融资在当地相当普遍。

另外,我们在调查中还发现,各种所有制类型的中小企业获得商业贷款的条件存在较大差别,即使近年来发展起来的中小企业信用担保机构向中小企业提供担保也存在"贵族化"倾向,更愿意向信用度好的国有、外资、集体企业贷款,而不愿意向私营企业(包括个人独资、合伙、有限责任公司)提供担保,公有制经济和非公有制经济的"二元"分化格局在融资环节就已经形成(见表10)。

表10 不同所有制类型中小企业获得商业银行贷款比较

所有制类型	有贷款企业比例(%)	贷款条件				
		贷款期限(月)	信用贷款(%)	担保贷款(%)		
				商业性	互助性	政策性
国有	79.2	6～36	51.2	37.4	4.5	7.9
集体所有	56.9	6～24	23.8	54.3	7.6	14.3
私营	28.7	2～12	8.9	27.8	46.9	16.4
外资	33.6	12～36	74.6	15.0	3.8	6.6
其他	46.8	6～12	24.7	49.3	11.2	14.8

注:商业银行指对外开展信贷业务的金融机构,包括中国工商银行、中国银行、中国农业银行、中国建设银行和其他股份制商业银行、城市商业银行、城市信用社、农村信用社等。

可见,借款人提供足额不动产抵押或提供信用度高的担保人的情况下,一般都能从商业性金融机构获得贷款;在相同条件下,借款企业的所有制类型决定企业获得贷款的机会。在样本企业中,近80%的国有中小企业在各种类型的商业银行中有贷款,比私营企业高出50.5个百分点,平均贷款最长期限可以达到3年,而私营企业只有1年。尽管有商业银行贷款的外资企业比例不是很高,但是它们一般比其他类型的中小企业更容易获得信用贷款,占企业贷款总规模的74.6%,且授信期限较长。我们还发现,近年来随着中小企业信用担保机构在各地的设立,中小企业在商业银行中的担保贷款总额有较大幅度提高;从发展的眼光来看,获益最大的是非公有制中小企业。但是,各类中小企业信用担保机构化解和降低担保风险主要寄托于被担保中小企业提供抵押作为反担保的主要措施,中小企业政策性信用担保机构在"稳健运行"政策和"政绩"面前,正在变成新的"嫌贫爱富者"。那些历史地"继承"了土地使用权的国有企业和集体企业以及靠划拨取得土地使用权的"市场新贵"——外资企业成为便宜获得商业性和政策性贷款的企业,而真正需要政策性信用担保机构提供担保支持的私营中小企业则主要靠支付土地租赁费取得土地使用权而不能提供足额担保,从而被排除出商业性担保和政策性担保之列,只好求助于会员制的互助性担保。其实,对于国有中小企业和外资中小企业而言,中小企业政策性担保机构存在与否,它们都完全可以凭自己的信用度获得商业银行的信用贷款和一般商业性担保贷款,当然占用政策性担保贷款可以使它们获得更高的授信额度。可以预见,当前和今后相当长的一段时间里,除吸收外资或外商独资企业外,西部民族地区国有或国家参股中小企业和极少数地方政府支持的集体性中小企业与数量众多的私营中小企业之间基于土地使用权、资源占有权的两极分化,将会长期存在并有进一步扩大的趋势。

4. 企业经营信息来源

对于企业经营活动中的信息来源,我们分为专门调研获得信息、偶然获得信息和通过反馈获取信息和其他四类。其中,企业专门调研部门收集和付费,由社会专业性中介咨询、服务机构调查获取信息,属于第一类,专门性、针对性、目的性、准确性、真实性、可靠性程度也比较高。第二类是通过社交、展览会、交易会、专业会议、政府有关部门、科技文献或专刊获取的信息,这类信息有一个共同点,就是信息的获取带有很大的偶然性、盲目性,缺乏明确的目的性,信息的准确性、真实性、可靠性程度相对较低,这类信息可以根据其特征概括为偶然获得的信息。除此以外,现在许多企业为了增加客户对企业产品和服务的信赖度而赢得市场,在销售环节延伸出售后服务环节,一方面提升自己产品的信用度和市场占有量,另一方面从顾客那里获取有关市场信息。现在,顾客对商家提供产品或服务的信息反馈,已经从单纯评价和瑕疵产品的包退、包换、召回、终身保修卡等法律责任强化为企业和顾客的双向互动、企业获得市场信息的重要途径,此外,企业获取市场信息的途径还包括企业定期或不定期地向客户征集对产品使用情况的意见等。另外,国家出台新的法律或公布新的政策等,也会为某些精明的企业家提供一些具有长效性的市场信息。这样,我们对民族地区中小企业的信息来源调查就分成了两个层次,一是微观上将企业获取的经营信息分为市场、技术、金融、人才和政策信息五类,二是在宏观上将企业获取的信息分为专门信息、偶然信息、反馈信息和其他信息。如此分类的意义也有两点:微观上分类的目的在于对信息的重要性进行排序,以确定在特定的时间段和空间范围内对何种信息更重视,方便政府部门有针对性地采取措施;宏观意义上分类的目的在于确定企业的信息偏好和内部分工化程度,以方便国家制定引导性政策,鼓励企业有目的生产和利用企业控制的社会资源。

在回收样本中,我们抽出广西、云南3个自治州、贵州3个自治州、四川3个自治州的879份样本,整理成如下"企业经营信息重要性排序"表(见表11):

表11　企业经营信息重要性排序

区域	样本数（个）	经营信息选项选择百分比				
		市场	技术	金融	人才	政策
广西	448	42.7	17.6	3.9	16.1	19.7
云南3个自治州	236	36.5	16.9	6.4	16.4	23.8
贵州3个自治州	109	40.5	13.2	5.6	19.0	21.7
四川3个自治州	86	52.6	14.9	2.9	12.4	17.2

从表格中我们发现,广西和云南、贵州、四川民族地区中小企业对经营信息重要性的排序具有以下特点:普遍认为市场信息对于企业而言是最重要的经营信息,金融信息是相对最不重要的信息,这和林汉川等人在北京、广东、江苏等地的调查具有共性。[①] 但是,在人才、技术、政策信息方面,民族地区普遍认为政策信息比人才、技术信息重要,在平均程度上企业对技术的重视程度要高于对人才的重视程度。事后,我们也就此种情况进行了个别访问,发现造成和中东部非民族地区中小企业对经营信息有不同看法的

---

① 林汉川、夏敏仁、何杰、管鸿禧:《中小企业发展所面临的问题》,北京·《中国社会科学》2003年第2期,第87页。

影响因素主要有三点:一是在我国西部民族地区实施的民族区域自治制度和特殊的民族政策;二是西部民族地区特殊的自然地理状况造成的巨额企业经营、运输成本等;三是主观原因,大多数企业将企业生产率低下的主要原因归结为企业技术设备落后。四川省3个民族自治州的中小企业普遍认为,当地不缺乏技术人才,缺乏的是技术和国家政策。我们对925份样本企业获取信息的方式进行了归类,具体情况如下(见表12):

表12 样本企业获取经营信息的渠道

	专门信息	偶然信息	反馈信息	其他
广西	12.6	54.8	23.7	8.9
云南	11.5	52.4	19.5	16.6
贵州	10.8	57.3	16.7	15.2
四川	25.5	37.1	30.4	6.2
重庆	9.8	55.9	18.7	15.6

通过上表,我们发现样本涉及的五省民族地区中小企业主动搜集、获取经营信息的企业比例较低,企业经营信息一半以上是偶然获得,说明企业经营存在着很大的盲目性,对市场调研缺乏主动性、积极性,企业自身对其市场前景不乐观。另外,西部民族地区中小企业普遍存在一种"政策依赖"倾向和国家财政"周济"意识。前者是西部民族地区政府执政习惯意识在企业中的反映,后者是长期以来普遍存在的"政府担保"造就的"企业家"意识。最后,近年来企业对客户反馈信息越来越重视,呈逐年上升趋势,说明企业的信用意识、市场意识、责任意识在逐步增强,但并不是主流意识。

5. 中小企业的研发能力、人才

2004年,样本民族地区中小企业有组织地开展科研和技术开发活动并相应有经费支出的企业在上述五个省民族地区所有中小企业中所占的比例都没有超过5%;科研活动经费中60%以上主要用于对科研人员的奖励、津贴开支等,新产品研发经费所占科研活动经费的比例大都在10%～15%之间,代表企业自主创新能力的研究与试验发展(R&D)经费所占科研活动经

费的比例为 6.04%,投入强度只有 0.02%。具体情况如下(见表 13):

表 13　企业开展科技活动情况　　　　(单位:%)

		广西	云南	贵州	四川	重庆
开展科技活动企业比例		3.28	4.46	2.23	1.22	4.89
科技活动经费	新产品研发	14.42	13.12	12.68	14.26	17.06
	科技人员奖励、津贴	65.18	61.49	62.10	62.23	58.10
	R&D 经费	5.06	6.53	5.18	3.27	10.17
	其他支出	15.34	18.86	20.04	20.24	14.67

民族地区中小企业科技活动水平低,尤其是新产品研发和 R&D 经费占科研活动经费的比例低,与当地中小企业缺乏科研人才是紧密联系在一起的。样本企业反映的各民族地区中小企业职工的受教育情况与当地教育的发展状况和结构成正相关关系。2004 年,五省自治州以上民族地区中小企业平均职工人数为 29 人,实际在岗人员为 27 人,大约 10% 左右的人员要从中分流出去。企业职工的平均受教育程度状况大致如下:企业职工具有高中以上文化程度的只占 12.7%,其中有中专(包括技校、职高、高中)学历的人数占 9.3%,具有大专及大专以上学历的人数占 3.3%,而具有研究生学历的人数只占 0.07%。

中小企业经营者都认识到知识和研究型人才对企业经营和发展具有重要作用,但是我们要求被调查企业对"跑项目"、"融资"、"引进技术设备"、"新产品开发"、"市场营销"、"管理"各类人才按照重要性排序的答题中,几乎所有的企业都将"融资"人才排在首位,"跑项目"人才排在其次,近一半的企业将"新产品开发"人才排在末位。80% 以上的中小企业没有人才培养计划。

企业的技术水平可以从其自主研究开发产品和技术的能力上反映出来,也可以从目前所使用的技术设备体现出来。从总体上看,广西和云南、贵州、四川、重庆民族地区中小企业的设备技术水平都不高,主要的技术设备都还是 20 世纪七八十年代的。有 20% 的企业还采用的是传统的手工生产方式。不过,企业成立的时间久短,也影响着企业技术设备的新旧,新建企业往往采用的技术设备更先进,在 20 世纪 90 年代成长起来的中小企业明显较由原来的国有企业、集体企业改制而来的企业的技术设备新。企业的技术水平跟企业经营管理理念的现代化程度也有着紧密的联系,外资企业、私营企业的设备技术水平要高于国有和集体所有制企业。

三、蒙、新、藏、甘、青、宁民族地区的实地考察

从 2005 年 8 月到 2007 年 4 月,课题组在对西南五省进行问卷调研的同时,开始进行"西部六省行",先后到甘肃的 2 个自治州(临夏回族自治州、甘南藏族自治州)2 个自治县(天祝藏族自治县、阿克塞哈萨克族自治县)、青海的 2 个自治州(海北藏族自治州和果洛藏族自治州)4 个民族自治县(民和回族土族自治县、互助土族自治县、化隆回族自治县、循化撒拉族自治县)和新疆、内蒙、宁夏、西藏的一些地方进行了个案调查和专访。内蒙、新疆、西藏、宁夏、青海和甘肃的民族地区(下简称为西北六省民族地区)是一个在自然地理、经济地理、生态地理、文化上和西南五省完全不同的区域,民族结构上表现出一种民族界限与地缘关系一致的"大气",不像西南五省那样琐细、错综复杂。西藏基本上是一个藏族为主体的封闭经济区域,青海东部沿祁连山西南坡达坂山段、青海湖以东、向南延伸至阿尼玛卿山脚河南蒙古族自治县的"新月形"地段是汉、回、藏民族交融相处的地带。青藏高原向北、向东处于我国地形的第二阶梯的新疆、内蒙、宁夏都有在本行政区域内占政治优势的民族,甘肃自西北向东南沿阿尔金山北坡、祁连山南脉达坂山东北坡都有少数民族居住。从总体上看,西北六省民族地区中小企业的发展形成与西南五省有不同的状况和特点。

(一)令人"困惑"的中小企业国家标准

把企业大小限定在一定标准范围内本身是一个很不可靠的做法。因为大、中、小型企业的划分不像对企业性质的界定。企业性质在一定时期和范围内具有稳定性,因此与此有关的政策可以上升为法律。而企业量的属性

本身是随时随地在变动着的因素,即使我们求取一个中间值,也可能因地区经济差异而使这种立法归同"儿戏"。

甘肃、青海民族地区和西藏大中小型企业分布情况小资料:

按照国家《企划规定》,2004年,甘肃省共有工业企业12655家。其中,大型企业28家,中小企业12627家,甘肃省民族地区没有一家大型企业;如果按照同时要求雇员300人(含300人)以上、2000人以下和销售额3000万元(含3000万元)以上、3亿元以下的标准,那么甘肃民族地区也没有一家中型企业。这样,甘肃民族地区的企业在规模上都划归到小型企业群里面去了。

2004年,青海省有工业企业法人2215个,全部从业人员180795人。如果除去西宁市和海东地区,6个民族自治州有法人工业企业670家,从业人员共57834人,平均从业人员为86人。法人工业企业最少的玉树藏族自治州只有25家,而果洛藏族自治州32家工业企业法人平均从业人员人数为27人。在全部青海省规模以上工业企业中,大型企业只有8家,全部是国有企业;另外453家中小型企业中,50家中型企业和134家小型企业属于国有控股公司。这就是说,大中型工业企业就等于国有企业。

2004年,西藏有企业法人1700多家,乡及乡以上工业企业486家。其中,中型企业12家,小型企业474家。没有一家工业企业达到国家规定的大型企业的标准。12家中型企业总从业人员4565人,平均从业人员为380人;474家小型工业企业总从业人员15208人,平均从业规模为32人。

这段小资料是按照《企划规定》,对甘肃、青海民族地区和西藏工业企业的规模类型进行的分类。任何上升为法律的分类都有它立法的价值所在,中小企业划分标准的意义在于确定国家中小企业政策的扶持对象范围。如果按照一定标准,把一个数几十万、甚至上百万平方公里地区范围内的所有企业都划归到了中小企业中,那么,这个标准存在的意义和价值也就值得怀疑了。这样的划分与其说是为了扶持中小企业,还不如说是更有利于大企业的政策。

另外,我们所谓的中小企业的地位和作用,是相对的,这使得中小企业的所有划分指标和标准都具有同样的不确定价值,参看表14:

表14　内蒙2004年国有及规模以上非国有大中小型工业企业经济效益简表

(单位:亿元)

	数量(个)	总产值	资产合计	所有者权益	销售收入	利润总额
大型企业	41	835.86	1311.20	584.29	902.29	51.63
中小企业	2234	1260.07	1994.77	762.87	1211.31	90.56

通过此表,我们发现大型企业和中小企业的重要性完全是一个相对的范畴,中小企业在数量、总产值、资产总额、所有者权益、销售收入、利润总额以及上缴国家税金总额上,都超过大型企业。由此,中小企业在吸收社会就业的总量、维护社会稳定诸方面都具有大型企业不具有的优势。2004年,西藏地区共有工业企业23310家,其中有4565家中型企业,18745家小型企业。没有一家可以列入大型企业行列。

综合以上因素来看,按照一定的刚性的数量指标确定的中小企业标准,对地区经济差异悬殊的西部民族地区来讲,并不能为政府部门制定中小企业政策提供有价值的参考。

（二）企业创建的动因和政策处置的冲突

创业小资料:

袁某在上世纪90年代初刚到新疆克拉玛依市时,他对当地市场进行了系统调查,认为在这里创建一家烤面包店,外带早餐和快餐外卖,将会很有发展前景。他到南方一家技工学校学习6个月,掌握了熟练的烤面包技术。待到他学艺有成,再次回到克拉玛依市,准备实践自己的想法。但是,初次投入资金没有来源。像他这样的无当地户口的"移民"从银行贷款根本不可能。于是,他向亲戚、朋友、熟人四处发信,借钱,好不容易凑了3万元,办起一个个体烤面包店。现今,袁某早就不是一个个体小老板,拥有1200多万元的资产,并有自己的品牌产品和商标,在新疆几个城市设有自己的连锁分店,但他并不亲自或派驻自己的代表到各连锁店,而是实行连锁店加盟,授予这些连锁店使用自己的产品品牌和商标,自己收取一定的企业品牌和商标使用费。

对于创业者来说,创业可以有多种途径:要么创办一家新企业,要么购买一家已经在经营企业的所有权或经营权,要么是与知名企业或者拥有知名度较高的产品和商标、专利的企业签订特许经营协议。创办一个新企业必须要考虑的因素大体可以概括为四个方面:市场因素、竞争优势、经济效益、管理能力。个人魅力和经验是个人创业者的基本条件,采用合伙方式或建立公司有利于发挥众人的智慧,弥补个人能力的不足。

对于创业者来说,创办新企业是产生制约因素最少的方式。但是,创办新企业首先遇到的阻力就是资金限制,在这方面购买或租赁一家已存在企业同样存在这种困难,而且国家法律和政策总是与创业者的个人构思有相当大的差距。法律和政策为各种创业行为设置了门槛,并因行业不同而不同。譬如,公司法律要求设立有限责任公司必须具备以下要件:股东人数要在50人以下,股东出资达到最低限额3万元,股东共同制定合法的公司章程,有公司名称,建立符合公司法规定的有限责任公司要求的组织机构,有公司住所。货币出资额不得低于注册资本的30%;公司股东认缴的出资可以分期支付,但是股东首次认缴的出资不得低于注册资本的20%,也不得低于法定最低限额。设立一人有限责任公司的条件更加严格,注册资本最低限额为10万元,并且一次足额缴纳公司章程规定的注册资本,股东在不能证明公司财产独立于股东自己财产的情况下,股东承担无限连带责任,而不是有限责任,等等。法律的规定常常是刚性的,对于创业者来讲,比较容易把握,政策性规定往往在我国起着和法律同样的效力,甚至在执法层面上比法律更具有优先性。政策的复杂性和灵活性,使创业者的创业活动存在了很多变数。譬如,国家对各种类型的企业都规定了企业设立登记的法律,但是审批权、批准权在政府部门手中;尽管《促进法》也规定应当简化对中小企业的审批、登记程序,各级政府也设立统一办公的政务大厅,为企业审批、登记开展流水线服务,但是政策总是不遗余力地扩展政府的自由裁量权。譬如,2006年,国家开发银行新疆分行向新疆中小企业融资1.735亿元支持乌鲁木齐市 39 家中小企业,在此以前开发行还向新疆 42 家中小企业融资 1.815 亿元,但都集中在乌鲁木齐和哈密地区的国有和集体中小企业。实际情况的另一面是,到 2004 年底,新疆有 47.71 万户个体工商户和 5.17 万户私营企业,占全自治区营利性单位的 60% 以上,从业人数 142.98 万人,注册资金 890.71 亿元,在国有和集体企业大幅裁员情况下,个体、私营经济当年吸收失业人员 3.25 万人,这些个体、私营经济因所有制或达不到获得信贷支持的规模而被排除出开发行融资的范围。《企划规定》排除个体经济和国家统计制度中以"规模以上"为标准,使我国西北六省民族地区最具有活力的个体私营经济成为融资最困难的经济群体。

(三)家族企业和企业的家族化

从计划的角度,家庭就像企业;从管理的角度,企业像家庭。如果按照科斯的理论,市场和企业都是资源配置的方式,不过企业是靠权威替代市场的价格机制的话,那么在中国西部民族地区的中小企业中,企业因"家"或"家族"因素的参与而强化了企业的权威传达机制,同时也形成了一个不同于西方正统意义上的独具特色的企业治理结构。诚如费孝通先生所言,我们社会是一个"差序格局的社会,是由无数私人关系搭成的网络"。[①]"在这种格局中,社会关系是逐渐从一个一个人推出去的,是私人联系的增加,社会范围是一根根私人联系所构成的网络,因之,我们传统社会里所有的社会道德也只在私人联系中发生意义。"[②]我们现在正处在一个传统的私人道德观念支配的精神世界与现实的物质世界市场化相"表里"的社会时代:尽管我们已经搭建起了一个建设法治国家的法制平台,但是我们离真正意义上的法治国家还很远;尽管我们已经实行了市场经济,但是我们发展经济的各种政策措施骨子里是计划经济的;尽管我们模仿西方对企业进行改组、改造、改制建立现代企业制度,但是我们的企业管理运行不是按"团队格局"而是按"差序格局"安排的。我国现阶段的各种企业组织深深打上了"差序

---

① 费孝通:《乡土中国 生育制度》,北京·北京大学出版社 1998 年版,第 36 页。
② 费孝通:《乡土中国 生育制度》,北京·北京大学出版社 1998 年版,第 30 页。

格局"的印记,就像包装精美的"夹心糖",外表的现代包裹着核心的传统。

甘肃河西走廊以西、以北,是我国少数民族聚居地,也是我国矿产资源富集地。每年都有内地人携款并带着自己召集的人马到青海、甘肃酒泉、新疆、宁夏、内蒙西部开矿。2005年8月我们去甘肃酒泉西部阿克塞哈萨克族自治县实地调查当地中小企业的发展情况。阿克塞县城离敦煌市还有70多公里,南临阿尔金山安南坝山段,山中多优质石棉矿,东、北、西三面为沙漠所包围。阿克塞县的支柱产业是石棉矿开采业。这个县城财政收入95%以上来自于170多家石棉矿企业。其中,规模最大的一家属于国有石棉矿企业,年销售额2000多万元,雇工100多人,无论从总资产还是销售额、从业人数上看都算不上中型企业;余外是由酒泉市和阿克塞县下属五个乡投资创办的市属地方企业或县属乡镇企业。这里的哈萨克族牧民大都很富裕,其中的一个原因是通货的"自然积攒",因为这是一个很封闭的区域,牧民手中有钱无处花,县城没有繁华的商业区,离市场相对繁荣的敦煌市的交通又很不便利。2005年才开通通往敦煌市的小型中巴车,而且是"早去晚归"。这里的法人企业基本上都完成了公司制改造,只要是够得上公司条件的,都已经转归为公司了。实际上,这里许多企业并不具备公司的条件,许多企业为了凑够公司法规定的法定股东人数①,随便找个熟人顶替,从而出现了许多公司只有一个真正的出资人,其他的都是凑数的"挂名股东"。也有一些公司的"挂名股东"在企业投入一定的资金,不参与经营,只分取红利,这要跟公司的承包人关系"铁"才行,这种只赚不赔的机会并不是人人都有份。因为阿克塞的石棉矿质量特优,销路很好。据跟调研组一名调研人员"攀上亲"的阿克塞县多坝沟乡的一个石棉矿开采公司承包商说,一个投资1000万元的石棉矿企业在扣除各种费用和税收以后,最不好年景的纯利润是1000万元。所谓的乡镇企业只是挂个招牌,实际上全被外地来这里开矿的汉族人承包了,每年只向乡、县两级财政部门缴纳承包费、纳税及交纳管理费等各种规费。这些开矿商来的时候不仅带了自己的亲属

---

① 《公司法》最新修订以前,还没有一人有限责任公司的规定,有限责任公司需要2人以上的股东。

做企业的管理层人员,而且负责开矿的工头和工人都是自己从家乡带来的"知根知底"的人。很多情况下是一家人把持一个公司的董事长、会计、出纳、总经理等职务,实在自家人不够,就会把最知心的亲戚或朋友请来帮忙"看家护院",职位的高低多以血缘关系的亲疏远近确定。即使是唯一的一家国有石棉有限责任公司也未能幸免这种"改制"的厄运,董事长一换,随之而来便是从上层到中下层所有"掌权"人的大换血。在这个人口近1万的民族自治县,170多家小型石棉矿企业中从家族企业到公司的家族化经营很普遍。我们调查的其他地方的企业与阿克塞县石棉矿企业的情况几乎完全相同。

从这些民族地区的家族企业和企业的家族化现象,我们是否要在法律上承认这种企业组织形式的合法地位,是否在政策上给予如同中小企业的政策待遇,是一个很值得重视的问题,毕竟这已经不是一个个别现象。

(四)个体经营户的地位

西北六省民族地区明显不同于全国其他地区的一个特点是以民族饮食业为主的个体经济比较发达。在这方面无论是集中居住的还是分散居住的回族最具代表性。但是,我国企业法律制度不将个体经济组织纳入"企业"的范围,而是单独划出一种经济组织类型——个体经营户。法律对个体经营户是这样界定的:个体经营户是生产资料归劳动者个人所有,以个体劳动为基础,劳动成果归劳动者个人占有和支配的经营单位。这样的定义并不能区分个体经营户和企业,尤其个体经营户与个人独资企业的界限,我们只能从工商管理部门最终颁发的营业执照上区分,但一个拥有资产100多万元的个体经营户和只有资产6万元的个人独资企业的本质区别是什么,恐怕很难有一个令人信服的答案。一个不定期雇工月均达15人的个体经营户不能享受中小企业优惠政策待遇,而一个连年亏损裁员的集体企业可以享受各种中小企业减免税政策待遇,其中的合理性何在? 对于经济发达地区来讲,个体经营户对社会经济发展的贡献率的确算不得什么,但是对一个经济不发达地区或特殊产业发展区域,数量上和吸收劳动力上占绝对优势的个体经营户对社会经济发展的作用是绝对不能忽视的,个体经营常常就是工业化、市场化、商业化的前奏。别的不说,就个体经营户在解决社会就业、减轻社会就业压力方面,在西部民族地区就是一股不可忽视的、理应得到国家政策支持的力量(见表15)。

表15　西北六省自治州民族地区的个体经营户

	户数 (户)	占营利组织总数比重 (%)	就业人员 (万人)	占营利组织就业人数比重 (%)
新疆	579825	80.33	137.3	36.8
内蒙	444101	87.14	77.97	39.21
西藏	49429	67.88	7.95	15.49
宁夏	211096	81.68%	39.32	30.7
甘肃	——	——	——	——
青海	44982	69.19	7.75	29.88

从上表可以看出,在西北六省中,除甘肃以外,四个自治区和一个省级行政区域的6个自治州的个体经营户的数量在营利性组织中的平均比例在75%以上,就业人数在营利性组织中的比重平均要达到1/3左右。在西方国家没有个体经营户一说,大部分国家将它们划到中小企业的微型企业类中,制定特别的扶持政策。日本中小企业发展政策模式中,有专门的微型企业模式;德国中小企业被专称为"Mittelstand",就是为了将具有民族特色的"手工业"和家族企业包括进中小企业范围,享受和中小企业相同的优惠政策待遇;意大利中小企业法将中小企业分为中型企业、小型企业、微小企业三类,微小企业就相当于我国的个体工商户。

(五)企业的经营管理

任何一个组织都需要管理,中小企业的经营活动若缺乏领导和协调将无法正常运行。经营管理存在缺陷是我们在西北六省民族地区中小企业调查中遇到的普遍现象。一个在青海海东民和回族土族自治县创立了几家成功企业的企业家坦率地对我们谈论了自己十多年来从事企业经营管理的不足。

那些年开始介入这个行业时,把事情想得过于简单,先到这里进行了考察,认为这里有我要做的事情,然后就带着我的小舅子和弟弟来到这里。我们害怕雇人,尤其是那些自己不熟悉的人。我们雇人都有这样基本的原则:首先企业的财务人员必须是最亲近的人;其次我是汉族人,我首先考虑雇用汉族人,只有在不能找到同族人的情况下,找能够吃苦耐劳的、诚实的知心异族朋友帮忙。"自己人"好使,也便于交流、沟通!我从来也不认为现代公司里那一套制度比我们这一套做法更好。现在企业尽管挂的是有限责任公司的招牌,实际上公司是我一个人的,其他几个"股东"都仅仅在我这里挂个名,帮我把公司成立起来;挂公司招牌有好处,当地政府会对公司有特殊的税收等优惠政策。十多年来,财务主管已经换过四五个,现在的财务主管是我老婆。我老婆并不懂财会,因此企业财务实际上由我一人兼挑。我的企业销售量差不多一年达到上千万元了,近年来确实也感觉到企业的经营管理不如从前那么有效率了。现在的市场竞争如此激烈,而我的公司没有人为我制定有效的竞争措施,产品营销没有专业人员来做。至于说你们调查表上所列的企业经营战略问题,我从来也没有想过,至今我还没有做过企业发展规划,我一直认为企业的发展取决于机会和许多偶然因素,与其说企业成功在于企业所有人员的共同努力,还不说企业成功取决于企业家的运气。我的企业这几年争取到了政府采购的订单,所以市场调研、广告这些都不用我去做。我知道公司要进一步发展,专业化是不可缺少的环节,但是一想到雇用外人来做这些事,我就感觉到很不可靠,毕竟现阶段的市场很不完善,存在着许多人为的陷阱。……

这个个案反映的情况在西北六省民族地区中小企业中很具有代表性。中小企业管理是一个范围很大的话题,财务管理问题在前面已经有所涉及,在这里我们主要根据我们调查的情况分大类进行叙述。

1. 企业家的素质

在 2 年时间里断断续续与我们发生过 20 分钟左右交谈的中小企业领导人有 562 位。其中,我们从正面或侧面了解了他们的个人学历水平的有

440多位。我们预制的"企业家学历程度调查表"的最终填充(见表16):

表16　企业家学历程度调查表

	总计	研究生	本科	大专	中专	初中	小学	其他
样本数(人)	446	0	7	71	109	206	37	16
比例(%)	100	0	1.6	15.9	24.4	46.2	8.3	3.6

注:中专包括技校、职高、高中。研究生、本科、大专包括成人考试、自考和党校系统学历。

通过此表,我们发现研究生和本科学历的人很少有创办企业的;而恰恰是那些仅接受过义务教育的初中学历者,创业成功者居多,中专学历者次之。不过有一个事实是企业管理质量较好和事业较持久的创业者是大专学历者居多。这说明,我国西北六省民族地区中小企业经营者有一个显著特点:企业对创业者的学历要求不是太高,但企业要赢得持久效益则需要高素质的管理者。不过,大部分企业管理者都认为在当地创立企业并不需要很高的学历和知识,认为学校经历太长和书本知识太多的人,很容易"书生气",不懂得创业的"江湖规矩"。他们认为目前国家扩大大中专院校规模的做法有两大负面作用:一是使年轻人最具有创造力和拼搏精神的岁月耗费在了学校里和书本中,既"蹉跎岁月"又增加家庭、父母的负担,大学毕业后所学知识"一无所用";二是将年轻人的就业时间后移,使各种学历层次的年轻人集中到一个时间段上竞争就业,增加了社会高学历层次人才就业的压力,也不利于大学为社会培养真正有水平的人才,大学在大量地占用和浪费着社会资源。大部分的企业管理者都明确表示拒绝使用大学生。持上面观点的企业管理者占到80%以上。这在一定程度上也说明,我国的高校教育和社会发展对人才的需求之间存在着错位,过密的教育资源投入并不能提高社会的整体素质,教育事业的高投入并没有创造出高效益。从另一个角度上也说明,我国西北民族地区中小企业的整体发展水平还没有形成对高学历层次人才的需求市场。

2.企业计划

像上面材料中反映的那位企业家的情况并不在少数,很多创业者在初入一定行业时都很盲目,但好的一点是大部分创业者都敢打敢拼,对自己所从事的事业都很自信。这是他们作为企业经营管理者最值得骄傲的"资本",也是他们在事业起步阶段取得成功的基本保证。当然,我们也对上面那些562位中小企业家提问过他们是否对自己的企业发展"做过计划"。大部分人的回答让我们感觉很意外。他们首先是回答"有";然后我们问"有没有书面材料让我们看看,我们可以在外免费为你的企业做做宣传",他们的回答基本上让我们很失望,"那东西在我的头脑里装着呢"。他们并不是不愿意让我们看他们的企业发展规划,而是计划确实还装在那些企业家的头脑里,没有形成书面材料。我们变了个法子向被调查企业索要他们企业和产品的宣传资料,并汇总成表17,或许更能说明我们所言非虚。

表17　企业对外提供宣传资料情况表

项目 样本情况	能够提供资料						无宣传资料
	企业计划	价目表	广告资料	产品目录	企业概况介绍	其他	
样本数(个)	7	65	33	151	37	58	211
比例(%)	1.2	11.6	5.9	26.9	6.6	10.3	37.5%

从上表我们可以看出,在562家样本企业中,能够提供企业或产品宣传资料的中小企业有351家,占样本总数的62.5%。不能提供任何企业宣传资料的中小企业占到37.5%。这说明,六成以上企业的经营管理者有对外宣传自己企业的意愿,剩下的近四成的企业发展很茫然(不仅仅是盲目)。而能够对外提供宣传资料的中小企业中,能够提供产品目录的企业最多,有151家;其次是企业产品价目表;真正有书面企业计划的只有7家。

3.企业竞争策略

企业的竞争优势或是自然形成的,或是对企业使命的深思熟虑中得到的。我们在调查中对上面提到的562家中小企业所采用的竞争策略分五个方面进行过分析。首先,562家企业中,74.1%的企业认为市场竞争激烈程度一般,另外有4.6%的中小企业认为市场竞争对它们没影响。562家中小企业对市场竞争状况的感受如下:

表18　企业对市场竞争状况的感受情况

样本情况＼选项	总计	很激烈	激烈	一般	还可以	没感觉
样本数(个)	562	44	76	97	319	26
比例(％)	100	7.8	13.5	17.3	56.8	4.6

　　这说明西部中小企业的发展还局限于很狭窄的区域市场,甚至有些企业局限于县域市场。譬如,在前面提到过的甘肃阿克塞县,我们曾调查过几家加工牧场护栏的企业,企业经营者认为他的企业产品不愁销路,产品属于政府采购产品,主要销往本地牧场,也有通过政府采购程序销往西藏、青海牧区的。可见,西北六省民族地区中小企业存在和发展并不是依靠采用新技术或开发新产品去创造市场差别优势参与竞争,而是企业的密度远远没有创造出市场竞争的条件。所谓的中小企业的市场竞争仅仅是由于地缘因素形成的"竞争",这种竞争的实质是"发现市场",而不是"竞入市场"。相对而言,西部六省民族地区的第三产业部门一些行业的竞争激烈度要超过其他行业。我们看一看2004年新疆、宁夏、内蒙、西藏第三产业和批发、零售行业的情况,就知分晓(见表19):

表19　新疆、内蒙、宁夏第二、三产业单位数和就业情况

	产业活动单位		个体经营户		就业人员（万人）
	第二产业	第三产业	第二产业	第三产业	
新疆	10475	102024	32130	547695	373.0
内蒙	16009	85892	104168	730037	516.1
宁夏	5798	28282	25530	185566	127.9
总计	32282	216198	161828	1463298	1017.0
比例	13.5	86.5	10.6	89.4	642.5/374.5

注:就业人员比例栏中,642.5/374.5指法人单位和个体经营户的比例。

　　从此表中反映出第二产业活动单位和个体经营户的密集度要远高出第三产业。第三产业活动单位和个体经营户各自占到产业活动单位数和个体

经营户总数的 86.5% 和 89.4%,而且在同产业部门,个体经营户的户数是产业活动单位数的 5 倍以上,第三产业部门高达 7 倍;从就业人员上看,法人单位和个体经营户的配比为 1:1.7,说明法人单位的就业人数平均规模也不高,相反说明个体经营户在西部地区的分布范围很广,吸收社会剩余劳动力的能力很强,在一定程度上可以说,上述地区还处在市场形成阶段,市场竞争还处在资本原始积累和空间布局阶段,个体经营户仍然是市场的主导性力量。另外,从表格中也反映出,第三产业部门的竞争强度要高于第二产业部门,因为第三产业部门产业活动单位和个体经营户的数量要高于第二产业部门。

表 20　新疆、内蒙、宁夏批发、零售企业单位数和就业情况

	企业法人		个体经营户	
	单位数	就业人员(万人)	户数	就业人员(万人)
新疆	12000	16.9	265000	39.5
内蒙	9944	17.8	323934	66.8
宁夏	4886	6.4	96679	13.8
总计	26830	41.1	685613	120.1
比例	36.7	6.4	42.2	32.1

注:企业法人单位数比例和个体经营户数比例指批发业、零售业企业法人和个体经营户分别占全部企业法人和全部个体经营户的比例;就业人员比例指企业法人就业人员和个体经营户就业人员分别占全部企业法人就业人数和个体经营户就业人数的比例。

从表 20 我们可以看出,新疆、内蒙、宁夏有企业法人总计 73069 家,批发业、零售业占到了 36.7%;第二、三产业个体经营户有 1625126 户,批发、零售业占到 42.2%。从就业情况来看,批发、零售业企业法人的就业人数比较低,只占到 6.4%,而个体经营户就业人数则占到了整个第二、三产业全部从事个体经营人员的三成以上。这又从另外一个方面说明,上述地区批发、零售业企业法人的规模和整个地区国民经济的企业法人规模状况一样,都偏低,人们把主要的资金都投资于分散的、极低规模的个体批发、零售业,市场的企业密集度不够,难以形成有效的竞争机制。这种市场结构状况,使得企业的竞争策略表现出一种很强的保守性。

正是由于西北六省民族地区企业的数量,尤其是中小企业的数量和消费群体在空间上没有形成竞争格局,大部分的企业、尤其是非国有企业还主要发展地方市场或区域市场。这很大程度上决定了中小企业采取的竞争策略。我们对中小企业的竞争策略进行了分类,分为四类:创造成本优势、创造市场优势、实行市场细分策略、强化促销措施。对上述446家中小企业的竞争策略进行了详细调查。我们把创造市场优势和创造市场差别优势策略放到一起进行调查,对市场细分策略和促销策略分别进行调查,要求被调查对象根据自己企业的实际经营状况选出自己企业采用的最主要的两种策略。我们根据最终答卷汇总成了以下表格(见表21):

表21 企业认为对企业竞争具有优势的策略

具体策略	创造成本优势			创造市场差别优势		
	廉价劳动力	廉价原材料	有效管理	采用新技术	开发新产品	获得政府采购
样本数(个)	38	182	61	75	20	70
百分比(%)	8.5	40.8	13.7	16.8	4.5	15.7
具体策略	实行市场细分策略					
	多种经营	利基营销	改进包装	改变产品组合	加强营销	关注顾客偏好
样本数(个)	25	128	37	118	77	61
百分比(%)	5.6	28.7	8.3	26.4	17.3	13.7
具体策略	促销策略					
	赊销	送货上门	售后服务	顾客调查	质量"三包"	损害主动赔偿
样本数(个)	142	82	62	29	119	12
百分比(%)	31.8	18.4	13.9	6.5	26.7	2.7

被调查的90%以上的中小企业认为当地廉价劳动力不难获得,廉价劳动力是"自然生成"的,企业不会为雇工发愁。选择廉价劳动力为创造市场优势地位的企业主要是服务行业的中小企业。有95%的中小企业认为市场机会很多,采用新技术比开发新产品风险低、且更有利于创造市场机会。有近九成的企业认为中小企业不需要像大企业那样的经营管理,只有一些规模较大的企业的管理者认为有效管理可以降低成本。高达40.8%的中小企业认为廉价的原材料是降低成本和在市场竞争中降低产品价格的根本

途径。另有15.7%的中小企业认为争取政府采购是使他们企业获得市场差别优势的一条重要途径。在市场细分策略方面,近95%的中小企业认为多种经营确实有利于分散经营风险,但是企业资金有限,无法采用多种经营方式,最有效的策略是集中人、财、物办好一件事——集中力量于某一特定目标市场结合改变营销要素来增强市场竞争力。因而近一半的企业选择利基营销和改变产品组合策略。90%以上的企业认为对西部中小企业而言,产品包装属于"奢侈品",大部分企业只能采用大众化包装,企业无法支付过高的包装费用。随着市场经济的发展,许多企业的经营者在注重地域市场的情况下,开始关心产品在更大市场范围内的影响,营销策略和顾客利益开始受到关注。企业越来越重视顾客偏好的另外一个因素是本地市场上的竞争者在增加,为了保住日益挑剔的本地市场,企业不得不顾及顾客的利益。在促销策略方面,我们掌握到近50%的企业在产品一旦售出后,不再关心,不做任何售后服务工作。30%以上的中小企业将赊销作为赢得顾客的促销手段,中小企业的应收账款和拖欠其他企业或客户的账款也比较多,认为不赊销就会逐渐失掉原有的市场、"缺乏信誉";有26.7%的企业都对客户承诺实行质量"三包",但都将"三包"看作企业的临时促销手段,实践中并不真正兑现,从发生损害后主动赔偿的比率也可以反映出这一点。现在,已经有越来越多的西部中小企业重视企业的售后服务工作,但是这个比例不是太高,大多也仅仅是象征性的,尤其是非国有中小企业更是如此。送货上门被越来越多的企业作为赢得顾客的重要手段,尤其是大件、价高不便携带的商品。

(六)企业经营环境

我们在调查过程中对企业的经营环境评价主要分成了以下六个子项:政府服务、政策环境、社会环境、市场环境、法制环境、融资环境。六个子项的调查分成两个步骤:一是要求被调查中小企业根据自身的经营经历,在六个选项中选出认为影响企业经营最重要的经营环境选项。二是要求被调查中小企业对经营所在地的经营环境作出评价,每个项目下有"好"、"一般"、"差"三个选项,要求只选择一项。在562家中小企业中,对政府服务、政策环境、社会环境、市场环境、法制环境、融资环境六项指标的重要性评价的比例依次为：10.3%、39.0%、8.5%、20.3%、7.8%、22.1%。

表22　西部六省民族地区样本中小企业对经营环境的评价

	政府服务			政策环境			社会环境			市场环境			法制环境			融资环境		
	好	一般	差	好	一般	差	好	一般	差	好	一般	差	好	一般	差	好	一般	差
评价(%)	6	36	58	29	51	20	12	76	12	8	45	47	18	41	41	13	36	51

　　原本我们抱期望值最高的法制环境,结果在六个指标的重要性评价中,排在最后一位,而且只占到了7.8%。相反,中小企业经营者对政策的期望值竟高达39%。对此,中小企业经营者自有他们的一番道理:对于一个法治国家而言,法制环境应当是第一位的;但是,在我们这样的国家里,法律制定出来还得由人执行,权力总是随意改变着法律规定,法律只是为那些无权无势的人制定的;而且法律在很多情况下也没有比权力和政策更有效率,法官本身是一个"很软弱"的群体,法院就是为政策"保驾护航"的。人们对社会环境的期望也不是太高,重要性评价只有8.5%,大部分企业家的观点是:企业不能对社会环境提出什么要求,企业对社会的最高的、最理想的要求只能是自己按规则"出牌",社会环境本身是企业行为的结果。被调查的562家企业,对市场环境和融资环境的重要性评价也比较高。我们对此进一步调查的结果是:人们对目前普遍存在的拖欠账款、逃废债务、商业信用差等市场违法违规行为比较反感,希望国家采取措施予以规制,以建立有序的市场秩序;中小企业和大企业的差距就在于融资困难,西部中小企业只要能够解决"拮据之困",就目前的西部市场状况,中小企业还有很大的发展空间。

　　我们对中小企业经营环境的调查所涉及的对象企业远不止这562家,还包括一些在调查过程中"吃闭门羹"的一些企业,我们从企业职工或社会公众那里也了解到了不少这方面的情况,他们的观点并不见得比企业经营者的观点更少代表性。但是为了方便,我们仅就这562家企业调查的情况予以汇总。中小企业经营者对社会环境的认同率最高,这并不代表社会给中小企业发展创造了比较好的环境,更多地体现了一种企业对社会环境的"无所谓"。中小企业经营者对政府服务的认同率最差,不满意评价达到58%,主要原因是中小企业对政府部门执法公正性的质疑和非法摊派的不满;从"好"到"差"的判定差距悬殊,这一方面说明人们对政府服务的期望很高,另一方面说明政府向社会提供公共服务方面的自由裁量权和主观随意性很大,造成了相同类型的社会主体对政府服务的感受过于悬殊的"冷暖差"。近一半的中小企业认为中小企业面临的市场环境比较差,从实际的调查来看,主要是由于市场信用环境比较差。当前西部地区对企业经营环境的一般评价是政策环境优于法制环境;政策环境评价中,"好"和"差"基本保持平衡,认同率达到51%;许多中小企业经营者将政府部门不按政策办事归咎于政策不公。可见,执法队伍建设远比政策建设和法制建设重要。被调查中小企业对融资环境的满意率只有13%,在各项评价指标中是较低的,这个比例包含了近年来国家大力加强中小企业融资力度的成就,否则要比这个比例低得多;而且即使这个比例也主要代表的是一部分中型企业的价值判断,小型企业仍然普遍认为融资环境不如上世纪90年代以前。

第三章　西部民族地区中小企业
发展的典型模式

由于我国西部各民族地区的自然地理、经济发展程度、文化发展状况等存在较大差异,各地都根据国家立法和中央政策制定和采取了不同的扶持中小企业发展的具体措施,形成了不同的支持中小企业发展的模式。根据我们的调查,中小企业发展的典型模式有五种:集群发展模式、中心城市模式、"龙头"企业带动模式、支持个体经营户发展模式、发展支柱产业模式。为了便于说明问题,我们分别选择一个典型范例加以说明和评析。

一、中小企业集群发展模式——以乌昌模式为例

(一)企业集群的概念

西部各民族地区中小企业在空间分布上具有不平衡性。在有些民族地区,广大的地域范围内只有数家企业或没有一家企业,而在另一些地区则在一个较小的空间范围内集中了众多规模不大的企业,形成了中小企业"集群",当地政府利用这种企业"集群"特点,划定"经济带",制定有利于"经济带"内中小企业发展的普遍性政策,"集群发展模式"由此而来。

企业集群,又称"小工业专业区",是指众多中小企业集聚在一个经济区域内的现象。"集群"(aggregation)的概念借用自生物学,指个体在群体中的集聚。一般是因为环境因素——可能是因为食物链、场所的生存条件,也可能是"物以类聚"的生活习性等引起。集群可能是简单的、缺乏组织性

的,也可能是复杂的、有层级结构或等级结构的。美国哈佛大学教授迈克尔·波特在 1990 年发表的代表作《国家竞争优势》中提出:21 世纪经济发展将是产业集群支配经济的时代,"集群"因素支配着当今世界经济版图,是每个国家国民经济、区域经济、州内经济甚至都市经济的一个显著特征。[①] 与生物界的这种集群现象相类似,中小企业在一定地理空间范围内集聚,通常也是由于所在地理空间有适宜于中小企业发展的"环境",例如,廉价的资源、良好的工作场所、交通便利、人口集中、公共设施较好等。企业在空间分布上过于分散,对企业发展有许多不利,不易获得廉价的人力资源,无法共享公共设施,获取信息成本昂贵等等,这一切都增加着企业的经营成本。而企业加入集群可以形成企业资源互补优势,增强企业的适应性,减少企业发展的不确定性,降低企业经营的共享成本支出,使企业具有更好的生存发展能力。而且中小企业集群发展,可以形成中小企业之间互补的、合理的内部结构,显现出多种多样的经营格局,有利于区域内产业分工和协作,增进企业间的信任和长期合约式竞争关系。

在我国西部民族地区由于自然地理、政策、人口、历史、宗教信仰、人文生态等优势因素的"撮合",在一些核心区域形成了集中众多中小企业的经济带,例如宁夏的吴(吴忠市)青(青铜峡市)银(银川市)石(石嘴山市)经济带、新疆的乌(乌鲁木齐市)昌(昌吉州)经济带,青海省的河湟经济带等。

(二)中小企业集群的特征

1.中小企业集群的实质

根据迈克尔·波特在《国家竞争优势》中的观点,认为"集群"的实质在于特定区域里一组相互关联的企业、供应商、关联产业和专业化的制度和协作。根据 H—O 理论,集群是一种按最佳方式将某一地区各种资源有效组织起来,从而对本区域内的资源实现一种最佳配置,开展最具比较优势的经济活动。集群内企业呈现区域化布局、专业化经营、市场化联动、社会化协作,形成产业的区域化布局。企业集聚具有地理集聚的特征,实质上是一种

---

① 迈克尔·波特:《国家竞争优势》,北京·华夏出版社 2002 年版,第 6 页。

产业联动和专业化分工、协作。中小企业集群源于中小企业谋求自身改变生存条件的"结盟",伴随着这种"结盟"的是产业和产业内分工和专业化发展。中小企业是介于市场组织和层级组织之间的"中间性体制组织",是在一定条件下克服市场机制失灵和内部层级组织外部性的一种妥协性制度安排。集群内的企业既相互独立又相互依赖,既相互竞争又有专业分工、资源互补。

2. 中小企业集群的特征

具体而言,中小企业集群具有以下特征:(1)中小企业集群以地域为中心,以分工为基础。(2)中小企业集群有多种产业组织形式和企业组织结构形式。不同类型的中小企业集群具有不同的组织形式。一般来说,按照中小企业集群的结构,分为市场式中小企业集群、核心式中小企业集群、网络式中小企业集群。①市场式中小企业集群是指各中小企业之间以平等的市场交易为主,出于共同地域范围内的各企业以水平联系来完成产品的生产。各企业是完全独立、平等的法人,企业之间的联系都是临时性的,每一项合作都需要双方谈判,交易价格由市场决定。②核心式中小企业集群是指以核心企业为中心、众多的中小企业在外围组成的专业化加工为特点的企业群落。一般情况下,核心企业拥有较强的技术研发能力,拥有自主知识产权,中小企业根据与核心企业签订的承包合同进行零部件、半成品加工,核心企业和外围中小企业形成一种多层次的分工协作体系。③网络式中小企业集群是以市场信息联系为中心形成的企业集群。网络式中小企业集群包括标识性中小企业集群和多中心中小企业集群。标识性中小企业集群是指在一定地域范围内的中小企业共同使用商标、商誉(名称)、地理标志、原产地标志、名牌或品牌产品、特色产品等标识性标志而形成的企业集群,往往这些特殊的标识包含着特殊的"物化"价值,非"圈内"企业要进入"圈内"都需要支付一定的"壁垒"费用。从实践中来说,随着市场竞争的加剧和竞争方式的多元化,许多中小企业集群都无法形成起主导作用的单一中心,而是多中心在共同发挥作用。外围企业根据自己的实际出发,选择一定的方式进入集群。(3)具有相对集中的企业地理空间布局和专业性市场。集群的中小企业在特定空间范围内分布密度较高,形成具有一定规模的企业群落。形成初期的企业群落仅仅是企业的数量累计,各企业之间缺乏协作、联合,而成熟的中小企业集群都普遍具有很强的专业特色,生产和经营始终围绕特定专业部门展开。原则上讲,中小企业集群的专业化分工、协作程度和专业领域的大小取决于市场需求规模,市场需求越大,专业领域越大;专业领域越小,市场需求和市场占有份额越小。换一句话说,中小企业集群和市场之间存在一种内在的共生关系,市场交易规模与中小企业集群的辐射半径决定中小企业集群的发展规模水平,中小企业集群的发展也反向决定市场交易规模和市场占有份额及市场扩展程度。①

(三)乌昌中小企业集群模式

1.乌昌地区简况

乌鲁木齐市是新疆维吾尔自治区首府,是全疆政治、经济、文化、科技中心,位于新疆维吾尔自治区北部,天山中段北麓、准噶尔盆地南缘。西北部和东北部与昌吉回族自治州接壤,南部与巴音郭楞蒙古自治州相邻,东南部与吐鲁番地区交界,总面积10902平方公里。2004年总人口为185万人。乌鲁木齐市地处天山山系北天山西段与东段的结合部,东、南、西三面环山,地势东南高、西北低,北为准噶尔盆地南缘,海拔680~920米;属中温带大陆性干旱气候,年平均降水量为194毫米,春秋两季较短,冬夏两季较长,昼夜温差大,最暖的七、八月平均气温为25.7℃,最冷的一月平均气温为−15.2℃;内有头屯河、白杨河、柴窝堡湖等水系,乌鲁木齐河自西南向北斜贯市区。乌鲁木齐市辖天山区、沙依巴克区、新市区、水磨沟区、头屯河区、达坂城区、东山区7个市辖区和乌鲁木齐县,共有56个街道、3镇、13乡、482个社区、97个村委会、1个场。

昌吉回族自治州(简称昌吉州)位于新疆维吾尔自治区中部,天山北麓,准噶尔盆地南缘,东邻乌鲁木齐市和哈密地区,西与石河子市相接,南与吐鲁番地区、巴音郭楞蒙古自治州相连,北与阿尔泰地区、塔城地区接壤,东

---

① 刘乃全、李勇辉、王琴:《中小企业:意大利通往繁荣之路》,上海·上海财经大学出版社2003年版,第103—107页。

北与蒙古国交界,从东、西、北三面环抱乌鲁木齐市;地势南高北低,为典型的大陆性干旱气候,冬季寒冷、夏季炎热、昼夜温差大,南部山区气候特征明显,北部沙漠性气候特征显著,年均降水 200 毫米,年平均气温 6.8℃,全年无霜期约 155 天左右。昌吉州总面积 76976 平方公里,2004 年总人口为160 万人,州内有回、汉、维吾尔、哈萨克等 36 个民族,其中回族 17.21 万人,哈萨克族 12.37 万人,维吾尔族 6.01 万人。昌吉州辖昌吉市、米泉市、阜康市 3 个县级市、玛纳斯县、呼图壁县、吉木萨尔县、奇台县 4 个县和木垒哈萨克自治县,共有 12 个街道、41 个镇、36 个乡、133 个社区、1036 个村委会、7 个场。境内还有新疆生产建设兵团的 24 个团场。

乌鲁木齐市和昌吉回族自治州同处于天山北麓、准噶尔盆地南缘,经过几十年的发展,在全新疆社会经济发展中已经占据举足轻重的地位。乌昌地区总面积 87878 平方公里,占全疆土地面积的 5.37%。2004 年总人口为345 万人,占全新疆总人口的 17.6%。2004 年底,乌昌地区生产总值和地方财政收入已经占到全新疆的 30.6% 和 38.9%。根据 2004 年全国经济普查显示:乌昌地区共有法人单位 21452 个,占全新疆法人单位总数的33.8%,占到北疆三市三州四个地区法人单位总数的一半以上,比整个南疆两州三个地区的法人单位的总和还多;有第二、第三产业活动单位 26844个,占到全新疆第二、第三产业活动单位的 23.9%,占到北疆地区产业活动单位的 49.2%;有个体经营户 160433 家,占全新疆个体经营户总数的27.7%。2004 年,新疆有中小企业 9 万多家,如果把个体经营户包括进去有 50 多万家,占全区企业的 99.9%,就业人数达 200 多万人,占全新疆就业总人数的 80% 以上。其中,乌昌地区集中了新疆中小企业总数的 58.4%。乌昌地区中小企业集中于餐饮业、工业和服务业,这三个领域中小企业的比例要占到全部中小企业的 90% 左右。这一切都表明乌昌地区中小企业的发展在新疆地区经济社会发展中起着举足轻重的作用。

2. 乌昌中小企业集群形成的过程

乌昌中小企业集群形成的历史早于乌昌产业集群的形成。在上世纪五六十年代国家"三线建设"时期,乌鲁木齐市逐步由一个新疆的政治中心转变为新疆的政治、经济、文化中心。到 80 年代国家实行改革开放,紧接着吐哈油田发现并投产建设,乌鲁木齐的石油化工工业成为带动乌鲁木齐和周边地区乃至整个新疆地区经济发展的支柱产业。在乌鲁木齐市石油工业企业的带动下,产生了众多中小企业,对周边地区经济发展的辐射作用也增强了,尤其对邻近的昌吉州影响巨大。到21世纪初,国家实行西部大开发,乌鲁木齐市经济区和昌吉州经济区实际上已经连成一片,且二者经济发展的互补性很强。只是由于行政区划的阻隔和利益格局的限制,两地在发展过程中各自为政,片面追求自身利益,相互之间争资源、争投资、争税源,区域内重复建设、资源浪费现象十分严重。昌吉州土地和矿产资源丰富,而乌鲁木齐市作为新疆省会城市所在地,占尽地利,便于吸引资金,更有新疆大学科技园、乌鲁木齐经济技术开发区、乌鲁木齐高新技术产业开发区、乌鲁木齐中亚科技合作园、新疆百花村软件园、乌鲁木齐留学人员创业园等技术开发、创新园区,为乌鲁木齐科技型中小企业发展提供孵化基地。但是,在各自为政的竞争中,昌吉州的土地、矿产等优势和乌鲁木齐的区位、资金、技术优势无法实现有效互补和集约利用,严重制约了乌、昌两地经济的快速、健康、协调发展,尤其是乌鲁木齐市受土地、地理和周边环境的局限,已经没有进一步可供发展的空间,乌昌合作已势在必行。①

2001年11月,新疆自治区人民政府在《新疆维吾尔自治区城镇体系规划(2000—2020)》中提出了"大乌鲁木齐市城市经济圈"(最初北京大学周一星教授提出的是"乌鲁木齐城市经济圈"的概念),认为在乌鲁木齐城市经济圈中,乌鲁木齐市是核心,乌昌都市区是内层圈,包括乌鲁木齐市、米泉市、昌吉市、五家渠市。乌昌经济圈等同于"大乌鲁木齐市",包括乌鲁木齐市、昌吉市、米泉市、阜康市、吉木萨尔市、呼图壁县、玛纳斯县、奇台县、木垒县,共5市4县。乌昌经济圈的主旨是打破行政界限的束缚,变"行政区经济"为"经济区经济",把乌鲁木齐单个城市的建设推演为以乌鲁木齐市为核心的"集群"城市建设。2004年,根据新疆自治区党委书记王乐泉的建议,新疆自治区党委、新疆人民政府做出在不涉及乌昌两地行政区划调整的前提下,成立乌昌党委,加快乌昌经济一体化的战略决策。"乌昌经济一体

---

① "乌鲁木齐之窗"(http://www.urumqi.gov.cn),《乌昌经济一体化是历史选择》。

化战略的实施,有效解决了乌昌两地强强联合、优势互补、资源共享问题,特别是通过实施'财政统一、规划统一、市场统一'的基本原则,超越了行政区划的限制,实现了规划和政策的统一,有利于打破两地固有的利益格局,有利于两地优势资源的充分利用,有利于两地发展空间的拓展和延伸,为乌昌两地新型工业化建设搭建了一个快速发展的平台。"①同年 12 月下旬,乌昌党委领导到米泉市调研,确定米东新区为乌昌经济一体化的突破口。2005年 1 月上旬,乌昌党委召开成立以来的第一次会议,通过了《乌昌党委机构设置和主要职责方案》。2 月份,乌昌党委分别在昌吉州和乌鲁木齐市进行了调研,明确提出要将乌昌地区建设成全新疆最大的制造业基地的目标和乌昌经济一体化的"三步走"战略。同年 3 月至 4 月乌昌党委紧锣密鼓地召开党委第二次会议和党委第一次全体扩大会议,会议研究了城市规划与工业发展等问题,通过了五个决议:①《米泉新区开发建设规划》,提出以 5年为规划期,从城市道路、市政基础设施、土地平整、生态园建设等方面,逐步加快米东新区建设;②《关于加快米东新区建设的意见》,提出米东新区实行财政合一,并成立米东新区党工委和管委会,规定米东新区党工委和管委会在乌昌党委直接领导下开展工作,并负责研究决定米泉市、东山区两地经济社会发展重大问题;③《关于鼓励国内外企业来乌昌地区投资发展的意见》,实行税费、信贷、土地等优惠政策,引进国内外工业项目和农产品深加工项目,并规定对来乌昌地区工作的高层次人才给予优惠待遇;④《关于乌昌地区工业产业布局调整的指导意见》,提出了乌昌地区工业产业布局调整的指导思想、基本原则、战略目标,明确了工业调整的基本方向和十大工业产业集群,同时建立了工业布局调整的保障体系;⑤《关于乌鲁木齐市"六区"对口支援昌吉州"东三县"经济发展意见》,提出乌鲁木齐市天山区、沙依巴克区、新市区、水磨沟区、经济技术开发区和高新技术产业开发区以选派干部、教师互相挂职和共同组织项目推介、招商等形式对口支援昌吉州木垒县、奇台县和吉木萨尔县,力争在 5 年内使"东三县"经济增长的内在

---

① 罗文斌、余荆夫:《乌昌经济一体化进程中的泛项目研究》,"乌鲁木齐之窗"(http://www.urumqi.gov.cn)。

动力有显著提高。

这样,乌昌中小企业集群从自发、事实存在状态,被纳入到了区域经济一体化的自觉进程中,乌昌中小企业集群发展模式的框架体系在地方立法和地方性政策中被定型了。

3.乌昌中小企业集群发展模式

(1)乌昌中小企业集群的形成动因

自发形成的中小企业集群,往往是一定地域范围内企业自动妥协的产物,是厂商追求利润最大化的结果。乌昌中小企业集群在2004年政府出台政策推进乌昌经济一体化之前,是一个自发积聚阶段,我们至多说在乌昌地区存在一个中小企业"簇群",到新疆自治区党委将乌昌经济一体化纳入政策扶持轨道以后,真正意义上的乌昌中小企业集群才形成。从这方面讲,乌昌中小企业集群具有自身的特殊性。

①地域分工之"实"和产业分工之"梦"

在新疆地区"十一五"发展规划中,明确了推进乌昌经济一体化、优化乌昌地区产业布局的具体措施,特别突出产业分工在乌昌经济一体化中的地位,提出实行以企业为布局点、产业为纽带链的乌昌经济一体化战略构想。不过,乌昌中小企业集群之产业分工,不是基于市场法则形成的,而是基于政策干预形成的,这是它的一个优势——可在短期内实现企业一体化目标,但并不是真正意义上的社会资本优势的分工和配置,地理接近性(地域分工)会掩蔽许多经济、企业、市场、财政一体化存在的潜在问题。

集群的专业化分工通常是基于雄厚的社会资本优势,因此中小企业集群发展模式的理想状态是以产业分工为基础,但乌昌中小企业集群显然具有自身发展的阶段性特点。首先,乌昌中小企业集群形成的基础是地域分工。乌鲁木齐市和昌吉州都是新疆自治区下属的国家法定的地方行政区域,是相对独立的政治、经济区域。在法律上没有取消二者的行政界线以前,行政分属始终是经济一体化的前提。其次,乌昌经济一体化的根本在于乌鲁木齐市的区位、资金、技术优势和昌吉州的土地、矿产资源优势的互补和集约利用。乌鲁木齐市和昌吉州作为独立的行政、经济区域都有各自的优势和特点,它们都是现阶段新疆地区两个比较发达的经济区域。但是,乌、昌两地相连,人文相通,资源互补性极强,如果阈于行政区划的阻隔、限制,那么:乌鲁木齐社会经济将会受到有限的土地资源空间的限制,社会创造的大部分财富会被日益昂贵的土地成本"吃掉",同时会造成大量的资金、技术资源的浪费;而昌吉州则因缺乏资金、技术、人才而无法对土地、矿产资源实现有效利用。客观情况要求乌、昌两地必须突破行政区划的界限,走经济一体化的道路,以实现两地现有资源的有效利用。但就目前乌昌经济一体化的进展来看,产业分工还有很长的路要走。最后,乌昌中小企业集群具有的先天条件主要是地域优势。乌昌两地同属新疆自治区的地市级行政区域,两个经济行政区域"一体化"主要是行政"撮合"的结果;而乌昌经济一体化的现时目标也是"提升昌吉州的区位优势"和"拓展乌鲁木齐市的发展空间",其路径设计也是"先以312国道和216国道为产业发展轴"、"后以米东新区和头屯河城市副中心为依托","形成以乌鲁木齐市为中心的'一城两轴'的空间发展格局。"

②外部经济

按照集群理论观点认为,随着产业聚集的发展,企业可以通过产业内的合作关系,部分地克服经济的外部性,即外部经济是企业集群发展的另一个重要动因。

中小企业集群发展的外部经济有三种形式。一是市场规模扩大的外部性。按照产业或行业确定经济区域,可以使处在一定地域范围内的同行业企业充分利用地理接近性,以合资、合作或建立联盟等方式,采取"行动一致"的生产、购销,从而达到降低原材料价格、节约单位运输成本和签约谈判成本、提高企业运行效率的目的。而且,随着市场容量随产业集群发展和产业分工细密,企业集群增加了中间产品的可获得性带来的外部效应和正反馈效应,推动企业获得规模效应。更为重要的是产业集群和企业集群同步发展,有利于建立共同销售中心,实现企业产品的生产、库存、运输、销售(包括批发和零售)的累积循环,可以达到降低产品平均成本的目的,从而有利于产品的价格竞争优势。二是劳动力市场供给。企业集群的扩大,推动了产业集群区劳动力的区域供给市场,为企业雇用管理、技术人员提供了更多的机会,企业也可以根据自身生产经营状况和劳动力的市场供需情况及时调整雇工数量、支付工资的成本和雇工劳动保障方面的费用。另外,产业集群和企业集群的发展可以形成区域性劳动力自由流动市场,提升了企业劳动力的流动性、流动频率,既可以使企业有机会雇用到高素质的劳动力又可以促使劳动力素质不断提高,也有利于企业、市场信息的传播、扩散,提高集群内劳动力供给的效率。三是信息交流与扩散。产业集群和企业集群同步发展,实际上是在同行业企业间创造交流与竞争机制。在共同地域文化背景下,集群内企业可以更好地获得有关竞争对手、客户的信息,了解市场需求、产业发展趋势、新市场拓展情况以及行业技术演变、革新信息等,使企业及早发现市场机会,应付多变的市场需求。

这三种形式的外部经济,形成外部规模经济,它通过收益递增,降低企业的生产成本。乌昌中小企业集群是在乌昌经济一体化背景下走出自发阶段,走向区域自觉联合的。到目前为止,尚处于初步发展阶段,所谓的经济一体化也仅仅是"规划统一、财政统一","市场统一"还有相当长的路要走,这不是通过一纸政策文件或数部法规能够解决的,它需要一个两地市场长期的磨合、融合过程,直到根本上从经济上跨越行政区划造成的阻隔。换句话说,乌昌经济区走向真正的一体化还仅仅是开始,是一种"政治"安排,企业集群的外部经济更多地是一种"政策愿望",只有等到区域通过拥有雄厚的社会资本能够吸收区外市场、技术、信息等要素时,才会形成独特的产业分工动力,才能产生经济发展的成本优势、创新优势、扩张优势和外部经济效应。

(2)乌昌经济带的现有产业布局调整和产业群

2005年4月,成立不到半年的乌昌党委召开的第二次会议上通过了《米东新区建设规划》等五个推进乌昌经济一体化的政策性文件,其中《中共乌鲁木齐市昌吉州关于乌昌地区工业产业布局调整的意见》,全面规划了未来乌昌经济带产业发展的基本格局。具体内容包括:①乌昌地区工业产业布局调整的指导思想。乌昌地区工业产业布局调整的指导思想是以乌昌经济一体化的战略部署为指导,坚持"规划统一、市场统一、财政统一"的基本方针,用发展、融合的理念,依靠观念创新、体制创新和科技创新,以投资为纽带,以工业项目为载体,坚持资源共享、优势互补,充分发挥市场配置资源的基础性作用,走区域经济融合的道路。②乌昌地区工业产业布局调整的基本原则。基本原则包括五项:一是资源共享、优势互补原则。即把昌吉州的土地、资源等优势与乌鲁木齐市的人才、资金、技术、市场等优势紧密结合起来,实现资源共享、优势互补。二是突出重点,扶优扶强原则。即围绕重点优势产业,加大产业布局调整力度,延伸主导产业链,培育具有市场竞争力的产业群。三是整合、优化、提升原则。即依靠有实力的大企业、大集团、大项目,通过采用新技术、新工艺和新材料,整合现有工业,优化工业经济结构,提升工业经济的综合实力。四是专业化分工与协作原则。即充分考虑区域的合理分工,围绕现有市场和资源分布,突出产业集群和联动效应,加大工业布局调整力度。五是发展循环经济原则。坚持环境保护与工业发展并举,统筹规划,统一安排,提高资源的开发和利用效率;加强环境污染的防治,保护生态环境,建立人与自然和谐发展的工业产业体系。③乌昌地区工业产业布局调整的战略目标。战略目标是加大工业资源整合力度,实施工业经济优先发展战略,全面提升乌昌工业产业整体水平,把乌昌地区建设成为工业产业组合有序、空间布局合理、资源综合利用、优势功能互补、工业梯度发展的全疆最大制造业基地。④乌昌地区工业产业布局调整的基本方向。工业产业布局调整的基本方向包括三点:一是推动工业产业升级。突出发挥科技进步和信息化对产业升级的推动作用,推广应用高新技术,逐步提高工业产业的水平。加快推进工业经济结构调整和优化升级,在整合优势资源基础上,发挥产业集聚效应,延伸产业链、发展深加工,大力发展高新技术产业、都市工业、外向型出口加工、石油和天然气加工、煤化工、电力资源、农牧产品加工、冶金、医药、建材、新材料开发、纺织等产业。二是优化工业产业布局。对不符合乌鲁木齐市首府功能要求的工艺先进、市场竞争力强的企业实行有序向远郊转移;逐步淘汰高耗能、高污染及缺乏市场前景和竞争力的产品;实行产业分区布局,把产业布局和区域分工结合起来:乌鲁木齐市重点发展高新技术产业、都市工业和外向型出口加工业,米东新区重点发展石油、天然气等化工工业和新型建材、机械制造业,头屯河区、昌吉市、玛纳斯、呼图壁、五家渠市重点发展冶金、建材、机电、机械制造、纺织、化工、食品加工、家具制造业和主要发展电力能源、特色农畜产品深加工、纺织、农业设备加工工业,阜康、吉木萨尔、奇台、木垒重点发展资源型重工业。⑤乌昌地区重点培育的十大工业产业集群。《关于乌昌地区工业产业布局调整的意见》明确规定今后乌昌地区重点培育的十大产业集群是石油化工、机械加工、建材、纺织服装、家具制造、食品加工、现代医药、新能源、电子信息、资源型重工业产业集群。

(3)乌昌中小企业集群发展模式的特点

从乌昌经济带产业群布局来看,乌昌中小企业分布在4个产业经济区域的11个市、县、区,属于典型的多中心中小企业集群。尽管如此,乌昌中小企业集群具有与一般的多中心中小企业集群不同的特点:①乌昌中小企业集群以产业群为纽带。具体表现为:一是乌昌经济一体化以调整产业布局为突破口。乌昌经济一体化的"一城两轴"空间发展格局的规划是:中心城区原则上只拆不建,重点发展生态、商贸、金融、科教文卫等;两个国家级开发区重点发展高新技术产业和外向型加工业;米东新区重点发展石油化工、煤化工、新型建材等产业;头屯河城市副中心重点发展冶金、机电、绿色食品、医药等产业;乌鲁木齐县南郊作为生态涵养区,重点发展高效的都市农业和休闲度假旅游业。二是乌昌经济一体化以推进工业企业发展为实现区域现代化的切入点。按照《关于乌昌地区工业产业布局调整的意见》,乌昌地区要加大招商力度,使一批大企业、大集团落户乌昌地区,增强地区工业实力;加快石油化工、煤化工等资源型产业的发展,依托米东新区的土地资源优势和中石化产业基地优势,五年时间内把米东新区建成全疆重要的化工工业城;加快两个国家级开发区"区外园"拓展步伐,积极筹划昌河新区建设,加快头屯河区与昌吉市的融合发展;通过优势资源转换和科技提升,做大做强特色产业和特色产品;增强产业集聚联动和辐射效应,推动乌昌地区制造业全面升级。三是明确把旅游业作为一个新的经济增长点。这一切都说明,乌昌中小企业集群面临着按照产业政策重新调整的局面,乌昌经济带内将来的中小企业必然要按照产业群为基础发展。②乌昌中小企业集群以区域范围内生产要素的优化配置为目标。这是由乌昌经济一体化的背景条件决定的。乌昌经济圈以绿洲经济为主,经济布局分散,加上行政归属不同,因此形成相对封闭的经济区域。这种离散的产业布局直接导致现有经济区域关联度缺乏,互利性差,产业链条薄弱,各地不仅经济目标相似,而且产业结构趋同,普遍缺乏核心经济辐射源。结果乌鲁木齐和昌吉州都没有发挥出各自的经济优势。乌鲁木齐市是乌昌经济圈内城市化水平最高的城市,城市人口占到总人口的95%,农村人口仅占5%,不到10万人,结果出现人均GDP较高而实际经济发展水平不高的情形。从产业结构看,乌鲁木齐市第一、二、三产业的比例结构为1∶23.8∶45.4,表面上经济结构似乎处于很高阶段,实际上是由于乌鲁木齐市"大城市、小郊区"的城市格局,限制了第一产业发展的空间,发展很不充分,规模偏小。① 这就使得乌鲁木齐市抵御经济波动影响的能力很差,除非与相邻第一产业发展有优势的地区联合。昌吉州恰好具有这样的地理、资源优势。根据《关于乌昌地区工业产业布局调整的意见》来看,建立乌昌经济区产生的直接效果有三:一是乌鲁木齐的经济能量得以释放、拓展和放大;二是按区域划分产业集群,使区域内资源以产业政策要求分配,然后再向企业合理配置,产业区域实际上起到了连接政策和市场的中间环节作用,使政府对区域经济发展的调控更有效率;三是产业集群起到了企业孵化器的作用,便利区域产业集群内中小企业接近市场、获得更多更有效的融资机会和信息。可见,乌昌经济区在目前初级发展阶段,是以产业群为纽带、以企业为最终动力源的区域范围内生产要素优化配置的有效方式。③乌昌中小企业集群有相对集中的企业地理空间和专业性市场。按照规划,乌昌经济区在将近9万平方公里的经济圈内,摆放了十个产业集群,涉及50多个具体行业。按照现阶段乌昌地区大中小型企业的比例结构,集群内的中小企业要占到全部企业总数的98%以上,经过产业布局调整和经济区内各种资源的优化配置,中小企业的数量将会有更大幅度的增加,而大型企业则只降不升,集群内中小企业的数量肯定会达到99%以上,还不算现阶段在这个经济区域内活跃的近17万家个体经营户。数量众多的中小企业在乌昌经济区内相对密集分布,形成一定规模的企业群落。而按照产业分布的中小企业要想生存和发展,必将

---

① 张宝山、马海霞、王红菊:《乌昌经济一体化产业发展战略选择和对策研究》,"乌鲁木齐之窗"(http://www.urumqi.gov.cn)。

得有很强的专业特色,其生产和经营始终得围绕特定专业部门展开。由此形成的中小企业集群将和市场之间形成一种内在的共生关系,市场的交易规模和辐射半径决定着中小企业的发展规模水平,中小企业集群的发展亦反向决定市场交易规模和产业经济区的扩张程度。

总之,乌昌中小企业集群是以政策推进形成的政府与市场之间的"中间体制组织",使政府克服市场失灵和区域资源配置不均衡的政策性制度安排;目前中小企业集群内部之间的关联还是一种政策关联,非契约关联。乌昌中小企业集群是以地域为前提、以产业为基础和纽带,还没有形成有效的市场分工机制。中小企业集群的边界还在变动之中,既存在着多种产业组织,又存在着多种企业结构组织形式。一句话,乌昌中小企业集群发展模式离成熟还有相当长的路要走。

(四)乌昌中小企业集群发展模式的未来走势

1.乌昌中小企业集群发展模式的不足

首先,乌昌中小企业集群发展模式是政策催动的结果,更多地体现政府对区域经济发展的一种"美好愿望",很容易忽视市场经济本身的规律和要求。譬如,《关于乌昌地区工业产业布局调整的意见》指导思想中关于"三个统一"基本方针的规定,政府可以采取措施,实行统一规划、统一的财政收支,但是政府是根本无法做到"统一市场"的,除非我们再退回到全面的计划经济时代。再譬如,关于十个产业集群的划分中,有些行业尽管是乌鲁木齐、昌吉州的"新传统"产业,但是并不具有区域优势和竞争优势,以产业定区域只能增加生产成本,使生产成本优势变成一种劣势。

其次,乌昌中小企业集群发展模式缺乏创新产业文化和企业家资源作支撑,中小企业很难吸收区外社会资本形成产业分工动力。严格来说,产业群是市场形成的,不是政府能够安排的。形成产业分工动力的来源有三个:一是企业家资源和创业精神;二是集群内企业的地理"根植性";三是创新的产业文化。这三种形式的社会资本优势是中小企业集群产生地域产业分工的基础,并由此加强外部经济,提高合作效率和促进技术创新与扩散。乌昌经济区显然缺乏这样的社会资本优势。这一点从 2005 年 4 月乌昌党委制定出台的《关于鼓励国内外企业来乌昌地区投资发展的意见》中也反映出来了。

再次,乌昌中小企业集群还处于初创时期,产业的集聚和发展还不足以产生外部经济。目前,乌昌经济圈初步实现了规划统一、政策一致、财政统一,但是区域内企业的迁移机会成本还很高,同行业企业之间尚缺乏对地理接近性的充分认识和估计,行政区划观念仍然左右着企业家的头脑,同行业企业之家的合作、合资或建立联盟仍然很少见。劳动力区域市场还没有形成,企业尤其难以雇用到管理和技术人员,无法提高集群内劳动力的供给效率。更为重要的是,乌昌地区统一的基础设施还没有建立起来,中小企业信息化网络建设严重滞后,集群内企业无法共享公共资源和信息,给企业生产经营带来了很大的外部性。

最后,乌昌地区中小企业品牌企业和品牌产品很少,不能形成区域营销优势。一个经济圈,如果品牌企业和品牌产品少,即使在政策促动下建立了统一经济区域,也不能形成区位品牌。一个成熟的产业或企业集群,不仅应当通过传统的区位品牌、营销网络等途径获得纵向一体化利润,而且要依靠现代科技,利用区位品牌从事电子商务,改善营销方式,取得协同效应,营造市场优势。①

2. 乌昌中小企业集群发展模式的未来走势

乌昌中小企业集群的缺陷是区域经济的发展水平造成的,也是乌昌经济一体化道路上本身要解决的问题,预示着乌昌中小企业集群未来的发展走势:

第一,乌昌经济区今后一段时间面临的最大问题是加强基础性公共设施建设,减少分散企业和产业布局所需要的额外投资,并利用地理接近性节省相互间物质、信息流动的迁移费用,降低生产成本。在生产技术条件一定的情况下,企业可以通过同行业集聚、规模经济、劳动分工、范围经济等来降低生产经营成本。企业集聚的方式有多种多样,如:地理空间位置上比较近

---

① 刘乃全、李勇辉、王琴:《中小企业:意大利通往繁荣之路》,上海・上海财经大学出版社 2003 年版,第 117 页。

的企业之间进行合资、合作或建立联盟共同进行生产、销售等;企业集群内部提高劳动分工程度,或者企业进行专业化集中,或者共同创造一个较大的市场需求空间,或者生产分工更细、专业化更强的产品等,提高整体的生产效率;或企业建立一种网络联系进行交易,利用空间接近可以大大降低每次交易的成本;等等。对于乌昌中小企业集群而言,当前最首要的问题是加强基础性公共设施建设,一方面可以为集群内企业的长久、持续发展创造条件,另一方面可以通过共用基础设施来降低生产成本。

第二,乌昌地区中小企业要创造自己的区位品牌和发展特色品牌,创造产品差异优势。产品差异化是现代经济生活中,中小企业较大企业的一个优势。它是指企业提供具有特色的产品或服务,使消费者认同该产品或服务,并区别于其他企业提供的同类产品或服务。产品差异化可以满足消费者多样化、多元化、个性化、差别化需求,从产品的"独特性"方面获得商品或服务的"附加价值"。产品差异化是一种区别于传统价格竞争的非价格竞争战略。和产品差异化不同,同属于非价格竞争的为集群企业创造竞争优势的途径是创造区位品牌。企业通过集群,利用原有企业的名牌产品或其他标识性知识产权,集中广告宣传力度,利用群体效应,形成区位品牌,区位品牌有利于获得纵向一体化利润。

第三,乌昌地区中小企业集群"一体化"必然要从目前的政策推进模式逐步过渡到市场推进模式。乌昌地区中小企业集群是以产业集群为基础的,中小企业的竞争能力首先体现在产业群上,而不是单个的企业上。这就是说,乌昌经济一体化改变了乌昌地区企业参与市场竞争的模式,处在整个乌昌地区产业链上的企业的竞争力首先表现为所在产业群的市场竞争力。产业群在市场上获得竞争优势体现在所在产业的吸引力、市场竞争地位和议价能力。一般产业群的吸引力取决于以下因素:产业的市场规模和增长速度、市场竞争的地理区域、进入和退出市场的难易程度、基本技术的变革速度、规模经济和经营效应、行业整体的盈利水平等。对于处于产业集群中的高科技产业企业集群,也通过技术垄断地位获得超额利润,更主要的是通过群体效应形成共同的技术标准来扩大垄断优势。市场竞争是企业成败的关键,但对于处于同一地理经济区域的产业群中的企业,企业竞争力是产业和企业合力共同作用的结果。产业结构的功能在于维持企业获利的可持续性。对于任何已经结构化的产业,产品或服务的内涵已很明确,产业竞争的根本点在于通过规模经济来维持产业的市场占有率,个别企业的竞争通过产业群的统一行动取代。企业通过集群的形式,以产业链为纽带通过水平和垂直联系,通过产业企业的协调行动提高企业的整体效率和竞争力。另外,产业集群内的企业获得签约能力和机会,不是通过个别企业的个别进行讨价还价的能力,而是通过产业内企业的集中的、大批量的买进卖出压低商品价格、要求较高的产品质量或获得更多的服务项目,甚至通过建立同业区域协会代表行业企业进行稳定的买进卖出。但从目前乌昌地区一体化进程所处的阶段和中小企业集群的协同度来看,拓展企业市场竞争力的空间还很大。

第四,乌昌地区中小企业参与市场竞争的最理想境界是形成资源优势和非直接经济要素优势相结合的产业和企业竞争格局。区域社会经济发展的传统模式取决于区域内资源形成的比较优势。目前,乌昌经济一体化的思路根本上就是突破行政区划阻隔,形成乌鲁木齐和昌吉州的资源互补优势。这主要是由目前乌昌经济区的企业自身的创新能力和社会为企业提供的生存条件决定的。乌昌经济区的企业集聚尚处于空间集聚阶段,企业和企业之间、企业和支撑机构间的集聚还没有形成"区域创新系统";更为重要的是,企业创新的支撑机构,包括大学、研究所、职业培训机构、研发机构、技术中介组织、行业协会、金融机构等,支持知识和技术在企业集群中扩散的社会机构在乌昌地区的数量、规模、能力、活动空间还很弱,没有形成集群创新环境。目前,乌昌经济一体化进程中,政府部门的引导作用调动起来了,但经济一体化的真正主体——企业和企业创新支撑机构还处于"观望阶段"。政府部门从2004年年底至今,为乌昌产业群的形成和发展做了大量的工作:改善交通、通讯等基础设施,营造产业群形成和企业发展、创新的硬环境;制定出台各种法规和劳动力供给、可持续发展等公共政策,营造一种适合于产业、企业发展的氛围和软环境。未来的走势应当是调动企业、科研机构、社会中介服务组织的积极性,使它们主动介入这场使各方"共赢"的地区经济一体化建设中来。

二、区域中心城市发展模式——
以银川市中小企业发展为例

西部民族地区的中小企业大部分分布在大大小小的各种城镇,更多见的中小企业发展模式是以城镇化带动企业化,中小企业大多围绕民族地区中心城市发展。

(一)区域中心城市发展模式的概念

1. 城镇化

区域中心城市模式属于城镇化研究的范围。在我国,中小城镇建设问题在理论界被人们提出来,始于上世纪 80 年代中期。1984 年,我国著名社会学家费孝通先生在研究我国农业人口基数巨大的小农经济社会实现现代化的路径问题时,特别强调"小城镇"的地位和作用,认为小城镇是由农村中比农村社区高一层次的社会实体组成。这个社会实体是由一批并不从事农业生产劳动的人口为主体组成的社区,无论从地域、人口、经济、环境等因素看,它们都具有与农村社区相异的特点,又都与周围的农村保持着不能缺少的联系。他认为小城镇和村庄的主要区别是"城镇人口的主要职业是非农业工作"。① 到 20 世纪 90 年代末,针对农民工进城和城市职工下岗增多现象,有了"城镇化"的概念。不过,这个阶段的"城镇化"有其特殊的含义,是一种吸纳农村剩余劳动力,以达到控制农民进入大中小城市的措施。它和 20 世纪 80 年代以来国家鼓励农村乡镇企业发展的"离行不离土"的政策如出一辙。显然,城市化和城镇化是两个具有完全不同内涵的概念。城镇化是农业村庄的周期性集市的固定化、经常化,是部分乡村人口的非农业化和乡村中非农业人口的地域集中。到 21 世纪初,中国小城镇建设在国家"三农"问题推动下骤然升温,各种"城镇化"理论出台。有人从时间维度提

---

① 费孝通:《江村经济——中国农民的生活》,北京·商务印书馆 2001 年版,第 217 页。

出,我国的小城镇发展和历史变迁经历了三个阶段:乡村集市贸易阶段、乡村行政中心阶段和乡村工业中心阶段。也有人从空间维度探讨小城镇的发展,集中在城镇的空间布局、人口等生产要素流动、城镇化道路选择等方面,形成了各种各样的城镇化理论,包括城镇论、中等城市论、均衡发展论、城镇模式论(中等城市模式、大城市模式、多元化模式等),这些理论大多以西方发达国家20世纪中期盛行的发展经济学理论(二元经济理论、增长极理论、循环累计理论、集聚理论等)作为蓝本。近年来,在中国城镇化建设方面比较时尚的研究视角是制度研究,认为我国城镇化模式经历了两个具有鲜明对比性的制度变迁模式:一是自上而下的政府按照城市发展战略和社会经济发展规划,运用计划手段,控制城市建设资金的包办型强制性制度变迁模式;二是自下而上的由农村社区、乡镇企业、农民家庭或个人等民间力量发动的、在市场力量诱导下的自发型诱致性制度变迁模式。

2. 中小企业和中小城镇"捆绑"发展理论

根据我们对西部民族地区中小企业发展实际情况的调查了解,我们基本上赞同李俊杰关于中小企业与中小城镇"捆绑"发展的策略。李俊杰认为实施民族地区中小企业与中小城镇"捆绑"发展的模式的理由是:从发达国家和我国东南沿海地区的发展历程来看,城镇化、工业化是民族地区现代化的必由之路,而中小城镇、中小企业是城镇化和工业化的起点。在民族地区,一方面,城镇化水平还非常低,城市规模小,综合经济实力较弱,发展极不平衡。城镇化的滞后导致生产集聚效应的缺失,严重制约了民族地区经济和社会发展。另一方面,与发达地区的中小企业相比,民族地区存在着差距:从数量上看,西部民族地区中小企业的比例太低,无法形成企业的数量规模效应;从工业增加值上看,西部民族地区中小企业的工业增加值比例太低,无法形成企业质量规模效应。实行中小企业与中小城镇"捆绑"策略,联动推进,是民族地区全面建设小康社会的现实选择。中小企业与中小城镇"捆绑"发展策略具体包括三方面的内容:

(1)民族地区中小企业是中小城镇的经济基础

①中小城镇的发展是民族地区城市化道路不可逾越的阶段,中小企业是中小城镇的主体。城镇化的本质在于经济生活空间的转移、经济增长方

式的转变。中小企业是中小城镇的产业支撑。②中小企业是扩大中小城镇规模,增加其容量的必要形式。目前,民族地区中小城镇对经济的辐射拉动能力低。人口集中是城镇化的表面特征,生产方式的变更才是城镇化的内在动力。③中小企业的蓬勃发展可以为城镇建设提供更多的资金。受金融机构撤并收缩、民族地区地理位置偏远和基础设施落后、乡镇无资金调剂权等因素的影响,中小城镇发展面临资金短缺"瓶颈"。解决此难题的出路是大力兴办中小企业。④中小企业是缓解民族地区中小城镇就业压力的载体。农业结构的调整,生产方式的集约化,农村剩余劳动力的转移只能依靠大力发展中小企业。民族地区中小城镇的产业,更多属于中小企业。民族地区农业劳动力的转移主要依靠广大中小企业,民族地区没有大规模的农业劳动力转移就无法实现工业化和城镇化。⑤中小企业的发展可以提升民族地区中小城镇的竞争力。提升城镇竞争力最终要落实到提高产业、企业竞争力上来。作为城镇经济的主体,工业型中小企业支撑着城镇经济的快速发展和第三产业的持续繁荣。⑥中小企业能够巩固和加强农牧业基础地位,确保农牧业持续稳定发展。民族地区城镇化、工业化的一个重要内容是农牧业生产的城镇化、工业化,中小企业是把农牧业生产推向城镇化、工业化阶段的重要力量。

(2)民族地区中小城镇是中小企业成长的平台

①中小城镇是民族地区中小企业"二次创业"的增长点。②中小城镇可以降低中小企业的营运成本。建设中小城镇,发展集约经济,由政府统一规划、配置、使用和投资管理各种基础设施,从而降低投资成本,缩短建设周期,加快企业发展。③中小城镇可以为中小企业招商引资提供良好的环境。民族地区促进中小企业发展必须实施环境创新,筑巢引凤、引资、引技、引项目。中小城镇通过统一规划、统一建设各种配套设施,为中小企业招商引资提供了一个有效平台。④发展中小城镇,构筑民族地区产业化体系的建设中心,能有效地推进中小企业向第二、三产业拓展。中小城镇上接大中城市,下连广大农村,是农村各种优势生产要素的聚集地,客观上成为构筑民族地区产业化体系的建设中心,这在很大程度上能有效地推进民族产业向第二、三产业拓展,实现农村产业结构的优化和就业结构合理化,促进农牧

区第一、二、三产业的协调发展。⑤发展中小城镇有利于人口向城镇聚集。人口集中和城镇化为社会创造了商机又提供了大量劳务,有利于中小企业向城镇集中,成为农业产业化的加工中心和新产品的开发中心,强化了城镇的产业依托。

(3)民族地区中小企业与中小城镇"捆绑"发展,联动推进,是实现民族地区城镇化、工业化、产业化的出路。

城镇化与工业化本身就是两位相连的一个整体。产业化是城镇化的产业依托,城镇化是工业化的发展结果。①"捆绑"发展,有利于民族地区农村剩余劳力的转移。为此,要求:分散布局的中小企业向城镇适度集中;消除导致城乡差别的各项制度,包括有助于工业积累的户籍、社会福利、用工等制度;提高农民的素质。②"捆绑"发展,有利于民族地区专业化生产和营销,形成错位竞争的格局。"捆绑"发展要求民族地区着力发展有自己特色的优势产品和优势产业,优化产业结构,形成错位生存发展格局,促进工业生产的专业化、协作化。③"捆绑"发展,是民族地区可持续发展的重要途径。目前,民族地区都是我国生态脆弱地区。要实现民族地区的可持续发展,就必须把相当多散居在生态环境脆弱地区的人口转移到城镇,以工业化为依托实行城镇化。④"捆绑"发展,有利于实施名牌战略,增强民族地区经济实力。⑤"捆绑"发展,有利于优化资源配置,符合各少数民族的根本利益。城镇完善的基础设施和社会公益事业,将极大地改变过去民族地区因居住分散而不能得到的文化、教育、医疗等条件,使少数民族受教育程度普遍提高,健康状况普遍改善,从而提高少数民族的整体素质,加快民族地区文明进程。⑥"捆绑"发展,有利于民族团结和进步。城镇化发展中小企业,使分散居住的各少数民族集中,有利于增进各民族的相互了解、交流和学习,有利于发展平等、团结、互助的新型民族关系,有利于国家行使管理职能、化解各种矛盾、增强民族凝聚力、维护国家统一。①

---

① 李俊杰:《民族地区中小企业与中小城镇"捆绑"发展的策略》,成都·《西南民族大学学报》(人文社科版)2003 年第 9 期,第 40—43 页。

3. 中小企业与中小城镇"捆绑"发展策略的局限性及出路

我们根据对西北民族地区中小企业和城镇化发展情况的调查,认为"中小企业和中小城镇'捆绑'发展"的策略在西部民族地区并不具有普遍适应性:

(1)西部民族地区不具备将中小企业和中小城镇"捆绑"发展的基本条件。中小企业和中小城镇"捆绑"发展必须具备一个基本条件:中小城镇必须能够起到连接农村和大中城市的作用。这就要求在最低一级的自治县辖区内中小城镇的空间距离和距离民族自治地方的中心城市(自治县为县城、自治州为州政府所在地)不能太远。换句话说,中心城镇要处在中心城市的辐射半径之内。这一点,在西部民族地区无法达到。

(2)很多西部民族地区缺乏城镇化的经济基础。中小企业和中小城镇"捆绑"发展要求民族地区必须具备城镇化的基本条件,最重要的是要有相当的农业经济发展作基础,能够抵消人们必需农产品的远距离运输增加的各种成本。由于缺乏农业生存条件,尽管有相当的工业发展却无法形成中小城镇的典型实例就是青海的海西州。

(3)大部分西部民族地区城镇人口的总规模和企业区域集中度低。中小企业和中小城镇"捆绑"发展要求必须有一定规模的人口、企业的集聚,但是在西部民族地区城镇人口的规模普遍较低,企业也并不是集中在城镇,西部民族地区的城镇大部分是因集市贸易或依行政中心而形成的消费型城镇,小本经营的个体经营户占绝对优势,即使在一般的中小城市,企业的数量也不是很多。企业和人口的集聚程度太低,"捆绑"发展的构想也就成了空想。

(4)西部民族地区人民尤其是少数族群的生计方式没有完成市场化转型,"捆绑"策略会强化业已存在的"族群分层"。事实上,我们在调查中发现,西部民族地区的城镇仅仅是交换中心,主要是以个体经营户为主体的第三产业部门的商业、服务业的集聚地,工业企业所占的比例很少,工业企业主要集中在当地的中心城市。当然,也有例外情况,就是当地发现了可以低成本、低技术要求开发的矿产资源,城镇人口集聚的产业趋向发生变化并出现明显的"族群分层":城镇人口总规模随着外来汉族人口的加入而增加,人力资源向第二部门集中;当地少数族群仍然从事他们的传统产业,政府的政策导向发生产业转变,第一产业部门发展缓慢或停滞下来,甚至因为工业发展对当地自然生态环境的器质性改变,第一产业部门的生产条件退化;从事餐饮服务业、零售业等服务业的个体经营户因第二产业部门的拉动而活跃起来,第三产业部门在个体服务业层次上再发展。

城镇化、城市化和城市、城镇的现代化并不是处于同一层级的范畴。具体而言,城镇化是乡村的城镇化,就是乡村剩余劳动力转移到城镇就业,农村经济集聚到小城镇的过程。城市化,则是社会生活的城市化、商品化,是指城市现代化要素通过中小城镇为中间环节向乡村乃至全社会扩展和辐射的过程,这个过程包括城镇的城市化,而这一过程的推动力则来自于工业化。从现代化国家的实际发展情况来看,城市是现代化的中心,城市化是带动乡村和城镇现代化的“龙头”。很小数量的企业的聚集、尤其是缺乏一定数量的具有很强扩展性的工业企业的聚集,是小农经济生产条件下小商品经济发展的标志,而不是城市化和现代化的标志。可见,西部民族地区中小企业与中小城镇“捆绑”发展的策略是推进民族地区乡村城镇化的手段,而不是发展中小企业的手段。西部民族地区中小企业发展的实际情况更多采取的是一种“区域中心城市模式”。

“区域中心城市模式”是指在一定区域范围内通过中心城市的扩散、辐射作用带动区域范围内中小企业发展的模式。

(二)区域中心城市发展模式的特点

西部民族地区中小企业发展的“区域中心城市模式”不同于东部地区“中心—边缘”的卫星城产业群模式。后者是一种产业群发展模式,它的形成需要一系列条件:人力资源丰富,从纯体力劳动力到高技术工人,各个层次的劳动力都不缺乏;农业条件和农业基础比较好,小城镇分布密度比较高;制造业比较发达,在工业产值中占到了相当的比例,工业化达到了比较高的水平;企业发展出现以地域为中心(城市和城镇)的同业“地域集群”;等等。“区域中心城市模式”下的中小企业发展具有以下特点:

1. 中小企业依托中心城市

在我国许多西部民族地区,人口密度都比较低,村落往往是人们发生社会交往的最大单元,而且村落之间的空间距离又比较远,或者为高山、大川阻隔,交通不便和交通条件比较差,限制了城镇的形成;现有小城镇基本上都是围绕行政中心——乡或镇政府——形成,这几年还出现了一些在国家城镇化政策促动下的"合并镇",由经济交往和经济发展自然形成的城镇很少。人口数量少、城镇化水平低、村落之间运输距离长等限制了商业企业在西部民族地区乡村的形成和发展。企业主要向民族地区各种条件都比较好的中心城市集中,即使是那些分散在矿区的规模比较大的采掘业工业企业,也都将企业矿区所在地和住所地分开来,把企业的住所地和生活区设在各方面条件比较好的中心城市。譬如,我们前面提到的甘肃阿克塞哈萨克族自治县,人口不到 1 万人,除了县城以外没有一个城镇,170 多家石棉矿企业的矿区在距离县城 30 公里的地方,但各个企业的总部都设在县城。

2. 区域空间中小企业集中但总密度低、产业结构单一

西部民族地区的企业在空间分布上具有"地域集群"的特点,但是,这种"地域集群"主要是围绕原材料产地的"集群",与城镇化、城市化没有关系。譬如,2004 年青海省 6 个自治州有工业法人企业 670 家,其中规模以上企业 215 家。这 670 家工业企业集中在 6 个自治州的首府和格尔木市,大型企业全部是国有独资公司和国有控股公司,215 家规模以上企业中有国有企业和国有控股企业 109 家,其总部和企业生活区都分布在青海省最大的 3 个城市西宁市、格尔木市和德令哈市;670 家企业分布在 70 多万平方公里的地域范围内,它们能够对当地社会经济产生多大的实质影响,是可想而知的。青海省的人口和村落主要集中在西宁市和海东地区,6 个自治州的农业条件、自然条件为企业发展提供的生存空间很狭窄。青海省共有49 个县级行政单位、31 个街道办事处、116 个镇、252 个乡、30 个民族乡、4133 个村(牧)民委员会、348 个社区居民委员会。其中,6 个自治州下辖有23 个县、2 个县级市、1 个自治县、1 个代管自治县共 27 个县,另有 8 个街道办事处(在格尔木市和德令哈市)、59 个镇、175 个乡、1687 个村(牧)委员会、135 个社区委员会,但几乎没有一家工业企业将总部和生活区设在乡、镇一级。企业生产区和总部所在地、生活区"两极跳",生产区向矿区集中,总部、生活区向农业条件比较好的"中心城市"集中。与此相适应,企业的产业分布结构也比较单一。青海省的四大支柱工业产业是石油和天然气开采业、水力发电业、有色金属业、盐化工业,都属于低技术含量的采掘业和电力、燃气及水的生产供应业,制造业中没有一项产业属于支柱产业。2004年青海省的工业总产值为303.55亿元,工业增加值为110.82亿元,其中四大支柱产业的工业总产值为186.49亿元,占工业总产值的61.7%,工业增加值为78.77亿元,占工业增加值的71.1%。2004年青海省有大型企业8家,6个自治州有5家;全省有中型企业50家,6个自治州有29家;全省有小型企业22666家,6个自治州有11754家。6个自治州的大、中、小型企业在数量上、规模上都在青海省占据绝对优势。2004年青海省6个自治州的国民生产总值为243.89亿元。其中,第一、二、三产业的生产总值分别为39.69亿元、136.92亿元、67.28亿元,工业增加值为95.04亿元,农业增加值为49.30亿元。三次产业比为16.3∶56.1∶27.9,工业化系数为1.93,工业化率为38.97%。按照三次产业比来看,青海省民族地区的现代化水平不低;按照工业化系数和工业化率,青海省六个民族自治州处于工业化初期。但是,青海省6个自治州的制造业很不发达。青海省2004年的国民生产总值为465.73亿元,而采矿业和电力、燃气及水的生产、供应业工业企业创造的产值181.94亿元,创造的工业增加值为78.84亿元。相反制造业增加值仅为34.71亿元,制造业比重为7.45%,据此判断,青海省尚处于工业化初期的萌发阶段。6个自治州的主要工业产品为原煤、原油、天然气、原盐、水泥、发电,总产值为225.97亿元,而制造业总产值仅为9.93亿元,制造业增加值为4.00亿元,制造业比重为1.64%。据此可以判断,青海省6个自治州基本上处于农业社会。总的来看,青海省民族地区中小企业发展具有两个鲜明特点:一是中小企业主要集聚在中心城市,企业数量少,城镇在中小企业发展中几乎不起什么作用;二是企业产业结构单一、技术含量低,制造业很落后。

3. 重工业多、轻工业少,中小企业和大企业产业联系松散

我们在调查中发现,在西部民族自治区的省会城市基本上都是本自治区的政治、经济、文化中心,不考虑地理因素,其对超出方圆50公里以外的中小城市、城镇的影响力是很小的,其对经济辐射范围内的城市、城镇的发展有向"经济带"发展的影响趋势。譬如,广西"南宁经济圈"包括了邕宁、武鸣二县;内蒙古呼和浩特市的经济辐射力则波及武川县、土默特左旗、和林格尔县;新疆乌鲁木齐正在走向与昌吉州的经济一体化,其经济影响力能直接延伸至周围头屯河区、昌吉市、呼图壁县、五家渠市、阜康市等市、县或小城镇;宁夏银川市则沿黄河水道上连中卫、中宁、青铜峡,下连陶乐、石嘴山市、平罗、惠农,但银川市的经济辐射力仅及于永宁、贺兰二县;西藏拉萨市则对周围共处雅鲁藏布江支流拉萨河上的林周、墨竹工卡、达孜、堆龙德庆、曲水四县经济发展具有很大的拉动作用。除此以外,在西部民族地区也出现了一些因经济原因产生的中心城市,成为中小企业的集聚地,譬如内蒙古的包头市、赤峰市,新疆的伊宁市、喀什市、克拉玛依市及博斯腾湖区"一市四县"(库尔勒市、焉耆回族自治县、和静县、和硕县、博湖县),青海省的格尔木市、德令哈市,云南省的大理市,广西的柳州市、桂林市,等等。但是,我们知道"区域中心城市"本身是一个相对的范畴,是就城市对周边小城镇经济的辐射作用而言的,而不是一种地理上的划分。一个民族自治县的县城在其经济活动区域内是当地的经济"区域中心",一个自治州的首府所在地就要比一般县级城市对当地的社会经济发展更具有影响力。一个自治区的首府所在地的城市尽管在经济实力或土地面积上可能不如一般的市、县,但它对当地经济发展的辐射力绝对强于一般的市、县。西部民族地区中小企业集聚的"中心城市"和一般的地方行政区域相比,中小企业发展有以下几个鲜明的特点:大企业在中心城市的集中度比较高;且重工业比重比一般行政区域要高,轻工业和制造业落后;中小企业和大企业的产业联系比较松散。譬如,前面提到的青海省2004年有大企业8家,3家在西宁市,5家在格尔木市和德令哈市;50家中型企业集中在从兰州至格尔木市铁路一线河湟谷地的海晏县、西宁市、民和县和德林哈市、格尔木市;全省22666家小型企业,40%左右集中在西宁市,剩余部分主要集中分布在海东区的平安县、乐都县和海北州的海晏县、刚察县及海西州的德令哈市、格尔木市,这些市、县的小型企业占到全省小型企业的80%以上。而分布在6个民族自治州的工业企业中,有5家大型企业、29家中型企业、11754家小型企业,大、中、小型企业的工业产值分别为158.64亿元、44.32亿元和32.94亿元;11788

家工业企业中,国有及国有控股企业141家,中央企业3家,地方企业138家,集体企业16家,大企业全部是国有及国有控股企业,国有及国有控股企业和中央企业产值分别为198.69亿元和11.11亿元,地方企业和集体企业的产值分别为9.89亿元和3.97亿元;在11788家工业企业中,有重工业4007家,产值为225.97亿元,轻工业7781家,产值为9.93亿元,轻工业在数量上占优势,但产值仅为重工业的1/23。

再如,2004年云南省有工业企业共146966家,重工业89460家占60.87%,轻工业57506家占39.13%;①大型企业25家、总产值759.51亿元,中型企业357家、总产值803.31亿元,小型企业2025家、总产值为531.17亿元。其中,民族自治地方的GDP为1081.18亿元,占当年云南省国民生产总值2959.48亿元的36.53%。民族地区第一、二、三产业的产值分别为307.61亿元、409.72亿元和363.86亿元,三产的比例为28.45：37.90：33.65;8个民族自治州的GDP为859.95亿元,第一、二、三产业的产值分别为240.48亿元、360.31亿元和295.16亿元,三产的比例为27.96：41.90：34.32。从三次产业比例来看,云南省民族地区的第三产业在国民生产总值中的比例还比较低,民族地区的现代化程度还比较低;8个民族自治州有工业企业67490家,大型企业7家、总产值为86.70亿元,中型企业94家、总产值为295.02亿元,小型企业67389家、总产值为270.07亿元。其中,8个民族自治州有法人工业企业4526家,轻工业1524家、产值为222.37亿元,重工业3002家、产值为382.16亿元;轻、重工业数量比为1：2,产值比为1：1.7。可见,在云南民族地区重工业占据绝对优势。而且重工业和大中型企业主要集中在钢铁、生铁、原煤、电力等四个行业,轻

---

① 西南省份明显不同于西北省份的一个显著特点是外商投资企业占优势。云南省14966家工业企业中,国有企业652家,占0.44%,集体企业2440家,占1.66%,股份合作企业409家,占0.28%,联营企业99家,占0.07%,有限责任公司1304家,占0.89%,股份有限责任公司392家,占0.27%,私营企业9600家,占6.53%,其他企业250家,占0.17%,外商投资企业131459家,占89.45%,个体经营户3758家,占2.56%。这意味着重工业的外商投资企业的比例很高,而以体现工业化真实水平的制造业为主的轻工业的比例却很低。这说明云南省引进外商投资的绝对数很可观,但质量并不是很高。这种情况并不是云南省存在,西部省份引进外资都普遍存在这样的问题。

工制造业只有糖、布料生产两个行业占有重要地位。由于这种工业企业的行业分布状况,大中型重工业企业和小型轻工业企业之间很难形成资源互补格局,因此大、中、小型企业的行业协作关系难以确立,中小企业和大企业的产业联系很松散,主要是一种在政府政策撮合下的区域联盟,无法形成有机的产业协作关系。

(三)银川中小企业发展模式

区域中心城市模式是我国西部民族地区因特殊的地理、经济原因自然形成的普遍的中小企业发展模式。西部民族地区人口稀少,居住又比较分散,交通不便,无法形成规模市场;而中小城镇和中心城市的空间距离又比较远,且可供利用的有效的公共资源①并不是太多,将资本分散投资到数量众多的中小城镇不利于分摊公共设施的成本支出,更无法形成公共设施的

---

① 我们在调查中发现,西部民族地区的城市大致可以分成两类。一是历史形成的"城市",多是由政治原因促成。在封建时代,中央政权对少数民族地区实施"实边"政策而形成封建城市,新中国成立后将原来的城市作为民族自治地方的县城、州府或自治区首府所在地,现在的城市不过是过去的继续。二是新中国成立后,实行民族区域自治制度,建立少数族群的政治活动中心,在此基础上形成城市。这类城市在西部民族地区占绝大多数。可以说,目前西部民族地区的区域中心城市还处于"政治中心"向"经济中心"的转轨时期,而且"政治"的辐射力、影响力仍然占据着主导地位。所谓城市的"可供利用的有效的公共资源"主要并不是"经济资源"而是"政治资源"。在西部民族地区,区域"权力"中心地一般都是区域中心城市所在地。三是新中国成立后"三线"建设时期,在少数民族地区发现了矿床,围绕矿产资源开采形成人口聚居地,进而逐步发展成为城市(新疆的克拉玛依市、内蒙古的包头市、宁夏的石嘴山市等都属于这一类)。还有一类属于新中国成立后,部队就地转业实行"屯边""开荒",兵团驻地逐步发展成为城市,譬如新疆的石河子市。国家实行市场经济后,西部民族地区的区域中心城市形成机制也在慢慢发生变化,越来越多的区域中心城市因存在消费市场而被"发现"——即内地汉族"发现"少数民族族群居住地存在消费市场而"投奔"或向少数民族族群居住地集中,有些居住在不同地区的同一少数民族族群因存在民族认同,将某一地作为本民族的活动中心,从而形成民族性的中心城市,譬如哈萨克族对伊宁市向往、藏族对拉萨市的敬仰、蒙古族对呼和浩特市的感情等等,民族性的区域中心城市常常是寄托民族感性的神圣之地。此外,更多见的新型区域中心城市是区域范围内城市实力对比和城市辐射作用而发生的生产要素在区域范围内的合理流动形成的,这种流动的动因很多,有向"权力"中心地流动的,有向"资源"富集地流动的,有向"经济"中心地流动的,也有向"信仰"寄托地流动的,等等。生产要素向区域"权力"中心地流动是西部民族地区区域中心城市形成最多见的形式。这也是目前西部落后地区不同于东部发达地区最明显的中心城市形成的一个特点。

有效的共享机制,还不如索性将生产区和生活区分开,将企业总部、生活区建在农业条件和公共设施、可供利用有效资源比较好的中心城市,中小企业依托一定区域范围内的中心城市发展的模式由此形成。

我们选择以宁夏银川为"区域中心城市模式"的典型,主要是基于以下考虑:①银川市是宁夏回族自治区的首府所在地,比一般的民族自治州、民族自治县更具有代表性;②银川市处在宁夏黄河段的中段,作为宁夏自治区的首府却没有发挥其应有的辐射作用;③银川市地处"富甲一方"的银川平原,集中了宁夏近40%的法人企业、产业活动单位和个体经营户,农业和工业在宁夏具有举足轻重的作用。一个具有如此地位的省会城市,研究它的中小企业发展模式对我们探讨西部民族地区中小企业发展机制会更有代表意义。

1. 银川市概况①

银川市是宁夏回族自治区首府,是宁夏的政治、经济、文化中心,总面积9491.0 平方千米,下辖兴庆区、西夏区、金凤区和永宁县、贺兰县及代管灵武市(县级市)。2004 年总人口为 137.79 万人。其中,汉族人口 99.54 万人,占全市人口的 72.24%;回族人口 36.04 万人,占全市人口的 26.16%;其他少数民族 2.21 万人,占全市人口的 1.60%。

银川市地处我国内地,位于宁夏引黄灌区的中部,东临黄河,西屏贺兰山,平均海拔 1100 米,属中温带大陆性气候,干旱少雨,日照充足。2004 年的平均气温为 10.1℃,年平均降水量为 135.1 毫米,年日照时数 2851.6 小时。

到 2004 年底,银川市有法人单位 9676 个,占全自治区的 40.27%;产业活动单位 12741 个,占全自治区的 37.39%;个体经营户 80268 家,占全自治区的 38.02%。其中,企业法人单位 6923 个,占全自治区企业法人总数的 52.21%;事业法人 861 个,占全自治区事业法人总数的 32.73%;机关法人 428 个,占全自治区机关法人总数的 29.34%;社团法人 570 个,占全自治区

---

① 本部分有关宁夏自治区和银川市的统计数据来源于《2005 年宁夏统计年鉴》(中国统计出版社 2005 年版)。

社团法人总数的 67.38% ;其他法人 891 位,占全自治区其他法人总数的 15.28% 。企业法人占银川市二、三产业法人单位的 71.55% 。全部产业活动单位中,第二产业活动单位 2298 个,第三产业活动单位 10443 个,分别占全部产业活动单位的 18.04% 和 81.96% 。全部个体经营户中,第二产业 7095 家,第三产业 73173 家,分别占 8.83% 和 91.17% 。按地区划分,法人单位、产业活动单位、个体经营户的分布情况如下:

表 23　银川市法人单位、产业活动单位、个体经营户分布情况

地区名称	法人单位		产业活动单位		个体经营户	
	数量(个)	比重(%)	数量(个)	比重(%)	数量(个)	比重(%)
总计	9676	100.00	12741	100.00	80268	100.00
兴庆区	4931	50.96	6220	48.82	33500	41.74
西夏区	1157	11.96	1520	11.93	8178	10.20
金凤区	1622	16.76	2190	17.18	7327	9.11
永宁县	479	4.95	718	5.64	10327	12.87
贺兰县	662	6.84	957	7.51	8290	10.33
灵武市	825	8.53	1136	8.92	12646	15.75

资料来源:《2005 年宁夏统计年鉴》,中国统计出版社 2005。

其中,银川市辖区分布法人单位 7710 个,产业活动单位 9930 个,个体经营户 49005 家,分别占到全市法人单位、产业活动单位和个体经营户总数的 79.68% 、77.93% 和 61.05% ,全自治区的 32.09% 、29.14% 和 23.21% 。近年来,银川市积极推进国有企业的股份制改造,全市企业法人单位的所有制结构发生了很大变化,国有、集体企业的比例大幅度下降,个人独资、私营等非公有制企业的比例大幅度上升,企业的所有制结构、产业结构得到了很大改善,企业和企业产品的市场化率进一步提高。截至 2004 年年末,银川市有国有企业、集体企业、联营企业、有限责任公司、股份有限责任公司、私营企业、外资企业(包括港、澳、台商投资企业和外商投资企业)、其他企业法人单位分别为 1770 个、607 个、17 个、986 个、28 个、5135 个、69 个和 1064 个,下设产业活动单位分别为 3659 个、756 个、19 个、1365 个、255 个、5435 个、106 个和 1146 个。按照行业情况来看,银川市在二、三产业的法人单位

主要集中在批发、零售业,有 3030 个,占全市法人单位的 31.31%,占全自治区批发、零售业法人单位的 62.01%。按照法人单位的性质结构来看,国家机构、社会团体、群众自治组织为主的公共管理和社会组织单位有 1944 个,占全市法人单位的 20.09%;制造业单位有 1339 个,占全市法人单位总数的 13.84%,占全自治区制造业法人单位的 35.17%。个体经营户在银川市产业结构优化、连接城乡经济一体化和吸收社会就业方面均占有举足轻重的地位,全市个体经营户主要分布在批发零售业、交通运输业、服务业、住宿餐饮业、工业五大行业,共 76422 家,占到全银川市个体经营户总数的 95.21%。其中,批发零售业有个体工商户 38267 家,占全市个体经营户的 47.67%,占全自治区批发零售业个体经营户的 39.58%,占全自治区个体经营户总数的 18.13%;交通运输业有个体工商户 16241 家,占全市个体经营户的 11.43%,占全自治区交通运输业个体经营户的 38.17%,占全自治区个体经营户总数的 7.69%;从事居民服务业和其他服务业的个体经营户 9178 家,占全市个体经营户的 11.43%;从事住宿、餐饮业的个体工商户 6790 家,占全市个体经营户的 8.46%;从事工业的个体经营户 5946 家,占全市个体经营户的 7.41%。详细情况如下表:

表 24　银川市法人单位、产业活动单位和个体经营户产业分布情况

行业类别	法人单位（个）	产业活动单位（个）	从业人数（人）	个体经营户	
				户数（家）	从业人数（人）
农、林、牧、渔业	13	20	6721	—	
采矿业	86	115	55372	5946	18371
制造业	1339	1420	84093		
电力、燃气及水生产供应	33	54	15041		
建筑业	461	709	51833	1149	10977
交通运输、仓储和邮电业	112	162	27132	16241	22991
信息传输、计算机服务和软件业	196	232	5655	—	
批发、零售业	3030	3610	37125	38267	56703
住宿、餐饮业	210	250	11792	6790	24364

续表

行业类别	法人单位（个）	产业活动单位（个）	从业人数（人）	个体经营户	
				户数（家）	从业人数（人）
金融业	86	826	21129	—	—
房地产业	404	422	13347	68	178
租赁和商业服务业	552	638	10539	870	1637
科学研究、技术服务和地质勘察业	286	361	11687	—	—
水利、环境、公共设施管理业	77	139	6015	—	—
居民服务和其他服务业	178	204	2236	9178	16414
教育	376	675	22356	151	468
卫生、社会保障和社会福利业	155	242	10744	672	1247
文化、体育和娱乐业	138	164	4749	936	1888
公共管理和社会组织	1944	2498	39976	—	—

资料来源：《2005 年宁夏统计年鉴》，中国统计出版社 2005。

从三次产业产值比和就业总量来看，企业是银川市社会生产价值的源泉和社会就业的主渠道，社会的现代化程度很高。2004 年，银川市 GDP 为188.97 亿元。其中，第一产业产值 16.91 亿元，第二产业产值 93.74 亿元，第三产业产值 78.32 亿元，三次产业生产总值比约为 9∶50∶41。同年，银川市企业法人单位就业人员为 34.76 万人，占银川市全部法人单位就业人员的 79.44%；机关、事业法人单位就业人员 7.80 万人，占 17.84%；社会团体及其他法人就业人员 1.19 万人，占 2.72%。按照三次产业实际在岗就业人员来看，2004 年银川市第一产业就业人员 1.85 万人，第二产业就业人员 14.37 万人，第三产业就业人员 12.09 万人，三次产业就业状况比例约为6∶51∶43。无论从三次产业产值比还是就业状况来看，银川市的现代化程度已经相当高了。但是，从就业结构和就业人员素质来看，银川市却呈现出完全不同的场景。首先，2004 年，全市个体经营户就业人员 15.52 万人，占全市就业人员的 26.19%，占全自治区个体经营户就业人员总数的39.49%。其次，就业人员的文化和技术素质普遍较低。2004 年，银川市全部单位就业人员 43.75 万人,具有高中和初中及以下学历人员占到了绝对多数,达到 28.67 万人,占全部就业人员的 65.53%;大专和本科学历人员 14.72 万人,占全部就业人员的 33.63%;研究生及以上学历就业人员 3674 人,占全部就业人员的 0.84%。在单位就业人员中,无技术职称人员 32.71 万人,占全部就业人员的 74.75%;有技术职称的人员为 11.05 万人,占全部就业人员的 25.25%。在有技术职称的就业人员中,有高级技术职称的人员 15571 人,占有技术职称人员的 14.09%;有中级技术职称的人员 44090 人,占有技术职称人员的 39.91%;具有初级技术职称的人员 50822 人,占有技术职称人员的 46.00%。在单位就业人员中,无技术等级资格证书的就业人员 39.24 万人,占全部就业人员的 89.67%;有技术等级资格证书的就业人员 45181 人,占全部就业人员的 10.33%。其中,高级技师 1103 人,占有技术等级资格证书人员的 2.44%;技师 2882 人,占有技术等级资格证书人员的 6.38%;高级技工 17621 人,占有技术等级资格证书人员的 39.00%;中级技工 23575 人,占有技术等级资格证书人员的 52.18%。①

2. 银川市中小企业发展的特点

2004 年,宁夏有大型工业企业 13 家,中型工业企业 102 家。其中,银川市有大型企业 6 家,占全自治区的近一半;中型工业企业 38 家,占全自治区的 35.2%。从区域分布上看,兴庆区有大型企业 2 家,中型企业 2 家;金凤区有中型企业 11 家;西夏区有大型企业 4 家,中型企业 10 家;永宁县有中型企业 7 家;贺兰县有中型企业 3 家;灵武市有中型企业 5 家。近年来,银川中小企业发展具有以下鲜明特点:

(1)中小重工业企业是银川市国民经济的主体

2004 年,银川有规模以上工业企业 228 家,规模以下工业企业 1249 家。其中,规模以下工业企业生产总值仅为 17.31 亿元,占全市工业总产值的 6.22%,对全市经济的影响很有限。2004 年银川市 228 家规模以上工业企业中,有 89 家是轻工业企业,完成工业总产值 50.13 亿元,占工业总产值的 18.03%;139 家是重工业企业,完成工业总产值 210.64 亿元,占全市工

---

① 资料来源:《2005 年宁夏统计年鉴》,中国统计出版社 2005 年版。

业总产值的 75.75%。在银川市 38 家大中型企业中,24 家属于重工业企业,6 家大型企业全部是重工业企业,重工业产值和轻工业产值比为 4∶1。2004 年银川市轻工业企业的平均产值仅为 5632.73 万元,平均就业人数为 63 人;而重工业企业的平均产值为 1.52 亿元,平均就业人数为 1424 人。重工业无论在规模上,还是产值上都居于银川国民经济的核心地位。

(2)国有独资公司和国有控股公司是银川市中小企业的主导力量

银川市已经基本完成了国有企业的股份制改革,在国有企业中普遍建立起了现代公司制度。2004 年银川市有国有及国有控股企业 59 家,资产总值为 263.45 亿元,创造产值为 159.66 亿元。在银川市占全区工业企业数 36.7% 的大中型企业中,6 家大型企业中有 4 家是国有独资公司,有 2 家是国有控股的股份有限责任公司;38 家中型企业中,有 6 家是国家控股的股份有限责任公司,有 30 家是国有独资公司,2 家是国有企业。在实际经济生活中,这 44 家大中型国有独资公司、国有控股有限责任公司、国有企业的工业产值要占到全市工业总产值的 60% 以上。

(3)中型企业在全市经济增长中占据着举足轻重的作用

银川市中型企业跟大型企业联系紧密,与小型企业缺乏资源互补和共享机制。银川市中型企业的主体是工业企业,且多为重工业,而小型企业多为轻工业。这种工业结构导致中型企业和大型企业之间在产业上的"亲缘关系",和小型企业之间很少形成共同利益区间。在银川市的 38 家中型工业企业中,24 家重工业企业主要分布在自来水、重型机械、煤炭、电力、化工、电气、水泥等行业,与 6 家从事电力、煤业、轴承、轮胎、石油天然气经营的大企业之间要么是一种国家垄断经营的同业关系,要么是存在一种能源供需关系。相反,中型企业和小型企业的所有制性质不同,中型企业基本上都是国有和国有控股企业,而小型企业多为集体、私营企业,尽管它们和小型企业之间也形成一定的能源供需关系,但是中型企业往往处于能源供给链的上源,对处于能源需求链下源的小型企业,占有绝对供需关系优势,而且二者之间的经济实力相差甚大,小企业无法和中型企业之间形成一种"讨价还价"的平等契约关系。同时,处于供需关系下源的小型企业和中型企业之间缺乏"利益同构",经营产品性质和种类相差太大,无法形成资源

"互补"和共享机制,小型企业也不能为在交往中的大、中型企业创造"权力"价值。总之,大、中型企业和小企业的重、轻工业"二元"格局,造成了大、中型企业和小型企业的交流障碍和合作阻隔。中型企业所处的这种特殊地位和相对于大型企业的数量优势,决定了中型企业在银川市经济发展中的举足轻重的作用。2006年对银川市经济增长最具拉动力的9家大中型企业中,中型企业占到了5家。其中,宁夏发电集团公司产值增长95.0%,宁夏力成电气集团公司产值增长92.5%,宁夏灵州集团有限责任公司产值增长55.8%,宁夏天马冶化实业有限公司产值增长53.0%,宁夏小巨人机床有限责任公司产值增长35.5%,分别居2006年宁夏最具增长力企业排名的第一、二、四、五、七位。

(4)中小企业发展"由中心向外缘"扩张

银川市企业的空间布局可以看出,银川市经济发展走着一条以市辖区和大中型企业为中心逐层向郊区、下辖市和县扩散的"同心圆"经济圈道路。2004年银川市有规模以上工业企业228家。其中,大型企业6家,全部在银川市辖区;23家中型企业在市辖区;另有7家中型企业在永宁县,3家在贺兰县,5家在灵武市。剩余的184家企业中,114家分布在银川市辖区,在永宁县和贺兰县各19家,灵武市有32家。2004年银川市规模以下工业企业有1249家。其中,银川市辖区798家,工业总产值8.24亿元,上缴税金4883万元,从业人员13400人;永宁县90家,工业总产值2.44亿元,上缴税金809万元,从业人员2615人;贺兰县205家,工业总产值4.98亿元,上缴税金2808万元,从业人员4184人;灵武市156家,工业总产值1.65亿元,上缴税金889万元,从业人员3023人。尽管规模以下工业企业在市辖区以外的数量仅有451家,比市辖区内的少,但是创造的工业总产值却比市辖区的高出10个百分点,而就业人数和上缴税金相差不大。银川市大、中、小企业的这种空间布局结构已经显示出企业集群的自然地域分工特点,说明现阶段银川市企业布局有从"区域中心城市发展模式"向"集群化"方向发展的趋势。

3. 银川市中小企业发展模式的未来走势

我们从银川市中小企业发展的特点已经得出结论:银川市中小企业发

展有从"区域中心城市模式"向"集群化"模式方向发展的趋势。

　　近年来,银川市重点发展重工业、国有大中型企业和"先中心后郊区"、"先市辖区后下辖市、县"的"同心圆"经济圈发展思路正在面临着新挑战:2004 年,银川市 228 家规模以上企业,亏损企业达 70 家,亏损面为 30.71%。其中,银川市辖区 143 家企业,亏损 51 家,亏损面为 35.66%;永宁县 26 家企业中,亏损 6 家,亏损面为 23.08%;贺兰县 22 家企业,亏损 8 家,亏损面为 36.36%;灵武市 37 家企业,亏损 5 家,亏损面为 13.51%。市区企业的亏损主要与企业规模较小,固定资产沉积比例、负债比例和成本、管理费用过高有直接的关系。2004 年,银川市辖区 143 家规模以上工业企业平均资产总额为 2.22 亿元,平均固定资产就达 1.15 亿元,而平均流动资金只有 8500 万,平均产品销售收入为 1.31 亿元,平均从业人数为 400 人;143 家企业的负债总计 196.41 亿元,平均负债 1.37 亿元,企业平均负债率高达 61.97%,流动负债总额和平均流动负债为 111.07 亿元和 0.78 亿元,长期负债总额和平均长期负债 5967.9 万元,为此当年需要支付的利息为 4.51 亿元,扣除负债后得平均所有者权益为 8419.57 万元。而 143 家企业的产品销售成本为 157.27 亿元,平均成本为 1.10 亿元,产品销售费用 3.85 亿元、产品销售税金及附加 3.05 亿元、管理费用 12.88 亿元三项合计 19.78 亿元,平均费用支出 1382.9 万元。但是,143 家企业的利税总额并不高,仅有 19.54 亿元。[①] 由此根据平均成本、平均费用支出、平均税金支出额推断,银川市辖区亏损企业和实际亏损面比统计部门统计的数据要高。更为重要的是市辖区企业的"重复建设"情况比较严重。2004 年,银川市辖区的 6 家大型企业、23 家中型企业和 114 家其他规模以上企业各自为战,缺乏产业和技术联系,没有形成规模效应,这既增加了企业的经营成本又增加了企业产品的社会成本(包括公共设施占用、城市公共环境影响等)。

　　与市辖区企业不同的是,处于企业中心地带以外的集体、私营和非国有控股股份制企业,亏损面低,企业流动负债高而长期负债低,但资金缺乏、规模小、经营管理水平低、产品技术含量低,制约了企业的发展。2004 年,位

---

　　①　资料来源:《2005 年宁夏统计年鉴》,中国统计出版社 2005 年版。

于银川市辖区以外的 85 家规模以上中小型工业企业的平均资产总额仅为 0.99 亿元,平均拥有固定资产 4485.4 万元,平均流动资金 4664.9 万元,平均从业人数为 396 人(永宁县、贺兰县、灵武市全部 523 家法人工业企业的平均从业人员仅为 57 人)。市辖区以外的中小企业融资也较处于中心地带的中小企业困难,2004 年永宁县、贺兰县、灵武市三地的 85 家规模以上中小工业企业当年的流动负债总额为 41.60 亿元,平均流动负债 4894.5 万元,且以国有和国有控股中小企业为主,私营企业融资更为艰难;85 家规模以上中小工业企业长期负债总额为 14.01 亿元,平均长期负债 1648.28 万元,获得长期贷款的中小企业几乎全部是国有和国有控股及效益比较好的集体企业,私营企业基本上被排除在长期融资对象行列之外。如果扣除企业的负债,市辖区以外的 85 家规模以上中小工业企业的平均所有者权益为 3246.62 万元,不到市辖区企业的一半。这种状况导致处于城市经济圈中心的企业和外围企业之间、国有和国有控股大中型企业和非公有制中小型企业之间、重工业企业和轻工业企业之间在企业融资、企业成长能力上的恶性循环:企业资金限制企业的规模,企业规模反过来限制企业的融资能力。这样,企业在所有制上的差异最终表现为产业差异、成长性(包括成长空间、成长机会)差异和地域分工。

从正面来讲,银川市的七大支柱产业煤炭开采和洗选业、有色金属冶炼及压延加工业、通用设备制造业、电力热力生产和供应业、化学原料和化学制品制造业、橡胶制造业、石油加工炼焦及核燃料加工业中,传统的煤炭、电力、橡胶、石油、燃气和水的生产与供给由于与当地处于产业链下源的中小企业的关联度太弱,对当地中小企业发展的推动力很有限。如果从支持当地经济持续、长远发展的角度考虑,政府企业政策的重心必然要转向制造业和处于城市经济中心边缘的中小企业,再说,工业企业向城市的外层经济圈发展也是现代城市发展的总体趋势。从近年来银川市经济发展的实际情况来看,市辖区经济的增速开始回落,而永宁、贺兰两县和灵武市的经济增长幅度逐渐高于市辖区。2006 年,银川市辖区工业产值比 2005 年增长 23% 左右,而灵武市的工业产值比 2005 年增长 28% 左右。这从另一个方面说明,银川市企业向"集群化"发展的时机已经成熟。

（四）对区域中心城市中小企业发展模式的评价

1. 区域中心城市模式取代中小城镇"捆绑"模式理论的理由

我们用"区域中心城市模式"取代中小城镇"捆绑"模式理论,主要是基于我们对西部民族地区城镇化、城市化和中小企业实际发展关系的以下理解:(1)城镇化和民族地区的就业没有必然的联系。在目前的西部民族地区,城镇化给当地少数族群的生计方式产生的实际影响不是太大,他们仍然从事他们的传统产业,倒是"族际分层"表现得比以前更加鲜明。城镇化对当地汉族的就业状况有影响,但更多地是外来"临时工"的增加。退一步来讲,城镇化也不能作为民族地区缓解就业压力的政策手段,因为存在就业"族群分层"的情况下,城镇化会成为"族群"政策,产生公民传承职业限制公民迁徙、就业权的实际效果。而城镇化本身包含着公民平等地、无差别地在国家主权范围内自由流动的权利,不能因国家管理的方便而限制公民自由迁徙权、就业权或对公民实施差别待遇。(2)西部民族地区的城镇化水平仍然很低,发展小城镇确实有利于提高当地少数族群的生活水平和生活质量,但是无差别的"城镇中心论"会使西部民族地区的城镇只起到"链接"作用而缺乏中心辐射作用,会使西部民族地区的城镇化走上一种低水平、低层次、高离散性的重复建设之路。(3)现阶段市场经济条件下,西部民族地区的小城镇基本上都是汉族"投靠"(发现市场)少数族群而形成的,人口密度比较低,城镇的规模都比较小,企业一般都向人口密度比较高的中心城市而不是中小城镇集中。这样,中小企业与中小城镇"捆绑"的发展策略大多会落空。(4)西部民族自治地方的土地面积和行政管辖权的范围比较大,但人口稀少,小城镇不能形成规模消费市场,且除非将工厂建在原料供应地否则就不能产生市场比较优势,西部民族地区的中小城镇还不具备与中小企业"捆绑"发展的条件。(5)西部民族地区艰苦的自然生存条件和落后的农业生产条件,在很多情况下会使工业化、企业化和城镇化、现代化、商品化并不在同一个层级上一体推进。(6)西部民族地区都有各自的"政治、经济、文化活动中心"——中心城市,并依据《宪法》《民族区域自治法》、其他关于保护民族自治地方自治权的法律或法规以及各自的自治条例、单行条例的规定,构成相对独立的政治、经济、文化区域,但中心城市对各自管辖权范围的各个行政区划单元都具有基于政治的、经济的"辐射"作用。因此,有利于西部民族地区中小企业发展的城镇化理论应当既是区域又是具有中心辐射作用的发展模式。

2."区域中心城市"中小企业发展模式存在和发展的必然性

前面已经论述了,西部民族地区中小企业和中小城镇"捆绑"发展模式理论在时间上有诸多不可行之处,建议用"区域中心城市"模式取代之。"区域中心城市"中小企业发展模式有其存在和发展的必然性。(1)我国长期实行民族区域自治制度,在民族地区形成了规模不等的区域性的"中心城市"。在民族区域自治制度下,从自治县县城、自治州州府到自治区首府,城市无论大小,往往都围绕自治民族而建,或为政治中心,或为经济中心,或是文化中心,或是民族情感和民族精神的寄托之地,或者兼而有之,区域性中心城市的形成是政治促动的必然结果。(2)历史形成的区域中心城市的比较齐全的公共设施,也为民族地区中小企业向民族地区中心城市集中提供了条件。企业在何地投资、发展是要支出成本的。利用民族地区现成的"区域中心城市"的公共设施,是节约成本最好的方式。投资于"中心城市"要比投资于为数众多的中小城镇更容易产生规模经济效应,是一种城市和企业发展的"双赢"策略。经营成本是中小企业选择区域中心城市作为自己发展基地的根本原因。许多西部民族地区完全可以不走城镇化而直接走城市化的道路,完成城市化过程。(3)企业选择区域中心城市作为聚集地的另外一个重要原因是区域中心城市一般都有比中小城镇更大的、更便利的生活消费市场。(4)区域中心城市发展模式是中小企业发展的自然选择模式,是城市化和工业化、企业化的自然契合。

3."区域中心城市"中小企业发展模式的局限性及解决路径

在银川市中小企业发展特点的探讨中,我们已经能够感受到"区域中心城市"中小企业发展模式的局限性了:(1)"区域中心城市"模式是区域市场发育不完善、不健全条件下的中小企业自发竞争发展模式。"区域中心城市"模式显然产生于中小企业发展过程中的自然发展阶段,符合企业趋利避害、追求利润最大化的"自然理性",但缺乏对企业自身承担的社会责任的理性判断。(2)"区域中心城市"会出现各个"中心城市""孤军奋战"、各自为政,缺乏与邻近城市之间的协同和资源共享机制,在一定程度上既限制企业的发展又限制城市化进程。"区域中心城市"模式本质上是一种多元主义,有助于民族地区发展自己的特色产业,加之各"中心城市"之间空间距离比较远,城市人口规模又不大,不利于统一市场的形成和形成市场规模效应。(3)"区域中心城市"模式一般是一个从城市中心向城市郊区逐步向外渐次推进的"同心圆"经济扩展过程,这种经济发展模式的经济扩展过程通常比较缓慢,而且很容易造成城市中心地带经济的过密化和外围经济的松散及规划无序。(4)"区域中心城市"发展模式遵循的基本原则是"先来后到",产生了高昂的城市化成本。在我国西部民族地区最先发展起来的是采掘业、电力和燃气和水的生产与供应业等重工业和对环境污染比较严重的轻工制造业,在城市发展规划落后的情况下,这些产业企业常常遵循"先占原则",占据城市中心位置,给日后城市的进一步发展造成了障碍或制造了城市发展高昂的社会成本。近年来,西部民族地区许多中小城市发展都面临着"重新规划"、"污染工业搬迁"等问题。(5)"区域中心城市"发展模式往往可以形成自己的支柱产业,但产业发展无地域分工,同行业企业之间的协作成本、信息交流成本很高,无法形成企业集群,由此产生的企业经营的外部成本(外部不经济)也很高,阻碍城市中心地带的经济向外圈的扩展,并使得城市外圈的经济力量从节约经营成本的角度考虑不断向城市中心挤压。(6)"区域中心城市"发展模式还存在一个重要的弊端是大中型企业的集中度太高,而且常常是大型企业占据城市的经济中心区域,中小企业被排挤在城市经济的外圈。在我国西部民族地区的企业区域布局还受企业所有制性质左右,国有企业和国有控股企业在城市经济圈排位中总是处于优先地位。这样,在我国西部民族地区的中小企业、尤其是私营中小企业不仅存在着经济上的"边缘化",而且在地域空间上也被"边缘化"了。(7)"区域中心城市"发展模式还有一个副产品,就是城市发展的"权力中心主义"。我国西部民族地区的"中心城市"缘起于历史上的或当代的民族政策,是在政府确立的"行政中心"的基础上逐步发展起来的,城市发展特殊的历史背景和现实的自然条件、社会条件赋予了西部民族地区的城市一种

"权力中心"的地位。

"区域中心城市"发展模式作为西部民族地区普遍存在的、自然形成的中小企业发展模式,在现代社会中小企业发展和城市化进程中展现的缺陷还远远不止这些,解决这些问题的出路有三条:(1)从"区域中心城市"发展模式是西部民族地区中小企业发展的必然选择来讲,当地政府部门要做好城市和企业布局规划。(2)当地一经形成特色产业、支柱产业时,政府部门就要做好企业的产业地域规划,使城市企业向"集群化"方向发展。(3)政府对处于城市外经济圈的企业采取积极的优惠、扶持政策,鼓励企业向城市外经济圈扩展,使城市化和企业化同步进行。(4)"区域中心城市"发展模式下,中小企业发展要和现代化、城市化联动。

三、"龙头"企业带动模式——以玉林模式为例

根据格雷纳模型理论,中小企业发展要经历五个阶段,每个发展阶段上都存在着企业发展要解决的特殊"危机",中小企业成长的过程就是企业逐步解决"危机"而提高经营管理水平的过程。这似乎把中小企业看成了未来大企业的"孩童时代",意味着每一个中小企业都可以成长为大企业。其实,这是一种幻觉,成长为大企业的是少数,大部分的中小企业则走向了"死亡"!而且,中小企业成长为大企业是由许多客观条件和偶然因素共同促成的,一个地区只要有一两家"核心"企业就有可能带动当地经济的快速发展。一个明智的政府决策是"抓重点"而不是"一把抓"。现阶段在我国西部地区,尤其是西南地区利用中小城市密集度相对较高的优势,建立县域、市域经济合作区,实行以当地的大型"龙头"企业或企业集团带动当地中小企业发展的模式,已不在少数。最为典型的省份是广西省。广西省将全省划分为6个相对独立的经济区:桂东经济区、桂南沿海经济区、桂西经济区、桂北经济区、桂中经济区、沿边经济区。每个经济区都有各自的特色产业和"龙头"企业,带动本经济区的经济发展,从而形成独具特色的"龙头"企业带动经济区范围内中小企业发展的模式。

（一）"龙头"企业带动模式的含义

从地域经济发展的道路来讲,中小企业发展的模式可以多种多样,除了本地的"地情"之外,还要看经济发展中的机会。一个地区实行"全面撒网"式发展中小企业的措施,肯定是计划经济时代遗留下来的"搞平调"、"均衡"的"小手工业作坊经济"政策,会失掉当地经济发展的许多机会。"先富后富"政策同样适用于发展企业经济。采取集中力量发展几家或一两家当地有实力的大型企业或企业集团,作为当地企业发展的"龙头",以此来带动当地中小企业的发展,尽管不是发展地方中小企业的完美思路,但肯定是一种比"全面撒网"更好的选择。

中小企业和大企业相比,规模小、技术设备落后、资金不足、对产业的经济影响力弱,在市场竞争中处于不利地位。但是,中小企业也有自己鲜明的经营特色和优势。一方面,中小企业以非公有制经济为主体,企业自主权大、应变能力强,可以对市场变化迅速作出决策,调整经营方向,寻找市场"缝隙"。另一方面,中小企业采取专业化经营,采取与其他企业纵向或横向的联合,而为现行法律、政策所允许,并不易引起政府的反垄断调查。中小企业走合作发展的模式有多种:有区域合作模式,它是一定地域范围内的中小企业在政府政策的指引下或在各行业协会的撮合下达成的一种基于共同经济区域的谅解式或协约式合作,也可以是处于共同地域范围内的企业为了共同的市场目标或产品价格目标达成的市场、产品价格共识;有产业合作模式,最为典型的就是产业集聚发展,这是一种基于企业共同经济利益而形成的紧密的市场合作模式;有纵向合作模式,它是指同行业的中小企业就某项经营,通过同行业的协同组合与同行业的大型企业建立各种形式的垂直协作关系,包括技术指导、技术培训、设备租赁、原材料和零部件加工、代理签订合同、代为提供担保融资等;有横向合作模式,它是指同行业或不同行业的中小企业之间为了获得共同发展,以互为提供融资担保、共享市场信息、互相提供短期融资支持、共同租赁机器设备等方式建立的契约式的横向合作关系。

"龙头"企业带动模式本质上就是企业的"产业内纵向协作",指在一定经济区域内,以某个大型企业或具有核心影响力的企业为联结点,以众多从事专业化经营的中小企业为基础建立的特殊企业合作关系。"龙头"企业带动模式更多的具有企业纵向合作的特点,其最经济的、最有效率的发展形态也是同业中小企业与大企业建立垂直协作关系。但是,大企业和中小企业要真正实现一种有效的、有机的合作需要以精细的产业分工为前提,而且也受产业本身的分工深度的制约。譬如,采矿业、电力和燃气及水的生产与供给业等产业链本身比较短的行业是不需要企业太多的纵向协作的。换句话说,这类产业领域内的大企业只会影响其他行业企业的发展,而不可能做同行业其他企业的发包商、分包商,同行业大企业和中小企业的纵向垂直合作主要存在于分工详细的制造业体系。我国西部民族地区的大型企业数量少,且主要分布在原煤、石油等采矿业和电力、燃气生产等行业,这些大企业也只能够"影响"当地中小企业发展,而无法提供与当地众多中小企业产业内垂直协作的机会。在我国西部要找出大企业"影响式"带动当地经济发展的实例不少,如新疆的克拉玛依市、乌鲁木齐市等,内蒙古的包头市、呼和浩特市、鄂尔多斯市、赤峰市等,宁夏的银川市、石嘴山市等。但是,在西部大企业以"产业内纵向协作"带动当地中小企业发展的民族地区却不多见。

(二)"龙头"企业带动模式的特点

"龙头"企业带动中小企业发展的模式不同于"区域中心城市"模式,也不同于"产业集群"发展模式,有它自身的特殊性。

1. 以产业分工为基础

"龙头"企业带动模式不同于"产业集群"发展模式的一个显著特点就在于它以产业关联确定企业关系。"产业集群"发展模式强调的是企业间的横向分工——即产业分工的广度,并常以地域分工为前提,"龙头"企业带动模式则更强调企业的纵向分工——即产业分工的深度。相比较而言,"龙头"企业带动模式对产业分工的要求更高,常常以产业分工的广度达到一定水平为条件。产业内协作模式是"龙头"企业和中小企业之间的产业"结盟",它在形式上也是一种企业集群,是以产业链为纽带的产业内企业集群。这种企业群落总是以一个处于产业链顶端的"龙头"企业(通常是实力雄厚的大企业)为核心组建,集群内部企业之间的联系主要是产业、产权和合同关系,更直观地说,中小企业通过和"龙头"企业签订各种执行不同目的的合同,确立企业间稳定的经济联系。

2."龙头"企业具有"中间体制组织"的性质

以"龙头"企业为中心的企业集群作为市场组织和政府组织之间的"中间体制组织",以产业关系确定企业集群的边界,与其他企业组织和社会组织的界限清晰、稳定。企业集群是一种特殊的组织形式,集群内企业的关系因利益相关度不同而存在较大差异,有的松散,有的紧密,有的带有明显的周期性。联系松散的企业集群,是一种企业间的协约式联盟;但联系紧密的企业集群,可能是一种实际存在的社会力量,如同一个企业集团,它们采取一致的集体行动可能会影响市场结构,甚至政府决策。以"龙头"企业为中心的企业产业集群是更接近于企业集团的市场"中间体制组织",国家对其加以规范、引导是十分必要的。这种"中间体制组织"明显具有一般的企业集群的特点:(1)"龙头"企业和中小企业之间存在着利益从属关系;(2)"龙头"企业和中小企业之间是一种有形的合同关联;(3)企业集群结构相对单一、稳定,组织性、协同性强;(4)企业集群对外部经营环境的调适能力强,可以以共同行为影响不利的外部市场竞争环境;(5)集群内中小企业较缺乏特色,一般根据"龙头"企业产品的市场供需变化和与"龙头"企业签订的合同调整生产,尽管"龙头"企业不能取消中小企业的独立地位,但是"龙头"企业常常通过承包合同、产业链将自己的经营风险、损失转嫁给中小企业;(6)中小企业加入、退出企业集群的自由、权利受到较强限制,从而使企业集群的边界清晰、稳定,较少模糊性和变动性。

3."龙头"企业是产业链的中心

"龙头"企业带动模式类似于"中心式中小企业集群","龙头"处于支配地位,中小企业主要为"龙头"企业进行特定的专业化加工,或者根据与"龙头"企业签订的合同要求提供专门化产品,或进行限制性销售。与"中心式中小企业集群"的根本区别有两点:一是中小企业对"龙头"企业存在着基于企业利益的从属性;二是企业集群的边界以产业确定而不是以地域划分。但我们应该看到,在现代社会里,"龙头"企业为中心的企业集群下的产业分工,已经不同于工业化时代的单纯的"产业"的范围,潜藏在现代"产业分工"背后的深刻背景是"技术分工"。在"龙头"企业带动模式中,"龙头"企业主要负责产品技术难度高、附加值大的部分,而中小企业大多分工产品技术难度要求低、批量小、专业性分工度高的各种零部件和半成品,"龙头"企业和中小企业之间的承包层级也根据产品的技术和专业化要求确定。

这种中小企业发展模式在我国西部民族地区比较少见,一方面是因为西部民族地区大企业数量比较少,另一方面在于西部民族地区的制造业不发达、企业生产的技术水平不高、产业分工程度不高。尽管如此,在我国西部民族地区,如内蒙古、广西等一些制造业比较发达的地方还是出现了一些"龙头"企业带动中小企业发展的企业集群形式。而且,它也代表了现代社会里企业集群的一种发展趋势,有必要把它作为一种独立的中小企业发展模式加以探讨。

(三)"龙头"企业带动模式产生的内在动力

外部不经济一直是困扰人类生产组织形式效率的大问题。当前,解决中小企业发展中的外部不经济问题的措施有两种:一是对企业实施地域分工,以产业集群发展的途径解决企业面临的流通环节的不经济;二是加深企业的产业分工,通过企业的产业内协作、合作解决企业面临的生产环节的不经济。产业集群的外部经济主要表现为企业的市场规模扩大,区域范围内劳动力供给充足、流动加速和高素质人才集中,市场信息交流、扩散频度加快,企业获得区位品牌优势等,但产业集群模式只部分解决了市场的外部性问题,企业的个体性存在始终是企业外部性产生的根源。消除企业个体经济外部性的极端形式是计划经济,但实践已经证明它同样是行不通的。产业内企业的纵向合作模式就是介于极端自由主义经济和计划规制之间的解决企业外部不经济的另一种形式。换句话说,"龙头"企业带动模式产生的根本动因就在于外部经济。

产业分工对"龙头"企业带动模式的意义表现在以下几个方面:

(1)"龙头"企业通过向中小企业提供订货、技术指导、设备租赁、融资担保等方式,将中小企业纳入自己的生产经营体系,而中小企业一旦与"龙头"企业建立协作关系,就要在"龙头"企业的监督、指导下专门为大企业生产零部件或提供某种专业性服务。由此确立起"龙头"企业与行业内中小企业的稳定的、持续的经济联系。(2)"龙头"企业和行业内中小企业的纵向协作形成了"龙头"企业和中小企业之间一定程度的"共享"机制和"双赢"局面:纵向协作的最大好处是提高了产业链的生产、流通效率,降低了行业内的竞争;"龙头"企业可以利用中小企业低工资的好处,降低生产成本,并通过承包、分包等方式分散和转嫁经营风险,使中小企业起到"龙头"企业经济景气波动"稳定器"的作用;中小企业可以通过"龙头"企业获得多种方式的融资(包括资金、设备、原材料、技术等),利用"龙头"企业的销售市场,降低或减少产品营销费用支出等。(3)"龙头"企业和中小企业的行业内协作也会产生一定的社会效益,譬如,"龙头"企业和中小企业的合作在一定程度上增加社会资源配置的计划性、有效性,降低不必要的竞争,提高资源的利用率和减少产品在生产、流通环节的滞留,而且企业之间的产业内合作也是节约社会资源、提高公共设施利用效率的有效方式。(4)"龙头"企业和中小企业的产业合作有利于国家制定、实施产业政策,便于适时有效调整产业结构,有利于克服"市场失灵"。(5)"龙头"企业与中小企业的产业内协作,有利于提高企业生产的专业化程度,加深企业产品产业链的纵深度,增加企业产品的附加值和技术含量,可以调动中小企业的创新水平和创新能力。

可见,在"龙头"企业带动模式下,产业分工是"龙头"企业带动模式发挥作用的前提,又是"龙头"企业带动模式发展的结果。产业分工不是传统意义上的大产业划分,更不是一种基于地域自然资源优势的简单的地域分工。"龙头"企业发展模式是就某一个产品(成品)的生产工艺流程的专业化"加工"的程序切分,它要求在产品生产、加工的每一个时段上都采用最先进的技术,并尽最大限度地降低成本,由此可以使数量众多的中小企业卷入某一种产品生产、加工的产业链中来,使产品生产、加工成为众多企业的协同行动,一直延伸到售后服务、回收环节。有一些技术要求比较高的产品,也常常会突破行业界限,就产品生产、加工所要求的技术而形成一个新的产业。因此,"龙头"企业带动模式具有很强的产业和市场开拓潜能。这种产业分工的本质是产品生产的技术分工。这种产业分工又直接表现为企业在产业内的协作、利益和风险分摊,由此使企业的经营状况得到了一定程度的改善,从与其他企业的合作中获得外部经济。

(四)玉林模式

1.玉林概况

玉林市位于广西的东南部,紧靠广东省、海南省,前临香港、澳门,背靠大西南,属于泛珠江三角区域,是东南沿海经济开发区和我国大西南出海的重要便捷通道。到2004年年底,玉林市总面积12838平方公里,总人口598万人,辖1个市辖区、4个县、代管1个县级市:(1)玉州区,面积1251平方公里,人口91万,辖5个街道、10个镇;(2)北流市,面积2457平方公里,人口120万,辖3个街道、22个镇;(3)兴业县,面积1487平方公里,人口68万,辖11个镇、2个乡;(4)容县,面积2257平方公里,人口77万,辖12个镇、3个乡;(5)陆川县,面积1551平方公里,人口92万,辖11个镇、3个乡;(6)博白县,面积3836平方公里,人口150万,辖27个镇、1个乡。

2005年,玉林市的国民生产总值为299.87亿元,三次产业的产值分别为99.29亿元、116.11亿元和84.84亿元。第二产业生产总值中,工业总产值为101.38亿元。三次产业结构比为33:39:28。农业在玉林国民生产中占有重要地位,第三产业相对滞后,工业已经成为玉林市的主导产业。玉林市农业资源丰富,是广西主要的粮食生产基地,有"荔枝之乡"、"桂圆之乡"的美称,是我国有名的"沙田柚"原产地。常年耕地面积为19.57万公顷。2004年农业总产值为157.69亿元,粮食总产量为195.48万吨,甘蔗、水果、肉类是玉林的三大主要粮食产品。其中水产畜牧养殖业是玉林农业的支柱产业,农业龙头企业在玉林农业生产中居于领先地位。玉林闻名天下的是其内燃机制造业和日用陶瓷生产制造业。玉柴机器集团是我国有名的内燃机生产集团,三环集团是中国最大的日用陶瓷生产集团,黑五类食品集团是我国最大的黑色食品生产集团。此外,玉林的中药材、工业品服装等也闻名全国。2004 年玉林市有规模以上工业企业 310 个,大型企业 2 家,中型企业 19 家,小型企业 289 家,完成工业总产值 132.19 亿元。其中,国有及国有控股企业完成工业产值 74.92 亿元,集体企业 7.34 亿元,股份合作企业 2.24 亿元,私营、外商投资企业和其他内资企业 39.29 亿元。机械、水泥陶瓷、健康、服装皮革四大产业集群主导着玉林社会经济的发展,涌现了玉柴、玉药、三环、黑五类、海螺、燕京、旺旺等一批强优企业,工业在当地经济发展中居于举足轻重的地位。

玉林市的发展过程从玉林市的行政区划变革中也能够反映出来。1983年 10 月 8 日,国务院批准(国函[215]号)撤销玉林县,设立玉林市,以原玉林县的行政区域为玉林市的行政区域。1994 年 4 月 18 日,民政部批复(民行批[1994]60 号)撤销北流县,设立北流市。1997 年 4 月 22 日,国务院批复(国函[1997]26 号)撤销玉林地区和县级玉林市,设立地级玉林市;玉林市设立玉州区和兴业县。玉林市辖原玉林地区的容县、陆川县、博白县和新设立的兴业县、玉州区,原玉林地区的北流市由自治区直辖。2005 年,玉林市调整部分乡镇行政区划。① 玉林市的历次行政区划变动是当地农业产业化、工业化、企业集群化、乡村城镇化、社会现代化和社会发展一体化推动的必然结果。

2.玉林中小企业发展模式

2004 年 11 月 5～8 日,中小企业商机博览会在玉林市召开。博览会由

---

① 此次调整的主要内容是:①玉州区撤销南江镇,改设街道办事处,以原南江镇的行政区域为该街道办事处的辖区;撤销名山镇,改设街道办事处,以原名山镇的行政区域为该街道办事处的辖区;撤销城西镇,改设街道办事处,以原城西镇的行政区域为该街道办事处的辖区;撤销城北镇,改设街道办事处,以原城北镇的行政区域为该街道办事处的辖区。②容县撤销容城镇、容厢镇,设立容州镇,以原容城镇、容厢镇的辖区为容州镇的行政区域,容州镇人民政府驻原容城镇金珠街。③陆川县撤销陆城镇,整建制并入温泉镇,温泉镇人民政府驻地不变;撤销月垌乡,整建制并入乌石镇,乌石镇人民政府驻地不变。④博白县撤销绿珠镇,整建制并入博白镇,博白镇人民政府驻地不变;撤销三育镇、径口乡,设立径口镇,以原三育镇、径口乡的辖区为径口镇的行政区域,径口镇人民政府驻原径口乡径口街;撤销大利镇,整建制并入水鸣镇,水鸣镇人民政府驻地不变;撤销合江镇,整建制并入东平镇,东平镇人民政府驻地不变;撤销三江乡,整建制并入文地镇,文地镇人民政府驻地不变。兴业县:撤销铁联乡,整建制并入葵阳镇,葵阳镇人民政府驻地不变;撤销博爱乡,整建制并入山心镇,山心镇人民政府驻地不变。⑤北流市撤销华东镇,整建制并入石窝镇,石窝镇人民政府驻地不变。

"中小企业论坛、商品展销展示、项目洽谈签约、文化艺术交流、旅游观光、容县沙田柚节"六大板块组成。中小企业论坛以"区域合作与发展商机——中小企业的发展与挑战"为主题,探讨了中小企业的发展现状、结构变革与发展模式。国家选择玉林市作为这次中小企业博览会的地点,主要与上世纪90年代后期以来玉林市中小企业的发展成就是不可分割的。我们在调查中发现,"玉林模式"特点显著。

(1)"龙头"企业带动中小企业集群化发展

玉林中小企业发展模式明显不同于我国西北民族地区。西北民族地区中小企业发展呈现出规模、所有制、产业和地域分布上明显的"两极"分化:中型企业和小型企业在资产总额、销售额、从业人数、成长能力和成长空间等方面的差距悬殊,中型企业和大企业更容易形成优势互补,小企业则与当地城乡个体经济联系更为紧密;中型企业以国有和国有控股企业为主体,私营企业受各种融资、用工等因素的限制,成长性很差,很少有可能发展为中型企业;中型企业和小型企业之间存在着明显的"重工业"和"轻工业"的"两极"分化;[1]中型企业和小企业整体上存在着企业住所地空间分布上的"两极"分化现象。[2]

到2004年,玉林市有中小企业1.4万多家,占企业总数的99%以上,中小企业资产总额占到全市企业总资产的81%。在当地大型企业玉柴机器集团、三环陶瓷集团、黑五类食品集团等大型"龙头"企业的带动下,玉林市中小企业发展呈现出下面特点:首先,企业总体发展呈现"二元"结构。中小企业的经营范围、经营方向主要根据当地大企业的经营范围、经营方向确定。2004年,玉林市工业总产值是132.19亿元,大型工业企业的产值就近

---

① 规模和所有制上的"两极"分化与中型企业的产业分布特点紧密相关,中型企业多为原从事采矿、化工等重工业的国有企业或原国有企业改制后的国有控股公司,从原集体企业转轨来的小企业中从事采掘业的数量不少,但近年来受国家劳动安全政策的限制,已经有很大的压缩,新设立的小企业以农副产品加工和小制造业为主。这样,在西北民族地区,中型企业多为重工业企业,小型企业则多为轻工业企业。

② 小企业受规模、尤其是财力上的限制,无法承受远距离运输和共享中心城市的公共设施的成本支出,所以小企业多集中在原材料供应地或产品销售市场集中地,而中型企业则多集中在当地中心城市,以小城镇为企业住所地和主营场所所在地的中型企业很少。

70亿,占到全部工业产值的一半以上,优势产业集群已经基本形成,40%的中小企业根据大企业的需要,进行特定工序产品的加工生产。政府也以玉柴集团、三环集团、黑五类集团等企业集团为依托,把发展机械、水泥陶瓷、健康、服装皮革四大企业产业集群确定为区域中小企业发展的基本政策。其次,中小企业以非公有制经济为主导。玉林市的大型企业基本上都是国有企业或国有控股企业,但构成中小企业的主体是非公有制经济。玉林大企业以机械制造、农产品加工等制造业为主,这就为产品产业链延伸、产业分工和企业集群化发展创造了条件。当地中小企业主要就是在上世纪80年代后期到90年代投资者"发现"大企业留下的"市场缝隙"而逐步成长起来的,它们的主体并不是从原国有、集体企业转制、分化而来。这奠定了玉林市大型企业和中小企业的公私"二元"互补的企业大格局。再次,中小企业依托大企业发展外向型经济。玉林市中小企业的产品依托当地大型企业的国外产品销售渠道对外出口,中小企业出口占到玉林市总出口的80%以上。

玉林市国民经济和社会发展"十一五"规划纲要清楚地提出了"打造玉林市中小企业名城"的玉林中小企业发展模式未来框架。第一,扶持农业龙头企业。重点发展粮食、中药材、果蔬、畜禽、水产、林产、香料、特色农产品等八类农产品加工业,发展培育一批产业关联度大、辐射带动能力强的农产品加工企业,培植大中型农产品加工"龙头"企业。重点扶持的农产品加工"龙头"企业包括:广西黑五类食品集团有限责任公司、广西玉林制药有限公司、广西美通食品有限责任公司、玉林市富英制革有限公司、广西玉林市参皇养殖有限公司、广西玉林市巨东种养有限公司、广西玉林市广东温氏家禽有限公司、广西春茂农牧有限公司、广西北流晨光乳业有限公司、北流市益富华罐头食品有限责任公司、广西容县鸿大绿色饲料有限公司、广西高峰容洲人造板有限责任公司、广西玉林东森化工有限公司、广西博白银龙工艺品有限公司、博白县宝中宝饲料有限公司、广西博白鑫星工艺品有限公司、广西华兴粮食物流有限公司等。目的是建成以食品工业、林产工业以及现代中药加工业等为支撑的农产品加工产业体系,培育大型农产品加工企业和名牌农产品,构建现代农业产业化经营格局。第二,发展先进制造业,实施"工业强市"战略。坚持品牌引领、园区集聚、开发带动、环境支撑、人才保障,加快工业发展;倾玉林市之全力扶持玉柴集团做大做强、把玉林建成以玉柴新型节能汽车、动力机械、工程机械、农用及农用汽车为"龙头"的先进制造业基地。第三,壮大四大优势产业群。一是机械产业集群,重点发展动力机械、工程机械、农业机械等产业;二是水泥陶瓷产业集群,以调整水泥工业结构为重点,培育发展水泥陶瓷大企业,建设西南地区水泥生产基地和陶瓷生产出口基地;三是健康产业集群,大力发展以医药保健业、健康食品和农产品深加工为主的产业;四是服装皮革产业集群,以服装加工、皮革制造业为主,培育"龙头",创立品牌,做大市场,做强企业。按照这样的规划,"十一五"以后,以大企业为"龙头"、以产业纵向分工为基础和以产业链为纽带的玉林中小企业集群发展模式就会完全建立起来。

(2)以县域经济发展作铺垫

"玉林模式"并不是像新疆乌昌经济一体化那样,建立在地域分工基础上的优势互补、资源共享。玉林之所以要走"龙头"带动模式,一个重要的原因是玉林市有发达的县域经济和比较发达的城镇化作为基础。

县域经济是在县级行政区划的地域和空间内统筹安排社会经济资源的区域经济。按照我国行政区划,尽管乡、镇是我国最基层的行政组织,但它并不具有完备的建制,县(包括县级市)才是我国社会经济功能完善的最低一级基本单元。县具有直接管理县辖城镇和下辖乡村社会经济发展的双重职责,这一点它区别于县级以上行政区域,也区别于乡。县实际上起着连接城市和乡村的作用。所以,县域经济具有城市经济和乡村经济、宏观经济和微观经济的双重性。县域经济不是单纯的县城经济,也不是乡村经济,县域经济的真正载体是中小城镇。换句话说,发展县域经济就是搞好中小城镇建设,实现乡村城镇化。实际上,任何城市化、区域经济一体化,如果没有一定的县域经济和中小城镇作为"过渡带"或"过渡环节",都是一种设想。我们无法想象在城乡经济"二元"结构和城市之间长距离间隔并无中小城镇经济做衔接的"经济一体化"。广西在上世纪90年代就已经把发展县域经济作为社会经济发展的重要工作了,探索出了一系列发展县域经济的模式,包括工业主导型、工贸一体化型、"三化"联动型、产业转移带动型、民营经

济主导型、特色农业主导型、服务业主导型、城际型等。① 我们从上面大致
提到的玉林市从 1983 年至 2005 年的先后四次行政区划调整上,就已经感
受到玉林县域经济发展的基本节奏。1997 年,撤销玉林地区设置地级玉林
市,标志着玉林城镇化建设已经基本宣告结束,城市化建设时代已到来,随
之而来便是企业的公司制改革和产业结构大调整,到 21 世纪初玉林市已经
基本形成了以大企业为"龙头"、中小企业为"躯体"的产业集群。

上世纪 90 年代末,玉林市在玉柴集团的带动下,社会经济实力已经排
在广西的前列,工业化和产品的市场化已经达到了相当高的水平。一方面,
玉林市调整产业的空间布局,在兴业县开工建设海螺水泥、燕京啤酒、旺旺
集团、广西高峰容洲人造地板项目,在陆川上马玉柴小挖技改、玉柴二铸技
改和在北流市上马三环技改等一批工业项目,并加快玉林经济开发区、北流
陶瓷工业园区、容县经济开发区建设,通过这些产业分流措施,推动了玉林
市各个区、县经济的发展,城镇化水平大幅度提升。"十五"期间玉林市固
定资产投资累计达 335.9 亿元,年平均增长 35.8%,开工项目达 5000 多项,
完成投资达 250 亿元。另一方面,玉林市加大对玉林区工业和商贸物流为
主的服务业建设,增强玉林市中心经济区对周边下辖区、县、市的经济辐射
带动作用。一是在玉林区积极培育支柱产业,发展机械制造、保健药业、服
装皮革、印刷材料等产业集群,引进国内外著名企业如燕京集团、旺旺集团、
富英制革集团等,打造区域品牌;二是大力发展玉林区商贸物流为主的现代
服务业,积极发展服装、中药材、汽车摩托、五金机电等特色专业市场,构建
网络化城市商业网点。2006 年仅仅玉州区的国民生产总值就达到 117.56
亿元,成为广西第一个国民生产总值突破百亿元的县域单位,与此同时,玉
林区的三次产业结构比提升为 6:41:53,非农产业在国民经济中的比例
占到 93% 以上。

(3)以优质农业为基础、以名牌企业和名牌产品为区域品牌

"玉林模式"与其他地区中小企业发展模式有一个很大的差别是以优
质、高效农业为基础。玉林市区域土地总面积为 12838 平方公里,常用耕地

---

① 广西统计局:《广西县域经济发展与主导产业研究》,"广西中小企业网"。

面积为 19.57 万公顷,2004 年人均耕地面积为 3.3 亩,当年农业总产值为 157.69 亿元,占国民生产总值 299.87 亿元的 52.6%。当年工业总产值为 101.38 亿元,工业增加值为 43.78 亿元,工业化率为 14.6%。但是,玉林市农业生产总值中包括了农产品加工工业的产值,农业总产值中农产品深加工占到了相当高的比例,工业产值也主要是制造业创造的,低技术含量的采矿业、电力和燃气及水生产与供给业占的比例很低。

玉林农业产业化程度高,粮食生产在农业生产中已经不占主要地位。2005 年农林牧副渔总产值为 167.78 亿元,水产畜牧养殖业产值占到农业总产值的 52.8%,超过粮食生产的产值,成为玉林农业经济支柱产业。粮食等主要农产品逐步向优质方向发展,形成了以中药材、食用菌、优质果蔬为主的经济作物产业。林业形成了以速生丰产林为主的商业林产业。农产品加工工业体系初步形成,出现了以黑五类食品集团有限责任公司等为代表的 17 个大中型农产品加工"龙头"企业,带动农业向产业化的纵深发展。2004 年,第二届中国中小企业商机博览会上,又引进燕京啤酒、旺旺集团、深圳光明晨光乳业等国内有名的农产品加工大企业集团落户玉林,搭建起了产业集群化发展的区域品牌战略的雏形。

区域品牌即产业区位是品牌的象征。玉林通过保护和发展本地企业的品牌,如玉柴机器、黑五类食品、荔枝、桂圆、沙田柚等,又吸引国内外著名企业到玉林投资建厂,利用这些企业的品牌借以提高玉林市和玉林本地企业产品在国内外的声誉,如安徽海螺、香港现代电子、世纪京华等。通过区位品牌使得玉林地区的企业获得了很高的区位品牌价值,有利于玉林企业产品在国内外代销商处获得专卖专营的品牌效应和区位营销优势。

当然,"玉林模式"的特点远不止这些。玉林中小企业发展模式经过了一个长期的量的积累过程,才达到了现在这样的水平。从根本上来看,"玉林模式"就是以优质农业为基础,以工业化带动县域经济发展和城镇化、商品化,在"龙头"农产品加工企业和大型工业企业的带动下形成非公有制中小企业集群,然后在此基础上以"投资"带动"引资",创造区位品牌优势和区位品牌经济的发展模式。

(五)"玉林模式"评析

"玉林模式"是西部民族地区中小企业集群发展的又一模式。它以良好的农业条件和县域经济及城镇化做基础,以制造业和农产品加工业为主导,使中小企业向"龙头"企业产品产业链的不同工序段上集中,形成以"龙头"企业为核心的企业集群。

这里存在一个问题:既然"龙头"企业带动模式下的中小企业集群发展比产业集群模式下的中小企业集群发展具有更多的优越性,那么产业集群模式为什么没有向"龙头"企业带动模式发展呢? 主要原因有以下五点:(1)当地中小企业众多而没有一家企业在规模上可以居于"核心"地位;(2)国家和企业对企业合并、并购持不支持态度,信奉经济自由主义;(3)产业分工起到了分散企业经营规模的作用;(4)当地大中型企业以采矿业、燃气和电力及水的生产或供应业、石油化工、煤化工等产业链延伸能力差、产值附加空间小的产业为主,难以和当地农业、轻工业、第三产业形成配套发展格局;(5)制造业不发达,中小企业和大企业之间缺乏产业联系,未能形成产品深加工链。总而言之,社会经济的先天条件决定了企业集群的发展模式。这在一定程度上说,"玉林模式"在西部民族地区并不一定具有普遍适用性,尤其是西北民族地区和西藏。

就"龙头"企业带动模式本身来讲,也有其局限性:(1)大企业很容易通过产业链控制中小企业,垄断经营,限制竞争,出现大企业权利的异化,甚至影响政府决策。(2)中小企业长期听命于"龙头"企业,接受"龙头"企业的订单,分享"龙头"企业的销售渠道,很容易使中小企业组织管理涣散,丧失进取心和创造力。(3)中小企业对"龙头"企业的"从属性"及中小企业之间存在的竞争关系,容易在中小企业产业集群内衍生"寻租"和官僚主义。(4)中小企业只是根据"龙头"企业的要求进行专业化生产,一旦脱离所在产业群,就无法生存和发展。换句话说,根据"龙头"企业的旨意进行专业化生产的中小企业本身意味着"生命"的"脆弱"和生存空间的狭窄及独立能力差等弊端。(5)"龙头"企业带动模式潜在地存在着影响社会经济的平稳、健康发展的隐患,尤其是国家在反垄断法中明确鼓励中小企业与大企业产业内协作的情况下,"龙头"企业会挟持行业协会、工会做出损害劳工利益的决定,甚至会有"龙头"企业抵制国家产业政策的情形发生。(6)"龙头"企业模式也很容易误导政府以"公众利益"为名实施实质上有利于"龙头"企业或富人利益的公共财政收入分配政策。

就"玉林模式"而言,"龙头"企业为核心的中小企业产业集群发展也存在一些现实的问题:(1)"玉林模式"显然是一个"龙头"企业得益远高于中小企业的"中小企业发展模式"。首先,"玉林模式"有一个培育"龙头"企业的过程,在这个过程中,政府采取向重点产业的少数重点企业倾斜的财政补贴、信贷等政策,一般的中小企业是无法享受到这种"优惠"的;其次,形式上玉林市城镇化和发展县域经济是由非公有制经济作为主导的"公摊",但把政府支持的重点产业和"龙头"企业联系在一起时,就会发现整个城市的基础设施建设完全是围绕"龙头"企业展开的;最后,"龙头"企业向国有企业或国有控股企业集中,创造了一个所有制上"公"、"私"二元结构对应的"龙头"企业和中小企业的产业二元分工体制,这隐含了"玉林模式"形成和发展中的许多非市场因素的做法,这给"龙头"企业带动模式埋下了许多不稳定的隐患。(2)"玉林模式"根本上是一个工业化带动农业产业化、城乡经济一体化的现代化发展思路,玉柴集团、三环集团无疑是"玉林模式"的"两驾马车",政府在推进玉林市社会经济发展中也是把它们作为重点支持对象的。但是,从1983年玉林建市直至2005年"十五"计划结束的前一年,玉林市的农业产值一直高于工业产值,玉林市始终是一个"农业市",即使到2005年以后工业总产值和农业总产值的差距也不是很大,而第三产业的产值在社会总产值中的比例还不到40%。而2004年玉林市的年末总人口是595.49万人。其中,非农业人口71.28万人,农业人口524.21万人,城镇就业人员23.48万人,乡村劳动力有290.28万人;城镇就业人员中,第一产业就业8167人,第二产业就业67361人,第三产业就业人数为15.92万人;第二产业中就业人数最多的制造业就业47436人;第三产业中非经营性行业就业人数为11.02万人,占69.16%。从玉林市的国民生产总值比例结构、非农业人口和农业人口的比例结构、劳动力就业结构来看,农业、农村经济的发展和农村劳动力的转移是玉林市社会经济发展的"瓶颈";尽管玉林有黑五类有限责任公司等这样著名的农产品加工企业,但是2004年城镇就业人员中农林牧副渔就业的人口只有8167人,这就是说玉林这样的农业大市,它的农产品加工业并不发达。农产品加工业的不发达又反过来会制约农村劳动力的转移、农业产业化、农村经济的发展。而新进驻玉林的燕京啤酒等几家国内外大型企业与当地农业经济和农产品深加工的关联度不大,玉林看准的是这些企业的品牌而不是它们创造的产值。(3)"玉林模式"的核心支撑力是工业,其薄弱环节是第三产业,尤其是第三产业中的各项服务业。2004年玉林市交通运输业、仓储和邮政业从业人员10295人,信息传输、计算机服务和软件业2474人,批发、零售业13739人,住宿、餐饮业2762人,金融业8232人,房地产业1428人,租赁和商务服务业5768人,科学研究、技术服务和地质勘察业2393人,居民服务和其他服务业175人,总计47266人。2004年玉林市第三产业的产值为84.48亿元。其中,玉林市创造的总产值和人均产值的四大第三产业部门分别为交通运输业、仓储和邮政业14.05亿元和13.65万元,批发、零售业及餐饮业22.13亿元和13.41万元,金融保险业7.97亿元和9.68万元,房地产业10.67亿元74.72万元;四大部门创造的总产值为54.82亿元,占第三产业总值的64.89%,人均产值为27.87万元。无论从吸纳劳动力的规模,还是从总产值、人均产值来看,玉林市的第三产业都与发达的第二产业极不相适应。在未来的发展中,第三产业将会成为制约"玉林模式"向纵深发展的最大障碍。(4)在一定意义上讲,"玉林模式"就是以公共财政推进企业经济发展,没有强大的财政支持就根本无法做到。"玉林模式"需要巨额基础设施和固定资产投入,这对于西部一般的民族地区而言是根本无法做到的。玉林市仅仅在2005年全社会的固定资产投资就是131.4亿元,整个"十五"期间累计投资335.9亿元。(5)"玉林模式"进一步发展的另一个障碍是技术。"龙头"企业带动模式是一种产业一体化和专业化相互推进的发展模式,在形式上是一种产业分工,但在根本上是一种技术分工。目前,玉林市的技术投入不小,但是技术开发和研究能力队伍没有形成,研究开发能力也比较弱。这将会严重制约"玉林模式"企业产业集群的最终形成和向纵深发展。

四、民营经济发展模式——以临夏州为例

（一）民营经济

1. 个体经济和个体经营户

个体经济是指以一个自然人占有少量生产资料和个体劳动为基础的小私有经济。在我国，个体经济是一个政策术语，和私营经济、国营经济相对应，是对来源于自然人资本的经营形式在所有制上的界定。就法律形式而言，个体经济具有以下特点：资产归个人所有或由个人投资形成；主要依靠手工劳动；资本所有者、生产经营者和劳动者"三位一体"。在许多情况下，我国政策上将个体经济和个体经营户等同。实际上二者有很大的区别。我国法律上的个体经济包括两种形式：农村承包经营户（简称"农户"）和城乡个体工商户。但是，在国家统计制度和行政执法中，农户被归入农村集体经济范围，通常所说的个体经济仅指个体工商户。本书也是从个体工商户的意义上使用个体经济这一范畴的。在中小企业法上，我国中小企业的概念无论如何不包括农户和个体工商户。

在现行经济政策中已经很少采用"个体工商户"这样的概念，更多地使用"个体经营户"的概念。实际上，我国法律上并没有"个体经营户"这个概念，只有"个体工商户"的概念。1986年《民法通则》使用"个体工商户"这个概念时，我国正处于计划经济向市场经济过渡的探索阶段，从"生产资料归私人所有"、"从事工商业经营活动"和必须接受工商管理部门"工商"登记管理的角度，统一把城乡从事个体经营的个体经济称为"个体工商户"。显然，"个体工商户"的概念带有明显的计划经济的色彩。现阶段，人们从"个体工商户"在市场经济条件下的根本特征出发，放弃"个体工商户"的概念，而采用"个体经营户"的概念，并为人们广泛接受，且在国家统计制度上得到了普及。所以，个体经营户也就是过去我们常说的"个体工商户"，指除农户外，资产归劳动者个人所有，以个体劳动为基础，劳动成果归劳动者个人占有和支配的经营单位。在现行统计制度上通常包括：经

各级工商行政管理机关登记注册并领取《营业执照》的个体户;经民政部门核准登记并领取证书的民办非企业单位;没有领取执照或证书,或按照有关规定免予登记,但有相对固定场所、年内实际从事个体经营活动三个月以上的城镇、农村个体户,但不包括农民家庭以辅助劳力或利用农闲时间进行的一些兼营性活动。简单些说,个体经营户就是由一个自然人或以户为投资单元、经有关国家法定机关核准登记从事经营性活动的城乡个体经济。

在我国实行改革开放的很长一个阶段,人们主要以生产资料所有制为唯一标准界定个体经济的性质。但一直存在着一个问题:个体经济和私营经济的区别究竟是什么? 通常的观点认为,二者最重要的区别就在于是否存在雇佣劳动。① 实际上,个体经济和私营经济在雇佣劳动上的区别,仅仅是一个量的差别,不存在质的不同。过去,人们常常以"雇工 8 人"作为个体经济和私营经济的分界线,但这个标准从来没有给出一个充足的理由。现在,随着我国社会经济发生重大变化,实践上和理论界对这个"标准"基本上讳言,而是统一采用"个体私营经济"或"非公有制经济"这样更为含糊的术语。

2. 私营经济和私营企业

我国正处于社会转轨时期,国家的各项政策和立法既保留有过去计划经济延续的遗痕,又有体现新市场经济的时代精神,立法和政策上的"多轨制"也反映在国家和社会经济生活中对同样的社会经济现象的一些描述性"术语"上:对同样的社会经济现象在法律和政策上、在不同层级的立法和政策中采用不同的术语。

从所有制角度看,个体经济同样属于私有制经济的范畴。在更多的情况下,人们用私有经济的概念来表述"私营"这样的一类经济类型,实践中

---

① 杨干忠、王琪延、张志敏:《民营经济实用词典》,北京·中国发展出版社 2001 年版,第 55 页。

和理论界经常存在着将"私有经济"和"私营经济"混同的现象。① 实际上，"私营经济"和"私有经济"仅有一字之差，但其意有天壤之别。一般情况下，私有经济是指资产归私人所有的经济类型，对应的是公有制经济（包括国有经济和集体经济）；私营经济是指资产归私人或私人性机构而非公选人员或公选人员组成的机构经营管理的经济类型，对应的是国营经济。私营经济包括了国家、集体财产采取托管或入股的形式交由专业性经理人员（如投资人聘用的专业经营人员等）或按投资者权益比例选举的社员机构（包括股东会、董事会、专业化经理机构等）经营管理的经济形式，譬如，拥有国家股的有限责任公司和股份有限责任公司、国有控股公司、股份合作制企业等。可见，在现代社会里，私营经济包括了比私有经济更广泛、更复杂的经济类型，内涵也较私有经济更为丰富。无疑，私有经济属于私营经济的一种绝对形式（资产全部归私人所有并由私人或私人公选组织经营管理）；而私营企业属于私营经济的范围，指的是私营经济的具体组织形式。总之，私有经济是对经济形式的所有制归属性质的定位，私营经济是对经济形式组织管理方式的界定。

私营经济就是指资产和资产经营决策权由私人投资者个人，或由私人投资者委托、聘用的人，或由投资人共同组成或共同选举的专业性组织经营管理和决定，投资人按照约定或法定方式分享资产利益、分担风险和亏损的经济管理方式。它和国营经济相对。它的具体形式具有多样性，可以是个人独资企业、合伙企业、有限责任公司、股份有限责任公司等企业形式，也可以是农户、个体经营户等个体经济形式，还可以是基金、信托等形式。狭义上的私营经济仅仅指以企业方式经营管理财产的经济活动形式。它具有以下特点：私营经济是指对财产的经营管理方式，而不是一种独立的经济形式；私营经济只涉及财产的经营管理、财产利益的分享和风险及责任的承担，而不牵涉财产的来

---

① 几乎我们所有使用的教科书上都无一例外地将"私营经济"和"私营企业"视为同一个概念，并将"私营经济"和"私营企业"一并解释为"私有经济"。认为"私营经济"就是指"企业的生产资料归私人所有、存在雇佣劳动关系的经济形式"。（蔡定剑：《宪法精解》，北京·法律出版社 2004 年版，第 174 页；焦洪昌：《宪法学》，北京·北京大学出版社 2006 年版，第 152 页；杨干忠、王琪延、张志敏：《民营经济实用词典》，北京·中国发展出版社 2001 年版，第 46、48 页）

源归属问题;私营经济的根本是资产的经营决策权归投资人个人;私营经济之"私"不是指财产归私人所有,而是指财产的经营管理机构具有私人性;私营经济的财产利益、风险和责任一般是按照投资人投资时的约定比例和方式来确定的,没有约定的遵从法定。可见,私营企业仅仅是私营经济的一种形式。

1988 年国务院颁布的《中华人民共和国私营企业暂行条例》(以下简称《私营企业条例》)中给出了一个等同于"私有企业"的"私营企业"概念。私营企业就是指"生产资料属于私人所有、雇工 8 人以上的营利性的经济组织"。按照这个规定,我国的私营企业仅仅指除国有企业、集体企业以外的企业。我国实行市场经济以后,企业的经营管理制度已经发生了巨大变化,《私营企业条例》关于"私营企业"的界定已经跟我国的现实极不相符。1999 年《宪法》第 11 条修订时,明确将私营经济装进"非公有制经济"这样一个界限模糊的大"口袋"中。在此前后,国家企业立法走向所谓的"双轨制",私营企业的外延范围也就随之超越了《私营企业条例》规定的范围,具体主要包括个人独资企业、普通合伙企业、非国有和集体企业作为有限合伙人的有限合伙企业、一般的有限责任公司(即不包括国有独资公司)、一人有限责任公司、非国有绝对控股公司(国家参股,但不处于绝对控股地位的公司)和"三资"企业。

3. 民营经济

民营经济的内涵是不断变化的。民营经济的对应词应当是"官营经济",差别在于一个"民"和"官"字上。按照我国 1993 年宪法修正案的规定,民营经济是和国有经济相对的。国内许多学者则将民营经济称为"非国营经济"。由于我国长期存在着按照所有制立法的政策立场,将国营经济和国有经济等同,所以民营经济常常被看作"非公有制经济"的同义语。随着我国企业改制和现代企业制度地位的确立,民营经济的内涵和外延范围发生了很大变化,民营经济被看作是国有经济以外的其他一切经济形式,具体包括个体经济、私营经济、外资经济、合作经济、国有和集体经济中的承包租赁及委托给私人或合伙经营的经济,也包括乡镇企业和非传统的集体经济。[1]

---

[1]　杨干忠、王琪延、张志敏:《民营经济实用词典》,北京·中国发展出版社 2001 年版,第 55 页。

从 2004 年以来新近的国家政策来理解,集体经济也属于民营经济的范围,即民营经济最终被界定在"经营管理"上,基本的含义是"民管、民享","民有"的含义被剔除出民营经济的基本含义范围。尽管如此,民营经济还是被人们常识性地理解为个体经济、私营经济。外资经济、合作经济、集体经济、国有经济中的承包租赁及委托给私人或合伙经营的经济、乡镇企业都被分别定格在独立的经济类型中。也就是说,民营经济有广义的民营经济和狭义的民营经济的区别。狭义的民营经济就是个体私营经济;广义的民营经济就是指非国有经济以外的所有经济类型。显然,广义上的民营经济和宪法上的国有经济存在着逻辑矛盾,更与 1993 年宪法修正案之前的"国营经济"相契合。

可见,民营经济并不是我国的一种法定经济形式,它至多是从经营管理角度对经济成分进行的一种划分,是经济的一种实现形式。从我国现行宪法和物权法的规定来看,民营经济包括所有制性质不同的三种经济形式:一是私有制经济,如个体经营户、私营企业、外商独资企业等。二是公有制经济,又细分为集体所有制经济和国有经济。前者如城镇集体所有制经济、农村集体所有制经济、乡镇企业、乡镇企业集团等;后者如国有租赁经济、国有承包经营经济、国有委托经营管理经济等。三是混合经济,如多种所有制来源资本共同投资设立的股份有限责任公司。民营经济具有三个显著特征:①产权主体多元化;②产权明晰、利益分配明确;③经营机制健全,实行"自主经营、自负盈亏、自我约束、自我发展"。到目前为止,民营经济还是一个政策术语,国家法律制度上并没有民营经济的概念,1993 年宪法修正案将原"国营经济"用"国有经济"替换以后,意味着"民营经济"的对等语是"非公有制经济",而不是"非国营经济"。

(二)个体、私营经济对西部民族地区社会经济发展的作用

在前文中,我们指出个体、私营经济在西部民族地区中有特殊的地位,尤其是那些资源相对匮乏,而当地少数族群又世代以畜牧业为生和农业条件比较差的民族地区,那里往往没有一家大中型企业,市场发育还完全处于手工业阶段,个体经营户和数量很少、规模很小的私营企业构成当地市场上最活跃的主体。在这种情况下,当地政府部门扶持中小企业发展的政策也

就自然转化为扶持个体私营经济的政策。根据我们的调查,当前西部民族地区还普遍处于农业社会,即使是如我们前面提到的"玉林模式"那样制造业工业比较发达的地区,农业和农业人口仍然给社会转型带来巨大的社会压力,一个数量庞大、经营灵活的个体私营经济队伍是中小城镇和乡村经济发展的主导力量,也是农业产业化、产品商品化、工业化、城市化、城乡经济一体化不断获得新生力量和持续发展的根本。

个体、私营经济对西部民族地区社会经济发展的重要性主要表现在以下几个方面:(1)促进当地市场体系的发展和完善。在前文我们已经论述到我国西部民族地区城镇化建设的一些特点,指出在西部民族地区大中型企业的总部和生活区一般都设置在农业和基础设施条件比较好的中心城市,在中小城镇活跃的主要是以经营批发零售业、餐饮业、服务业、交通运输业为主体的个体经营户和小工业私营企业。换言之,在我国西部民族地区连接乡村和城镇、城镇和中心城市的主力是个体经营户和小规模的私营企业这样的"走商",基本商品流入流出民族地区的传输,主要是由当地的个体、私营经济承担的。(2)个体私营经济推动了西部民族地区的体制转型和结构调整。个体、私营经济不属于西部民族地区固有的经济类型。在改革开放以前,西部民族地区的经济很单一,除了当地传统的农业经济和国有经济外,几乎没有其他的经济类型。改革开发以后,个体、私营经济在西部民族地区以"补充经济"地位催生了当地小商品经济,使西部民族地区的经济体制中有了私营经济、在产业结构中有了商业等其他产业活动,也深刻地影响了当地人们的生计观念。随着个体、私营经济的深入发展,大量的个体、私营经济完成了资本原始积累,投资于更为广泛的经济领域。可以说,个体、私营经济是西部民族地区社会体制转型和产业结构调整的原动力。(3)个体、私营经济加速了西部民族地区城镇化、商品化进程。在西部民族地区,个体、私营经济大都以城镇经济为依托,所以个体、私营经济推动了乡村城镇的形成和发展并在乡村培育了一个专门以从事商品生产和商品交换为目的的非农业产业和生活群体。所以,个体、私营经济在西部民族地区的发展有力地推动了当地城镇化、商品化的发展。(4)个体、私营经济的发展有利于促进当地公平竞争的市场环境的形成,有利于新旧体制的转换和国有企业的改革。(5)个体、私营经济有利于扩大就业,缓解当地社会就业压力,有利于增加劳动者收入和活跃城乡市场,根本上具有解体小农经济、推动西部民族地区工业化的积极作用。

(三)民营经济发展模式的特点

按理说,个体私营经济和中小企业是两个范畴,二者不能等同。但是,20世纪90年代以来国营企业的公司制改造、"抓大放小",民营经济政策和促进中小企业发展政策完全趋于一致。而近年来集体企业民营化改造则使所有制意义上的集体企业在工业化水平比较低的西部民族地区已经基本上实行了各种形式的个体或私营模式,因此在西部民族地区民营经济和个体、私营经济基本上是同一语。可见,所谓的民营经济发展模式对具有代表性的一些西部民族地区而言,实质上就是个体、私营经济发展模式。我国《宪法》第11条关于个体经济和私营经济地位和作用的规定,就把私营经济看作和私营企业等同的范畴。其实,企业和个体经济的差别仅仅在于立场。西方大部分国家都把"获取利润"作为判定企业性质的核心因素,一切具有明确目的性、组织性的营利性活动"单元"都划归在企业的范围内。1937年科斯发表《企业的性质》以前的理论普遍认为企业与价格制度紧密联系,之后的理论认为企业和市场一样都是协调经济生活和配置资源的形式。① 我国政策和法律对企业做了不同的界定。尽管我国企业立法存在着"多轨制",但是无论何种企业立法都明确规定企业必须具备以下要件:一定数额

---

① 这一点从西方国家关于"企业"一词的词源上也可以看出它的"非规模"意义。"企业"一词源于法语的"enterprise",意思是从事某项事业,与实体和组织没有关系。后来,"enterprise"用以指经营组织和经济实体,进而演化为与一定数量的资本、从业人数等相联系的范畴。但无论如何"企业"都是与价格(price)相关的概念,意味着利用产品的供求关系获得"利润"为根本目的的"从业者"。德姆塞茨认为从1776年经济学问世到1937年科斯发表《企业的性质》,"企业"一直被视为支持价格制度的一个名词。(哈罗德·德姆塞茨:《所有权、控制与企业》,北京·经济科学出版社1999年版,第180页)科斯改变了人们的看法,把"企业"从市场的从属者地位提升到了市场的地位,认为市场是"看不见"的"手",而企业则是"看得见"的"手"。(Ronald H. Coase,1937,"The Nature of the Firm",Economica,4;p. 390)当然,也有人并不这样看,认为市场交易的对象是产品或商品,而企业交易的对象是生产要素,科斯的企业理论不过是以"企业契约"取代"市场契约"而已。(张五常:《企业的契约性质》,上海·上海三联书店、上海人民出版社1998年版,第250页)

的资本,一定数量的从业人员,固定的经营场所或住所,能够以其财产承担法律责任。此外,法律对不同类型的企业规定了不同的特殊要求,如产业政策、最低资本限额、经营范围等等。与法律规定相比,政策对企业则采取了很宽泛的立场,例如,国家统计制度上常常根据政策变通法律规定,而政策上常常采用包括个体经营户的"广义中小企业"的概念。退一步来讲,西部民族地区市场经济不发达,市场主体中个体经营户还占有相当高的比例,当地需要调整支持中小企业发展的政策,将个体经营户纳入中小企业政策支持的范围。正是由于中小企业范围具有很大的伸缩性,所以中小企业法才不同于一般的企业法而采用政策的形式,执行上也具有"可变通性"。①

通过个体、私营经济促进措施推进中小企业发展的模式,具有以下特点:(1)个体经营户和私营企业是当地市场的主体。(2)把支持个体、私营经济作为发展中小企业的手段。(3)当地经济发展缺乏工业支撑,尤其是与农业发展紧密联系的农产品加工业、提高工业品附加值的制造业不发达。(4)城镇化水平低,个体、私营经济主要集中在中小城镇,以县域为主要经济区域,中心城市、中心县城的经济辐射作用很有限,和乡村地区之间的经济联系松散,各经济单元的"独立性"强。

(四)临夏模式

1.临夏概况

临夏回族自治州古称河州,是全国两个回族自治州之一,位于甘肃省中部西南面,北与兰州市接壤,位于黄河上游,东临洮河与定西市相望,西倚积石山与青海省毗邻,南靠太子山与甘南藏族自治州搭界,总面积8169平方公里。临夏州内居住着回、汉、东乡、保安等18个民族,截至2004年总人口193.66万人,人口密度237人/平方公里,少数民族110.03万人,占总人口的56.82%。其中,东乡族和保安族是甘肃省境内独有的民族,临夏州境内有保安族1.49万人,东乡族44.24万人。多民族聚居养育了当地悠久丰富

---

① 我们把中小企业法的这种特殊表现形式称为"政策法案"制。(陶清德:《中小企业"政策法案"的两面》,兰州·《甘肃理论学刊》2006年第4期,第120—125页)

的民族文化,为临夏州赢得了各种美名:"中国西部旱码头"①、"塞上小江南"②、"中国彩陶之乡"③、"西北花儿故乡"④、"民族建筑艺术博览园"⑤、"古生物伊甸园"⑥等。

临夏州地处青藏高原与黄土高原的连接处,是中原农区和西部牧区的过渡带。临夏州内山谷多,平地少,地势西南高,东北低,由西南向东北递降,呈倾斜盆地状,平均海拔2000米。州内大部分地区属温带半干旱气候,西南部山区高寒阴湿,东北部干旱,河谷平川温和,年平均蒸发量在1198~1745毫米,日照时数2572.3小时。2004年平均气温7.1℃,降雨量472.5毫米,耕地面积214.88万亩。临夏回族自治州辖1个县级市(临夏市)、5个县(临夏县、永靖县、和政县、广河县、康乐县)、2个自治县(东乡族自治县、积石山保安族东乡族撒拉族自治县)、44个镇、79个乡、6个街道办

---

① 临夏自古以来是沟通中原与西域经济、政治、文化的纽带。丝绸之路、唐蕃古道、甘川古道在这里交汇,素有"河湟雄镇"之称。明代著名的四大茶马司之一——河州茶马司就设在这里。而今善于经商的当地各少数民族专门从事各种个体私营经济,商贾云集,南来北往,东出西进。著名社会学家费孝通先生赞美临夏说:"东有温州,西有河州"。

② 临夏州境内有著名的"黄河三峡"——刘家峡、盐锅峡、八盘峡,是西北著名的水上娱乐和休闲度假胜地。境内风光秀美、景色宜人。炳灵石林、湖光山色、民俗风情、庭院建筑,构成一幅似江南的秀美画卷。故有"塞上小江南"之美称。

③ 临夏州是古黄河文化发祥和远古人类生息繁衍地之一,有极为丰富的古文化遗存。以"马家窑"文化为代表的各类文化遗址星罗棋布,"半山文化"、"齐家文化"因最早在这里发现而命名。这里是中国新石器文化遗存最集中、考古发掘最多的地区之一。现珍藏于中国历史博物馆的闻名遐迩的国宝"彩陶王"就出土于临夏。

④ "花儿"是流行于甘肃、青海、宁夏、新疆等广大地区的一种民歌,是当地各民族中广为流行的口头文学形式。在临夏,到处可以听到最地道的"花儿"。田间地头,山间小道,到处有"花儿"美妙的旋律。在这里,每年都有各种"花儿会",其中以松鸣岩"花儿会"、莲花山"花儿会"最为有名。

⑤ 临夏是中原儒家文化和藏传佛教、西亚阿拉伯伊斯兰教文化的交汇之地。走进临夏,鳞次栉比、风格迥异的民族建筑随处可见,回族砖雕、汉族木刻、藏族彩绘艺术完美结合,阿拉伯建筑艺术与中国古典建筑艺术的巧妙运用,使临夏成为领略民族建筑艺术、了解中国伊斯兰文化的胜地。

⑥ 临夏是远古时期古生物繁衍栖息的乐园,境内自然遗存十分丰富。出土于黄河之滨太极湖畔,形成一亿七千万年前永靖恐龙足印化石群,蜚声中外,其规模之大、种类之多、遗存之完整、清晰度之高,均属世界之最;在巍巍太子山下发现的和政晚新生代哺乳动物化石群,雄居欧亚,世界罕见,有极高的科研、珍藏、展览价值,现藏于和政古生物化石博物馆各类化石有6000多件。

事处。

2004 年,临夏州实现国民生产总值 42.50 亿元,比 2003 年增长 10.7%。其中,第一产业增加值 14.73 亿元,第二产业 14.32 亿元,第三产业 13.45 亿元,三产结构比例为 35∶34∶31。非公有制经济是临夏经济发展的主要推动力量。2004 年,非公有制经济实现增加值 18.16 亿元,占全洲总产值的 42.7%,其中,第一产业增加值中非公有制经济占 32.4%,第二产业增加值中非公有制经济占 38.6%,第三产业增加值中非公有制经济占 29.0%。非公有制经济对国民生产总值的贡献率为 42.4%,拉动国民生产总值增长 4.53 个百分点。

2. 临夏州民营经济

临夏州的民营经济主要分布在畜牧业、农产品加工业、商业服务业和工业四大领域。畜牧业是临夏州农村经济的支柱产业。全州天然草场面积 462.6 万亩,年产鲜草 150 多万吨,农作物秸秆年产量达 130 万吨,以首蓿为主的多年生优质牧草种植面积达 54.3 万亩。牛、羊、猪、鸡是州主要畜禽品种,每年上市流通的牛羊 228.7 万头(只)、羊毛 20 万吨、牛羊皮 700 万张,是甘肃省畜禽及其产品的主要集散地。全州有千头牛规模养殖基地 4 个、万只羊规模养殖基地 1 个、5000 口猪规模养殖基地 1 个,有各类规模养殖场 498 个,规模养殖户 3.12 万户。畜产品加工企业有康美牛业有限责任公司、甘肃天地乳品有限责任公司等 85 个。2005 年全州畜牧商品率达 75% 以上。

临夏州坚持走以加工企业为龙头、市场为纽带、农产品生产基地为依托、农户为基础的产加销一条龙、农工贸一体化的产业化发展之路,建成 88 家果品厂、什锦食品、药材等农产品加工企业和 139 处农林产品交易批发市场,收购、加工、中转当地各种农产品。临夏州是甘肃省确定的民营经济示范区,2005 年民营经济增加值已占到全州生产总值的 65.3%,上缴的税收占财政收入的 42%,农民从民营经济中获得的收入占农民人均纯收入的 58%,民营经济就业人数 11.53 万人。

民营经济涉及农、林、牧、渔、制造、建筑、交通运输、社会服务等多种行业,发展迅速,已成为全州经济的主导力量。临夏州地处青藏高原与黄土高原、中原农区和青藏牧区的过渡带,西与青海接壤,东距兰州市约150公里,南经甘南通往四川,是通往青海、西藏和四川的交通咽喉。当地各少数民族历来有经商的传统,畜产品、木材、茶叶等商贸活动非常活跃,历史上就承担着东西物资交流的"二传手",具有独特的区位优势。临夏州穆斯林群众相对聚集,伊斯兰文化浓郁,被誉为中国的"小麦加",与中东阿拉伯国家在宗教信仰上具有很强的认同感。旅居阿拉伯国家的侨胞较多,穆斯林群众与阿拉伯民间联系广泛,与阿拉伯国家开展经贸往来,把临夏州的清真食品、民族特需用品打入中东市场的前景十分广阔。目前,临夏州流通领域从业人员有15万人以上,个体私营商贸流通辐射20多个省(市、区),在沙特吉达市有专门的联络处。个体私营商贸长期以来一直是临夏州经济中最活跃的部分,在繁荣临夏州经济中一直发挥着极其重要的作用。

临夏州的工业主要围绕当地特色产品发展,国有和国有控股企业比重比较低,以个体工商户和私营企业为主。临夏州工业有三个中心:一是以广河为中心,兰郎公路一线为主的皮革毛纺生产群;二是以临夏市为中心,辐射康乐、和政、临夏县的清真牛羊肉、乳制品、农产品、手工地毯加工聚集区;三是刘家峡、盐锅峡为中心的冶炼铸造业密集区。临夏州基本形成了以清真牛羊肉加工、农产品加工、皮革加工、毛纺地毯加工、水电能源、冶金、建材产品加工为主的工业体系。经过数年努力,全州已有98户国有企业进行改制,实现民营。① 个体私营工业已经成为临夏州工业的主流。

3.临夏州个体私营经济发展的特点

(1)工业水平低

---

① 2004年临夏州按照《中共临夏州委、临夏州人民政府关于印发临夏州深化企业改革实施方案的通知》和《临夏回族自治州人民政府批转州深化企业改革领导小组办公室关于深化企业改革有关配套政策的通知》,组织对全州103家国有企业进行民营化改制(州属企业34户,县属企业69户)。其中,工业企业42家,账面总资产5.62亿元,平均资产规模1338.1万元;商贸企业56家,账面总资产4.14亿元,平均资产规模739.3万元;交通企业4家,账面总资产1.46亿元,平均资产规模3650.0万元;建筑企业1家。103家企业平均负债率73.1%,涉及总从业人数8745人。截至目前,98家已完成改制的企业中,破产、合并、关闭12家;17家的受让人投入了一定的技改资金,生产经营形势良好;有61家在原经营规模上进行,企业生产经营状况比较好;有8家改制后没有发生根本改变,生产经营维持现状。

临夏州除永靖县借助刘家峡和盐锅峡电、化工业等已具备工业优势外,其他县的三次产业比和工业化系数、工业化率都反映出临夏州县域经济还处于农业社会阶段。2004 年,临夏市的三次产业比为 2∶3∶5,工业化系数和工业化率分别为 1.04% 和 14.1%;临夏县的三次产业比为 19∶11∶20,工业化系数和工业化率为 0.23% 和 7.49%;康乐县三次产业比为 49∶16∶35,工业化系数和工业化率为 0.14% 和 6.69%;永靖县三次产业比为 22∶63∶15,工业化系数和工业化率为 3.45% 和 53.4%;广河县三次产业比为 8∶10∶7,工业化系数和工业化率为 0.62% 和 19.8%;和政县三次产业比为 63∶27∶10,工业化系数和工业化率为 0.17% 和 7.50%;东乡县三次产业比为 28∶5∶17,工业化系数和工业化率为 0.27% 和 9.45%;积石山县三次产业比为 45∶23∶32,工业化系数和工业化率为 0.26% 和 10.3%。这说明全州工业发展仍处于低水平、小规模、作坊式的状态,真正的支柱产业尚未形成。不过,有一个特点很显著,临夏州第三产业的发展水平明显高于第二产业。

(2)民营经济比例比较高

近年来,临夏州大力扶持发展民营经济,制定政策措施,放宽准入条件,营造宽松环境,解决了许多影响民营经济发展的问题。临夏州的民营企业户数多,但产值、增加值、销售收入普遍较低,且各县(市)发展不平衡。工业和建筑业企业户数少,但增加值、销售收入、上交税金数额都比较高。第三产业量多面广、遍布全州,生产经营比较稳定,但普遍投资少、规模小,户均各项经济指标相对偏低。民营企业尽管是临夏州社会经济发展的主要力量,但民营企业多采用作坊、小店铺式经营,生产成本高,利润低,主力军作用没有体现出来。临夏州民营企业发展主要集中在建筑、皮革毛纺、硅铁等行业;药材、塑制品、化肥等企业在民营企业中属新兴行业,仍处在起步阶段,没有形成规模,对经济增长拉动不大(见表25、表26)。①

———————————

① 2005 年临夏州有重点扶持民营企业 40 家,各县(市)各 5 家。其中,11 家为建筑业企业,21 家为工业企业,运输业企业 1 家,农副产品和粮油加工企业 4 家,其他 3 家。产值最高的为12556 万元,最低的只有 200 万元;增加值最高的为 3384 万元,最低的只有 20 万元;销售收入最高的为 11280 万元,最低的仅有 158 万元;上交税金最高的为 459 万元,最低的仅为1 万元。

表25 2005年临夏州有民营企业经营情况   （单位：万元）

	户数（家）	产值	户均产值	增加值	户均增加值	销售收入	户均销售收入
临夏市	5415	153737	28.39	42066	7.77	162316	29.98
临夏县	4481	100445	22.42	31237	6.97	87536	19.53
永靖县	2524	58220	23.07	15650	6.2	55830	22.12
东乡县	1053	33320	31.64	6291	5.97	33598	31.91
广河县	1728	94005	54.4	23701	13.72	73715	42.66
康乐县	2108	62050	29.44	8210	3.89	61120	28.99
和政县	1822	39404	21.63	9281	5.09	29793	16.35
积石山县	2865	33542	11.71	8400	2.93	30971	10.81
合计	21996	574723	26.13	144836	6.58	534879	24.32

表26 2005年临夏州有民营企业行业分布情况   （单位：万元）

	工业	农业	建筑业	第三产业	其他	合计
户数（家）	4091	101	435	17009	360	21996
增加值	57920	720	32395	53522	279	144836
户均增加值	14.16	7.13	74.47	3.15	0.78	6.58
销售收入	206910	2513	109849	214036	1571	534879
户均销售收入	50.58	24.88	252.53	12.58	4.36	24.32
上交税金	2571	41	1606	2764	23	7005
户均上交税金	0.63	0.41	3.69	0.16	0.06	0.32

资料来源：根据《甘肃统计年鉴》（中国统计出版社2005年版）和课题组的调查统计汇集而成。

另外，临夏州出口创汇独具特色，出口创汇任务全部由民营企业完成。2005年，自营出口民营企业达15户，涌现出一批出口创汇龙头企业和出口供货企业，如华安生物制品有限公司、什锦食品有限公司、兴强地毯有限公司、建宏皮业有限公司、华夏乳制品有限公司、康泰牛羊肉加工厂、莲花湖食品有限公司、刘家峡水电联业有限公司等，出口包括美国、德国、日本、也门、土耳其、吉尔吉斯斯坦、新加坡、中国香港等30多个国家或地区。

（3）农业对工业发展的制约作用很大

临夏州人多地少,耕地总量少,开发利用的耕地后备资源不足,土地资源优势不明显。耕地水肥条件差,有效灌溉面积仅占38%,其余耕地为山旱地。人均耕地最多的永靖县,大部分是山旱地,制约因素多、产量低、种植效益低;水浇地最多的是临夏市,高产高效,但总面积小,形不成产业基地。临夏州农户平均经营规模只有5亩左右,依靠土地要素促进农业发展、增加农民收入的空间很小。相反,农村人口比重很大。2004年,农业人口171.23万人,占总人口的88.4%,有些县如临夏县高达96.41%,比全国农村人口平均比重高30个百分点以上,比甘肃省农村人口平均比重高近20个百分点。临夏州农产品出口占全部产品出口的70%以上。这造成三个后果:一是农业增长空间有限而承载负荷过高;二是农产品生产以粮食为主,并主要用于直接生活消费,限制当地工业,尤其是农产品加工企业的发展;三是限制农村剩余劳动力的转移和城镇化。

（4）民营企业规模小、底子薄,发展后劲不足

2005年,民营企业产值57.47亿元、增加值14.48亿元、销售收入53.49亿元、上交税金7005万元,与2004年相比分别增长16.25%、17.38%、17.11%、9.4%,同比增长幅度较大。2004年,临夏州临夏市、临夏县、永靖县、东乡县、广河县、康乐县、和政县、积石山县分别有民营企业5415家、4481家、2524家、1053家、1728家、2108家、1822家、2865家,平均销售收入分别为29.98万元、19.53万元、22.12万元、31.91万元、42.66万元、28.99万元、16.35万元、10.81万元。民营企业以第三产业为主,但增加值以工业为主。2005年临夏州有民营企业21996家,工业、农业、建筑业、第三产业和其他产业分别分布有4091家、101家、435家、17009家和360家,工业增加值分别为57920万元、720万元、32395万元、53522万元、279万元;工业企业户数虽然不到第三产业的1/4,但工业企业增加值却大于第三产业增加值;第三产业的特点是量多面广,遍布全州,生产经营比较稳定;工业、建筑业是临夏州民营企业的重要力量,直接关系州民营经济发展状况。

(五)民营经济发展模式评价

西部民族地区的商品经济长期停滞在小商品经济水平上,成了个体私营经济的"海洋",民营经济模式就成为西部大部分县域经济不发达地区的普遍的发展本地"中小企业"的模式。民营经济模式在西部民族地区的普遍适用性既是它的优势所在,也彰显了它的局限性。

(1)民营经济模式是西部民族地区经济基础薄弱、生产总量较小、人均国民生产总值和消费水平比较低的阶段适用的中小企业发展模式。西部很多民族地区自然生态条件差,自然生产力限制了社会生产力发展的空间,经济的外部性使得各种经济组织的经济行为在同等生产技术条件和产出情况下比中西部地区要付出更多的成本和产生更多的费用。在特定的技术条件下,更具有灵活性的个人、个体家庭的"生计"经济,组织结构简单的家族式私营企业比现代生产组织更具有环境适应性,并长久维持着它们的统治地位。

(2)民营经济模式是西部民族地区小农经济占统治地位的必然结果。农业产业化程度低,农民增收难度大,小农经济占主导地位。农业产业化是和工业化相适应的农业生产方式。在西部民族地区,人均占有土地资源优势和严酷的自然生产条件、以户为单位的承包经营模式一起排斥农业生产技术,客观上起到了稳定小农经济的作用。在西部民族地区,尤其是西北牧区,人口密度低,人均占有土地资源大,即使采用简单的农业生产工具也能够获得"稳定"的收入。相反,突破严酷的自然条件阈限的农业技术投入则是以"户"为单元的投资单元无法承受的、无法做到的,即使有了这样的投入也可能产生数辈人无法偿清的"债"。农业的这种"孤立"生产模式产生了农业经济的恶性循环,维系了农业生产的产品化和小农经济地位。在这种小农经济条件下,商品是消费的剩余产品,商人主要是农业兼业者,商品的经济形态是小商品经济;小农经济和小商品经济共同促成了西部民族地区政府政策的选择空间:民营经济模式。

(3)民营经济模式是以县域为基本单元的中小企业发展模式。民营经济占据主导地位的西部民族地区的中小企业发展具有以下鲜明特点:一是中小企业和个体私营经济的范围基本相同,私营企业构成地方企业的主体;二是民营经济是地方财政收入的主要财政来源;三是地方经济的发展仍处于县域经济发展阶段,而民营经济以县级行政区域的政治中心所在地为活动中心,政治权力机关和民营经济共享城镇基础设施;四是城镇化水平低,不能为各种经济活动提供良好的公共服务。可见,民营经济模式是一种经济活动以县城为中心的县域经济发展模式,县城之间的空间距离也是经济距离;民营经济模式也是一种以个体私营经济为主的、处于资本原始积累阶段的市场经济发展模式。

(4)民营经济模式下的企业产业结构相对单一,激活资本的空间狭窄。西部实行民营经济模式的民族地区的工商业以个体经营户和私营企业为主,企业主要集中在采矿业、城镇电和自来水的生产和供应等能源工业、城市房地产业、批发零售业、餐饮业、小商业、交通运输业等行业,制造业极不发达。除工业、建筑业外,第三产业的经营资本以自有资本为主,规模小,资本需求不旺。这种产业结构和规模特点,反过来又使得企业产业结构维系在一个相对单一的空间里不断重复进行简单再生产,企业发展靠获取"独占"利润,产业扩展缺乏竞争动力。

第四章　西部民族地区中小企业
发展现状分析(上)

——特点和存在的问题

一、西部民族地区中小企业发展的特点

通过上文对西部民族地区中小企业发展情况的介绍和分析,我们可以大略总结出西部民族地区中小企业发展的一些基本特点。这是我们进行理论建构研究的基本出发点。

(一)中小企业数量少、规模小

西部民族地区中小企业的数量少,规模小。以青海省为例,2004 年青海省 6 个民族自治州企业法人单位数为 1994 家,从业人员总数为 100219 人,平均从业人员规模为 50 人(见表 38)。如果除去 6 个民族自治州的 109 家国有及国有控股大中型企业,非国有中小企业的平均从业人员规模只有 10 人左右。① 1994 家中小企业散布在面积约 70 万平方公里的土地上,平均 352 平方公里只有一家企业,对当地社会经济的影响可以说是微不足道。贵州省 3 个民族自治州有企业法人 8100 多家,产业活动单位 3.6 万多个,

---

① 青海省统计局:《2005 年青海统计年鉴》,北京·中国统计出版社 2005 年版,第 266—269 页。

从业人员 3.5 万人,规模以上企业合计起来只有 800 家,平均销售产值为 2547 万元。① 2004 年四川省的三个民族自治州有企业法人单位 4400 多个,不到全四川企业法人总数的 4%,从业人员 20.2 万人,占四川省就业人数的 3.2%;企业平均从业人数为 46 人,远低于全省企业法人平均从业人员规模 60 人;3 个自治州没有一家企业的年营业收入超过 1000 万元,够不上四川省企业平均年营业收入 1041.75 万元的经营规模,除凉山州少数几家企业以外,其余企业都是年营业收入 100 万元以下的小企业。

(二)空间分布不均匀

受地理、气候、人文因素的影响,西部民族地区中小企业多呈"集群"发展,空间分布极不均匀。新疆的中小企业多集中在"欧亚大陆桥"沿线和吐鲁番至喀什市铁路沿线,形成了几个"条状"经济带:以乌鲁木齐市和昌吉州为中心的乌昌经济带,以伊宁市—霍城—奎屯为中心的伊犁州经济带,以喀什市为中心的喀什地区经济区,以和静和库尔勒为中心的巴音郭楞州经济带,以阿克苏市和库车为中心的阿克苏地区经济带。这些经济区域的中小企业占到全疆企业总数的 71% 以上。从区域分布来看,第二、三产业单位半数以上集中于北疆地区,单位拥有量自北向南呈递减态势。北疆地区拥有法人单位 4.2 万个,占 66.7%;南疆地区 2.1 万个,占 33.3%。北疆地区拥有产业活动单位 5.9 万个,占 52.2%;南疆地区 5.4 万个,占 47.8%。② 青海省的中小企业多集中在西宁市和海东地区,大致位于青海湖以东至祁连山南段达坂山西侧,靠近甘肃省天祝藏族自治县、永登县、兰州市红古区的地带。这里集中了青海省 61.61% 的法人单位、61.68% 的第二、三产业的产业活动单位。六个民族自治州地广人稀,矿产资源丰富,主要是以采掘业为主的工业企业,而且工业企业中国有及国有控股公司占据绝对优势,达到 50.70%,其中果洛州、玉树州的工业企业都属于国有控股公司。内蒙古

---

① 贵州省统计局:《2005 年贵州统计年鉴》,北京·中国统计出版社 2005 年版,第 323 页。

② 新疆维吾尔自治区统计局:《新疆维吾尔自治区第一次全国经济普查主要数据公报》(第一号),"新疆维吾尔自治区人民政府网"。

的中小企业集中在沿狼山—黄河一线以东至洮儿河以西的内蒙古中部地区,这里集中了全内蒙古81.8%的法人单位、82.0%的产业活动单位,尤其是沿黄河、阴山山脉,经包头市、呼和浩特市延伸至集宁市,形成一个高密度的经济带,这里拥有内蒙最发达的工业,集中了全内蒙古四成以上的中小企业和60%以上的中小工业企业。上述情况在西部民族地区具有普遍性。地理、气候固然是影响中小企业数量、规模和出现"集群"现象的一个原因,这一点在青海、西藏地区表现得尤为显著,但是,政治和经济对西部民族地区中小企业"集群"现象的影响力更大。从2004年全国经济普查公布的数据来看,西部各省的省会城市常常就是本省经济最发达、人口和企业及产业活动单位数量最多、市场最为繁荣的城市。在一定行政区域范围内,企业和商业向权力集中地靠拢,所谓的"市场"很明显是政治作用的结果,而不是经济竞争的结果。近年来,随着社会改革的深入,经济对人们创业的影响作用越来越大,出现了一些经济型城市,譬如浙江的温州、宁波、台州,江苏的无锡、苏州、扬州、南通、镇江、连云港、常州等等。在我国西部民族地区也出现了这种中小企业"集群"的经济型城市,如广西的柳州、桂林、北海,云南省大理州政府所在地的大理市,新疆的伊宁市、喀什市,内蒙古的包头市、赤峰市,等等。这些在西部民族地区的经济型城市,是所在省份企业规模、数量、营业收入(或销售额)均占优势地位的城市,成为本省中小企业最为集中的区域。从总体上来看,西部民族地区中小企业呈一种由政治驱动型"集群"向经济激励型"集群"发展的趋势。不用说,这是一个漫长的过程。如果工业技术不能解决固有的自然地理环境造成的障碍,所谓的工业化将永远是局部的。

(三)个体经营户在当地市场建构中起着核心作用

表27 贵州3个自治州、11个民族自治县三次产业结构发展情况

(单位:万元)

	生产总值	第一产业	第二产业	第三产业	第三产业比重(%)
黔西南州	1020346	319602	375784	324960	31.85
黔东南州	1157522	423215	366844	367463	31.75

	生产总值	第一产业	第二产业	第三产业	第三产业比重(%)
黔南州	1465549	428205	604635	432709	29.53
道真县	83965	45796	16439	21730	25.88
务川县	86919	50148	18506	18265	21.01
镇宁县	90008	25924	45964	18120	20.13
关岭县	73266	32700	26047	14519	19.82
紫云县	55564	34089	11395	10080	18.14
玉屏县	101240	23261	52851	25128	24.82
印江县	87046	54548	15447	17051	19.59
沿河县	103867	65068	14385	24414	23.51
松桃县	131730	72218	32379	27133	20.60
威宁县	245764	100340	59959	85465	34.78
三都县	64708	33543	10693	20472	31.64

资料来源:《贵州统计年鉴》2005年,中国统计出版社2005年版。

与西部民族地区中小企业数量少形成鲜明对比是第三产业中的个体经营户的数量众多,在当地市场建构中起着核心作用。西部民族地区的县城(市场)之间的运距比较远或高山阻隔,闭塞的地理环境和高额的运费成本支出常常使各类投资者望而却步。这给经营灵活的个体经营户留下了巨大的市场成长空间。西部民族地区的个体经营户主要集中在以提供服务的第三产业部门。2004年,新疆第三产业活动单位有10.2万个,占到产业活动单位总数的90.7%;在第三产业活动的个体经营户有54.8万户,占到全部个体经营户的94.5%。全新疆2004年就业人数为373.0万人,其中,第三产业就业人数为245.9万人,占到65.9%;个体经营人员137.3万人,占经营性单位就业人数的36.8%。2004年,青海省六个自治州有个体经营户4.5万户,占到青海省所有个体经营户的29.88%,从业人员为7.75万人,企业和个体经营户的结构比为1:23。2004年,内蒙古第三产业有产业活动单位8.6万个,占二、三产业活动单位总数的84.3%,就业人数326.4万人,占二、三产业全部就业人数的63.2%;在单位就业人员中,个体经营从业人员197.9万人,占二、三产业全部就业人数的38.3%。但是,一个主要依靠个体经营户支撑的第三产业只能在一定程度上暂时解决社会的就业压力,并不能培育起发达的市场经济和市场经济观念。历史上,贵州民族地区的少数民族主要从事农业,兼营林业和渔猎,耻于从事工商业,属于以犁耕农业为主的经济文化类型,保留着许多早期社会组织的风俗制度。2004 年贵州 3 个自治州 11 个民族自治县个体经营户集中的五个行业是:工业,交通运输业,批发和零售业,住宿和餐饮业,居民服务和其他服务业。其中,第三产业个体经营户提供的服务业占据了 82.9% ,狭义上的商业就占去了其中的 47.3% 。近年来,尽管贵州民族地区的第三产业发展迅速,有些民族地区第三产业的产值已经超过了第一产业、第二产业,但当地的社会经济发展水平、市场经济的发育程度仍然很低。3 个自治州、11 个民族自治县仍然是贵州贫困县、贫困乡、贫困村最为集中的地区。(见表27)

西部民族地区地域广阔,交通不便,中小企业数量少、规模小,无法对当地市场产生结构性影响,对民族地区的近代化产生直接影响的是那些个体经营户。可以说,当前西部民族地区的第三产业是一个个体经营户占绝对优势的产业部门。从西部民族地区的实际情况来看,批发和零售业、交通运输业、工业、住宿和餐饮业、居民服务业是个体经营户较为集中的五个行业。其中,批发和零售业、交通运输业的个体经营户要占到全部个体经营户的60%以上。

(四)中小企业有产品而无"市场"

正是由于西部民族地区少数民族普遍的"轻工"、"轻商"风尚,使西部民族地区的企业文化、市场经济观念处于一种非主流地位。国有及国有大中型企业绝大多数"搭乘政府便车",产品主要销往外地,非国有及国有控股中小企业的产品主要销往当地,除非能够获得政府采购订单或事先联系好了销售渠道。西部民族地区最不缺乏的是矿产资源,最缺乏的是市场和技术人才。西部民族地区的政府部门对投资办企业的热情很高,所以近年来西部民族地区每年新增企业的数量要远远高于中东部地区。但是,每年破产、歇业、注销的中小企业数量也不少。导致每年大量中小企业"自生自灭"的原因有两点:一是产品无销路,二是企业间拖欠账款长期无法清偿。前面,我们已经讲到,西部民族地区是一个地广人稀的地区,除非产品销往中东部地区,当地市场是很狭窄的。这样的市场状况,数量众多的个体经营户就已经完全可以满足当地人的生活需求了。从 2005 年《中国成长型中小企业发展简报》来看,入选的西部 1943 家成长型中小企业中,绝大多数属于国有及国有控股中小型工业企业,入选的西部地区 49 家最具成长性的中小企业全部是国有及国有控股中小工业企业。而民族地区的中小企业,尤其是非国有的中小企业面临着有产品而无"市场"的困境。总之,西部民族地区中小企业普遍处于一种有商品而无真正意义上的商品经济、有市场而无真正意义上的市场经济的状态。

(五)内资企业多、外资企业少

西部民族地区的中小企业中,内资企业占的比例很高,外资企业的比例很低。2004 年底,西部地区 11 个省级行政区域共有外资企业 5076 家,占西部 11 个省级行政区域所有法人企业的 0.77%。其中,港澳台商投资企业数 2277 家,外商投资企业 2799 家,分别占西部 11 个省级行政区域法人企业总数的 0.63% 和 0.90%。西部 5 个民族自治区共有外资企业 2067家,占法人企业总数的 0.86%。其中,港澳台商投资企业数 944 家,外商投资企业 1123 家,分别占西部 11 个省级行政区域法人企业总数的 0.63% 和1.09%。(见表 28)许多民族地区没有一家外商投资企业。

(六)中小企业引进外资签约多而履约少

从西部民族地区引进外资的情况看,具有以下特点:一是西南民族地区的情况要好于西北民族地区。这主要是西南五省民族地区的生态条件要优于西北六省民族地区。二是沿边省份民族地区要优于内地省份民族地区。主要是沿边省份在地理位置上更便于发展对外贸易。三是沿海民族地区要优于沿陆路民族地区,主要是由于海洋交通比陆路交通更具有扩张、伸缩性。这通过广西和宁夏的情况对比能得到充分说明:广西共有外资企业1287 家,是宁夏的 11 倍,占西部 11 个省级行政区域所有法人企业的25.4%。广西港澳台商投资企业共 674 家,占到整个西部 11 个省级行政区域同类外资企业的 29.6%,是宁夏的 17.3 倍;广西的港澳台商投资企业占广西所有法人企业的 1.36%,是宁夏的 6.8 倍。广西的外商投资企业共613 家,占到整个西部 11 个省级行政区域同类外资企业的 21.9%,是宁夏的 7.9 倍;广西的外商投资企业占广西所有法人企业的 1.23%,是宁夏的4.1 倍。(见表29)

表28　西部地区外资企业分布情况

	港澳台商投资企业数		外商投资企业	
	单位数(个)	百分比(%)	单位数(个)	百分比(%)
新疆	84	0.2	146	0.35
内蒙	129	0.41	237	0.76
广西	674	1.36	613	1.23
宁夏	39	0.2	78	0.3
西藏	18	1.0	49	2.8
甘肃	119	0.4	150	0.4
青海	45	0.59	57	0.74
四川	327	0.62	538	1.02
重庆	345	0.7	394	0.8
贵州	193	0.70	207	0.75
云南	304	0.7	330	0.7
总计	2277	0.63	2799	0.90

①资料来源:中国统计网(2005 年全国经济普查)。
②外商投资企业包括中外合资企业、中外合作企业和外商独资企业。
③新疆地区包括新疆生产建设兵团。其中新疆生产建设兵团有港澳台商投资企业 4 家,有外商投资企业 10 家,分别占法人企业的 0.1% 和 0.2%。

表29　新疆、内蒙、广西、宁夏、青海、贵州、云南 2004 年利用外资情况

	签订外资协议					实际利用外资		
	项目(个)	总金额(万美元)	对外借款金额(万美元)	外商直接投资金额(万美元)	外商其他投资金额(万美元)	总金额(万美元)	对外借款金额(万美元)	外商直接投资金额(万美元)
新疆	74	25786	—	25786	—	4586		4586
内蒙	206	293063	21168	271895	—	89664	26921	62743
广西	353	110007	—			53786	24207	29579

续表

	签订外资协议					实际利用外资		
	项目(个)	总金额(万美元)	对外借款金额(万美元)	外商直接投资金额(万美元)	外商其他投资金额(万美元)	总金额(万美元)	对外借款金额(万美元)	外商直接投资金额(万美元)
宁夏	49	30266	10850	28370	46	12535	5800	6689
青海	52	35330	—	—	—	35330	—	35330
贵州	68	12649		12649		13932	7399	6533
云南	167	31818		31818		21422	7270	14152

①资料来源:表中所列各省、区2005年《统计年鉴》,中国统计出版社出版。

②新疆、内蒙、广西、宁夏、青海、贵州、云南各省区实际利用外资率分别为17.8%、30.6%、48.9%、41.4%、100%、110.1%、67.3%。

(七)进出口贸易受政府支持多、产品技术含量低、竞争力差

西部民族地区外资企业偏少,不利于引进外资和先进的设备技术,也不利于学习先进的企业管理经验,中小企业缺乏竞争活力。这从西部民族地区利用外资的情况更能说明实际现状。西部5个民族自治区和云南、青海、贵州3省利用外资的情况也很有特点:(1)边疆省份民族地区利用外资的情况要明显好于内陆省份。2004年内蒙、广西、云南签订项目共726个,占到7省总数的74.9%;签订外资协议资金总额43.5亿美元,占7省的80.7%;实际利用外资16.5亿美元,占到7省的71.3%。(2)资源占优势民族地区引进外资明显占优势。西部5个民族自治区中,新疆、广西凭借资源优势,引进外资明显占据优势地位,而内蒙古居于利用外资各项指标之首。(3)西南边疆民族地区实际利用外资率好于西北民族地区,西南内陆民族地区实际利用外资率好于西南边疆地区,西北内陆民族地区实际利用外资率好于西北边疆民族地区。内蒙古签订外资项目及签订协议金额要高于宁夏和青海,但是外资实际利用率只有30.6%,而宁夏、青海签订项目合计不到内蒙古的一半,但实际利用外资率却达到了41.4%和100%;贵州签订项目只有68项,签约总金额只有12649万美元,但实际利用外资率达到了110.1%;西北民族地区利用外资项目和签订协议总金额明显高于西南地区,但是实际外资利用率却比西南民族地区要低得多。这说明西部民族

地区的生态环境条件对利用外资具有重大影响。(4)西部民族地区直接利用外资的金额和比例明显高于其他方式,并且呈逐年上涨的趋势,有些民族地区已经不再采取直接对外借款的方式吸引外资。(5)利用外资呈现出多样性,包括利用外资的方式、外资投向的行业分类、外资来源国或地区均呈现出多样性。譬如,广西利用外资的方式包括对外借款、直接投资和其他投资形式。借款包括采取外国政府贷款、国际金融组织贷款、国际商业性贷款和出口信贷等,外商直接投资包括独资、合资、合作等,其他投资形式包括加工装配、补偿贸易、国际租赁等。目前,广西引进的外资投向已经覆盖了国民经济三大产业部门的各个行业;广西引进外资的国家主要是东南亚的新加坡、泰国等,也包括日本、美国等世界其他国家。(6)利用外资的资金总额不高,地区分配极不均衡。而且有条件或容易得到国家有关部门支持与外方合资、合作或利用外资机会的也主要是国有大中型企业和效益良好的集体企业,私营企业和其他企业所占比例很低。这说明我国西部民族地区中小企业对国家的依赖性依然很强,缺乏自我成长能力。这从西部民族地区的进出口贸易的所有制结构和边境小额贸易在进出口贸易中所占的份额也可以看出来:民族地区所占份额偏低,出口创汇能力比较差,进出口比例结构不协调,受国际竞争和技术壁垒限制,民族地区实际利用外资和进出口贸易近年来面临严峻挑战。以云南省 8 个民族自治州为例,云南省在 2004 年进出口贸易总额为 374777 万美元,出口总额为 223882 万美元,进口总额为 150895 万美元,出超 72987 万美元。8 个民族自治州 2004 年进出口总额为 75462 万美元,占云南省当年进出口总额的 20.14%,仅为昆明市进出口总额 261462 万美元的 28.86%。其中,出口额 56953 亿美元,占 25.44%;进口额 18520 万美元,占 12.3%。(见表30、表31)(7)从对外贸易的结构上看,一般贸易所占比例很高,呈现出"南加工"、"北交换"的特点。我国西部民

表30　云南 8 个民族自治州进出口贸易情况

	进出口总额 (万美元)	占全省比例 (%)	出口额 (万美元)	占全省比例 (%)	进口额 (万美元)	占全省比例 (%)
全省	374777	100	223882	100	150895	100

续表

	进出口总额 (万美元)	占全省比例 (%)	出口额 (万美元)	占全省比例 (%)	进口额 (万美元)	占全省比例 (%)
楚雄州	6089	1.62	5509	2.46	590	0.39
红河州	23799	6.35	18270	8.16	5529	3.66
文山州	2842	0.76	2612	1.17	231	0.15
西双版纳州	9157	2.44	6463	2.89	2694	1.79
大理州	3620	0.97	3082	1.38	538	0.36
德宏州	29014	7.74	20464	9.14	8550	5.67
怒江州	477	0.13	89	0.04	388	0.26
迪庆州	464	0.12	464	0.21	—	—
总计	75462	20.14	56953	25.44	18520	12.3

资料来源:根据2005年《云南统计年鉴》汇总而成,中国统计出版社出版。

族地区企业对外贸易以货物买卖为主要贸易方式,这说明我国民族地区在对外贸易中不具有技术优势。尽管如此,西南民族地区和西北民族地区相比较,西南民族地区的企业相对于西北民族地区的企业有技术优势:在西南民族地区中小企业发展的对外贸易中,加工贸易的比例较西北民族地区高,而西北民族地区则以小商品贸易为主。这在一定程度上说明,西南民族地区中小企业的技术现代化水平、企业产品的市场化程度、产品的附加值、市场竞争力要高于西北民族地区。西北民族地区主要依靠其相对于周边邻国的"比较优势"发展对外贸易,直接的商品交换在对外贸易中占有很重要的地位。如,新疆的边境小额贸易达到省当年进出口贸易总额的65.8%,而广西则只占当年进出口总额的12.9%;相反,广西的加工贸易则比新疆高出1倍多。(见表32)

表31 云南8个民族自治州利用外商直接投资情况

	协议投资				实际投资(万美元)	
	项目(个)		金额(万美元)			
	数量	比上年增 长(±%)	金额	比上年增 长(±%)	金额	比上年增 长(±%)
全省	167	持平	31818	−41.2	14152	−15.5

续表

	协议投资				实际投资(万美元)	
	项目(个)		金额(万美元)			
	数量	比上年增长(±%)	金额	比上年增长(±%)	金额	比上年增长(±%)
楚雄州	4	−50.0	4465	+138.3	145	−7.1
红河州	1	−50.0	202	−86.9	176	−11.6
文山州	3	−63.3	328	−94.9	526	+94.8
西双版纳州	4	+33.3	296	−81.7	40	+33.3
大理州	4	−33.3	226	−94.0	501	−4.2
德宏州	9	+50.0	−235	−124.5	178	−91.4
怒江州	3	+300.0	412	—	22	—
迪庆州	2	持平	125	+64.5	117	+42.7
总计	30	186.7	5819	−64.2	1705	−48.7

①资料来源:根据2005年《云南统计年鉴》汇总而成,中国统计出版社出版。
②云南省2003年签订协议投资167个,协议投资额为54351万美元,实际投资16752万美元。8个自治州2003签订协议投资38个,协议投资额为16263万美元,实际投资3326万美元。
③表中,"比上年增长"项的"+"表示比上年增长,"−"表示比上年减少,空格打"—"表示上年度引进外资为"0"。

表32　新疆、宁夏、广西不同所有制企业外贸进出口情况

(单位:万美元)

	总计	按所有制分					按贸易方式分			
		国有企业	外商投资企业	集体	私营	其他	一般贸易	加工贸易	边境小额贸易	其他贸易
新疆	563563	243242	17758	80348	222156	59	151734	31839	370840	9150
广西	428847	153829	147176	20958	106884		293240	69630	55435	10542
宁夏	90839	63718	13456	13665			86152	4626	—	61

资料来源:根据2005年新疆、广西、宁夏统计年鉴汇总而成,中国统计出版社出版。

　　表30、表31还说明,即使在同一个省份的民族地区,由于各民族地区企业生存、发展的环境存在较大差异,所以各民族地区出口创汇和利用外资的能力也存在较大差异。一个共同的特征是各民族地区进出口额都比较低,利用外资的额度都比较小,签约少,实际到位资金更少。近年来,西部民族地区投入大量的人力、物力、财力举办了不少的商洽会、展销会、订货会、

交流会等等各种"贸易洽谈会",外商和"内商"来得不少,签订的合同、协议"硕果累累",但是真正履约的为数极少。在西部民族地区举办的各种和外商、"内商"签约的洽谈会大多数已经成了劳民伤财之举,老百姓对政府部门举办的各种招商引资的节、会皆以戏言:"看合同拱手相庆,算总账灰头土脸!"我们如果真正到民族地区进行了实地调查,那么就一定会深切感受到,举办各种商贸节、会实在不必要! 实际上,西部民族地区能够与外商签约并能够最终落到实处的,基本上都是国有大中型企业或具有很好成长性的集体、私营企业,一般的中小企业是根本不可能获得这样的机会的。新疆是西部陆路边疆民族地区的典型,广西是西部沿海边疆民族地区的典型,而宁夏是具有代表性的内陆民族自治区,在 2004 年的对外贸易总额中,国有企业分别占到各自省份总贸易额的 43.2%、35.9%和 70.1%。

二、西部民族地区中小企业发展中存在的问题

根据第二章关于西部民族地区中小企业发展状况的描述,笔者认为西部民族地区中小企业发展中主要存在以下七个方面的问题。

(一)中小企业管理落后

总的来看,西部民族地区中小企业管理落后主要表现在以下方面:(1)企业发展无计划。从前面关于企业经营管理的调查中发现,"无任何宣传资料"的中小企业高达 37.5%。即使在企业中置备"企业概况介绍"资料的中小企业也只有 6.6%,能够提供书面"企业计划"的中小企业仅仅占到1.2%。这说明西部民族地区中小企业的发展带有很大的盲目性、随意性、无计划性。(2)企业经营管理制度落后,不合法,不科学。西部民族地区中小企业中,包括很大一部分集体企业和部分国有企业,都实行承包经营。许多中小企业名义上是公司,实际上仅有"公司"之名,无公司之实,要么是有"空挂户"的个人独资企业,要么是家族式的合伙。有相当一部分实行股份制的有限责任公司,实行的是"寡头"式管理,没有建立合法的有限责任公

司的组织机构,更没有工会组织,缺乏民主科学的决策管理机制。(3)企业
管理制度不健全。企业缺乏约束劳资双方或投资者的章程,更没有严明的
规章制度,而家族式中小企业以"家规"代替法律、用"人情"取代"纪律"。
按照我国有关法律的规定,企业登记成立应当制定企业章程,公司法更是明
确规定公司章程属于公司股东的"合约",①应当置备于公司随时供股东查
阅。但是,在我国西部民族地区的许多中小企业中,个人独资企业没有企业
章程,合伙企业的各合伙人之间没有成文的合伙协议,公司没有公司章程的
现象很普遍。个人独资企业委托他人经营的,委托人和受托管理人之间不
签订委托协议;合伙企业有新合伙人入伙的,既不重新修订合伙协议又不作
工商变更登记,合伙人退伙的,既不清算债权债务又不修订合伙协议,也不
作工商变更登记;公司的运营就更加混乱。西部民族地区的许多中小企业,
主要是从个体经营户转化而来的,它的管理模式的"原形"就是家族式的,
在它们"摇身一变"为现代企业后,仍然脱不了家族管理观念,一群有血缘
联系或密切交情关系的人组成一家公司,甚至出现"夫妻公司"。这种"企
业"里,家规、哥们义气代替企业章程、国家法律成为支配企业运行的规则,
"人情"取代企业规章、纪律作为约束人们行为的规矩。一旦发生"碍于情
面"的事件,就会导致企业分崩离析。"人情"包含了一切家族式企业的脆
弱性和潜在的经营风险。(4)管理混乱。许多中小企业,尤其是实行家族
式管理的中小企业,用"家"的理念管理企业,视企业为企业经营管理人的
大"家"。企业不设专门的会计,或是由厂长或经理兼挑,或是会计出纳一

---

① 2005 年《公司法》做最新修订以前,并没有对公司章程的性质做出明确规定。人们
对公司章程存在不同的理解:一是"契约说"。这是英美法系国家关于公司章程的普遍观点,
认为公司章程是股东之间在平等协商基础上就双方的权利义务所达成的契约。二是"宪章
说"。这是对"契约说"的修正,认为"契约说"只能解释有限责任公司发起人之间的关系,而
不能解释股份有限责任公司和有限责任公司后来"加入"股东的行为,应当把公司章程当作公
司宪章,增加国家意志干预,防止公司章程被控股股东滥用,损害其他股东权益和社会公共利
益。三是"自治规范说"。这是大陆法系国家奉行的观点,认为公司章程不仅是当事人合意的
结果,更是国家强行法规制之下的自治规范。2005 年我国最新一次修订的《公司法》规定,违
反公司章程规定未足额缴纳出资的股东应当对足额缴纳出资的股东承担违约责任,公司设立
时的股东对外承担连带责任。这意味着《公司法》承认公司章程是股东合约的观点。

人兼任,或是丈夫"抓生产"、妻子"管财务",甚至有些企业纯粹没有财务会计账簿。企业日常经营中,个人独资企业的受托管理人违反委托合同约定越权经营,或违反个人独资企业法规定的竞业禁止性规定兼任其他企业的托管人、与自己交易、实施贿赂或接受贿赂等;合伙企业的各合伙人之间互相扯皮或合伙事务执行人违反合伙协议、委托协议约定或违法执行合伙事务,损害其他合伙人利益;公司的股东搞"内讧",拉帮结派,相互"吃资"、"拆台"等等。(5)企业排斥现代管理技术。西部民族地区的中小企业的投资者大多来自于内地的汉族,他们仅仅为利润而来,并没有把投资地当作"家"的那种与自身密切相关的考虑,投资多为短期投资,具有现代技术含量的设备、机器的投入不能在其投资期限内全额收回,这导致中小企业投资者的"惜资"。而西部民族地区的市场竞争环境相对比较"宽松",廉价的原材料和廉价的劳动力使企业在低技术含量的、不断重复的简单再生产条件下仍能获得高额利润。这种市场环境为那些低文化程度的投资者提供了创业成功的机会,这在很大程度上支持了中小企业经营管理者对高层次技术人才、管理人才的拒斥立场。这在前文关于西北六省区民族地区中小企业"创造竞争优势策略"的实地调查结果中体现得也比较明显(见表21)。

目前,全国关于中小企业问题的研究几乎无一例外地将资金短缺作为中小企业发展面临的主要"瓶颈"。但是,通过对西部民族地区中小企业发展现状的调研,我们发现制约民族地区中小企业发展的根本因素并不是资金,而是企业的管理。理由有以下几点:(1)我国民族地区的资金"相对过剩"。新中国成立以来,我国实行民族区域自治政策,民族地区享受国家的各种免税和国家财政转移支付政策的支持,长久以来我国民族地区"藏富于民"。这一点,我们在西部六省区民族地区的调查中也发现,许多民族地区的少数民族家庭相对于当地的汉族都较富裕,生活也较汉族悠闲。我们在甘肃阿克塞县、新疆伊犁州和昌吉州木垒县及哈密地区巴里坤县哈萨克族民族自治地区考察时发现,当地哈萨克族的年家庭收入要高出当地汉族3倍以上。另外,从中央到地方实施对民族地区的财政补助政策,也使少数民族地区的剩余资金相对增加。譬如在一些民族地区,政府部门为了推进当地城市化建设水平,由财政拨款免费为当地少数民族修建住宅小区。他们除了日常生活开支外,几乎不用支出大笔费用于房屋等不动产和机械等大件生产资料。(2)西部民族地区大部分都交通不便,远离繁华城镇,"有银子无处使",在当地人手中积蓄了比较多的闲散资金。这在交通不便的西北牧区表现得尤为明显。(3)由于交通不便和人口限制,形成了相对狭窄的市场,过多的资金投入和过大的企业规模,反而会导致产品积压和浪费。(4)西部民族地区的中小企业大多依托于当地的自然资源,廉价的原材料和廉价的劳动力使当地创业者不需要投入巨资就能使企业获得巨额"自然利润"。这也是西部民族个体经营户大量扎堆于工业部门的一个重要原因。(5)西部民族地区中小企业的资金主要靠外部注入,当地作为资金"融库"并不需要相应的财政"配套"资金,这为当地节余了较多的资金用于公共设施和公益事业建设。在我国西北一些人们眼里"贫穷"的民族地区率先实现了真正意义上的义务教育,就是明证。(6)少数民族地区的中小企业规模都比较小,企业数量少,企业之间尚处于"填充市场空白"的"自然竞争"阶段,企业生产周期长、节奏缓慢,创办企业不需要大量的资金投入。(7)企业缺乏长远规划,企业丰厚的"自然馈赠"培养了企业疏于管理的各种"惰性"。这一点,从前面关于西北六省区民族地区中小企业经营环境重要性的评价调查也可以体现出来西部民族地区的中小企业经营者对政府部门过高"期望"和"要政策"而轻视社会环境、市场环境建设。

(二)中小企业的技术创新能力差

1. 技术和技术创新对企业的意义

西部民族地区拥有自主创新知识产权产品的中小企业很少,企业技术创新能力差。技术是企业发展的重要资源,技术可以创造市场,技术可以创造市场差别优势,采用新技术的直接效果是降低生产成本、增加产出和提高产品质量。技术在企业发展中的表现形式有如下几方面:(1)企业拥有知识产权,包括:企业通过自我研发或转让取得技术的产权;企业向国家商标注册机关申请获得商标权;企业根据国家产品质量标准制度、企业质量体系认证制度、产品质量认证制度,经过国家认证机构的认证获得产品或企业质量的名优标志、认证标志等质量标志;企业拥有与其市场信誉相关的名称权、商誉权;企业拥有与其特定产地相关的地理标志和原产地标志;企业拥有不为公众知悉并采取保密措施的、能为企业带来经济利益的、具有实用价值的技术信息和经营信息。(2)企业购得包含一定技术含量的设备,或称技术设备。(3)企业拥有比较强的新技术、新产品研发队伍。(4)企业有具备现代技术知识的职工(包括经营管理者和一般职工)队伍,这主要通过企业对职工实施定期或不定期的培训计划而实现。

2. 中小企业技术创新能力差的表现

我国目前中小企业的技术水平普遍较低,除很少一部分高科技中小企业外,大多数中小企业的技术状况不容乐观。整个中国有 69% 的中小企业仍然采用的是 20 世纪 60～70 年代的技术,30% 左右的中小企业采用的是 20 世纪 80 年代的技术,10% 左右的中小企业采用的是 20 世纪 90 年代的技术。[①] 我国西部民族地区中小企业的技术状况表现出更加复杂的格局和特点:(1)西部民族地区中小企业的技术状况行业差异较大。从前面关于西部民族地区中小企业发展状况的展示,我们可以发现,西部民族地区工业中小企业的技术状况和全国的水平差距不大,尤其在几个明显具有西部特色的领域,中小企业的技术投入和技术水平在全国居于领先地位。譬如,青海石油和天然气开采业 2004 年的 R&D(研究与实验发展)经费支出 1.01 亿元,占到全工业企业领域 R&D 经费的 50.3%,占到全省工业企业科技活动经费的 1/5 以上。相反和那些与中东部地区有竞争力的行业,西部民族地区中小企业的科技经费投入和生产技术水平远远不如其他行业。譬如,新疆规模以上工业企业 R&D 经费投入平均强度为 0.23%,不到全国平均投入强度 0.56% 的一半;但是,与当地矿产资源开采业相关的电气机械及器材制造业,投入强度为 2.21%,是全国平均投入强度的 4 倍,即使和全国同行业的平均投入强度比较,也要高出 1 倍还多;最低是一些轻工业部门,塑料制品业的投入强度为 0,另外如黑色金属冶炼及压延加工业的投入强度只有 0.01%,等等。(2)西部民族地区中小企业的技术状况区域差异悬殊。在西部 5 个民族自治区中,科技经费投入上,广西的科研经费投入最

① 林汉川:《中国中小企业发展机制研究》,北京·商务印书馆 2003 年版,第 122 页。

高,全区规模以上工业企业投入科技活动经费 27.36 亿元;内蒙次之,2004 年内蒙规模以上工业企业投入科技活动经费 18.71 亿元;西藏最低。自治县一级的中小企业,98% 以上在财务会计账目中就没有科技经费支出项目。中小企业技术状况区域差异还表现在中小企业就业人员的学历结构上,西南五省区民族地区中小企业就业人员的学历水平高于西北六省区。

从总体来看,西部民族地区中小企业的技术创新能力差。主要表现在以下几个方面:

(1)开展科技活动的中小企业数量极少

到 2004 年末,开展科技活动的企业在东、中、西部地区的比重分别为 71.6%、17.2%、11.2%,企业的科技活动主要集中在东部地区。根据我们的问卷调查和实地调查,西部民族地区中小企业中开展科技活动的或在企业会计账目中列支科研投入经费的,不到 1%。整个一个省开展科技活动的单位总数还没有东部一个县的数量多,西部地区开展科技活动的企业主要集中在西南五省、市、区,广西、云南、贵州、重庆、四川开展科技活动的中小企业总数为 2554 个,占到西部 11 个省级行政区域总数 3226 个的 79.2%。而新疆、内蒙、宁夏、西藏、甘肃和青海总计 8 个自治州开展科技活动的企业总数不到 400 个。西部民族地区中小企业还处于数量的自然增加阶段,企业的资本能力和水平远没有达到追求发展企业质量的阶段。

(2)科技活动人员稀缺,新产品开发和新技术研发能力极差

2004 年末,我国规模以上工业企业有科技活动人员 183.8 万人。其中,科学家、工程师 106.4 万人,占到 57.9%。科学家、工程师主要集中于东部经济发达地区的国有企业、国有控股公司、股份有限责任公司和其他一些大型企业集团和有限责任公司,西部地区,尤其是自然条件比较差的西部民族地区的企业是"养"不起这样的人才的,一般的中小企业更不可能拥有这样的人才。西部民族地区中小企业中,就业人员的文化水平普遍较低,一般技术人员的比例也很低。譬如,云南省 2004 年在全省产业活动单位就业人员中,具有研究生及以上、大学本科、专科、高中、初中及以下学历的人员

分别占0.5%、8.5%、18.1%、31.6%和41.3%;在具有技术职称的人员中,具有高级、中级、初级技术职称的人员分别占7.0%、34.1%和58.9%。在具有技术等级资格证书的人员中,具有高级技师、技师、高级工、中级工资格证书的人员分别占1.9%、6.5%、36.6%和55.0%。而8个民族自治州和8个自治州以外的20个民族自治县中小企业就业人员的学历程度多以初中及以下学历为主,高中、专科学历人员的比重也达不到10%;中小企业的经营管理人员不重视企业职工的技术职称达标考核制度,没有专门的企业技术人员团队,企业持有技师、技工资格证书的人员很少。

(3)企业科技活动投入低

西部民族地区中小企业的科技活动投入经费极少,代表企业自主创新能力的R&D经费投入更少,投入强度很低。2004年,全国规模以上工业企业投入科技活动经费2402.1亿元,其中企业用于新产品开发的经费是965.7亿元,占到40.2%。除西藏以外的西部10个省级行政区域规模以上工业企业投入科技活动经费262.56亿元,占全国工业企业科技投入经费总规模的10.93%。仅西部民族地区工业企业来讲,企业科技投入经费总规模还不到90亿元,占全国工业企业科技活动总投入的3.5%左右。而这不到90亿元的投入还主要集中在这些民族地区的国有大中型企业和一些大型股份有限责任公司、企业集团,西部民族地区中小企业的科技活动经费投入趋于可以忽略不计。R&D经费投入方面的情况更差。2004年全国R&D经费投入总额是1104.5亿元,投入强度为0.56%。其中,大中型企业投入为954.4亿元,投入强度为0.71%。其中,西部10个省、市、区的R&D经费投入总额为78.3亿元,仅占全国R&D经费投入总额的7%。如果按照目前我国大型企业和中、小型企业科技活动的比例17:3来估算,西部地区中小企业的R&D经费投入总额不会超过9亿元,西部民族地区中小企业很少有从事自主创新能力的R&D资本投入,有一些中小企业尽管也开展科技创新活动,但主要将资金投向新产品开发,而不是R&D。从西部10省、市、区R&D投入4项指标对比来看,西部民族地区中小企业在R&D方面的投入也是微乎其微(见表33)。

表33　西部10省市区规模以上工业企业开展科技活动情况

		新疆	内蒙	宁夏	广西	青海	甘肃	贵州	重庆	云南	四川
开展科技活动企业情况	单位数（个）	98	187	87	353	42	258	235	519	317	1130
	总比例（%）	6.9	8.2	13.1	9.4	9.1	12.8	9.2	19.7	13.5	15.2
	大中型企业比例（%）	27.1	28.8	42.6	37.9	39.7	41.6	42.3	60.2	39.2	93.2
	小型企业比例（%）	3.1	4.6	6.9	5.8	4.7	8.9	5.5	11.7	8.5	11.3
投入情况	投入经费（亿元）	17.3	18.7	5.1	27.4	5.0	14.9	15.0	47.3	17.5	94.3
	新产品开发投入比例（%）	5.7	21.8	40.0	20.8	0.9	1.8	40.7	36.5	35.1	30.6
	科技活动人数（千人）	10.0	18.8	4.9	21.0	3.7	24.3	18.1	36.0	15.1	89.9
	高科级人才比例（%）	71.0	56.1	68.5	12.0	59.2	14.2	10.4	63.7	55.5	56.0
R&D投入	R&D经费（亿元）	3.6	5.0	2.3	6.6	5.0	4.7	6.5	15.4	4.5	27.7
	平均投入强度（%）	0.2	0.2	0.4	0.3	—	0.3	0.49	0.59	0.2	0.6
	大中型企业投入（亿元）	3.6	4.8	2.1	5.7	1.9	4.0	5.9	14.7	3.39	24.5
	大中型企业投入强度（%）	0.3	0.3	0.5	0.4	—	0.3	0.61	1.4	0.2	0.8

注:①资料来源于中国统计网和2005年中国统计出版社出版的新疆、内蒙、宁夏、广西、云南、青海、
　甘肃、四川、重庆、贵州10省市区统计年鉴。
②规模以上工业企业是指全部国有工业企业和年主营业务收入500万元及以上的非国有工业
　企业。
③开展科技活动的企业是指有组织地开展科研和技术开发活动,并有相应经费支出的企业。
④R&D经费投入强度:是指研究与试验发展经费支出与销售收入之比。
⑤高科级人才指科学家和工程师。

（4）拥有自主知识产权产品的企业很少,企业经营重数量轻质量、重增
长轻发展

2004年全国规模以上工业企业实现新产品产值23042亿元,占同口径
工业总产值的11.4%,每省743.3亿元。全年专利申请量为64569件,平均
每省2083件。其中,发明专利申请20456件,占31.7%,平均每省660件。
企业技术改造经费支出2953亿元,平均每省95.3亿元;技术引进费支出
397亿元,省均12.8亿元;消化吸收经费支出61亿元,省均2亿元。西部
10个省、自治区、直辖市每省规模以上工业企业实现新产品产值均低于全
国平均水平,即使产值比较高的四川省、重庆市,与全国平均水平也要差
220亿元。西部10个省、自治区、直辖市规模以上工业企业实现新产品产
值占同口径工业总产值的比例,只有广西、重庆超过了全国平均水平,其他

省份均在全国平均水平以下。西部 10 个省、自治区、直辖市规模以上工业企业全年专利申请总量为 8025 件,省均只有 803 件,差不多只有全国平均水平的 2/5。其中,发明专利申请总量为 1376 件,平均 138 件,差不多只有全国总水平的 1/5,只有青海、甘肃、贵州、云南的发明专利申请件数达到了全国平均水平,其他省份均低于全国平均水平。西部 10 个省、自治区、直辖市规模以上工业企业技术改造经费支出 448.59 亿元,平均每省只有 44.86亿元,不到全国平均水平的一半。西部 10 个省、自治区、直辖市规模以上工业企业技术引进经费 41.339 亿元,平均 4.1 亿元,只有全国平均水平的 1/3。西部 10 个省、自治区、直辖市规模以上工业企业消化吸收经费支出 8.173 亿元,平均 0.8 亿元,只有全国平均水平的 2/5。企业技术改造经费支出、技术引进经费支出、消化吸收经费支出最低的青海省分别只有 1.85 亿元、0.009亿元、0.003 亿元,是全国总水平的 1/51、1/1422、1/667。(见表 34)

表 34 西部 10 省市区规模以上工业企业新产品、专利、技术活动情况

	新产品		专利申请			企业技术改造费支出(亿元)	技术引进经费(亿元)	消化吸收经费支出(亿元)
	新产品产值(亿元)	占工业总值比(%)	申请量(件)	发明专利(件)	发明专利比例(%)			
新疆	31.0	2.0	349	76	21.8	36.4	0.2	0.02
内蒙	135.59	6.47	397	69	17.38	33.66	3.26	0.16
宁夏	25.56	4.6	143	22	15.4	14.50	0.91	0.07
广西	284.5	14.05	755	140	18.54	57.85	3.50	0.19
青海	5.8	1.55	73	41	56.16	1.85	0.009	0.003
甘肃	50.18	3.2	227	81	35.7	32.99	1.60	0.35
贵州	78.12	5.6	335	128	38.21	52.03	0.41	0.11
重庆	519.80	24.3	2918	184	6.3	65.27	25.47	5.03
云南	81.83	3.9	380	158	41.6	23.92	0.97	0.08
四川	500.14	10.6	2448	477	19.5	130.12	5.01	2.16

注:①资料来源于中国统计网和 2005 年中国统计出版社出版的新疆、内蒙、宁夏、广西、云南、青海、甘肃、四川、重庆、贵州十省统计年鉴。

②新产品是指采用新技术原理、新设计构思研制生产的全新产品,或在结构、材质、工艺等某一方面比原有产品有明显改进,从而显著提高了产品性能或扩大了使用功能的产品。包括经政府有关部门认定并在有效期内的新产品,也包括企业自行开发研制但尚未经政府有关部门认定、投产一年之内的新产品。

③新产品占工业总值比是指新产品产值占同口径工业总产值的比例;发明专利比例指发明专利占专利申请量的百分比。

可见,尽管近几年来西部地区的国民经济每年有较高的增长速度,但是体现国民经济增长质量的科技水平并不高。西部民族地区中小企业拥有自主知识产权的产品很少,企业只注重生产的数量不注重生产的质量,只注重企业的增长不关注企业的发展。

(5)西部民族地区中小企业的技术设备更新快,"人机"矛盾突出

尽管从整体上来看,西部地区的技术人才和企业科技活动落后于中、东部地区,但是西部民族地区中小企业发展的起步时间晚,中小企业的技术设备更新速度却比较快,而且私营企业比国有、集体企业设备更新快,中型企业比大型和小型企业设备更新快。前面,我们在表21中发现,西部民族地区中小企业的技术创新能力差,但是对新技术的重视程度并不比中、东部地区差,将采用新技术作为企业创造市场差别优势的主要途径。正是由于西部民族地区中小企业多向工业部门的矿产开采业集中的特点,迫使西部民族地区的中小企业重视企业的技术设备。在新疆、青海、内蒙和甘肃西部的许多采掘业中小企业生产工厂,企业采矿、选矿等全部流程大都是通过现代矿冶选矿技术完成的,在企业的技术设备上,看不出和国有大型矿产开发企业的技术差别。此外,西部民族地区的私营中小企业多是在20世纪90年代以后上马的,这种"后来"的优势,使企业经营者更便利采用新技术设备。许多私营中小企业在投资建厂时,就是依托先进的技术设备。那些原有的国有或集体中小企业近年来因为无法得到国家或地方金融的支持和缺乏激励竞争机制,纷纷采取承包或拍卖,转由私人承包经营或转让给私人经营,在原材料作为高额利润回报的诱因下,转轨后的私营企业主通过改进技术设备来为赚取利润赢得时间。甘肃阿克塞哈萨克族自治县在上世纪80年代刚刚把石棉矿开采作为当地发展的支柱产业时,仅有一家国有企业和数家乡镇集体企业,到90年代集体石棉矿企业纷纷实行私人承包和拍卖,私营石棉矿开采企业作为县财政增加的"新亮点"被大量批设,到2000年时石棉矿开采企业就已经达到了160多家。原来预计阿克塞县的石棉矿储量可以开采170年,但是随着近年来私营企业主在利润的驱动下,为了在"承包期"内最大限度的回报,采用自动化技术和"凿井法"开采矿床。在这种现代技术设备和破坏性开采的双重催动下,预计阿克塞县石棉矿再开采30

年左右会枯竭。我们到当地调查时,当地人们也对阿克塞县未来的发展前景很忧虑。因为,阿克塞县是一个完全依赖单一产业——石棉矿开采业——发展的县城,没了石棉矿,整个县城的经济就会完全陷入瘫痪。阿克塞的这种情形在青海、新疆和内蒙中东部地区很具有代表性。技术推动着西部民族地区中小企业和整个社会经济的发展,但是新技术设备的采用,也在激化着"人机"矛盾,许多中小企业由此采取减员措施和"轮班制"、"计时工资制",在一些私人承包企业里存在着"机器强迫人"的"定量工作制",甚至在一些企业里存在着"工头"监管下的"包身工"现象。

(三)企业缺乏现代人力资源管理理念

人力资源是企业中最具有能动性的资源。现代企业的竞争在很大程度上可以归结到人才方面。现代西方国家建立了一整套成熟的从培养企业高层经营管理人才到对基层一般员工进行定期或不定期培训的制度。我们是后来者,近年来在这方面也做了许多有益的探索。我国整体上实行岗前连续接受普通教育制度,成年人一经走向社会工作岗位,学习就成为一种非必要的"志趣",除非"听从党和国家的号召"接受"再教育"和"培训"。对企业而言,人们根本不会考虑企业职工和管理层人员的"再学习"这样的问题。因此,企业职工和管理层人员培训,在我们这样的国家是一个"新鲜事",西部民族地区更不用说。西部民族地区中小企业不注重企业职工培训,企业经营管理人员缺乏现代企业知识和管理理念是普遍现象。在上世纪90年代末,国务院发展研究中心和北京市科学技术委员会曾联合做过一项调查,调查得出了这样一个结论:我国中小企业人才匮乏和缺乏有效的人才资源引进、培育、利用机制,是造成中小企业效益下滑的重要原因。[1] 根据2005年全国经济普查结果显示,2004年在全国单位就业人员中,具有研究生及以上、大学本科、专科、高中、初中及以下学历的人员分别占0.7%、8.0%、15.7%、33.6%和42.0%;在具有技术职称的人员中,具有高级、中

---

[1] 国务院发展研究中心、北京市科学技术委员会:《中小企业发展与政策》,北京·北京科技出版社1999年版。

级、初级技术职称的人员分别占 9.5%、36.9% 和 53.6%；在具有技术等级资格证书的人员中，具有高级技师、技师、高级工、中级工资格证书的人员分别占 2.6%、8.2%、32.8% 和 56.4%。2004 年在西部 10 个省、自治区、直辖市单位就业人员中，具有研究生及以上、大学本科、专科、高中、初中及以下学历的人员分别占 0.4%、13.9%、18.8%、28.5% 和 38.4%；在具有技术职称的人员中，具有高级、中级、初级技术职称的人员分别占 8.1%、35.4% 和 56.5%。在具有技术等级资格证书的人员中，具有高级技师、技师、高级工、中级工资格证书的人员分别占 5.8%、12.3%、32.7% 和 49.1%（见表 35）。

从表 35 中我们会发现，除西藏、青海以外，西部地区就业人员的整体受教育程度比例、具有技术职称人数的比例、具有技术等级资格证书人员的比例和全国的平均水平相差不大，最大差距不超过 5 个百分点。但是，从细节方面来讲，西部地区就业人员素质、技术水平和全国还有一定的差距，主要表现在：

表 35　西部 10 省市区单位就业人员学历、职称、技术等级情况

（单位：万人次）

		新疆	内蒙	宁夏	广西	青海	甘肃	贵州	重庆	云南	四川
就业人员	就业人员	235.7	318.2	88.6	415.3	70.4	316.4	281.1	407.5	368.0	897.7
	研究生	1.3	1.4	0.4	2.4	0.4	1.5	0.8	2.7	1.9	12.1
	大学本科	27.1	29.8	9.1	32.8	6.2	24.0	24.1	35.6	31.4	227.2
	大专	66.8	67.7	17.9	83.0	14.5	60.0	56.8	67.9	66.6	142.4
	高中	76.9	119.5	29.3	153.8	23.5	118.5	85.1	136.2	116.4	143.6
	初中以下	63.6	99.8	31.9	143.4	25.8	112.3	114.2	165.0	151.8	366.9
技术职称人员	高级	5.8	7.1	2.3	7.2	1.4	5.6	4.5	8.0	7.3	17.5
	中级	23.6	30.5	8.5	42.3	6.4	24.6	20.9	32.5	35.4	78.0
	初级	37.0	37.5	11.0	67.0	9.8	40.0	48.1	51.5	61.2	120.1
技术等级证书人员	高级技师	0.7	1.1	0.2	0.8	0.2	0.7	0.6	1.4	0.8	13.5
	技师	1.5	3.4	0.5	2.3	0.6	2.3	1.9	3.9	2.7	24.2
	高级工	9.5	12.9	2.7	12.0	3.4	14.4	8.4	13.1	15.1	28.9
	中级工	13.4	14.4	3.9	23.2	4.4	23.3	13.2	30.1	22.7	37.5

注：①资料来源于中国统计网和 2005 年中国统计出版社出版的新疆、内蒙、宁夏、广西、云南、青海、甘肃、四川、重庆、贵州十省市区统计年鉴。

（1）西部地区就业人员的受教育程度方面,研究生及以上学历人员比例和高中、初中以下学历人员比例低于全国平均水平,未受学历教育人数则高于全国平均水平。这说明西部省区产业单位中,基层劳动者的受教育程度普遍较低。

（2）西部地区具有技术职称的人员中,高级和中级职称人员比例低于全国平均水平,而具有初级职称的人员比例则高于全国平均水平。这个数字的背后真正反映的事实是西部地区未获得技术职称人员的比例要远远高于中、东部地区。譬如,四川省是我国西部地区中拥有高学历人员和高技术人才实力最强的省份,但是到2004年末,在所有单位就业人员中,无技术职称的人数达682.04万人,占全部就业人员的76.0%。

（3）西部地区具有技术等级资格证书的人员中,中级工资格证书人员的比例低于全国平均水平。这说明西部地区取得技术等级资格的人员中,技术等级资格人员有向高级工堆积的趋向,在技术工人中存在着一个高级工和中级工之间的"断层",高级工和中级工、未授予等级资格人员之间呈一种"两极分化"格局,低技术人员和未受技术训练人员的比例偏低,需要加强对企业管理人员和一般工人的业务培训,培养技术工作人员梯级队伍。但是,根据我们的实际调查,西部民族地区中小企业都普遍疏于员工培训,除了政府部门组织的、国家机关和事业单位就业者的"上岗前培训外",中小企业很少自己出钱或主动派员工培训。我们调查过的民族地区中小企业中,无一家企业有员工培训计划。而且,民族地区中小企业的经营管理人员普遍存在着轻视高学历人员和现代企业管理理念和制度的倾向,企业经营者汲汲于当地廉价的资源优势,做"吃老本"生意(见前第31页表17)。

可见,西部民族地区中小企业的人才需求表现出的这种平均水平与中、西部地区的相当状态,恰恰说明西部民族地区中小企业人才的匮乏不是一种相对匮乏,而是一种绝对匮乏。

（四）中小企业存在着生产过剩和生产力不足的双重困境

市场经济不同于计划经济的最重要一点就在于,市场营销是决定企业命运的"惊险跳跃"。产出并不等于有效益,只有把产品在市场上卖出去,企业才能最终实现产值。决定产出的关键因素是生产技术;影响企业价值的关键因素是市场供求状况。我们在西部民族地区中小企业调查中发现,广西和云南、贵州、四川、重庆五省市区民族地区中小企业的亏损情况很普遍,平均亏损率要达到34.67%。与此形成鲜明对比的是,企业应收账款占流动资金的比例平均规模要达到30%以上,企业相互之间拖欠账款的比例也超过30%,企业产品的积压情况比较严重,严重影响了企业的经济效益(见表8)。这说明西南五省市区民族地区中小企业的发展过程中存在着产销脱节、市场渠道不畅、交通运输困难等问题,这些地区的市场格局已经由卖方市场转向了买方市场,竞争加剧,中小企业发展受外部市场环境的影响较大。因此,西南五省市区民族地区中小企业面临的产销率低、产品积压问题是一种生产相对过剩现象。不过,我们在调查中也发现,西南五省市区民族地区具有不同于西北六省区的地缘优势,中小企业分工相对比较细微,和大型企业,尤其是国有大中型企业的协作做得比较好。在这方面,相当数量的与大、小型企业相匹配的中型企业起到了很好的桥梁作用,而数量可观的个体私营经济也很好地起到了补充国有、集体企业留下的市场空白的作用。因此,西南民族地区中小企业发展的根本还得通过支持当地中型企业和个体私营经济发展来实现。

西北六省区民族地区中小企业具有一个鲜明的特征:大型企业与中小型企业、国有企业和非国有企业的"二元化"市场结构。西北六省区民族地区的大、中型企业基本上都是国有或国有控股工业企业,小型企业主要是私营企业,而且大部分小型企业和数量庞大的个体经营户主要依托当地丰富的矿产资源和有限的人口资源分享本地市场。大型企业和中小企业在所有制、企业组织形式、劳动用工、资本数额、营业额、市场取向等方面存在着很大差别。大型企业和成长型中型企业一般都是国有企业;当地国有企业基本都已经完成股份制改造,国有企业一般都采用国有独资公司(有限责任公司)或国有控股公司的经营管理模式。大型企业在本省所有企业中的比例一般不超过1%,在本省所有国有及国家控股企业中的比例一般在2%~5%左右。企业规模和企业的所有制性质具有完全一致性,是西北六省区民族地区企业格局的鲜明特征。国有及国有控股大、中型企业和私营中小企业在市场取向上也存在着较大差别。国有及国有控股大、中型企业一般不以当地市场为对象,产品主要销往全国各地,产品以资源优势在全国占据相当的市场份额。相反,中小企业在资金额、就业人员规模和素质、产品结构、经营管理人员的市场观念和目标追求等方面都无法超越当地市场,企业产品地方特色鲜明、销路狭窄、结构单一。

西北六省区中,青海、西藏的情况很具有代表性。青海、西藏是一个相对封闭的地理区域,这里受现代企业文化的影响较小,交通不便成为制约当地企业发展的关键因素。西藏地区2004年生产总值211.54亿元,其中农业产值为43.33亿元,乡及乡以上工业企业实现产值15.43亿元,建筑业生产总值为42.18亿元,第三产业实现产值110.60亿元(其中旅游业总产值15.3亿元)。显然,农业在西藏地区国民生产总值中处于显要位置。2004年西藏地区总人口为263.44万人,其中农业人口为223.37万人,占总人口的84.8%,非农业人口40.07万人,占总人口的15.21%;市镇人口100.04万人,占总人口的38.0%,乡村人口163.42万人,占62.0%。这充分说明西藏地区还是一个农业为主要产业和人民生计方式的地区,工业化、城镇化、市场化程度都很低。这一点通过西藏地区三次产业从业人员情况也能够得到说明:2004年西藏三次产业从业人员共137.32万人,其中第一产业从业人员86.00万人,占62.6%,第二产业从业人员13.17万人,占9.6%,第三产业从业人数为38.15万人,占27.8%。西藏地区的这种传统农业占主导地位的产业格局和封闭的地理区域造成的交通不便,制约了当地企业和企业文明的发展,2004年整个西藏地区登记注册的乡及乡以上工业企业只有486家,且全部都是中小企业,没有一家企业达到大型企业的规模。其中,中型企业有12家,小型企业有474家。而且这486家企业以国有和重工业企业为主。在486家工业企业中,国有企业有243家,集体企业117家,其他企业126家;轻工业198家,重工业288家。青海省的产业结构和企业化、城镇化、市场化、工业化情况与西藏差不了多少。不同的是青海省的工业企业比西藏地区发达,而且工业企业的集中度也很高:一方面青海省企业的地理集中度很高,青海省的企业活动主要集中在青海湖以东围绕西宁市为中心靠近甘肃兰州市红古区的青海东部一隅;另一方面,青海省企业的规模集中度也很高。我们可以通过青海省全部国有及规模以上非国有工业企业的规模情况和青海省企业法人单位规模情况了解到。（见表36～39）

表36　青海6个自治州企业法人单位数及从业人员数行业分布

（单位数单位：个；从业人员单位：人次）

	海北州		黄南州		海南州		果洛州		玉树州		海西州	
	单位数	从业人员	单位数	从业人员	单位数	从业人员	单位数	从业人员	单位数	从业人员	单位数	从业人员
总计	303	13173	148	5438	283	11740	93	2072	110	2626	1057	65170
农、林、牧、渔业	10	2424	0	0	5	4142	0	0	1	30	5	452
采矿业	53	4134	3	586	6	604	2	56	3	66	71	25907
制造业	70	2773	27	613	76	2437	21	660	14	495	232	14501
电力、燃气及水的生产和供应业	10	411	10	276	27	537	9	156	8	364	25	1220
建筑业	11	1295	12	2351	18	1257	6	235	7	203	46	8806
交通运输、仓储和邮政业	19	388	6	528	19	559	4	152	2	149	66	2074
信息传输、计算机服务和软件业	16	284	6	161	8	199	2	127	2	118	32	827
批发和零售业	34	329	39	422	46	594	29	303	53	733	279	3236
住宿和餐饮业	21	437	7	144	22	450	8	124	4	118	90	2338
金融业	36	532	29	267	42	622	11	255	10	298	45	1573
房地产业	6	59	0	0	4	228	0	0	2	16	39	1278
租赁和商务服务业	7	22	0	0	6	68	0	0			65	1554
科学研究、技术服务和地质勘察业	6	63	3	18	2	24	0	0	1	5	23	765
水利、环境和公共设施管理业	1	18	0	0	0	0	0	0	1	5	5	40
居民服务和其他服务业	2	2	4	49	0	0	0	0	1	24	17	426
教育	0	0	1	12	0	0	0	0	0	0	9	96
卫生、社会保障和社会福利业	0	0	0	0	0	0	0	0	1	2	4	55
文化、体育和娱乐业	1	2	1	11	2	19	1	4	0	0	4	22
公共管理和社会组织	0	0	0	0	0	0	0	0	0	0	0	0

资料来源：2005年中国统计出版社出版的2005年《青海省统计年鉴》和青海省人民政府网2005年青海省经济普查公布数据。

表37　青海省7656个企业法人单位按登记注册类型分布情况

注册类型	企业法人单位(个)	比重(%)	注册类型	企业法人单位(个)	比重(%)
国有企业	936	12.23	股份有限公司	158	2.06
集体企业	1006	13.14	私营企业	3626	47.36
股份合作企业	317	4.14	其他企业	148	1.93
联营企业	54	0.71	港、澳、台商投资企业	45	0.59
有限责任公司	1309	17.10	外商投资企业	57	0.74

资料来源:《青海省统计年鉴》,中国统计出版社2005年版。

表38　青海省规模以上工业企业规模情况

	企业单位数(个)	均产值(亿元)	资本额(亿元)	均从业人数(人)
总计	461	0.81	2.14	304
国有控股企业	184	1.65	4.68	524
轻工业	139	0.18	0.42	158
重工业	322	1.09	2.88	366
大型企业	8	28.28	59.61	6644
中型企业	50	1.73	7.91	770
小型企业	403	0.15	0.28	120
集体企业	23	0.22	0.33	148
股份合作企业	21	0.15	0.30	96
联营企业	4	0.075	0.22	93
有限责任公司	106	0.66	3.29	319
股份有限公司	30	5.97	10.71	1275
私营企业	142	0.22	0.37	144
涉外资企业	21	0.99	2.32	285
采矿业企业	67	1.58	2.91	535
制造业企业	321	0.57	0.46	269
电力、燃气及水的生产和供应企业	73	1.16	3.24	245

注:①资料来源:《青海省统计年鉴》,中国统计出版社2005年版。
　②涉外资企业包括港、澳、台投资企业和外商投资企业、外资企业。

表39 青海省企业法人经营规模情况

企业法人单位营业收入规模情况		
	单位数(个)	比重(%)
总　　计	7656	100
100万元以下	4865	63.55
100万~1000万元	2048	26.75
1000万~1亿元	644	8.41
1亿~10亿元	86	1.12
10亿元以上	13	0.17
企业法人单位从业人员规模情况		
总　　计(人)	7656	100
50以下	6287	82.12
50~99	615	8.03
100~999	711	9.29
1000~9990	41	0.53
10000以上	2	0.03
企业法人单位资产规模情况		
总　　计	7656	100
100万元以下	3777	49.33
100万~1000万元	2520	32.92
1000万~1亿元	1114	14.55
1亿~10亿元	206	2.69
10亿元以上	39	0.51

资料来源:2005年中国统计出版社出版的2005年《青海省统计年鉴》和青海省人民政府网2005年
青海省经济普查公布数据。

从上面4个表,我们可以看出:青海省企业法人的73.96%集中在西宁市和海东地区,只有26.04%的企业分布在其他六个民族自治州;青海省企业资本主要向重工业、采矿业、电力及燃气和水生产供应业为主的国有及国有控股大型企业集中,一般企业法人的规模都不大。青海省有国有工业企业116家,大中型工业企业有58家,全部是国有或国有控股公司,大型国有控股企业有8家,国有控股中型企业有50家。2004年,国有控股企业的总产值和总资产达到303.55亿元和860.96亿元,占青海省工业企业总产值的81.14%和工业企业总资产的87.24%,从业人员达13.72万人,占全部青海省企业就业人员的64.3%。青海省企业法人单位中,私营企业的数量要占到企业法人总数的47.36%,国有企业占12.23%,国有企业的比例明显偏高。从企业从业人员规模看,2004年末,在全部企业法人单位中,50人以下的企业有6287个,占82.12%;1000人以上的企业有43个,占0.56%。从企业营业收入规模看,2004年末,青海省年营业收入在100万元以下的企业有4865个,占63.55%;年营业收入在100至1000万元的企业有2048个,占26.75%;年营业收入在1000万元至1亿元的企业有644个,占8.41%;年营业收入在1亿元以上的企业有99个,占1.29%。从企业资产规模看,2004年末,青海省固定资产原值在100万元以下的小企业3777个,占49.33%;100万至1000万元的企业2520个,占32.92%;1000万元至1亿元的企业1114个,占14.55%;在1亿元以上的企业245个,占3.20%。与西南五省市区民族地区中小企业产销率低、产品积压严重形成鲜明对比的是,无论青海省的大型企业还是中小型企业,企业的产销率都比较高,而且私营企业的产销率比国有企业的产销率更高。青海省国有控股大型工业企业有8家,亏损企业有2家,亏损面达25%;国有控股中型工业企业50家,亏损企业有13家,亏损面达26%。国有控股企业的所有者权益为233.94亿元。青海省六个民族自治州有国有控股企业109家,亏损企业有46家,亏损面达42.20%,所有者权益为61.95亿元;六个自治州有私营企业64家,亏损企业有23家,亏损面达到35.94%,所有者权益为7.58亿元。(见表40)青海省这种大型企业与中小型企业、国有企业和非国有企业相一致的"两极分化"的局面,是由青海省相对封闭的地理环境和交通不便造成的。

表40 青海省6个自治州工业企业利亏、负债情况表

	指标	国有控股企业	集体企业	股份合作企业	有限责任公司	股份有限公司	私营企业	涉外企业
海北州	企业单位数(个)	19	4	1	6	2	31	0
	亏损企业(个)	5	0	0	3	0	6	0
	亏损总额(万元)	1709	—	—	1797	—	113	—
	利润总额(万元)	−559	+922	+5	−855	+859	+1124	—
	流动负债(万元)	27120	367	387	29539	1864	5114	
	长期负债(万元)	23218		339	11253	3200	1192	
黄南州	企业单位数(个)	4	2	2	4	0	3	0
	亏损企业(个)	3	2	2	0	0	2	0
	亏损总额(万元)	7	210	22	—	—	1331	—
	利润总额(万元)	−7	−210	−22	+2389	—	−1158	
	流动负债(万元)	656	674	926	6054		8772	
	长期负债(万元)	181	1251	140		—	10564	
海南州	企业单位数(个)	7	0	0	5	2	7	0
	亏损企业(个)	4	0	0	2	0	3	0
	亏损总额(万元)	171	—	—	96		203	—
	利润总额(万元)	+532	—	—	+887	+7043	+440	—
	流动负债(万元)	9247	—	—	9957	1887	5423	—
	长期负债(万元)	7276	—	—	7373		249	—
果洛州	企业单位数(个)	17	0	0	1	0	0	0
	亏损企业(个)	6	0	0	1	0	0	0
	亏损总额(万元)	491	—	—	33	—	—	—
	利润总额(万元)	−458	—	—	−33	—	—	—
	流动负债(万元)	1886	—	—	314			
	长期负债(万元)	3612	—		—	—	—	—
玉树州	企业单位数(个)	21	1	2	0	0	0	0
	亏损企业(个)	8	0	1	0	0	0	0
	亏损总额(万元)	103		3				
	利润总额(万元)	−64	—	−3	—	—	—	—
	流动负债(万元)	3503	—	11				
	长期负债(万元)	977	—		—	—	—	—

续表

指标	国有控股企业	集体企业	股份合作企业	有限责任公司	股份有限公司	私营企业	涉外企业
企业单位数(个)	41	1	6	17	0	23	5
亏损企业(个)	20	1	3	5	0	12	0
亏损总额(万元)	66020	185	54	1720	—	9514	—
利润总额(万元)	+241602	-185	+605	+54008	—	-7002	+49677
流动负债(万元)	938011	4089	3397	142273	—	83882	203112
长期负债(万元)	464184	1662	648	153727	—	5207	34404

（海西州）

资料来源:2005年《青海省统计年鉴》,中国统计出版社2005年版。

　　新疆、宁夏、内蒙和甘肃的民族地区的企业格局和青海省很相似,不同的是这些地区的中小企业不是与国有及国有控股的大中型企业联系紧密,而是与当地的个体商业活动紧密相依,中小企业对本地市场的占有份额主要是作为同行业的个体经营户的"批发商"体现出来的。在中小企业发展的推动下,当地个体小商品经济一般都比较繁荣(见表19、表20),个体经济是拉动当地中小企业内需和增长的基本推动力,是连接中小企业与消费市场的中坚环节。正是由于国有及国家控股大、中型企业不参与当地市场的竞争,造成了一个相对短缺的区域市场,私营中小企业的规模体现出一种生产力不足的局面。我们在甘肃西部、新疆、内蒙西部和宁夏考察当地中小企业时,近90%的中小企业对我们关于企业盈利状况调查的回答是肯定的,但涉及产品销路时,绝大多数企业的产品主要销往当地市场,远一点的也不会超出西北地区。

(五)中小企业整体融资环境差

　　在前面,我们提到一个重要观点,认为西部民族地区中小企业发展目前还处于量的积累阶段,依托廉价原材料和有限的本地市场及中小企业的生产力不足和生产相对过剩同时并存的状况,使得中小企业的资金需求不旺,得出以下结论:西部民族地区中小企业的资金短缺是一种相对短缺,不同于中、东部地区中小企业的绝对资金短缺。西部民族地区中小企业的资金需求不旺,主要是由交通不便、运输困难、人口稀少限制市场发育和难以形成规模消费市场导致的,而这一切反过来限制了中小企业的规模扩展空间。西部民族地区的中小企业根本上是一种在小农经济和小商品经济条件和观念下成长起来的本地市场企业。西部民族地区的中小企业资金需求不旺,并不等于说这些地区中小企业的融资环境好。恰恰相反,西部民族地区中小企业发展面临融资环境差的困扰。

西部民族地区中小企业整体融资环境差主要是针对西部民族地区成长型中小企业而言的。截至 2004 年年底,我国共有成长型中小企业 16958 家,占全部中小企业的 0.062% ,资产总额比重和销售收入比重均达 10% ;2004 年我国所有中小企业中,亏损中小企业 57691 家,亏损面为 21.1% ,亏损额达 1416.57 亿元;盈亏相抵后的实际利润总额为 6426.52 亿元,其中成长型中小企业的利润总额为 787.57 亿元,所占比重为 12.3% ,成长型中小企业是中小企业的生力军。成长型中小企业是指在较长时期内,具有持续挖掘未利用资源的能力,不同程度地表现出整体扩张的态势,未来发展预期良好的中小企业。2004 年全部成长型中小企业中,东部地区 12273 家,中部地区 2742 家,西部地区 1943 家;地区间的差异比为 6.3∶1.4∶1。从 1999 年到 2004 年,东部地区成长型中小企业的各项指标变化不明显,而西部地区中小企业的发展最为迅猛。西部地区成长型中小企业的销售额占全部成长型中小企业比重的 60.13% ,利润额所占比重增长 111% ,资产比重增长了 60.67% 。① 在这种情况下,西部地区中小企业发展面临的主要问题是集中力量培育成长型中小企业的涌现和成长,加大对成长型中小企业的扶持力度。

我们之所以将西部民族地区中小企业的整体融资环境差,归结为当地成长型中小企业融资难以得到满足,主要是因为根据我们对西部民族地区中小企业发展状况的调查发现西部民族地区中小企业的资金短缺是一种相对短缺,一般中小企业对资金的需求不旺,但是成长型中小企业的融资渠道

---

① 国家发展改革委中小企业司:《2005 年中国成长型中小企业发展报告——中小企业暨非公有制经济生产经营信息快报》之八,北京·《2005 年中国成长型中小企业发展报告简报》,2006 年第 14 期(总 275 期)。

狭窄、获得贷款支持困难。我们在西部民族地区进行中小企业情况调查时发现,西南五省市区民族地区的中小企业普遍存在负债经营(见表8),样本调查的平均负债率为46.75%,负债期限多为1年以内的流动资金短期负债,大部分中小企业的固定资产主要依靠自有资金运作(见表9)。西北六省区民族地区除内蒙古中东部地区以外,其他民族地区负债经营的中小企业主要是国有及国有控股中型企业,行业分布上主要是国有及国有控股中型工业企业,非国有控股中小企业(包括港、澳、台商投资企业、外商投资企业、外资企业、一般有限责任公司、一般股份有限责任公司、股份合作企业、集体企业、联营企业、私营企业和其他企业)负债经营的,所负之债主要是短期流动债。我们就以青海省六个自治州工业企业负债为例来说明这个问题(见表40)。青海省六个自治州国有控股工业企业109家,流动负债98.04亿元,平均流动负债8994.7万元,长期负债49.9亿元,平均长期负债4582.1万元。非国有控股中小企业125家,流动负债17.1亿元,平均流动负债1369.0万元,长期负债3.4亿元,平均长期负债269.4万元。国有控股企业短期负债是非国有控股中小企业的6.6倍,长期负债是非国有控股中小企业的17倍。可见,非国有企业及非国有控股中小企业的长期负债额度是很低的,如果用赢利冲抵,赢利远大于负债。这说明非国有控股中小企业主要靠自有资金运作,从另一面也反映了非国有控股企业取得贷款较国有企业和国有控股企业困难得多。

(六)中小企业内部治理结构不规范

1993年以来,国家先后颁布了《中华人民共和国公司法》(以下简称《公司法》)、《中华人民共和国合伙企业法》(以下简称《合伙企业法》)、《中华人民共和国个人独资企业法》(以下简称《个人独资企业法》),对公司、合伙企业、个人独资企业的内部治理结构作出了规定。此后1999年、2004年、2005年先后三次对《公司法》进行了修订,2006年对《合伙企业法》进行了修订,使得法律对公司、合伙企业内部治理结构的规定更加完善、具体。应当说,我国现行的《个人独资企业法》、《合伙企业法》和《公司法》是国家在接受西方市场经济发达国家成功规范市场经济的企业立法经验的基础上制定的,其理论上的科学性、合理性是不容置疑的。按照这样的企业制度规范和理念衡量,我国现阶段西部民族地区中小企业的内部治理结构是很不规范的。

首先,西部民族地区中小企业中假"公司"泛滥。我们在西北六省区民族地区进行中小企业调查时发现,许多实质上属于个人独资企业或合伙企业的中小企业被登记为有限责任公司,许多主体、资金规模等未达到股份有限责任公司要求的企业被登记为股份有限责任公司。造成假"公司"泛滥的原因有以下几点:(1)当地政府为了完成上级政府确定的现代企业制度改制目标,将"公司"数量作为向上级政府部门邀功的政绩指标,盲目将许多个人独资企业和合伙企业、承包经营的集体企业和国有企业挂上"公司"的招牌。(2)当地政府主管部门不懂得个人独资企业、合伙企业和公司的法律区别,无限放大公司制的含义,把现代企业制度和公司制画等号,在党和国家建立现代企业制度的政策倡导下,将当地企业全部套用公司制标准进行改制,把够条件或不够条件的个人独资企业、合伙企业,甚至一部分个体经营户全部改建并登记为有限责任公司或股份有限责任公司,而轻视或忽视公司的财务会计制度建制。(3)当地政府部门为了尽快推进和完成当地企业的"公司制"改革,对公司企业实行特殊的财政、税收、信贷等政策支持,这激起了许多个体经营户、个人独资企业、合伙企业改建"公司"的"热情",出现许多"空挂"股东组成的"公司"。(4)在2006年《合伙企业法》修订以前,我国不承认有限合伙,个人独资企业和合伙企业的投资人承担无限责任,加之市场不成熟、不完善,投资存在着很高的市场风险和道德风险,更有一些投资者受投机心理左右,所以许多投资设立企业的经营者出于规避经营风险和逃避法律责任的目的,热衷于设立公司。(5)在2005年《公司法》修订前,只允许设立2人以上的公司,除国有独资公司外,不允许设立一人有限责任公司,这样堵住了个人独资企业改建为公司的路径。许多投资者在规避市场风险、逃避无限责任和享受当地政府给予公司的特殊优惠政策的共同促动下,以自己出资、他人挂名的方式"拉股东"设立公司。通过以上方式设立的有限责任公司,在西北六省区民族地区中小企业中要占到差不多七成。西部民族地区中小企业的企业名称与其承担责任的形式、从事营业的范围不相符,是一种普遍存在的现象。在我们前面提到过的甘肃阿克塞哈萨克族自治县,170 多家石棉矿中小企业中,除一家国有控股有限责任公司外,其他所有"有限责任公司"要么是承包经营的集体企业,要么是一人独资的个人独资企业,要么是数个亲戚、朋友"共同出资"的实质上的合伙企业,没有一家企业是按照的《公司法》规定组建起来的真正意义上的有限责任公司。

其次,西部民族地区中小企业中投资人或出资人的个人财产、家庭财产和企业财产界限不清。在上面关于西部民族地区中小企业的问卷调查和实地考察资料中,我们已经提到西部民族地区中小企业中家族式企业、"家庭作坊式企业"、"夫妻店式"企业普遍存在(见表9①和前文第29~30页)。在西部民族地区,一些个人独资企业在申请登记设立时,对出资财产的归属(是个人财产还是夫妻共同财产或是家庭财产或是拥有产权的财产或是租赁财产等)登记不清,在经营过程中常常引发企业产权归属纠纷;委托经营的个人独资企业,投资人和受托人或聘用管理人之间很少签订明确的托管合同,或者托管合同约定不明,受托人或聘用人违反托管合同或违法索贿、受贿,或侵占、挪用、借贷企业财产,或擅自将企业资金以个人或他人名义开立账户存储,或者以企业财产擅自提供担保,或者未经投资人同意违反同业竞争性规定兼任与本企业属于同行业的其他企业的管理人员或与本企业进行交易,或者未经投资人同意擅自将企业的知识产权转让给他人,或者泄露本企业的商业秘密,等等;一些个人独资企业不设置会计账簿,招用职工不依法与职工签订劳动合同,随意克扣、拖欠职工工资,拒不缴纳职工社会保险费,等等。实行合伙制的企业的合伙人常常都是数个亲戚、朋友"合伙",往往出于"情面",在企业设立阶段"你我不分"、"情深义重",羞于签订产权明晰、责任明确、管理分工明细的书面合伙协议,一旦利益分配意见"不合"或不一致,甚至因各合伙人之间"脾气不合"、"气味不投",就引发"合伙人"的内部纠纷,此时没有可以确定、划分责任的依据又难以达成共识,只好通过司法程序解决(我们在调查中发现几乎所有合伙企业的内部纠纷

---

① 企业主要依靠自有资金运行的结果便是企业投资人排斥"外人"介入,缺乏外部监督机制,他人也没有进行监督的恰当理由。这促成企业向家族式、家庭作坊式转化。因此,笔者认为资金运营中自有资金占绝对优势的中小企业本质上就是家族式企业。

都通过司法程序解决），最终使"亲家"变成了"仇家"、"朋友"变成了"冤家"，甚至演化为家庭、家族之间的殴斗或流血冲突事件。正因为这样，我们在调查中发现，西部民族地区的合伙企业是"寿命"最短的企业类型，近年来合伙企业的数量呈大幅度下降趋势。一些合伙企业的合伙人为了掌控合伙企业，合伙人之间围绕合伙企业的财务管理权、企业事务执行权"拉帮结派"、"互相拆台"、"钩心斗角"；或者合伙人违反合伙协议或法律规定，随意处置合伙企业财产或越权行使合伙企业事务执行权；或者合伙人违法法律关于竞业禁止性规定，损害合伙企业或其他合伙人权利，等等。西部民族地区中小企业内部治理结构最为混乱的是实行公司制的中小企业。在西部民族地区许多实行公司制的中小企业里，尤其是那些由私营企业转轨而来的或由中小国有企业和集体企业实行拍卖、出租、出让等方式转轨而来的中小公司制企业，公司出资人的财产、出资人的家庭财产和公司财产的界限常常不清晰。具体表现在：(1)一些个人独资企业的投资人以个人独资企业的财产作为出资和他人共同设立公司。(2)一些出资人（包括个人和企业，下同）以已经设置了担保的财产作为在公司企业里的出资。(3)一些出资人将国有单位、集体所有制单位的财产当作公司企业自己的出资。(4)还有一些出资人将租赁、承包的国有财产、集体财产等不具有完全物权的财产，在没有履行相关法定程序的情况下当作在公司企业中的出资。(5)更有甚者将非法所得作为公司企业的出资。(6)正是由于公司在成立之初，公司财产存在着各种"瑕疵"，所以在公司已经登记成立后，出现"套取"银行贷款和大量"抽逃"公司资金的现象。在西部民族地区实行公司制的中小企业里负债额度居高不下，这与政府操作和企业借改制之名实施"信贷欺诈"有着直接的联系。(7)公司成立之时，各出资人没有签订有效制约各出资人行为的公司章程，经营过程中各出资人不依公司章程、公司法办事，公司管理混乱，无有效的财务控制措施。(8)公司经营管理层，尤其是公司的法定代表人一般由公司出资最多者担任，无论他（或她）有没有领导管理才能和现代企业管理理念。西部民族地区中小型公司企业的大部分管理者的文化素质都不高，以初中、高中学历者为主（见表16、表35），而且大部分到民族地区投资的私营中小"企业家"都来自于农村的汉族农民，由于受文化水平所限,他们出资设立公司后短期内很难摆脱小农意识和小商品经济观念,他们常常下意识地将公司当作自己的另一个"家",用管"家"的观念和模式管理公司,在这种传统的"家族"观念的支配下,企业尽管保持着公司的形式,但是它在实质上已经蜕化为"家族作坊"或"家政"公司。这样的企业家投资的动机一般是缘于"发现"当地市场,很少有能力"创造条件"发展和开拓"家"外市场,他们"当家"的目的除了赢利外,一般不会有社会追求。正是在这个意义上,笔者认为西部民族地区的中小企业是建立在小农经济和小商品经济及其观念支配下的本地市场企业。

最后,西部民族地区中小型公司企业的内部治理结构不完善、不规范、不科学。根据我们对西部民族地区的调查和考察,西部民族地区的中小企业已经基本完成了现代企业制度转轨,按照"谁投资、谁受益、谁负责"的原则确定企业投资人权利义务关系的制度观念已经深入人心,公司已经成为西部民族地区最为普遍的中小企业组织形式。但是,我们也不得不说,现阶段西部民族地区中小型公司企业是内部治理结构最为混乱的企业组织形式。出现这种情况的原因主要有:(1)当地政府在对原国有企业和集体企业改制公司的过程中,急于"速成",没有对原国有企业和集体企业的债权债务作出恰当处理,而是在公司管理层中"安插自己的代理人",这些"代理人"代表着政府中不同的政治势力派别,造成中小型国有独资公司和国有控股公司管理层的"政治化"①。(2)由原私营企业改建为公司的中小企业,一方面组建公司的"动机不纯"(为了逃废债务、享受政府各种优惠政策、规避市场风险等),另一方面改建过程中将原企业陈旧的家族管理模式

---

① 按照现代民主政治产生的历史源流,现代民主政治是从现代公司制度中产生的,这是近现代西方公司制和国家政治制度的一般关系。所以,现代西方国家里的各种政治派别都得以从经济实力集团中寻求其得以立足和生长发育的条件。我国的市场经济属于"后发性"的市场经济,是在国家政治、政策推动下起来的市场经济,代表国家在经济领域中的政治主导方向的国有独资公司和国有控股公司的管理者阶层,属于国家政治主导力量的代言人,他们不是在企业的经济活动中产生的经济领袖(企业家),而是国家在企业所有权转型过程中通过政治过程中产生的、在经济领域或现代企业中的政治领袖。这种企业管理层自上而下的"政治"产生模式必然会使我国国有独资公司和国有控股公司的管理层保持一种长期的"无效(无效率、无效益)期"。

和观念带进了新建的公司中,公司在开始组建时就没有建立起完善的、运作有效的内部治理机构。(3)西部民族地区中小型公司企业的管理层有"重政策、重法定、轻约定"的倾向(见表22),这与我国现阶段的国家法治环境有直接的联系。我们在调查中发现,西部民族地区的中小型公司组建过程中,出资人就轻视公司章程的作用,认为国家已经制定了"完备精致"的法律、政策,足以解决公司运行过程中遇到的任何"麻烦"! 因而,公司设立时出资人就忽视按照公司章程建立完善的法人治理结构的努力。一旦发生内部纠纷,合理理由得不到法律或政策支持,便撤资退出企业,这很大程度上动摇了公司制本身具有的稳定性和优越性。(4)在政府把现代企业制度改制作为"政绩工程"和出资人企图利用公司有限责任逃废银行债务、规避市场正常风险的推动下,一些个人独资企业、合伙企业、家族企业,甚至个体经营户被登记为有限责任公司和股份有限责任公司,使人们对企业改制的认识偏离了正确的方向,中小企业在公司制改革中忽视了建立规范、科学的法人治理结构。①

西部民族地区中小型公司企业的内部治理结构不完善、不规范、不科学主要表现在以下方面:(1)中小公司企业实行家族式管理,缺乏民主管理机制,甚至有些公司出现"一家人"执掌公司的情形。(2)中小公司企业没有建立起符合《公司法》规定的公司经营管理机构,股东权利无保障。(3)中小公司企业不定期召开股东会议、董事会议和监事会议,公司的各种机构形同虚设,董事长权利得不到及时有效的监督和制约。(4)中小公司企业的高层经营管理人员揽权争位,排除异己,不按照公司章程和法律的规定执行职务,谋取私利,损害股东权益,尤其是小股东的权利。(5)中小公司企业的董事会议、股东会议、监事会议的组成不合法,或不按照法定的或公司章程规定的议事规则作出决议,等等。我们在西部民族地区调查时发现,西部民族地区的中小型公司制企业中,很少有企业建立完备的公司治理机构,更有不少的中小企

---

① 在这方面,国有企业的公司制改革就没有为全国其他类型企业的公司制改革带好头。从上世纪90年代以来,从国有银行的股份制改造到一般国有企业的公司制改革,都实行国家以国库注入资金、核销国有企业债务的方式推进国有企业公司制改革,这使得人们将公司制改革同逃废银行债务联系到了一起,出现了目前一个积重难返的企业改革"怪现象":巨额借债企业"敲政府竹杠"。此举现在也被许多中小企业所仿效,纷纷想尽办法举债经营。

业名为"公司"实际上是个人独资企业或合伙企业,有些甚至是个体经营户。

(七)中小企业发展的社会政治和人文环境差

西部民族地区甚至说整个西部的生计方式仍然是维持在一个较低技术水平条件下的、只有一小部分人摆脱农业生产束缚的传统社会,中小企业不是生长在工业化为基础的市场经济社会里,而是附从于小农经济海洋包围的小商品经济组织。经济学中人们常常用三次产业中的工业生产总值来衡量社会的近代化水平。但是,实际上工业生产总值仅仅能够反映社会生产的工业化水平,并不能体现社会的市场化程度。因为,市场化是一个与人们的消费方式有直接联系的范畴,社会生产方式是影响市场化水平的间接因素。从这方面讲,工业化是通过消费环节与市场化联系到一起的。吉登斯认为现代工业化世界的一个显著特征就是:"大多数从业人员都在工厂、办公室、商店里工作而非从事农业生产。90%以上的人居住在城镇和都市,这里大部分人都可以找到工作,并且还创造了新的就业机会。"①与此相关的另一点意味着大部分人不是通过田间劳作获得基本生活资料,而是用挣得的工资购买生活资料,城镇工资人口创造了社会生产的最终市场——消费市场。换句话说,城乡人口比例是衡量工业生产市场化程度的基本标志。在我国西部乡村人口还远远超过城镇人口,有些地方农业生产还对工业生产、商业活动占据着绝对优势(见表41),在这样的基础上发展的工业化、企业化不会超出小商品经济的范围。

表 41 西部 11 省市区国民产值和人口结构情况

	产值结构(亿元)				人口结构(万人)	
	国民生产总值	第一产业	第二产业	第三产业	乡村人口	城镇人口
新疆	2200	445	1010	745	1273.00	690.11
西藏	211.54	43.33	57.61	110.60	219.44	54.24

---

① [英]安东尼·吉登斯,赵旭东等译:《社会学》(第四版),北京·北京大学出版社2003年版,第33页。

续表

	产值结构（亿元）				人口结构（万人）	
	国民生产总值	第一产业	第二产业	第三产业	乡村人口	城镇人口
内蒙	2712.08	506.07	1332.47	873.54	1290.9	1093.5
广西	3320.10	811.38	1288.26	1220.46	3982	901
宁夏	460.35	65.13	239.42	155.80	349.10	238.61
青海	465.73	57.81	277.06	180.86	331.09	207.51
甘肃	1558.93	281.40	758.18	519.35	1869.55	749.23
贵州	1591.90	334.11	714.66	543.13	2877.81	1025.89
云南	2959.48	604.33	1314.19	1040.96	3691.1	724.1
四川	6556.01	1394.26	2690.00	2471.75	6680.95	1914.34
重庆	2665.39	423.70	1181.24	1060.45	1565.28	1205.70

资料来源:2005年西部11省市区《统计年鉴》,中国统计出版社2005年版。

影响西部民族地区中小企业发展的第二个重要社会人文因素是西部民族地区的民族格局。与工业发展和定居生活相对应的社会生活方式是非个人化和匿名化,宽松的户口登记管理、户籍非地域化和迁徙自由是其显著特征,而且人们日常交往的对象也不是熟人而是陌生人,各种社会组织开始切实影响着每个人的生活。然而,我国西部民族地区的中小企业却远没有得到这种商业化社会带来的支持和便利。一方面"族群"与"地域"挂钩的民族区域自治政策强化了族群之间的"界限",使少数民族"自治权力"制度化的同时也使得民族之间的生计方式"族群化"。譬如,新疆维吾尔族主要从事绿洲农业,偶尔兼营个体小商业;居住在全国各地的回族主要从事个体餐饮业,西部地区的回族也有从事个体小商业的;居住在西北地区的哈萨克族则一直过着牧业生活,即使政府为其在城镇修建安居住宅也不改变这种生活方式……民族区域自治制度确实在客观上起到了使西部民族地区"族群"成员之间的界限趋于"清晰化"和强固"族群"成员之间事实上的不平等状况延续的作用,阻碍了西部民族地区工业化、市场化、城市化的进程。[1]

---

① 马戎:《民族社会学——社会学的族群关系研究》,北京·北京大学出版社2004年版,第517~518页。

这种西部民族地区不同"族群"之间的疏离状态,使各个"族群"成员的生活交往主要局限于有着共同经济生活的本民族成员之间,不利于当地形成与工业化、市场经济相适应的"民族"共同体和"民族"共同市场。① 民族地区的工业化、城镇化、市场化很难突破生活在同一地域范围但没有共同经济生活的"族群差序",使工业化在不断重复的小农经济和简单小商品经济基础上有增长而没有发展。另一方面西部民族地区的中小企业发展与当地少数民族(包括自治民族)的社会生活呈一种"背离"②状态。我们在西部民族地区调查时发现,西部民族地区的中小工业企业基本上都是汉族创办的,其他民族(即使是民族自治地方实行自治的民族)很少投资于工业;其他行业的中小企业中,不同民族也很少存在"共事"同一个企业的现象,尤其在企业的管理层。

西部民族地区的城市化水平是影响当地中小企业发展的另一个重要因素。"所有现代工业社会都是高度城市化的社会。"③工业化的实际组织力量是各种各样的、大大小小的企业。而企业的发展机会主要是由人口集中度比较高的城镇和城镇人口创造的。近现代社会形成了各种城市化理论,有生态城市论④、"生活方式"城市论⑤、人造环境论(包括空间重构论和社

---

① 安东尼·吉登斯,赵旭东等译:《社会学》(第四版),北京·北京大学出版社2003年版,第34页。

② "背离"是指我国西部民族地区少数民族和当地居住的汉族之间以及各少数民族之间因为社会经济生活的差异而彼此对对方民族生活方式的拒绝、排斥。

③ [英]安东尼·吉登斯,赵旭东等译:《社会学》(第四版),北京·北京大学出版社2003年版,第546页。

④ "生态城市论"是美国芝加哥学派城市社会学理论的代表人物罗伯特·帕克创立的理论。该理论认为城市的发展遵循自然规律;城市是一个通过竞争、入侵以及交替过程,挑选出最适应环境的人,组成一个有序的"自然区域"。城市的定居、活动、迁移以及居民的谋生针对环境变化随时作出适应性调整,而不同的街区就是在这样的过程中发展起来的。

⑤ "生活方式"城市论是由美国芝加哥学派的另一位城市社会学理论家路易斯·沃尔斯创立的。该理论认为城市化是一种现代人不同于传统农村村落空间的生活方式,人们的流动性强、联系非常弱、生活节奏快、竞争比合作普遍、生活的社会化程度更高、人们的日常接触非个人化或匿名化等是现代城市的显著特点。

会运动论)①,我们在这里需要论述的是我国西部民族地区中小企业的发展与城市化的关系,即我们是从城市作为中小企业生产的产品或提供的服务的集体消费单元的侧面来讨论的,主要考虑城市的经济影响而不考察城市的环境挑战、政治意义和社会影响。我国西部民族地区有城市 636 个,总人口 16287.3 万人。其中,乡村人口 12306.6 万人,占 75.6%;城镇人口 3980.7万人,占 24.4%。(见表 42、表 43)这说明我国西部民族地区城市化的水平还很低,城市消费市场仅占到民族地区消费市场的 24.4%,也就是说仅仅企业生产的产品和提供服务的 24.4%能够被当地的消费市场所消化。

表 42　西部民族地区城市数量和乡村、城镇人口比例

	城市数量（个）	总人口（万人）	乡村人口		城镇人口	
			人口（万人）	百分比（%）	人口（万人）	百分比（%）
新疆	99	1963.1	1273.0	64.8	690.1	35.2
西藏	73	273.7	219.5	80.2	54.2	19.8
内蒙	101	2384.4	1290.9	54.1	1093.5	45.9
广西	109	4883.0	3982.0	81.5	901.0	18.5
宁夏	21	587.7	349.1	59.4	238.6	40.6
青海	35	318.7	254.6	79.9	64.1	10.4
甘肃	21	319.3	275.1	86.2	44.2	13.8
贵州	46	2714.6	2404.6	88.6	310.0	11.4
云南	76	2108.4	1648.0	78.2	460.4	21.8
四川	51	484.6	387.4	79.9	97.2	10.1
重庆	4	249.8	222.4	89.0	27.4	11.0
总计	636	16287.3	12306.6	75.6	3980.7	24.4

注:①资料来源于 2005 年西部 11 省市区《统计年鉴》,中国统计出版社 2005 年版;
　　②已经在自治州下计算过人口的民族自治县,不再在单列自治县下重复计算人口。

---

①　"人造环境论"有两种流派。一是大卫·哈维的"空间重构论",认为城市化是由工业资本主义的扩张所创造的人造环境的一个方面,工业化是催生城市空间的根本力量,工业模糊了城市和乡村的界限,缩小了城市和乡村居民之间在社会生活方式上的差异,现代城市化就是在工业化推动下不断地重构着人们的生存空间的过程。二是曼纽尔·卡斯特尔的"社会运动论",认为社会的空间形式是和它的整体发展机制紧密联系在一起的,城市环境反映了社会中不同群体之间的斗争和冲突,是更广大的社会力量的符号和象征,城市区域同时也是集体消费过程的一个组成部分,这个过程又是工业资本主义一个内在的方面。

表43 西部11个省级行政区域民族地区城市分布情况 （单位:个）

	总计	市辖区	县级市	县(含旗)	自治县(含自治旗)
新疆	99	11	20	62	6
西藏	73	1	1	71	—
内蒙	101	21	11	66	3
广西	109	34	7	56	12
宁夏	21	8	2	11	—
青海	35	—	2	26	7
甘肃	21	2	2	12	7
贵州	46	—	4	31	11
云南	76	—	7	40	29
四川	51	—	1	46	4
重庆	4	—	—	—	4

注:资料来源于2005年西部11省市区《统计年鉴》,中国统计出版社2005年版。

　　西部民族地区的中小企业基本上都集中在这636座大大小小的城市里。近年来,越来越多的没有技术的农村劳动力涌入西部民族地区的城市里,其中大多数被当地中小企业所吸收。他们应当是西部民族地区城市化的新生力量,当地的中小企业成为流入当地城市的非当地人口得以生存下来的条件。然而,当地中小企业低效率的生产方式支配的劳动力的数量远远高于大型企业,而创造的GDP则远远低于他所占用的劳动力比例。因此,中小企业就业的劳动力(主要是外来农民工)成为当地收入最低的群体。反过来,数量庞大的消费不足的中小企业就业者队伍和当地数量占绝对优势的小农经济人口共同成为阻碍当地中小企业发展和市场化、工业化、城市化的最大力量。

　　再者,在我国西部民族地区,中小企业面临着"双重"边缘化挑战。一方面,从中小企业是民族地区政府财政收入的主要来源、吸纳社会劳动力的主渠道、促进当地企业技术进步和创新的主战场角度讲,当地政府部门应当积极采取措施扶持、促进中小企业的发展。然而,目前国家经济体制和政治体制改革则要求政府转变职能,减少对企业的干预或减轻政府对企业的直接责任和义务。从中小企业的角度上讲,政府部门正从企业行为的中心走向"边缘"。另一方面,在整个社会转轨过程中,政府部门将自己对发展当地企业的责任重心转向了数家国有或国有控股大型企业,中小企业离国家和当地政府的政策中心越来越远。由于政府部门撤出企业直接管理领域,而相应的社会中介职能组织又没能及时地建立起来实现"补缺",由此导致了四个后果:一是西部民族地区中小企业的经营与发展环境急剧恶化,市场竞争无序、假冒伪劣产品充斥市场,市场发育程度低;二是中小企业信用环境退化,中小企业之间相互拖欠账款,借公司制改革或通过企业资产重组、分立、破产、租赁、合资经营等名义逃废银行债务,使当地中小企业陷入信用危机;三是政府部门借职能转化之机,对中小企业在税外征收各种名目的费用,政府部门的管理职能弱化了,收费税收职能强化了而服务职能却没有跟上来;四是为中小企业提供各种中介服务的社会化服务体系没有建立起来,中介收费不规范、无法无据情况严重。

第五章　西部民族地区中小企业
发展现状分析(下)

——"内卷化"现象

近几年来,关于我国中小企业发展的大量研究,一再向我们证明了我国中小企业面临的各种困境。"1999 年我国中小企业亏损率为 66% ,只有1/3 的中小企业盈利,其资产报酬率仅为大企业的 70% ,资金利润率仅为大企业的 60% 。"①西部民族地区中小企业和全国中小企业一样面临着资金短缺、市场和信用环境差、社会化服务体系不健全等共性问题,但由于西部民族地区特殊的地缘、民族结构、经济发展条件等,当地中小企业发展中也存在着一些特殊的问题:费孝通先生所说的"差序格局"同样存在于西部民族地区的中小企业中;企业文化在西部民族地区的发展推进了当地的市场和经济一体化进程的同时,也加深了当地少数民族经济文化类型与市场经济文化类型的矛盾冲突及原有的"族群分层"。就企业文化和少数民族自身对现代社会经济生活的适应性来看,西部民族地区中小企业发展和少数民族实际生存能力发展具有明显的"内卷化"特点。

一、民族性和非民族性的缠绕和强化着的"族群分层"

西部民族地区中小企业发展的民族性表现为两个相互"背离"的方面:

---

① 　林汉川:《中国中小企业发展机制研究》,北京·商务印书馆 2003 年版,第 118 页。

一是中小企业区域意义和民族意义的紧张冲突。二是西部民族地区中小企业的发展实际上是在西部少数民族地区汉族经济文化中的发展,起着强化当地"族际分层"的作用,西部民族地区中小企业的发展带有深深的汉族化特征。

(一)企业的区域性和民族性

西部民族地区的中小企业是指在地理位置上位于西部民族地区的中小企业,区域性和民族性是相通的。这种特征表现了当地中小企业的发展与我国民族区域自治制度和政策的一致性。促进西部民族地区中小企业发展的政治和政策意义是很明显的:(1)促进西部民族地区中小企业的发展是我国民族区域自治制度和政策的体现。(2)发展西部民族地区中小企业,有利于实现汉族和少数民族的平等,有利于巩固西部各民族的团结,有利于维持西部边疆地区的稳定。(3)西部民族地区中小企业是西部民族地区社会经济的重要组成部分,发展西部民族地区的中小企业有助于消除西部少数民族地区和汉族地区之间、汉族和少数民族之间存在的"事实上"的差距,有利于促进西部各民族的共同繁荣。(4)只有发展西部民族地区的中小企业,才能从真正意义上促进西部民族地区实现工业化、城市化、现代化,最大限度地促进西部民族地区和谐社会建设,从根本上消除"族群分层",实现西部各民族"事实上的平等"。

然而,民族区域自治政策只有把经济生活纳入政治轨道——计划经济模式——才能实现政治目标和经济目标的契合,也才能够实现区域政策和民族政策的一致。市场经济和企业文化主导的经济生活在民族地区的普及,首先瓦解了政策与经济基于政治需要的"同盟"关系,客观上侵蚀了国家生活和社会生活的"自然"联系,民族政策的区域性(目标)和民族(实际上是族群)性(目标)的天然(经济)联系被割断并发生错置。发生这种近乎"头足倒置"转变的根本就在于宪法对私法制度的承认,使抽象的"民族"被市场和商品具体、肢解、剥离、还原出鲜活的个体生命——自然人。这样,民族身份客观上被分解成三种法定存在形式:作为生命个体的法律形式——自然人、作为对国家承担政治忠诚义务的公法法律形式——公民、作为承载特定时期国家政治职能的政策形式——族别。与宪法上的公民相对的是私法上的自然人;公民的族别身份本身不具有法律和市场意义,它只有在特殊意义下,譬如从国家实现社会财富分配公平的角度,才进入国家法律的范围。这就是说,从主流经济形态来讲,国家旨在实现民族平等、民族团结和扶持少数民族发展的民族政策只有在具体化为自然人利益并同私法制度相一致的情况下,才不至于变成一种"摆设"。这种西部民族地区企业生存状态中的区域性(非民族性)和族群性(民族性)的"二元"化现象,要求我们不仅仅把民族政策当作区域政策来执行,有利于民族地区社会和谐发展和各族群共同繁荣的企业文化要求将族群政策纳入企业制度。

(二)企业中的"族群"和"族群"企业

市场经济和企业文化作为一种国家政策上的主导生活方式在西部民族地区已经推行了近20年了,但国家的民族区域自治政策从1949年《共同纲领》以来就没有作过实质调整,包括1984年颁布并于2001年修订的《民族区域自治法》,即使2005年国务院颁布的《国务院实施〈中华人民共和国民族区域自治法〉若干规定》也还是将民族政策当作区域政策规定和执行,没有丝毫增加适应市场经济的新内容。民族区域自治政策与商品、市场经济形态以及已经确立并广泛调整渗透到民族地区社会生活的社会关系的私法制度的"隔绝"、"漠视"、"背离"、"冲突",随着民族地区企业制度和企业文化的发展尤其是近20年来客观上起着强化当地"族际分层"的作用,西部民族地区社会经济的发展带有深深的汉族化特征。这主要表现为以下几个方面:(1)在我国西部民族地区的企业,尤其是中小工业企业,主要是由外来的汉族人和当地的汉族人投资创办的,民族地区的少数民族在主流经济生活方式中日益被"边缘化"了。(2)我国西部民族地区自治的、非自治的民族固守传统的生计方式,拒斥工业化和企业化组织生产的方式,强化了当地主流经济生活的"汉族化"。(3)正是由于西部民族地区中小企业的"汉族化"和当地少数民族对现代工业、企业生产方式的排斥,使得西部民族地区的企业发展没有起到促进当地社会经济文化现代化的作用,反而使西部民族地区的"族群"界限更加明晰化了,尤其是加深了当地汉族和其他少数民族的"族群"界限。(4)这种"族群"之间对现代工业和企业组织形式的不同态度和接受程度,又使得西部民族地区的"族群分层"表现为相对于现代工业化和现代企业组织生产方式的"先进族群"和"落后族群"的"社会分层",在西部民族地区的贫困人口逐步向少数民族堆积,当地人口的贫富差距日益表现为"民族分层"。(5)由于在西部民族地区存在着劳动力产业结构、职业结构的"民族差别",所以西部民族地区中小企业发展过程中存在着一种"族群主义"倾向,尽管中小企业主要以当地市场为对象,但是无法形成一个区域"共同"市场。(6)西部民族地区复杂的民族结构和民族间存在的"天然差别"在以工业化为核心的、以企业化为主要组织形式的现代化过程中没有逐步得到简化、弱化,反而变得更为复杂,更加得到了加强。总之,在普适性企业制度和现行民族政策的预设背景下,中小企业在西部民族地区的发展实质上是西部少数民族地区汉族经济文化的发展,起着强化当地"族际分层"的作用。

二、中小企业治理结构中的"差序"

我们在调查中发现,费孝通先生所讲的"差序格局"不仅存在于个体当中,而且也存在于不同民族之间。西部民族地区中小企业治理结构中同样存在着"族群"差序格局。西部民族地区中小企业中存在的"族群"差序格局是导致西部民族地区企业文化主流背景下,社会经济总量和生活水平有增长而经济发展水平和少数民族"族群"的生存能力无发展的深层原因。

(一)差序格局

所谓差序格局就是只以"自我"为中心根据亲疏远近的血缘、地缘等关系构成的社会结构格局。① 在这种格局中,人们之间的关系就如同"把一个石头丢在水面上所产生的一圈圈推出去的波纹。每个人都是他社会影响所

---

① 费孝通:《乡土中国 生育制度》,北京·北京大学出版社1998年版,第24—36页。

推出去的圈子的中心。被圈子的波纹所推及的就发生联系。"①在这种社会结构关系中,血缘、地缘(而不是权利)都可能成为确定与"我"关系亲疏的依据,而亲疏关系(以"我"为中心的社会关系)就表现为层次不同的"差序"。

(二)企业文明和民族文化的"未整合状态"

在西部民族地区,中小企业发展中的"族群"差序本质上是民族地区整体上的企业文明和当地的民族文化"未整合状态"的表现,反映了中小企业与当地少数民族传统生计方式的不协调。其中的原因总结起来有两方面,一是国家民族政策在整个社会配置资源的方式发生根本性改变后没有适时调整,民族政策跟社会经济生产方式不相适应和不相协调;二是当地少数民族文化——主要是社会生活方式在主流经济文化类型发生根本性变革后不能适时调整,少数族群的社会生活方式主要是生活观念与主流社会生活方式(生存方式)不相适应和不相协调。

西部民族地区企业文明和当地民族文化的"未整合状态"、中小企业与当地少数民族传统生计方式的不协调具体体现在以下几个方面:(1)当地的中小企业带有鲜明的"民族身份",企业的投资人或出资人以"自我"的"民族身份"组建选择企业的管理层和招用工人。(2)企业中层管理人员和雇佣人员对企业的高层管理人员(尤其是企业的法定代表人)、投资人带有明显的"民族身份"认同偏见。(3)政府部门或银行、保险公司等社会商业团体和非商业团体及作为交易相对人、债权人的公民个人总是有意无意用"民族身份"实施价值判断,决定自己的商业的、非商业的行为。(4)在同一个企业里共事的不同民族身份的成员之间存在着"民族疏离感"和信任度差,形成了各种以企业中"实力派"为中心的"族群宗派"。

西部民族地区中小企业发展中的"族群"差序导致了西部民族地区民族关系在合法、合理范围内的"疏离",拉大了工业化民族和非工业化民族之间的距离。即便如此,民族地区社会经济生活、社会谋生方式中普遍存在

---

① 费孝通:《乡土中国　生育制度》,北京·北京大学出版社1998年版,第26页。

的差序格局并不与国家的民族政策和民族区域自治制度发生形式上的冲突:民族之间对彼此事业的冷漠并不影响国家民族区域自治政策和法律的执行,并不违反民族平等的法律原则,对"异族人"创办的企业保持距离、实行"非暴力"不合作,并不为维护民族团结的法律所禁止;保持对本民族人创办事业的同情、热情和支持,维护本民族传统生计方式,不应当受到任何道德上的非难。但是,这种民族差序格局影响了西部民族地区少数民族的文明和进步。我们在新疆考察时发现,维吾尔族从公元 840 年西迁,由游牧社会转变为农耕兼畜牧、狩猎、小商业社会以来,历经近 1200 年,其社会生活方式没有根本变化。近年来,尽管新疆工业文明已经取得了飞速发展,各类大中小型企业 50 多万家,但是维吾尔族仍然主要从事着绿洲农业和小商业(大部分为个体经营),很少有维吾尔族人单独或与外来汉族人共同投资创办工业企业。而至今为止,在新疆的哈萨克族、柯尔克孜族,内蒙的鄂伦春族人、鄂温克族人,还有西藏、青海、甘肃、四川等地的藏族人等,都耻于经商,羞于经商,认为经商是低贱的,做买卖赚钱是不道德、不光彩的,更不用说投资于企业了。这种族群差序不仅在拉大着东西部的差距,而且也在不断地加大着西部民族地区汉族和其他少数民族的贫富差距。

(三)少数"族群"的"轻商""重农"观念

西部民族地区少数族群对企业文明的"非合作"或"消极抵制"首先表现为少数"族群"的"轻商"、"轻工"、"重农"观念。何星亮将西部少数民族的传统文化模式和现代文化模式的冲突归结为观念冲突。① 这一点通过我们的调查也得到了证实:(1)商品意识差。封闭、单一的自然经济局限,使西部民族地区没有形成过真正的商品经济。许多少数民族至今仍然遵循以物易物的陈规,一些少数民族,如哈萨克族、柯尔克孜族、藏族、鄂伦春族、鄂温克族等都认为做买卖赚钱是不道德、不光彩的事情,很少有人投资传统大农业之外的行业。我们在新疆哈萨克族民族自治地方考察时发现,哈萨克族除了从事畜牧业外,几乎不从事其他任何产业活动,近几年有些哈萨克族

---

① 何星亮:《新疆民族传统社会与文化》,北京·商务印书馆 2003 年版,第 452 页。

人有了投资于工业、小商业的愿望,但行动却很弱。(2)竞争意识淡薄。西部民族地区是从 20 世纪 50 年代的土地改革运动中逐步从参差不齐的社会制度一下子过渡到无剥削、无阶级的"一大二公三统四平"的社会主义时代的,而且是无竞争的计划经济时代。西部民族地区发生在 20 世纪 50 年代的社会主义革命是在那些曾处于并保留着大量原始公社制的、奴隶制的、封建农奴制的、游牧宗法封建制的、封建领主制的或封建地主制的残余的少数民族人民毫无思想准备的情况下进行的一场社会革命,人民很容易将萌动于内心世界的那种原始的纯朴观念当作一种现实来构建。因而,我国那些没有经历"近代化洗礼"的西部少数民族地区生活的人民,无论是汉族人民还是少数民族人民,都更多地保留了一种"与世无争、知足常乐"的心态。(3)依赖意识强。依赖"天"或"天意",是西部民族地区传统的游牧或山地旱作或灌溉农业的产物。"天"即是自然、自然规律,靠天吃饭这是游牧生活、农业定居生活的基本定则。自然之天不能解决的问题只能指望社会之"天"了。于是,游牧生活和农业定居生活有了第二个依靠对象,即国家。在封建时代及之前,西部民族地区生活的少数族群主要通过有组织的政权到汉族居住地区进行掠夺或与汉族进行贸易来补济自然之天之不足,到了近代中国和西方列强的对抗时代中,"中华民族"成为一个自觉的民族实体以后,西部民族地区被完全纳入中央政权的社会之"天"的周济大麾之下。新中国实行民族区域自治政策,又加上国家长期实行计划经济,使西部民族地区的"等、靠、要"思想、"官本位"观念进一步得到强化。一些民族地区争当"贫困县",某些省级领导在公开场合直接对党员干部发出号召"要坚决保住某某地区某某几个贫困县的帽子,这是我们宝贵的财富"。西部民族地区普遍存在着"官本位"观念,在西北一些少数民族地区有一幅描述当地"官本位"思想和滥用民族关系解决个人利益纷争的戏联,很能说明这个问题:"家事村事邻里事事事找领导、风声雨声牛叫声声声民族声"。现在,西部民族地区对国家的依赖意识比以前任何时代都更甚,像任何一种人类的生产方式一样,社会制度的设计也会产生副产品,这些现象也都是国家实行民族区域政策产生的"副产品"。(4)积累和再生产意识差。何星亮在《新疆民族传统社会与文化》附录三"从人类学观点看西部的发展"中关于"传统文化模式与现代文化模式"一节对西部民族地区一些民族价值观念的精彩描述,也是我们在调查中经常遇到、看到的事:"西部地区牧区作价归户以来,牧民的牲畜头数迅速增加,但牧民真富起来的并不多。不少家庭有温饱就心满意足了,不思积蓄,不求发展。他们不是把剩余的资金用于积累和扩大再生产,而是花在送礼、喝酒、奢办婚丧嫁娶等活动上。不少人一旦手中有钱,便买酒畅饮;一旦有客人到来,便宰羊招待。不少人在婚丧喜庆中互相攀比,大吃大喝之风愈演愈烈,有些人一年辛勤劳动成果有很大部分花在炫耀性的浪费上,用于人情应酬上。若有谁家喜庆宴客,不待主人邀请,平时也不管是否与主人认识,自己就去。过往路人往往也应邀入席,共同吃喝,一视同仁……这种'穷大方'、'穷体面'、'比排场'的做法,过多地消耗了不太丰富的社会财富,制约了扩大再生产的能力,严重影响了人们生活水平的提高,阻碍了社会经济的发展。"①这种情形在西部少数民族中很普遍,在一些少数民族中,出嫁姑娘可能会将父母从一个小康之家一下拉入贫困境地;在有些民族地区一场白事下来,可能会耗尽一个家庭所有的资财。

三、中小企业"发展"中的"内卷化"

在西部民族地区,民族身份关系成为决定人们对中小企业态度的第一个标尺。民族地区及当地中小企业里存在的"族群"差序格局导致西部民族地区中小企业发展过程中的"内卷化"现象。"内卷化(involution)"是美国人类学家吉尔茨在研究爪哇水稻农业时提出的。它用来描述殖民地时期爪哇农业生产长期以来未曾发展,只是不断重复简单再生产的社会经济存在状态,包含着内卷、内缠以及倒退、复旧之意。后来,英国著名汉学家黄宗智在《华北的小农经济与社会变迁》中借用"内卷化"的概念来研究中国小农经济,提出了"过密型商品化"的概念。20 世纪 90 年代,美国学者杜赞奇借用"内卷化"概念来描述 20 世纪前半期中国国家政权的扩展及其现代化

---

① 何星亮:《新疆民族传统社会与文化》,北京·商务印书馆 2003 年版,第 455 页。

过程,在 1996 年出版的《文化、权力与国家》一书中,提出了"国家政权的内卷化"。据我们考察,在我国西部民族地区的中小企业发展和工业化过程中也存在着"内卷化"现象。

(一)数量有增长而质量不高

改革开放以来,西部民族地区中小企业的数量有较大幅度增长,但质量不高,规模都比较小。从 1999 年至 2004 年,是西部地区中小企业发展最为迅猛的时期,中小企业的数量每年以 15% 左右的速度增加。但从中小企业的质量方面讲,情况则完全不同。譬如,新疆地区与 2001 年相比,企业法人单位数 2.86 万个,增加 3834 个,增长了 15.5%。但是,同一时期国有企业、国有联营企业、国有独资公司共减少 2839 个,下降 48.9%,改制后保留大型国有企业、国有联营企业、国有独资公司 123 家;集体企业、集体联营企业、股份合作企业共减少 2594 个,下降 56.5%,改制后保留集体企业、集体联营企业、股份合作企业 1996 家。在这"一增两减"之间,增加的 1858 个有限责任公司、股份有限公司(共 5099 个,增长 57.3%)实际上主要是国有、集体企业改制转轨后的企业,并非真正的"新设"企业。真正在数量上有增加的是私营企业,2004 年有 18151 个,增加 7335 个,增长 67.8%。但是,私营企业的规模都比较小,平均实收资本仅仅有 180 万元左右。相反,外商投资企业的比例在下降。2004 年,港澳台商投资企业和外商投资企业 216 个,减少 14 个,下降 6.1%。更为重要的是全疆从业人数在 50 人以上的企业不到 1300 家,还不到各类企业总数的 10%;10 人以下的微型企业的数量则达到近 9000 多家,占到全部企业数的 55% 左右。全疆广义上的中小企业有 50 多万家,而成长型中小企业仅有 100 多家。这就说从资金规模、吸收社会剩余劳动力的能力、成长状况等方面看,企业数量增减与企业经营质量并非正相关关系。

(二)增长的极限

西部民族地区中小企业发展受脆弱的生态环境的制约,中小企业增长的极限线极低。改革开放以来,西部民族地区成长比较好的、能够持续经营的中小企业大部分属于工业企业。《2005 年中国成长型中小企业发展报告》中提到的 2004 年西部 1943 家成长型中小企业中,大部分属于中小工业企业,而列入全国 500 强的 49 家西部中小企业全部都是中小工业企业,而且主要是自然资源开采、开发(采掘)业工业企业。中小工业企业在西部民族地区的增长推进了当地民族地区的社会经济的发展,但是与当地少数民族从事的传统产业、生态环境的冲突也在加剧。国家和当地政府在西部民族地区增加对中小工业企业的政策支持来增加财政收入、刺激民族地区社会经济发展和资源开采企业管理的无政府状态是同步增长的。换一句话说,民族地区增设工业企业、尤其是采掘业工业企业产生的经济效益同时会产生生态环境的退化或永久性破坏、被恶化了的生态环境所吞噬。在脆弱的生态环境制约下,西部民族地区中小企业的成长体现为一种"没有实际发展的增长"——即中小企业的社会效益没有提高——和盈利目标的简单重复、再生产或勉强维持。

(三)不断重复进行的"族群"生计方式的简单再生产

前文我们已经提到民族地区家族企业和企业的家族化问题。与这个问题完全不同的另一种情形同样是不可忽视的:在一些民族地区,当地少数民族长期从事传统的单一产业,而这种产业活动在民族性上、总体规模上都排斥以现代企业为核心的工业化、城市化和市场化,只是不断地重复简单的再生产。譬如,哈萨克族在我国超过 110 万人,他们主要生活在新疆伊犁哈萨克族自治州、木垒哈萨克族自治县、巴里坤哈萨克族自治县及甘肃的阿克塞哈萨克族自治县等地。哈萨克族是一个传统的游牧民族,至今不改他们的主要生计方式。据我们调查,近年来在上述一州三县,当地工业经济、商品化程度都已经取得了很大发展,当地政府为了方便哈萨克族牧民生活,主要是为了解决牧民就医、子女入学、生活安定,在县城专门为牧民修建哈萨克族居民区。哈萨克族牧民的生活状况已经有了很大改善,哈萨克族牧民平均每户的年收入都在 5 万元以上。但是,哈萨克族牧民除了将每年的收入增加放牧牛羊的数量和少量存放银行以外,很少投资于其他非牧业领域。即使是将资金存放银行也不是为了赚取银行利息,而是为了存放方便。近年来,随着草地退化,国家对牧草地实施必要的管制,鼓励牧民投资工业、商业等非牧业领域,但是牧民并不为各种优惠政策所动。在上述地区,投资于非牧业生产的哈萨克牧民的比例不超过 0.1%,在有些哈萨克民族地区(如阿克塞)没有一个牧民投资于非牧业生产。

与从事牧业生产的哈萨克族不同,回族固守着上千年的小商品经济产业传统,即便有上千万元的资产也情愿一家人守着一个几十平方米的小餐馆、小铺面等从事小餐饮、小生意。回族人口在我国有近 900 万,除宁夏回族自治区、甘肃临夏州和新疆昌吉州两个回族自治州以外,甘肃、青海、新疆等省有数个回族自治县,此外全国各地都有散居的回族。但是无论是民族自治地方的回族,还是散居的回族,除很少一部分生活在农耕区的回族从事农业以外,大部分的回族都从事个体工商业(很少一部分回族近年来也从事建筑业、工业活动)。在新疆、青海、甘肃的回族和信仰伊斯兰教的东乡族、撒拉族、土族等一起主要从事着单一的餐饮业和小商业,他们年复一年地把投资积累用于相同的行业,即使赔了,也会换个地儿再从事过去相同的行当。他们似乎永远是现代城市化的免费的"搭便车族",哪里有小餐饮业和小商业的机会,他们就向哪里集中,一家,然后两家,再后三家、四家……,同一行业只在地域或空间上不断地延伸;他们也是与现代工业化无缘的族群,只有那些与自己从事的行业有关的现代工业品会偶尔影响他们的生活,但也仅仅是为了那简单重复的行业生产更有效率或减少无效的劳动力投入。回族在新中国成立以来有大幅度的增长,但是他们谋求生计的途径却没有丝毫的扩张。

(四)小商品经济维护和延续下的小农牧经济

前文已经论述到西部民族地区企业文明受制于小商品经济和农业经济对当地市场发育的消极影响,明确提出小商品经济是小农牧经济的"同盟"经济力量,它是企业文明和现代市场经济的抵制力量。西部民族地区的中小企业生长在一个生计方式维持在一个较低技术水平条件下的、只有很小一部分人(主要是居住在当地的汉族人)摆脱农业生产束缚的传统文明社会,当地的绝大多数少数民族"族群"跟现代工业文明、企业文化处于一种几乎完全"隔绝"的状态——几十年的改革开放已经使他(或她)们完全处于现代企业的"丛林"之中了,但他(或她)们的谋生方式确与企业很少发生纠葛而完全置身于企业文化之外。因此,我们完全可以说,西部民族地区的中小企业起码在两条线上是"孤军"奋战:一是中小企业缺乏"民族基础"。西部民族地区的中小企业以地方企业为主,上得不到像国家直属大企业或国家控股企业那样的国家支持,下与当地少数"族群"很少有利益牵涉,缺乏当地少数民族群体的支持;二是西部民族地区的中小企业发展与当地的经济联系疏离。西部民族地区的中小企业并不是生长在工业化为基础的市场经济社会里,而是依从于小农牧经济和小商品经济的"海洋"包围中。

在这种境况下,我们所看到的民族地区中小企业的发展实际上是民族地区汉族中小企业的发展。民族地区少数民族(包括自治的和非自治的)大量地被束缚于单一产业,从生计传统上拒绝以工业化为核心的现代化。与小农牧经济相适应的小餐饮业、小商业不仅不能催动小农牧经济的解体,反而维护和延续小农牧经济。民族地区的汉族企业文明(以中小商业企业为代表)和当地少数族群生计方式的"疏离",造成了观念上的一些冲突,从而使各种支持民族地区工业化、企业化的努力至多不会超出小商品经济的范围,各种支持少数民族地区社会经济发展的努力不会赢得"民心"。这种企业文明和小农牧经济、小商品经济的"族群分层"抵消了各方积极努力的正向效应,整个社会经济会呈现出一种持续的长期的"有增长而无发展"状态。

(五)非营利性组织的过度膨胀

民族地区非营利性组织的过度膨胀,消耗了大量的地方经济增长的潜能。一个地区社会经济的发展并不是靠非营利性组织来推动的,尽管像政府这样的监管主体和教育、卫生等这样的公益性事业机构是社会进步和市场繁荣不可或缺的,但这些机构毕竟要无偿地参与社会财富的再分配。对于我们这样具有"官本位"和"人治"传统的国家,很容易夸大政府甚至官员在引领社会发展方面的作用,忽视人民(grass roots)的理性和创造力而总是强调"政策"的首要地位。与此相适应,政府机构的设置和政府官员的录用常常处于失控状态。这在人口基数相对较少的西部民族地区表现得特别明显,尤其在西北六省民族地区,企业等营利性组织和政府、社会团体等非营利性组织之间的比例结构也极不协调。西北六省自治州以上民族地区向国家缴纳税费形成国家财政收入的企业法人和"吃财政"的财政支出的机关法人、事业法人的比例是3∶2。从2000年到2004年,西部六省民族地区企业法人的数量每年以大约3.1%的速度增长,其中一部分由国有大中型企业改制转化而来,同一时期国有企业和集体企业的数量在以相同速度减少。相反,国家为了加强对市场的管理,每年在民族地区增设的国家机关、事业法人的数量以远高于这个比例的速度在增加,同一时期国家机关、事业单位的工作人员大约以4%的速度增加,工资水平每年大约以12.3%的速度在提高。理论上讲,国家机关、事业单位的扩张应当建立在提高效益的基础上,而事实上这些民族地区企业向国家缴纳的税、费等财政收入的增长同时伴随着非营利性机构及其"吃财政"人员规模更快速度的增长——企业数量和效益的增长和机关、事业、社会团体等非营利性机构的增加是同时进行的,甚至后者增长得远比前者要快。(见表44)

除此以外,近年来国家从安全方面考虑,在西部民族地区增设或排除了许多非政府、非公益事业单位组织,这些组织和政府机关等日益臃肿的公共权力组织、公益性社会事业组织一道消耗了大量的地方经济增长和社会进步的潜能。可以说,滥设公共机构和随意扩展公共机构的规模已经成了西部民族地区的一大"公害"。

表44　西部六省自治州以上民族地区法人单位比例结构表

项目 省区	企业法人		机关、事业法人		社会团体法人		其他法人	
	数量 (个)	比例 (%)	数量 (个)	比例 (%)	数量 (个)	比例 (%)	数量 (个)	比例 (%)
新疆	28625	45.1	17771	28	2097	3.3	14936	23.6
内蒙	31183	43.8	21505	30.2	2354	3.3	16184	22.7
宁夏	13261	55.2	4090	17.0	846	3.5	5831	24.3
西藏	1736	11.1	5522	35.4	435	2.8	7902	50.7
青海	2939	36.6	2279	28.4	282	3.5	2534	31.5

项目 省区	企业法人		机关、事业法人		社会团体法人		其他法人	
	数量 (个)	比例 (%)	数量 (个)	比例 (%)	数量 (个)	比例 (%)	数量 (个)	比例 (%)
甘肃	3797	36.8	3374	32.7	330	3.2	2817	27.3
合计	81541	42.3	54541	28.3	6344	3.3	50204	26.1

注:青海和甘肃统计数据为两省各自6个和2个民族自治州的数据。

(六)城镇化、资源型工业、小农牧经济限制下的中小企业

西部民族地区人口集中意义上的城镇化、资源型工业、缺乏优越自然条件支持的脆弱农业,极大地限制了中小企业的成长空间和潜能。

一方面,西部民族地区的城镇化是一种低水平、低层次意义上的人口集中,其政策功能和消费意义远胜于为企业成长提供有益性的可能。城镇化历来是一个充满争议的话题,前文我们已经就西部民族地区的城镇化与当地中小企业发展、社会进步明确表明了我们的看法:在存在"族群分层"的情况下,城镇化会成为事实上的"族群"政策,客观上会产生用公民的传承职业限制公民的迁徙、就业权的实际效果,不仅不能消除"族群分层"反而会强化"族群分层";在西部民族地区发展小城镇确实有利于提高当地少数族群的生活水平和生活质量,但是无差别的"城镇中心论"会使西部民族地区的城镇化走上一种低水平、低层次、高离散性的重复建设之路;西部民族地区的小城镇基本上都是汉族"投靠"(发现市场)少数族群而形成的,人口密度比较低,城镇的规模都比较小,中小企业与城镇化"捆绑"的发展策略很难实现;西部民族地区中心城镇之间的空间距离都比较远,中心城镇对周边社会经济的发展很难起到"辐射"作用。

另一方面,我国西部民族地区的大型企业数量少,且主要分布在原煤、石油等采矿业和电力、燃气生产等行业,这些大企业也只能够"影响"当地中小企业发展,而无法提供与当地众多中小企业在产业内的垂直协作机会。"玉林模式"是西部民族地区的例外情形,更多见的情况是严酷的自然条件和新中国成立后国家在西部民族地区建立的畸形发展的工业体系,并没有为现在的中小企业承受"祖荫"创造条件。反过来,企业的不发达又影响了

当地社会经济的整体进步和人们观念的更新。

制约西部民族地区中小企业成长潜能的最重要的因素是承载了民族感情的脆弱的小农牧经济。在西部民族地区,尤其是西北牧区,人口密度低,人均占有土地资源大,即使采用简单的农业生产工具也能够获得"稳定"的收入。相反,突破严酷的自然条件阈限的农业技术投入则是以"户"为单元的投资单元无法承受的、无法做到的,即使有了这样的投入也可能产生数辈人无法偿清的"债"。农业的这种"孤立"生产模式产生了农业经济的恶性循环,维系了农业生产的产品化和小农经济地位。在这种小农经济条件下,商品是消费的剩余产品,商人主要是农业兼业者,商品的经济形态是小商品经济;小农经济和小商品经济共同促成了西部民族地区政府政策的选择空间:民营经济模式。

(七)农业回归现象

前面我们在"区域中心城市模式"中论述了我国西部民族地区的城市化、企业发展和工业化之间的内在关系,以大量客观的数据和事实得出如下结论:农业在本质上属于村落经济;发展以地理"割据"状态为基础的分散经营的农业经济,至多能够发展一定规模的定期与不定期的集市,不能发展起"城镇"意义上的居民经济区。城镇本质上是商业、市民的结合体;只有工业是商业的,工业创造了真正意义上的现代居民的"市民"身份——以货币工资购买生活消费品的"商人"身份——和城镇居民经济区;在城镇里,构成居民经济区的现代商人不是手工业者和"贩商",而是大大小小的企业。三次产业比例结构理论并不能真实反映西部民族地区社会经济发展的现代化、工业化、市场化、城镇化程度。不仅如此,民族地区传统小农牧经济长久占据统治地位,近代以来这些地区有没有像汉族生活的中东部地区那样多多少少经历"近代化"(即便是半殖民地半封建)的过程——这个过程尽管没有根本上改变中国的小农经济社会,但是是一种让亲历者刻骨铭心的"文化震惊"(cultural shock)——新中国在民族地区推行的"耕者有其田"的土地革命和后来的合作集体经济。现在看来,尽管是一个必然要经历的过程,是中国历史上封建形态在乡村得以延续的最高形式——是以老百姓梦寐以求的"理想"、"信念"甚至是精神生活确立起来的——但正如 1949 年《共同纲领》的制定者们所预言的应当是、也必然是一种旧社会向新社会的过渡性措施,是迎合已经生活在新社会但观念却不能随之变革的人们而实施的过渡性政策。① 随之,在西部民族地区少数民族成为土地主人和获得人身解放、自由的"喜庆"中,出现了新中国历史上第一次"农业回归"高潮,少数"族群"在"三线建设"时期全线退出了发生在"家门口"的工业化运动。

人民公社化运动和"文化大革命"尽管在民族地区没有造成像非民族自治地方那样的混乱,但合作集体经济毫无例外地在民族地区推行开了,直到 20 世纪 70 年代末合作集体经济都是被看作"耕(牧)者有其田"的"高级"形式统治着民族地区少数族群的社会生产和生活。20 世纪 80 年代初全面推行家庭联产承包责任制,调动了民族地区农牧民的生产积极性,民族地区又一次出现了"农业回归"现象。这一次"农业回归"和解放初期的"农业回归"一样,西部民族地区的少数族群错过了参与本地工业文明建设的机会。一方面,是由于国家缺少这方面的政策,民族地区的工业实行国家"专营",少数族群只能在"祖业"中做出选择;另一方面,更根本的是和新中国成立初期的走社会主义道路一样,民族地区的少数族群根本就没有任何心理准备,基于国家一向实行的对农村居民的土地社会保障政策的考虑,农牧民的积极性全部"泼洒"向了世世代代养育他们的土地。这次"农业回归"是那样的自然,那样地让人们欣喜,农牧民又一次回到了他(或她)们祖祖辈辈期盼的"梦"的起点上。

然而,此"梦"非彼"梦"也! 20 世纪 90 年代初国家提出建设社会主义市场经济,社会资源配置方式发生了根本性变革,绝大多数的农业生产要素不再以计划手段配置而是通过市场配置。农牧业的发展越来越受到外在于农牧业的价格、成本等因素尤其是工业的影响,而农牧业本身的脆弱性也使

---

① 梁漱溟:《中国文化要义》,上海世纪出版集团、上海人民出版社 2003 年版,第 262～278 页。此外,周恩来在《〈共同纲领〉草案说明》中明确指出了《共同纲领》规定的政策和制度的过渡性,而薄一波在《若干重大决策与事件的回顾》(中共中央党校出版社 1991 年版)一书中也就《共同纲领》制定政策的过渡性做过明确的回忆性记载。

其成为难以与其他产业公平竞争的弱势产业。这样,开始有农牧民投资于农牧业以外的行业,个体工商户、私营企业等民营经济和乡镇企业、集体联办企业等集体非农牧业经济逐渐在西部民族地区发展起来。但是,放弃一种世世代代固守的"传统"和"信念"是多么艰难! 在这一时期,西部民族地区投资于非农牧业的少数族群还是很少,至多是像回族、维吾尔族等个别以从事个体经营为谋生方式的少数族群的"传统"的复归。西部民族地区的工商业基本上被外来的、捷足先登的汉族人所控制,并在汉民族固有的"差序"观念(企业的家族化和家族企业管理)的支配下很快在西部民族地区形成一种行业"族群分层",少数族群很难进入相关行业。2004 年 3 月,温家宝总理在全国人大会议上所做的《政府工作报告》中明确提出减免农业税和农业补贴政策,全国人大会议又明确将"保护私人财产权"、"农地征用或征收补偿制度"写进《宪法》修正案中,又一轮的"农业回归"潮在西部民族地区立即兴起。近年来,随着各种惠农政策的推行,"农业回归"在西部民族地区越发显现出来,一些曾从传统产业部门撤出的、从事非农牧业的人员和资本又向农牧业回流。这种转向的原因很复杂,其中最主要的有以下几点:一是西部民族地区的少数族群投资于非农牧业的资本主要集中在个体经济、个人独资企业、合伙企业里,涉足企业文化不深,"撤资"比较容易;二是民族地区的企业规模都比较小,竞争力都比较弱,利润空间很小,投资风险却很高,相反传统的农牧业、小商业则比较稳定,更有国家的惠农政策做保障;三是国家对少数族群投资非农产业没有相关支持政策,少数族群进入非农市场难度较大;四是少数族群对传统产业保有深厚的民族情感,尤其那些祖祖辈辈传承下来的产业,而少数族群不谙非农牧产业的经营之道,加之经营非农牧产业的实际风险和心理预期风险比传统产业要高出许多,这是西部民族地区少数族群一次次出现"农业回归"的深层原因。2004 年以来的"农业回归"明显减缓了西部民族地区的城镇化、商品化进程,尤其是那些农业经济条件比较好的平原地区出现了"乡村回归"现象。城镇化和商品化进程的徘徊也影响了西部民族地区工业化、现代化的速度。

（八）小　结

民族地区及当地中小企业里存在的"族群"差序格局是西部民族地区中小企业发展过程中出现"内卷化"的深层原因。"族群"差序在西部民族地区主要表现为行业的"族群分层"，"族群分层"直接导致了西部民族地区社会和中小企业发展的"内卷化"——"有增长而无发展"。改革开放以来，西部民族地区中小企业的数量有较大幅度增长，但质量都不高，规模都比较小。在脆弱的生态环境制约下，西部民族地区中小企业的成长体现为一种"没有发展的增长"。同一民族长期过密地从事同一行业，弱化了一个民族的整体生计能力，民族地区少数"族群"固守传统单一产业使"族群"生计方式表现为不断重复进行的简单再生产。民族地区中小企业的发展实际上是民族地区汉族中小企业的发展，民族地区少数民族（包括自治的和非自治的）大量地被束缚于单一产业，从生计传统上拒绝工业化为核心的现代化。而与小农牧经济相适应的小餐饮业、小商业不仅不能催动小农牧经济的解体，反而维护和延续小农牧经济。西部民族地区的这种汉族企业文明（以中小商业企业为代表）和当地少数族群生计方式的"疏离"，埋藏了当地族群冲突的根源，除非当地少数族群从企业文明中直接受益，否则这种冲突就不可避免，而且这种冲突会随着市场经济在这些地区影响的进一步加强而有升级的可能。民族地区非营利性组织的过度膨胀，消耗了大量的地方经济增长的潜能，西部民族地区人口集中意义上的城镇化、资源型工业、缺乏优越自然条件支持的脆弱农业，极大地限制了中小企业的成长空间和潜能。近年来，在国家各种惠农政策和少数族群传统生计方式的双重作用下，"农业回归"现象在西部民族地区显现出来，一些曾从传统产业部门撤出的、从事非农牧业的人员和资本又向农牧业回流，减缓了西部民族地区中小企业的发展和城镇化、商品化的进程，妨碍了民族地区企业的"本地化"——包括企业的区域身份认同和族群身份认同，尤其是民族地区企业投资人的族群身份认同。

总之，由于受单一、封闭的自然经济的局限，西部民族地区绝大多数少数民族的文化模式、生计观念没有发生根本变化，企业制度和工业化在这些地区的推进并没有将当地民族卷入该"浪潮"中来,相反国家在这地区推行的民族区域自治政策和制度阻碍了当地少数民族介入企业化、工业化的进程。随着西部民族地区工业化和企业制度的深入推广,民族地区以工业化为代表的汉民族和厮守民族传统生计方式的少数族群之间的差距就越大,因地缘关系引发的矛盾也越来越突出。改革开放以来,西部民族地区社会经济的发展完全是在"民族分层"基础上的"双轨道"上进行的,工业和企业与当地少数民族的生活几乎不相干,对当地少数民族生活方式不产生直接影响。企业数量的增加并没有在当地发展起真正意义上的商品经济、城镇市场。企业和工业在当地的"发展"仅仅意味着当地或外来投资的汉族人利润的增加,并没有带来当地少数民族社会经济的发展和生计方式的改善,也不可能起到解体当地少数民族自然经济的作用。我们不能将西部民族地区中小企业的发展简单地等同于西部民族地区社会经济的发展。这意味着真正意义上的西部民族地区的发展只能通过当地少数民族参与工业化来实现,即国家必须实行支持少数族群投资于非农产业的政策,否则任何关于支持西部民族地区中小企业发展和提高少数民族生活水平的努力最终都会陷入"有增长而无发展"的怪圈。

四、个体经营户为主体的"生计"市场经济

诚如前文所言,西部民族地区中小企业数量少、规模小,加之自然地理因素、地缘和交通不发达因素的影响,个体经济在很大程度上起着市场建构的作用。

(一)个体经济存在的理由

个体经济对西部民族地区社会经济和中小企业发展的作用及其生存的理由应当从以下几个方面认识:

1. 个体经济是西部民族地区中小企业原始资本积累的主要形式

在西部民族地区,除个别由国家出资或以集体名义出资的中型企业,几

乎全部由本地人创办的中小企业都有过个体经营的经历。这类中小企业尽管数量上不占当地中小企业的多数，但它们才是未来推进西部民族地区现代进程的真正希望所在。这类中小企业大都是由个体经营户有了一定的资本积累后独资或合伙或合资登记设立。目前，西部民族地区个体工商户是当地商业活动的主体，城镇个人终端消费市场的60%以上和乡村终端消费市场的90%以上是由个体经营户提供的。当然，当前西部民族地区的个体工商户除回族等个别有经营小商业传统的少数族群以外，经营非农牧业的少数族群还是少数，绝大多数在民族地区从事非农牧业的经营者都是户籍在本地或来自内地的汉族，他们是当地中小企业尤其是工商业中小企业完成原始资本积累的主力。在前文讲到"临夏模式"时，我们就指出临夏模式的本质是个体经济支持中小企业发展。个体经营户以其经营灵活、机动的特点及时弥补了国有、集体经济快速退出民族地区后留下的"供给缺口"，从而成长起了以服务型商业为主的第三产业（包括批发和零售业、交通运输业、住宿和餐饮业、居民服务业），只有极少数个体经营户通过承包、租赁等方式取得第二产业经营许可。

2. 个体经营促进中小企业产品流通

千百年来，无论在西方还是在东方，个体经营自始至终连绵不绝，尤其是在为社会提供日用零售产品的领域一直占据重要地位，即使在西方工业革命时期有人提出"中小企业淘汰论"，也没有人声言"取缔个体经营"，即便是当代经济发达国家也均在中小企业群中划分出一个"微型企业"或"自我雇佣"企业或"零雇佣"企业，专门为那些把大企业、中小企业的产品、服务推介给消费者手中的个体经营者提供减免税、财政、信用等政策扶持，包括一些大中型企业主动给予个体经营者的各种形式的让利。个体经营者对各类规模以上企业的吸引力体现在以下两方面：一是个体经营生根于民间，它们可以"化整为零"把各种产品和服务提供给形形色色的消费者，把各种实物或"虚拟"消费品转化成厂家、商家最需要的"通货"，完成产品从生产到消费的"生命周期"。二是个体经营是各类规模以上企业向社会分散生产经营成本的重要渠道。按照新制度经济学家科斯在《企业的性质》中提出的关于企业的"交易费用理论"，任何组织生产的经营行为都会产生成本,每一个经营者都会从"划算"的角度把成本降到最低,把利润放到最大。在笔者看来,对于西部民族地区这样一个人口分布离散度极高的地区,有些成本是企业能自身"消化"的,而有些成本是企业自身不能承受的,或承受不起的,或承受了而不"划算"的,个体经营却可以使针对数以千计的零散客户的销售成本最大限度地"趋零",成为分摊企业经营成本的最佳机制。换一句话说,个体经营是一种分解、分散经营风险的机制,其特殊地位是西部民族地区社会分工的产物。从经营成本的角度,企业并不能承受起其从产品生产到最终消费环节的所有成本,有些利润相对于成本支出,是企业自身根本无法承受或极不"划算"的,相反如果把这些利润让给次级加工商、代理商、批发商、零售商甚至消费者会更有利于降低企业经营成本,这样利润让与把企业成本通过社会分工机制分散到了企业产品延伸到的各个市场主体。企业能够生产产品,但承受产品经营所产生的成本是有极限的,从产品生产到投放到流通领域,最终到消费者手中,大中小型企业各有自己的优势,但个体经营者能够承受的有些成本往往是大企业不能承受或承受了不"划算"的。个体经营者和各类大中小型企业在企业产品的生产、分配、交换和消费等各个环节的"社会分工"和成本分担是维系各自经营优势和持续发展的根本所在。在人口居住分散、经济比较落后的不发达地区和产品需要长距离运输或销售范围受区域限制的地区,更需要通过社会分工机制分散企业经营成本,来维持企业扩大再生产和维系产品的流通畅通。

3. 个体经济是对农业经济和市场经济的补充

个体经济是传统农牧业社会和现代市场经济社会的过渡环节。个体经济在农业文明社会就普遍存在,既包括占有少量耕地的农户,也包括占有少量生产资料的手工业者,后者就是我国现行民法上所谓的"个体工商户"(或称个体经营户)。在一定意义上讲,历史上拥有少量耕地的农民和现阶段我国的农村承包经营户,也都是个体经济的范围,只是个体经济被现行《民法通则》明确法定为"个体工商户"后,才有了特定的含义,同时也产生了这个概念运用上的各种"周折"和歧义。实际上,从历史形态来讲,个体经济和自然经济是相通的。自然经济就是以血缘为基础的家庭和以地缘为基础的自然村落为核心,组织生产、生活的经济形态,除了婚丧嫁娶、兴修水利、修建祠堂等具有法律公示性质的事件和一户不能办理的公益性事件,其他基本的生产、生活都是以"自然组织"为单元进行的。可见,在企业作为组织生产的单元占据统治地位以前,自然经济本质上就是一种个体经济。如果在狭义上使用个体经济的含义的话,个体经济就是指以自然人个人或以家庭为单位的非农产业经济,主要指自然人投资的个体手工业和小商业。在这个意义上的个体经济,是农业经济的补充形式。它和以户为单位进行的农业生产一样,个体手工业和小商业是一种分散的小商品经济,它是应农业生产和农产品消费的需要而自然成长起来的附生于农业的经济形式,本质上是小农牧经济的派生物。

在当代社会里,尽管小农牧经济已经不占统治地位,但是农业生产暂时并没有也不可能退出历史舞台,在市场经济背景下农业生产仍然是在私人财产权基础上进行的,而小商品经济作为现代市场经济的"原生态"或"母胎"本身具有市场经济的形式特征——为交换而进行生产。尤其是在整个社会生产力水平不高,存在行业和区域经济发展不平衡的社会里,多元化经济结构和多元化市场主体结构,就成为弥补低水平、低层次生产力基础上的市场经济的结构性、区域性矛盾的重要途径,而小商品经济的形式特征和广泛适应性也容易使人们把它与市场经济画等号,把它看成市场经济的组成部分。当然,事实上小商品经济在市场经济社会里起着补充公司制企业留下的市场"空缺"而建构市场的作用。但是,正如不能把个人独资企业和合伙制企业看成是现代企业制度一样,小商品经济也完全不同于市场经济,小商品经济根本上和企业化生产和工业化是格格不入的。相反,小商品经济却能够保障小农经济不断重复进行简单再生产。因此我们说,个体经济在我国尤其是市场经济和生产能力不高且区域差异显著的西部民族地区确实起着补充、建构市场经济的作用,但这种个体经营支持下的"市场经济"本质上属于小农牧经济的范围,至多是分散的区域性小商品经济。

(二)"生计"市场经济

尽管我们说,个体经营是企业经营成本分担的必然一环,其经营方式的灵活性、机动性、低成本支出等是其千年延续存在的根本理由,但我们认为个体经营者绝不会形成与近代工业化相适应的市场和市场经济。无论如何,个体经营户支撑的第三产业,都仅仅表明市场经济原始积累的开始,它成长的空间和发展余地都不大,增长的质量都不高。这种所谓的"市场经济",具备了一般市场经济的形式特征,又在本质上与现代意义上的市场经济完全不同;它是基于特殊的地理、生态等物理因素掺杂文化等人文因素而自然发生的社会分工的产物,是当地农牧民的一个谋生路数,或为弥补工业品和农产品长期存在的价格"剪刀差"形成的农业"亏欠"而维持当地农业简单再生产的手段,和"民工潮"的市场意义在本质上是完全相同的。我们根据其根本特征和存在目的,把这种"市场经济"称为"生计市场经济"。西部民族地区社会经济的客观条件决定了小商品经济必然在一个较长的时间内在"生计"水平上发展,并成为社会资源配置和社会财富分配不可或缺的一环。(1)西部民族地区社会经济发展水平较低,尤其是为当地提供绝大数生产、生活消费品的中小企业的社会生产能力有限,整个社会产业部门没有经历完整意义上的产业技术革命,整个社会还以劳动密集型产业和企业为主的条件下,小商品经济还存在宽泛的生存和发展空间,个体经济在很大程度上是连接现代大工业和中小企业、城市和乡村的桥梁和纽带。(2)农业人口和农业生产总值在国民生产中还占有很高的比例,人们生活消费品的自产比例很高,造成了工业品的"相对过剩",限制了企业的规模生产和商业批发业务的发展,大大提高了规模以上工商业经营的相对成本,个体经济的生产供给形式和规模恰好与农业经济主导的社会对非农产品需求的规模相一致。由此,各种形式的低投资、低成本、小规模经营的个体经济能够在不脱离农业和本地市场的前提下靠获取微利而作为农业和农民生计的补充形式发展。(3)工业和为工业直接提供服务的第三产业部门不发达,不能吸纳和转移农业产业部门大量存在的失业和半失业人口,土地对西部民族地区的大部分人口还起着社会保障的作用。这在很大程度上迎合了西部民族地区传统产业部门的利益,同时也为国家财政节约了很大一笔社会保障费用支出。但是这也产生了三个不利后果:一是产品的商品化程度很低;二是土地的"生计"负担过重,生态环境在农业和工业的双向"夹击"下重度恶化;三是农业向非农产业人口分流受到极大限制,城镇化进展缓慢。

(4)企业组织不发达,尤其是中小企业的绝对数量太少,使社会保障制度风险无法通过企业化组织分散到全社会去。小农经济时代,家庭起着分散社会风险、化解个体对国家、社会安全构成威胁的功能,家族是家庭超越自身局限而扩大自身社会影响力的"影子"组织。在现代社会里,工业取代农业成为提供社会消费品的主要渠道,因此组织工业生产的基本形式——企业——取代小农经济的基本组织单元——家庭——成为社会的基本生产组织形式。人们很容易看到市场上存在足够数量的企业对自由竞争的意义,但很容易忽视企业在现代社会中分散社会风险的功能和价值。其实,企业作为一种有形的社会组织,它是对政治国家和社会安全更具有威慑力的组织,近代以来企业组织发达的西方国家通过持续的国家立法,把企业的职能限定在经济方面,同时规定企业对职工、国家的社会责任和强制性的社会保障功能。这样,国家通过立法限定企业的职能和规定企业的社会责任,把自然人对国家和社会的威胁通过企业分散到了全社会。因此,现代社会的企业和小农经济时代的家庭一样承载着分散各种社会不稳定因素和社会风险的功能;反垄断立法的价值不仅仅在于垄断经济组织会损害正常的竞争秩序,而且还在于它们会对国家政权和社会安全、秩序构成威胁;企业数量太少,而社会生产和消费却按市场化模式去组织,必然使社会公平价值得不到实现。(5)我国长期实行农业补贴工业的政策,农业长期维持亏本经营和简单再生产。农业生产从新中国成立初到上世纪 80 年代初的时候都是亏本经营,农业部门几乎没有积累。到 90 年代,尽管国家实行了市场经济,但国家对农业向非农产业的转移支付政策并没有根本变化,农村和农业的发展是国家在 80 年代初实行家庭承包经营后、在现存生产关系范围内农业生产能力的自然释放,家庭承包责任制对农业生产力"解放"的极限也就显现出来了;整个 90 年代后期到现在,农业相对工商业的竞争劣势凸现出来,农民通过个体副业收入来倒贴农业以维持农业的简单再生产。中国农民真是世界上最伟大的农民!新中国成立以来几十年,中国农民以其耐劳的品格自觉承担了国家工业化转嫁来的一切负担。实行市场经济以后,政府权力渐次退出流通环节,工业和农业的"剪刀差"已然积重难返,个体经营和打零工成为中国农业和 8 亿多农民自我维持的"新形式"!西部民族地区特殊的地理和人文环境,使得当地的"市场经济"长期停滞在"生计"经济水平上,中小企业的发展呈现出一种为小农牧经济服务的小商品经济状态。

我国西部民族地区的个体经营户不同于企业投资人,企业多由外来的汉族投资者创办,个体经营户则常常是本地人。本地个体经营户一般都把个体经营作为一种副业,往往在从事商业性经营行为的同时,通过其他产业活动获取生活资料,个体商业性经营只起着补足主产业活动的作用。经营者个人的经营行为和家计总是纠缠在一起,那些专门以某个行当作为谋生手段的经营者开设的常常是家庭作坊,一家人的生存系于此并不计成本(主要是成本中不计算劳务)。当一个个体经营户有了成年子女、并结婚成家后,成年子女就要从个体经营户的"母胎"里分离出来,大部分分离出来的"家庭"都会承袭父辈们的事业。正是这种谋生"路数"世代相继使得西部民族地区的有些行业明显呈现出特有的民族性,前面我们提到过的回族、哈萨克族、维吾尔族等民族数千百年来就从事那么几个行当。可以说,"个体经营"这种小商品经济形式是西部不少少数民族无数代人一直延续、不断重复着的谋生方式。这样看来,"个体经营户"这种现象在西部民族地区并不是近代化的产物,"个体经营户"这个概念才是真正近代化的结果。这种"民族小企业"或"民族性个体经济"对当地少数民族的生产生活作用的最显著的一个特点就是"有增长而无发展"。

五、家族观念内核和现代企业管理模式"花瓶"

在前文关于西北六省民族地区中小企业发展状况的实地调查中,就已经提到我国现阶段的各种企业治理结构中存在的"差序格局"。我们现在经历了改制的各类企业很像一块块包装精美的"夹心糖",现代"外表"包裹着"核心"的传统。从上世纪90年代后期开始,我国对现有的国有、集体、私营企业进行"现代化"改制,短时间内建立起了以公司企业为主体的现代市场主体体系,企业"制度创新"也作为一个流行概念进入我国企业法律制度和政策领域。但是,根据我们对西部民族地区中小企业发展情况的调查,我们认为我国的现代企业制度改革是一锅"夹生饭",包括许多通过"债转股"、国有资金注入、债务核销等建立起公司制的大型国有独资公司、国有控股公司、股份有限责任公司的改制都很不彻底。借用贺卫方先生《法边馀墨》一书中《会通:法制现代化的一种理想境界》一文的一个词——"制度花瓶",来描述我国现阶段西部民族地区、甚至全国的各种各样的公司制企业的现状是最恰当不过的了。① 从1993年《公司法》颁布到今天,《公司法》已经经过了3次修订。《公司法》出台后的数次修订有多少是属于法律家的理想,多少属于中国公司实际现状的推进? 这一点不用多做推想。起码从西部民族地区中小企业存在的实际现状来说,我国《公司法》规定的公司制是一个"制度花瓶",是一种"装饰"。2005年7月23日至8月24日,我们的课题"西行组"沿河西走廊西行,以甘肃天祝藏族自治县为第一站,然后到甘肃张掖肃南裕固族自治县再到酒泉阿克塞哈萨克族自治县、肃北蒙古族自治县,再进入新疆哈密地区继续西行经新疆"乌昌经济带"至新疆伊犁哈萨克族自治州。后来我们还去了青海西宁市、海东民族地区进行了考察。我们搜集到了不少关于当地中小企业现代管理制度的材料,有些内容我们在前文已经提到过:西部民族地区中小企业中,实行公司制的企业、尤其是有限责任公司的数量远超过个人独资企业和合伙企业;许多公司制企业从投资人到管理层直到雇工,现代企业管理制度和家族式管理、民族区域自治制度下的"族群分层"交织在一起。许多企业实行公司制的目的并不是为了建立一种适应现代市场经济的市场组织管理形式,政府一方看准的是将企业登记为"公司"的企业改制指标,企业出资人一方看准的是公司的招牌和"有限责任"。

在西部民族地区,家族观念之所以在现代企业制度下能够存在,主要与

---

① 原文如下:"现代化不应以世界现存的某种文化——即使它是十分成功的文化——作为目标定位;现代化的重点在于一个特定文化从前近代形态向近代(或现代)形态的转变,在于传统与变革之间良好的互动作用,在于使组成社会的人们在人与人、人与自然等关系方面摆脱不合理权力的奴役和束缚,在于为特定社会建构能够成功地解决它所面临问题的可行机制。这类机制在价值层面上当然应该有一种进步的追求,但同时它们必须是富于成效的,而非制度花瓶,只是一种装饰。"(贺卫方:《会通:法制现代化的一种理想境界》,北京·法律出版社2002年版,第3页)

西部民族地区特殊的地理位置、经济和市场格局有关。西部民族地区大多地处偏远、地域辽阔、人口居住分散、区域之间联系困难、交通不便且交通线长，"块状"市场和"块状"经济由此形成。这种经济地理格局对中小企业发展产生了两方面的影响：一是中小企业发展受交通运输、通讯等基础产业发展的影响大，而这些行业在我国西部民族地区大部分由国有经济成分控制，私人资本很难直接进入这些行业，国家在铁路、民航、公路、管道运输、邮政、通信等行业的投资规模及这些行业国有及国有控股企业的运行效率直接制约着这些地区整个中小企业的发展速度；二是稀少而分散的人口加上沙漠或戈壁或沼泽或高山、大川分隔而形成一个个分散的、规模不大的"块状"市场和经济区域，除了国有或国有控股企业（一般都是西部民族地区的大型企业）通过国家"计划"手段实现资本和人力资源的配置以外，非国有中小企业无论从投资来源还是"人气"上都缺乏发展壮大的市场条件。特殊的地理环境使非国有中小企业在小规模上增加而难以持久、持续发展。西部民族地区地理位置封闭、人口分散、基础设施落后产生的另一个后果是各民族农牧民固定在土地和牧场上，从事单一的农牧业生产，民族之间交往极为有限，彼此之间了解少，隔阂大，全封闭或半封闭的传统的自然经济——小农经济仍然占据统治地位。这使得西部民族地区有规模分散的、适应小农经济的小商品经济而无市场经济，有小市场而无统一的大市场。那些以当地市场为主要目标的中小企业阈于小农经济和小商品经济的限制，以小生产者的意识和观念去管理企业。这样，在地理位置封闭、人口分散、基础设施投资"国有化"的"块状经济"区域，现代企业制度的"模型"在国家各种优惠政策诱导下，建立起来了。但是，企业生存的物质环境和精神环境却没有发生根本变化：所谓的"现代企业"处在小农经济和小商品经济的海洋里，跟数以百万计的个体经营户共享和争夺当地狭窄的"市场"；当地民族地区中小企业投资渠道和经营管理的"族群分层"，使中小企业的内、外部管理完全受"族群"意识和家族观念的支配。西部民族地区中小企业处在这种现代企业政策和传统民族文化模式、区域经济地理环境的夹缝里，尽管把现代企业制度确定为自己的基本改革方向，但是它并没有卓有成效地解决现代企业与民族传统文化的衔接问题，更为重要的是没有形成具有现代企业观念的管理队伍和吸收、鼓励当地少数民族参与企业经营管理,使中小企业在"族群分层"面前止步不前,"族群"意识强化了企业的家族观念和家族管理模式,进而使中小企业采取的法律形式成为实实在在的"制度花瓶"和"装饰":有现代形式而无现代观念。

六、中小企业发展推动下的"族群分层"现象

(一)现代化理论与民族区域自治制度的不勾连

通常情况下,民族地区的发展和居住在这个区域范围内族群的发展是一致的,民族地区的发展反映着居住在区域范围内族群的发展。但是,根据我们对我国西部民族地区中小企业发展状况的调查发现:区域范围内生产的企业化程度尽管反映着区域的现代化程度,体现着区域发展状况,但是区域现代化和企业化并不能反映区域内少数民族族群的现代化。在西部民族地区,除了具有小商品经营传统的少数民族以外,大部分少数民族很少涉足企业生活,即使是那些具有数千年小商品经营传统的少数民族,如回族、维吾尔族等,至今仍然沿袭着小商品经营(个体经营)的模式,千年没有质的变化,只有量的积累。再者,我国的民族区域自治制度是以"族群"身份为基础的区域自治,而不是"公民"身份为基础的族群个人自治,所以关于个人现代化和社会现代化的理论在我国民族区域自治制度背景下并不能得到政治上的支持,个人现代化理论与民族区域自治制度根本上不相勾连。

民族地区发展和少数民族族群发展的关系的理论早在上世纪90年代初就已经被民族社会学家提出来了。1993年潘乃谷、马戎先生主编的《边区开发论著》的"导言"中,明确提出了关于"我国少数族群发展和现代化道路关系"的两个问题:一是在我国的经济发展大框架内,汉族"核心地区"与少数族群"边远地区"之间是一种什么样的关系? 二是"少数民族地区"的发展和"少数族群"发展之间是一种什么样的关系?《边区开发论著》利用政府统计数字得出如下结论:少数民族地区的经济发展在一定程度上是由居住在这个地区的汉族人口生产的,并不是当地的少数族群创造的,少数族

群人口在很大程度上还在乡村从事着他们传统的农业和畜牧业;因此,少数族群自治地区的发展并不简单地等同于少数族群的发展。① 马戎先生认为,少数族群聚居地区的发展并不等于当地族群的发展,一个少数族群自治地区的经济产值增长也并不代表这个地区的少数族群进入了现代经济,造成这种结局的原因是当地多族群人口结构中存在着"族群分层"。他认为这种"族群分层"表现在四个方面:一是在经济结构上各族群劳动力在农业、制造业、服务业三个产业之间的分布比例有所不同;二是在社会分层方面各族群劳动力在城乡的分布比例不同;三是在受教育群体结构上各族群受教育的分布比例不同;四是在收入结构上各族群不同职业收入群体的分布比例不同。因而,各族群从本地区经济发展的利益中所获得的份额和发展机会也不均等。②

(二)"族群分层"在产业结构上的表现

根据我们关于西部民族地区中小企业发展状况的调查发现,西部民族地区近年来社会经济已经取得了很大发展,除西藏、青海部分民族地区以外,企业已经成为当地财政收入的主要来源,社会经济的企业化水平在很大程度上反映和代表了当地社会的现代化状况。

另外一个不争的事实是:西部民族地区的少数民族族群仍然主要从事传统的农业、畜牧业,国家全面的市场经济对他们的生计方式的影响很有限。尽管少数民族族群的很少一部分成员因生活所迫以打工的方式到汉族人创办的企业里挣工资,一般的少数族群也不拒绝现代企业产品进入他们的生活消费圈,但是他们很少创办企业从事本民族传统产业以外的行业,即使那些"打工族",一挣到做小本生意的"本钱"也就转而从事"老本行"了。一些具有小商品经营传统的少数民族,如回族,主要投资于餐饮业、小商业等服务业领域,且大部分经营者一直维持在小规模的个体经营户水平,很少

---

① 马戎:《边区开发论著》导言,北京·北京大学出版社1993年版,第1—25页。

② 马戎:《民族社会学——社会学的族群关系研究》,北京·北京大学出版社2004年版,第544—545页。

有经营者将事业上升登记为国家法定企业的层面。当然这与从事的行业本身的性质有关，经营行为本身与经营的法律组织形式关系不大，对于小餐饮业、小商业而言，不需要太多的固定资金投入，经营基本上是现金交易，无论登记为何种法律形式对事业经营的影响不大，考虑的因素只有一个——哪种登记方式便捷、简单，就按哪种方式经营！另有一些族群则基本上不涉足传统产业以外的行业，即使政府、社会为其行业转型提供无偿援助也不为所动，譬如哈萨克族、柯尔克孜族等，世代从事畜牧业。

（三）中小企业发展与族群"行业分层"

西部民族地区的"族群分层"在企业化方面，则基本上是民族地区的"汉化"分层，形成汉族企业和少数族群传统产业的行业分层。西部民族地区的企业，无论何种性质、何种形式的企业，一般都是汉族人投资设立，企业组织内部不同民族共事的情形极其少见。就以现阶段西部民族地区的企业民族结构来看，无论这些地区企业如何发展，都是西部民族地区汉族人和汉族企业的发展，当地少数族群都无法从本地区企业本身发展中获得利益和发展机会。这种"分层"与其说是"族群"的，还不如说是"文化"的或"生活习惯"的。西部民族地区少数族群的族群文化使他们本能地、习惯地排斥企业文化，改变西部民族地区企业文化上的"汉化"现象的根本途径还在于改变当地少数族群的观念。如果不从根本上改变少数族群对企业文化的观念，这些地区企业越发达，少数族群和当地汉族人的生活水平和参与政治、社会事务的主动性、可能性和能力的差异会越大，企业文化在西部民族地区的发展、扩展如"釜底抽薪"，最终会使我国现行的民族区域自治制度形同虚设，甚至会将已经存在的民族间"事实上的不平等"扩大、延伸至政治领域，冲击我国解决民族问题的民族平等、民族团结和各民族共同繁荣的基本原则。

（四）族群城乡分层的发展趋势

1. 汉族和少数族群的城乡分层缩小

近年来，西部民族地区汉族和少数族群的城乡分层有所缩小。根据我们的调查,主要原因有以下几点:(1)西部民族地区的族群城乡分层是"生计"使然,较少牵涉族群情感。西部民族地区的城镇有相当部分是"汉族就少数族群"建立起来的,城镇往往都是民族地区少数族群最为集中的区域。或者换句话说,西部民族地区的"原初居民"一般是少数族群,汉族则是作为"投奔者"后来到少数族群居住地的,这里的城镇是围绕少数族群居住地逐渐有更多的"外来"族群补充进来,从村落到集镇再到城镇逐步形成的,因此族群的城乡分层没有产业分层那样明显,即使存在一定程度上的分层也是属于族群生计方式使然,对当地少数族群并不会产生很强烈的族群情感反应。(2)社会转型和户籍制度松动,使城乡"身份"差别的政治、经济意义被大大削弱。随着近年来商品经济在西部民族地区的发展,计划经济时代的"户口"观念被冲淡了,商品和金钱观念很大地"稀释"了城乡"身份"观念。而近年来国家被动进行的户籍制度改革,放宽了在城镇就业的各种"身份"限制,更多地按照择业者的"公民身份"而不是"行业继承身份"①作为就业的机会条件,也使城乡"身份"差别的原有意义丧失了。(3)近年来地方政府推进城镇化进程的策略,使西部民族地区的族群城乡分层有了很大改观。在我们所调查的西部民族地区,无论传统生计是什么,各少数族群基本上已经过上了定居生活。有些以畜牧业为生的少数民族族群虽然也存在随季节、牧场迁移而"游牧",但已经不是举家经常迁移,"家"基本上已经长期固定在一个地方。一些民族地区的人民政府为了推进当地城镇建设和尽快使当地脱贫,在城镇划定"民族住宅小区"或"民族新村"免费为当地少数民族家庭在城镇修建固定住宅。这一切都使得西部民族地区的族群城乡分层的重要性和对当地现代化建设的阻力大大地减小了。

---

①　"行业继承身份"包括两层含义:一是指农业或非农业户口("身份"),这是我国计划经济时代对公民身份的基本分类。二是指子女的最初身份按照父母(在现行"随父或随母"的规定实行以前,法律规定子女的最初身份根据父亲的"户口"确定)的户口("身份")确定,也就是说子女是农业户口还是非农业户口是从父母那儿继承来的,除非子女"考取了功名(大学)",其身份终生不能改变。与此相关的是子女也可以在父母退休公职后进行职业"顶替"(职位继承),公职人员的子女在就业等方面也给予照顾。

2.族群现代化程度和参与现代化的深度与族群受教育程度存在正相关关系

我们在调查中发现,西部民族地区的各少数民族族群中没有出现像东北地区的朝鲜族、满族那样文化水平普遍比较高的族群,更普遍的现象是各族群受教育的程度普遍较低。而且近年来,西部民族地区各少数族群的文盲率有不降反升的苗头。我们在西北青海、甘肃、新疆、宁夏调查时发现,受目前大学生就业压力的影响及教育成本的上涨,许多少数族群中弥漫着新一轮的"读书无用论",尤其在散居又以小商品服务业、餐饮业、畜牧业等劳动密集型产业为主要生计来源的族群中表现得尤为明显。① 近年来,一些民族地区为了遏制青少年辍学、鼓励少数民族族群子女完成九年义务教育,实行义务教育阶段学龄青少年全额免费教育。② 但是,义务教育阶段的失学率仍然在逐年上涨。出现这种情况的另一个重要原因是民族地区创业"成功人士"的"模范带头"作用。前面,我们已经提到过西部民族地区创办企业的汉族投资者的学历结构特点,初中、小学文化程度者占到了绝对多数,这无形中给当地少数民族族群留下了"读书无用"的不良影响。同时,我们也发现,西部各民族地区和族群的现代化程度及对现代化的介入程度,与各民族地区生活的少数民族族群的受教育状况联系紧密。西南五省,尤其是广西自治区、云南省和重庆市的少数民族族群的受教育程度普遍高于西部其他省份的少数民族族群,这些民族地区的现代化程度要高于其他西部民族地区。

---

① 在西部地区聚居或散居的回族人口基数大,但是受教育程度普遍较低,近年来回族人口就业年龄有明显提前的趋势。而居住在新疆、甘肃的哈萨克族有普遍不愿意接受义务教育的倾向,认为教育与他们的生活习惯不相干。

② 我国现阶段所谓的"义务教育"离真正的义务教育有很大的距离。真正的义务教育之"义务"是国家、社会对公民个人承担的义务,而不是义务教育阶段学龄儿童、少年的父母对子女承担的义务。既然学龄儿童、少年在"义务教育"阶段的全部或部分教育费用支出由学龄儿童、少年的父母或其他监护人承担,那么是否送适龄儿童、少年接受义务教育就包含着权利的内容,当监护人不按《义务教育法》的规定不送子女完成"义务教育"或子女逃学不愿意接受"义务教育",政府也就无权对不接受义务教育的公民及其监护人行使行政处罚权。

七、企业化模式面临的新问题

结合前面有关西部民族地区现代化中存在的"族群分层"现象的论述,我们认为当前西部民族地区中小企业发展还面临着一些新问题,它们同样属于西部民族地区中小企业"内卷化"表现。

(一)小农经济和小商品经济对企业化模式的反向限制

我国西部民族地区的"现代化"是否达到了国家将"企业化"作为国家政策、法律支持重点的层面,更不要说公司制改革?毋需多言,企业无疑是市场经济条件下最重要、最基本的组织生产的方式,西方式的"现代化"和工业化的关键一步就是"企业化",但是,在个体经营户和分散的小农经济(农户)占生产经营单位绝对多数的情况下,"企业化"策略在多大程度上能够支持市场经济和与市场经济相适应的"现代化"和工业化战略,又会在多大程度上不致变成"汉化"?在眼下的西部民族地区,中小企业的数量要占到当地企业数量的99.9%以上,许多民族地区的全部企业都属于中小企业。尽管如此,企业的数量和浩若烟海的个体经营户和分散的小农经济(农户)相比较,企业数量在民族地区生产经营单位中所占的比例还不到0.1%。有更多的民族地区的少数民族族群根本上就跟企业"不沾边",譬如西北的哈萨克族、柯尔克孜族等。另有一些少数民族族群虽然把小商品经营作为民族"正业",但是数千年来处于一种"自然进化"状态。也有一些西部民族地区的自治少数民族族群(譬如甘肃的临夏回族自治州的回族)对当地的商业发展和市场形成及繁荣起着主导作用,但是他们主要是以家庭为单位世代不断分化的"小本生意人",因此当地市场主要是由个体经营户为主体构成,这对企业或企业的规模发展起着"反向限制"。正是面对个体经营户数量远远超过企业数量的现状,西部一些省份和民族地区将支持中小企业发展的政策运用到支持个体经济发展上,着力完成资本市场的"原始积累",在此基础上引导实力雄厚的个体经营户投资企业。

（二）企业化和族群文化的"双向并行"和"交缠"

"企业化"在多大程度上能够将西部民族地区的少数族群引入现代化的轨道？在西部民族地区,中小企业和当地少数族群的生计不具有"交缠"性①,企业文化和少数族群的文化生活呈一种"双向并行"结构,汉族和两种或两种以上的少数族群共同生活在一起,汉族的企业文化和其他少数族群的传统文化互不相干、互不相染。这在西北六省、区民族地区表现得比西南五省、区、直辖市民族地区更为明显、也更为复杂。在这种情况下,企业和企业文化的发展实际上是西部民族地区汉族的发展,少数族群并没有介入当地现代化进程。

（三）企业化标准面临的挑战

"企业化"的标准是什么,公司制是不是现代企业制度的唯一模式？"企业",这个概念本身是一个存在众多分歧的范畴,西方社会中所指的"企业"和"事业"是同一语,后来引申为营利性的经济组织或经济实体。② 这就是说,在西方经济理论和法律制度上,企业指组织（形式）和经营性（内容）的统一体,与它的组织规模是没有关系的。但是,在我国法律上、政策上,把农户、个体经营户和企业区分开来,作为性质不同的经营性组织对待。

---

① "交缠"是我们用来描述我国西部民族地区企业文化和当地少数族群文化、汉民族文化和其他少数族群文化关系的范畴,它是指两种不同文化之间相互依存,尤其是指两种族群具有共同的经济生活、共处于同一个地理区域而在经济上相互依靠、利益分配上相互非经讨价还价不能达成共识的状态。

② "企业"一词在西方语言中,源于法语的"Enterprise",英语也借用这个词,表达一种与支持价格制度相关的理论。自科斯发表《企业的性质》一书以后,开辟了现代企业理论,把企业和市场作为两种配置资源的方式连接起来考察,"企业"有了"本体论"含义,企业理论呈现出多样性发展趋势。企业管理理论认为,企业是"集经济的、技术的、社会的、生态环境的目标于一体的,具有自主决策、自我承担风险特点的,社会的基本经济单位。"（迪亚维特等:《企业管理学》（第一卷）,上海·复旦大学出版社 1996 年版,第 13 页）企业能力理论则将企业看作一个被用来满足获得发展效用性资源的集合体。企业系统论认为,企业是这样一种组织,内、外部人员相互协调,以寻求适应外部要求的社会系统。（切斯特·巴纳德:《经理人员的职能》,北京·中国社会科学出版社 1997 年版,第 59 页）

本来,个体经济和微型企业是少数族群当前能够进入现代生活方式的唯一渠道和入口,国家在法律上和政策上为个体经济与企业组织"划"了一条绝对界线,等于堵上了少数族群介入企业文明的可能通道。这样,在"企业化"问题上就会存在一个标准问题。我国大部分西部民族地区企业的数量在经营性组织中的比例都很低,而且企业的"汉化"都很明显,支持民族地区发展和民族地区少数族群"现代化"的政策最终会演化为一种纯粹的"汉化"政策。

另外,现阶段在全国上下对原国有、集体、私营企业改制,存在着全面、普遍推行公司制的倾向,上面关于西部民族地区企业改制的实证调查中,我们已经知道西部民族地区也一样存在这样的现象,美其名曰"建立现代企业制度"。那么,"公司制"是现代企业制度的唯一形式吗? 现代企业制度的根本精神是一种投资和投资者责任划分形式,基本形式包括个人独资、合伙和股份制三种形式,公司制仅仅是股份制中的一种形式,而且公司制也远不止我国《公司法》规定的股东承担有限责任的有限责任公司和股份有限责任公司这两种形式。一个信用状况普遍较差的市场环境,个人独资和合伙是更适宜、更有利于信用重建的现代企业组织形式,普遍推行有限责任公司和股份有限责任公司会使人们普遍丧失对公司和公司制的信赖,会使社会陷入公司信用危机。我们认为,在西部民族地区市场结构仍然以个体经营户为主体和市场发育还很不充分的阶段,不应当把推行公司制作为市场建构的主要模式和路径。

(四)对民族政策的新要求

民族区域自治政策是区域政策还是民族政策,一直是一个在民族理论上需要认真思考的问题。这实际上是对西部民族地区现代化政策的另一种质疑:"汉化"与"现代化"能等同吗? 在国家全面推行市场经济以后,民族区域自治制度制定时的社会基础已经发生了变化,民族区域自治政策有效发挥作用的条件已经不存在了,民族区域自治的一些具体制度设计已经不能适应时下的社会实际了。根本的一点是必须强化民族区域自治政策中的民族因素而弱化区域因素,以适应市场化要求使少数族群由抽象的"民族"身份向公民、自然人身份转变,推进国家民族区域自治制度的社会化、民事化。当前,我们在西部民族地区推行的企业化、现代化政策,本质上就是"汉化"政策。毫无疑问,民族区域自治制度是一个切合我国多民族杂居地区的、有效处理民族关系的政策。但是,在改革开放以来,我国在西部民族地区推行的企业化、市场化政策却存在不少令人置疑的问题,譬如,我们把汉族地区的社会组织制度、经济生活方式、经济体制、经济结构等照搬到西部民族地区,搞市场经济建设,我们在多大程度上考虑了西部民族地区的实际因素,又发掘了多少当地的有效的文化资源?再譬如,西部民族地区经济结构的畸形发展——资源开采型经济,工业化带来的生态环境恶化,市场主体制度建设上盲目夸大公司制的有效适用条件和范围,企业化和民族地区"汉化"的一致性与少数族群"现代化"产生的紧张关系,等等。我国在西部民族地区推进当地现代化进程的方式,既不应属于回应型模式也不应属于同化型模式,理应是一种内源性变迁模式。

(五)追加思考:中小企业发展与区域、族群发展的关系

新中国成立后,我国实行民族区域自治制度,党和国家选派汉族干部到少数民族地区去工作,同时积极培养少数民族干部;在少数民族地区和少数民族中推行和汉族地区相同的行政、经济、教育体制;对少数民族地区的社会经济发展,中央在财政上、物资上给予积极帮助和支持。① 从这方面讲,我国的民族区域自治制度是一种民族"文化多元主义"和"政治一体化"相结合的制度。到了改革开放以后,尤其是中共十四大明确将建设社会主义市场经济体制作为国家经济建设的目标体制以后,民族区域自治制度被赋予了新的内容:市场经济基础上的"经济一体化"(基本的含义是统一的区域市场和国内市场)。发展中小企业是新时期国家推进西部民族地区和少数族群发展的重要环节。

1. 中小企业发展对区域经济、族群关系的影响

根据调查,我们发现近年来中小企业在西部民族地区的发展对当地社

---

① 马戎:《民族社会学——社会学的族群关系研究》,北京·北京大学出版社 2004 年版,第 137—141 页。

会经济和当地族群关系发展产生了许多积极效果,主要表现在:(1)西部民族地区的现代化水平有了很大的提升,产业结构向多元化方向发展,极大地丰富了当地人民的物质、精神文化生活。(2)中小企业为当地少数族群的生活方式提供了新的契机和创造了更宽泛的选择空间,尤其丰富了当地少数族群的生活消费市场和提供了新的生产工具。(3)中小企业的发展降低了汉族和当地少数族群之间的异质性(ethnic heterogeneity),汉族和当地少数族群在当地统一局部市场条件下,增进了相互沟通的机会,使汉族和当地少数族群在一定的经济生活范围内形成了一种"交缠"性。(4)中小企业在西部民族地区的发展刺激了区域经济市场的形成和发展,为外源性因素参与当地"现代化"进程提供了入口和条件,加速了当地"经济一体化"进程和各族群在经济生活方面的融合速度。(5)中小企业的发展推进了当地个体经济的发展,个体经济在当地更多地是作为市场经济的"前现代"经济形式,起着连接企业和消费者个人、生产和消费市场的"中间商"的作用。

但是,中小企业的发展给西部民族地区社会发展也带来了一些"副产品":首先,中小企业发展和当地少数族群生活方式的异质性(主要是土地资源利用方式和生计方式的差异)增加了当地汉族和少数族群之间在生存环境方面的竞争和冲突,尤其是当地资源开发型经济的发展引起了少数族群"原生态环境"和生存环境的恶化,强化了民族地区汉族和少数族群在自然资源控制、占有、利用方面的争夺。这种冲突已经在一些西部民族地区权力机构关于支柱产业部门行政执法权的"族群分配"中初步表现出来了。其次,中小企业的发展加速了西部民族地区经济上的"汉化"进程,拉大了当地汉族和少数族群在经济、文化生活方面的差距,使"文化多元主义"和"经济一体化"的关系显得格外紧张。①

———————————

① "多元论"是美国社会学家戈登针对美国种族—族群关系提出的理论,他认为美国的种族—族群关系的理论构架是"文化多元主义"。不过,戈登的理论明显地具有把族群个体视为独立的法律地位实体和政治身份的特征,具有淡化个体成员族群背景和把个体作为政策主体的实际效果,因而是一种"自由主义的多元主义"。(马戎:《西方民族社会学的理论与方法》,天津·天津人民出版社 1997 年版,第 131 页)

2."去政治化"能真正消除族群利益冲突吗

国内许多民族学家在谈论我国的民族区域自治制度时,都抱有一种"去政治化"的倾向,把民族区域自治制度的"民族"理解为"文化群体":"在思考中华民族族群关系的'多元一体'格局时,我们可以参考西方国家的体制与处理族群关系的思路,把'多元一体'的思想进一步具体化为'政治一体'和'文化多元'的相互结合,并且在这样的大框架下思考中国的族群关系问题。如果接受这样一个整体性框架,我们的许多观念和做法也就需要进行反思和逐步进行相应的调整。在思考少数民族族群的有关问题时,应逐步把它们看成是'文化群体'而淡出它们作为'政治群体'的角色。"①但是,无论我们对"民族"作出何种文化解释,有一点始终是无法逃脱政治解释的命运的:同处在一个国家政权管理之下的诸多族群,必须遵守国家的法律、履行公民义务。正是在这个角度上,民族区域自治制度才在"团体多元主义"的观念下得以确立起来。上世纪50年代发生在我国的那场轰轰烈烈的"抢救落后"的民族识别运动,就是对我国族群关系很成功的文化解读。在"抢救落后"基础上设立民族自治地方则是一项维护国家统一的政治行动,跟"去政治化"完全不同,二者之间不存在"界限模糊"的问题。在少数民族和汉族之间存在较大"族级分层"的情况下,"政治一体化"淡化"族群"的政治意义,对于维护民族团结、国家统一很重要。但是,如果我们把西部民族地区发展企业文化作为推进地区"现代化"和发展市场经济的重要途径,"经济一体化"和"团体多元主义"之间就会发生尖锐冲突。因为民族区域自治制度是为了维护中华民族的"一体多元格局",在计划经济条件下不存在任何问题,任何社会资源配置都通过权力进行,而一朝实行市场经济,制度存在和发生作用的政策背景发生了根本变化,通过地方少数族群聚居地实行"团体政治自治"消除"政治隔阂"的目的,就演变为一种从"政治自治"达到"去政治自治"的"团体同化主义"民族政策。政治上的"团体多元主义"在强大的"经济一体化"推动下会逐步消解各种"民族个

---

① 马戎:《民族社会学——社会学的族群关系研究》,北京·北京大学出版社2004年版,第142页。

性"。

　　鉴于此,我们认为国家支持企业文化在西部民族地区的发展,必须通过政策机制引导当地少数族群卷入这场"企业化"运动中来,缩小当地汉族和少数族群在经济生活能力方面的差距,以对少数族群整体"补偿"历史上的不平等"亏欠"机制而取代财政"补偿",使少数族群在适应时代发展中不断地拓展生存空间和调整生存方式,来维护本民族的个性、发扬本民族的优秀传统,不致使民族区域自治制度变成一种"制度花瓶"。

第六章　促进西部民族地区中小企业发展制度体系

国家支持西部民族地区中小企业发展的立法和政策分为三个层次。一是宪法和宪法性规定、西部大开发政策。它们是国家制定支持西部民族地区中小企业法和政策的根本依据,其核心规范性文件政策是《宪法》、《民族区域自治法》、《国务院实施〈中华人民共和国民族区域自治法〉若干规定》(以下简称《民族区域自治法若干规定》)和国家西部大开发政策。二是国家促进西部民族地区中小企业发展的基本制度体系,包括三部分:中小企业基本法——在我国目前主要指《促进法》;国家制定的普遍适用全国的支持中小企业发展的法律法规和规章及政策,譬如《中小企业发展专项资金管理办法》、《关于强化服务促进中小企业信息化的意见》等;国家扶持西部民族地区中小企业发展的专门规定。① 三是西部省份制定的支持本省和本省民族地区中小企业发展的地方性法规、规章和政策。这个层次上的中小企业立法包括三大类:一是自治条例和单行条例;二是为落实中央关于扶持中小企业发展的法律和政策而制定的实施细则或实施办法;三是西部省份专门制定的支持本省和本省民族地区中小企业发展的地方性法规、规章和政

---

① 国家支持西部地区中小企业发展的政策同样适用于西部民族地区。因为,国家真正启动西部开发的历史并不是很长,所以这个层面上支持西部地区中小企业发展的规范性文件主要是国家政策。尽管这些政策和法律是专门为西部地区制定,但是此类规范性文件中凡是有关中小企业的规定同样适用于西部民族地区,构成支持西部民族地区中小企业发展的"次级"一般"法"。到目前为止,国家没有专门关于西部民族地区中小企业发展的立法,国家支持西部民族地区中小企业发展的措施分散规定在有关中小企业发展的其他规范性文件中。

策,包括促进民营经济发展的地方政策。

一、宪法和宪法性规定、西部大开发政策

(一)宪法规定

《宪法》在我国法律体系中居于核心地位,是一切享有国家立法权的中央和地方国家机关制定法律性规范文件的根本依据。《宪法》第5条明确规定了法治国家原则和《宪法》在我国法律体系中的地位。(1)明确规定了中华人民共和国是法治国家。《宪法》第5条第1款规定"中华人民共和国实行依法治国,建设社会主义法治国家"。法治对中小企业立法提出的一个重大问题是:如何保证中小企业政策的合法性? 前文我们已经明确提出中小企业法不同于传统意义上的"法",更多地是表现为政策。严格来讲,中小企业法只具有法的形式特征,而实质内容是政策。这样,在中小企业立法中,如何做到制定的中小企业政策符合"法治国家"的精神实质,就成为中小企业立法首要关注的问题。(2)法制统一。显然,《宪法》第5条规定的法制统一是一个辐射面很广的制度建设问题,就《宪法》第5条而言,涵盖了第2至5款的内容。法制统一包括立法统一和法律实施统一。对中小企业法而言,还包括中小企业政策必须要合乎《宪法》、《立法法》关于立法主体立法权划分和各种规范性文件法律效力层级及《宪法》、法律、法规、规章本身的规定,同时还包括对中小企业政策合法性的审查制度。任何中小企业政策不仅要符合《宪法》第5条第2款关于"国家维护社会主义法制的统一和尊严"的一般规定,同时要符合《宪法》第5条第2款"一切法律、行政法规和地方性法规都不得同宪法相抵触"的效力层级规定。中小企业政策不能违反《宪法》、法律的原则规定和具体规定,也不得与中小企业政策制定机关制定的稳定性更强的行政法规、规章相冲突,中小企业政策之间的冲突解决机制应当适用于《立法法》关于法律规范性文件的效力冲突解决机制的规定。(3)确立了我国违宪审查制度的基础。《宪法》第5条第3、4、5款规定"一切法律、行政法规和地方性法规都不得同宪法相抵触","一切

组织和个人都必须遵守宪法和法律并不得有超越宪法和法律的特权"。这实际上在立法和执法两个层面上规定了违宪审查的基本原则。这一点同样适用于中小企业法和中小企业政策。

其次，《宪法》关于民族自治制度和处理民族关系的基本原则规定是制定和实施西部民族地区中小企业法的前提条件和基本依据，在西部民族地区实施的支持中小企业发展的法律、政策和西部民族地区制定支持本地中小企业发展的地方立法和地方性政策不得违反《宪法》和《宪法》关于民族区域自治基本原则的规定。《宪法》第 4 条分 4 款规定了我国的民族政策和处理民族关系的 6 项基本原则和政策：(1)各民族一律平等；(2)保障各少数民族的合法权益；(3)维护和发展各民族平等、团结、互助关系；(4)帮助各少数民族地区发展经济和文化；(5)区域自治；(6)各民族都有发展本民族文化的权利。第 30 条进一步规定了我国的民族自治地方分为自治区、自治州、自治县。第 112 条至第 122 条进一步明确规定了各民族自治地方享有的各项具体权利。其中，第 117 条规定民族自治地方的地方财政自治权："民族自治地方的自治机关有管理地方财政的自治权。凡是依照国家财政体制属于民族自治地方的财政收入，都应当由民族自治地方的自治机关自主地安排使用。"第 118 条规定了民族自治地方自主安排地方性经济建设事业的权利："民族自治地方的自治机关在国家计划的指导下，自主地安排和管理地方性经济建设事业"，"国家在民族自治地方开发资源、建设企业的时候，应当照顾民族自治地方的利益"。第 122 条规定了民族自治地方在经济、文化建设方面有得到国家帮助的权利："国家从财政、物资、技术等方面帮助少数民族加速发展经济建设和文化建设事业。"《宪法》关于民族区域自治制度和民族自治地方发展经济文化事业的规定成为国家支持西部民族地区中小企业发展立法和制定政策的基本依据。

(二)《民族区域自治法》和《民族区域自治法若干规定》

1. 民族区域自治总体立法状况

自从 1949 年《共同纲领》中明确将民族区域自治确立为我们国家解决民族关系的基本政策、制度以来，国家就为落实这项制度制定过一系列的宪法性文件。1952年,中央人民政府根据《共同纲领》颁布了《中华人民共和国民族区域自治实施纲要》;1984年,六届全国人大二次会议通过了《民族区域自治法》;1991年12月,国务院发布《关于进一步贯彻实施〈民族区域自治法〉若干问题的通知》;1992年初,国务院就进一步贯彻落实《民族区域自治法》中有关经济和社会发展的一些问题提出了"十一条"措施和要求,提出国家要大力支援、帮助民族地区发展经济文化事业,逐步改变其相对落后的状况;1993年,经国务院批准并授权,国家民委发布实施了《民族乡行政工作条例》和《城市民族工作条例》,就新形势下进一步保障我国散杂居少数民族在政治、经济、文化等方面的平等权利和合法权益做出了规定;2001年2月,九届全国人大常委会第20次会议通过了《关于修改〈中华人民共和国民族区域自治法〉的决定》;2005年,国务院发布435号令、颁布《民族区域自治法若干规定》等等。在这些国家颁布的宪法性文件中,《民族区域自治法》和《民族区域自治法若干规定》成为落实《宪法》规定的民族区域自治制度的核心规范性文件。

2.《民族区域自治法》有关民族地区中小企业的规定

《民族区域自治法》序言明确将国家帮助民族自治地方经济、文化发展确定为国家落实民族区域自治制度的基本政策:"国家根据国民经济和社会发展计划,努力帮助民族自治地方加速经济和文化发展。"总则第6条也规定:"民族自治地方的自治机关根据本地方的情况,在不违背宪法和法律的原则下,有权采取特殊政策和灵活措施,加速民族自治地方经济、文化建设事业的发展。"2001年新修订的《民族区域自治法》适时根据我国实行社会主义市场经济的新情况、新环境及民族自治地方出现和面临的新问题,对1984年《民族区域自治法》中关于民族自治地方的自治权做出了新规定:(1)将国家对民族自治地方实施的特殊优惠、照顾政策法定化(第22、31、32、34、36、37条)。(2)民族自治地方招工、开发自然资源,少数民族享有优先权(第23条和第28条)。(3)民族自治地方享有根据本地特点的经济发展权:"民族自治地方的自治机关在坚持社会主义原则的前提下,根据法律规定和本地方经济发展的特点,合理调整生产关系和经济结构,努力发展社会主义市场经济","民族自治地方的自治机关坚持公有制为主体、多种所

有制共同发展的基本经济制度,鼓励发展非公有制经济"。(4)规定民族自治地方对本地方企业、事业的管理权。(第30条)

从上我们可以看出,《宪法》、《民族区域自治法》和其他有关支持民族自治地方经济发展的宪法性文件规定,都是很原则的。我们只能通过《宪法》和《民族区域自治法》的个别条文规定中找出支持西部民族地区中小企业发展的理念和精神。

3.《民族区域自治法若干规定》

2005年,国务院颁布《民族区域自治法若干规定》,是《宪法》和《民族区域自治法》明确将民族区域自治制度确立为国家基本政治制度后国家就民族区域自治制度颁布的最为重要的、具有现代市场经济理念的行政法规。该法规关于发展民族地区经济的各项措施成为我国现阶段制定和执行支持西部民族地区中小企业发展法规、政策的直接依据。《民族区域自治法若干规定》第6条将西部大开发战略和促进民族自治地方社会经济发展联系在一起:"国家实施西部大开发战略,促进民族自治地方加快发展。未列入西部大开发范围的自治县,由其所在的省级人民政府在其职权范围内比照有关西部大开发的有关政策予以支持。"

《民族区域自治法若干规定》将《民族区域自治法》规定的国家对民族自治地方实施的特殊优惠、照顾政策进一步细化,具有了更强的可操作性。《民族区域自治法若干规定》关于支持中小企业发展的政策主要包括以下内容:(1)上级人民政府根据民族自治地方的实际,应当优先安排民族自治地方的基础设施建设项目,中央财政性建设资金、其他专项建设资金和政策性银行贷款中应增加民族地区基础设施建设的比重,适当降低国家安排的基础设施建设项目的地方配套资金比例;(2)国家通过一般财政转移支付、专项财政转移支付、民族优惠政策财政转移支付、税收减免和返还政策及其他方式,加大对民族地方财政转移支付的力度,并通过财政转移支付制度确保国家对民族自治地方的转移支付、税收返还等优惠政策落实到自治县;(3)国家建立专项资金,扶持民族自治地方经济和社会各项事业的发展;(4)国家帮助民族自治地方拓宽间接和直接融资渠道,加大对民族自治地方的金融支持;(5)国家完善扶持民族贸易、少数民族特需商品和传统手工业品生产发展的优惠政策,大力发展民族边贸,对少数民族特需商品实行定点生产和必要的国家储备制度;(6)国家鼓励社会资本参与民族自治地方的基础设施、公用事业以及其他领域的建设和国有、集体企业的改制。

另外,《民族区域自治法若干规定》第一次明确提出了矿产资源补偿费使用原则和生态补偿机制:"国家根据经济和社会发展规划以及西部大开发战略,优先在民族自治地方安排资源开发和深加工项目。在民族自治地方开采石油、天然气等资源的,要在带动当地经济发展、发展相应的服务产业以及促进就业等方面,对当地给予支持","国家征收的矿产资源补偿费在安排使用时,加大对民族自治地方的投入,并优先考虑原产地的民族自治地方","国家加快建立生态补偿机制,根据开发者付费、受益者补偿、破坏者赔偿的原则,从国家、区域、产业三个层面,通过财政转移支付、项目支持等措施,对在野生动植物保护和自然生态区建设等生态保护方面做出贡献的民族自治地方,给予合理补偿"。

(三)西部大开发政策

对扶持西部民族地区中小企业发展提出系统、全面阐述的规范性文件是国务院发布的《国务院有关西部大开发的若干政策措施》和国务院西部开发办发布的《西部开发政策实施意见》。其中,《西部开发政策实施意见》比较系统、全面地阐述了国家支持西部民族地区中小企业发展的政策,主要内容可以归结为以下6点:(1)明确将西部开发政策措施的适用范围与对西部民族自治地方的各种优惠政策等同。《西部开发政策实施意见》第1条规定:实施西部大开发若干政策措施和实施意见的适用范围是西部地区,其他民族自治州在实际工作中比照有关政策措施予以照顾。2005年国务院颁布的《民族区域自治法若干规定》则将《西部开发政策实施意见》的规定延伸至民族自治县。(《民族区域自治法若干规定》第6条)(2)加大对西部民族地区的建设资金投入。《西部开发政策实施意见》第2~4点措施规定:通过多元化筹资方式,支持西部开发重点项目和提高国家建设资金用于西部地区重点项目的比重;提高中央财政性建设资金用于西部地区的比例;在坚持贷款原则的前提下,争取提高国家政策性银行、国际金融组织和外国政府优惠贷款用于西部地区的比例;国家通过中央财政性建设资金、专项建设资金、银行贷款、外资以及企业自筹资金等方式集中力量建设一批西部地区重大基础设施建设项目,这些项目有些已经实施并投入运营,有些正在进一步落实阶段,包括"西气东输"、"西电东送"、"南水北调"、"青藏铁路"等。(3)加大对西部地区特别是西部民族地区(指民族自治区、享受民族自治区同等待遇的省和非民族省份的民族自治州)的一般性转移支付力度,并从 2000 年起中央财政安排对民族地区的专项转移支付。(第 6 条)另外,《西部开发政策实施意见》还明确规定:国家实施中央对地方专项资金补助向西部地区倾斜,中央财政扶贫资金重点用于西部贫困地区,国家实施西部地区生态保护工程对森工企业及森工企业职工、长江和黄河上中游退耕还林还草户实施补助政策等。(第 7～11 条)(4)加大对西部地区的信贷支持,运用信贷杠杆支持西部地区经济结构及产业结构调整。《西部开发政策实施意见》第 15 点意见规定"对西部地区企业技术改造、高新技术企业和中小企业发展",给予信贷支持。(5)培育西部民族地区的市场主体,改善投资软环境。《西部开发政策实施意见》规定:深化国有企业改革,逐步形成适应市场竞争的经营新机制;结合产业结构调整,推进国有经济战略性调整;进一步搞活国有中小企业,积极推进中小企业组织管理体系、政策体系和社会服务体系建设;(第 16 条)鼓励个体、私营等非公有制经济主体以独资、合资、合作、特许权等多种方式进行投资,引导西部地区个体、私营经济的发展;(第 17 条)简化投资项目审批程序;(第 18 条)转变政府职能,整顿市场经济秩序,改善投资软环境。(第 19 条)(6)对西部民族地区的中小企业实施普遍性优惠政策。具体包括:①在 2001 年至 2010 年期间,对设在西部地区的国家鼓励类内资企业和外商投资企业减按 15% 的税率征收企业所得税(我国现行《企业所得税法》规定的一般所得税税率为 25%);①另外,《西部开发政策实施意见》还明确规定"经省级人民政府批准,民族自

---

① 国家鼓励类内资企业是指以《当前国家重点鼓励发展的产业、产品和技术目录》中规定的产业项目为主营业务,其主营业务收入占企业总收入 70% 以上的企业;国家鼓励类外商投资企业是指以《外商投资企业产业指导目录》中鼓励类项目和《中西部地区外商投资优势产业目录》中规定的产业项目为主营业务,其主营业务收入占企业总收入 70% 以上的企业。

治地方的内资企业可以定期减征或免征企业所得税,外商投资企业可以减征或免征地方所得税。"②对在西部地区新办的交通、电力、水利、邮政、广播电视企业,给予减免企业所得税的优惠政策。其中,内资企业自生产经营之日起,第一至第二年免征企业所得税,第三至第五年减征企业所得税;外商投资企业经营期在10年以上的,自获利年度起,第一年至第二年免征企业所得税,第三至第五年减半征收企业所得税。③西部地区内资鼓励类产业、外商投资鼓励类产业项目在投资总额内进口自用设备,除《国内投资项目不予免税的进出口商品目录》和《外商投资项目不予免税的进出口目录》所列商品外,免征关税和进出口环节增值税。④实行土地使用权优惠政策,提高建设用地审批效率,减少审批环节,及时提供并保障经济建设用地。⑤实行矿产资源优惠政策:对在西部地区由国家出资勘查形成的探矿权、采矿权价款,符合条件和有关规定的,经批准可以部分或全部转为国有矿山企业或地勘单位的国家资本;对符合条件的、在西部地区勘查、开采矿产资源的单位,可以申请减缴或免缴探矿权使用费、采矿权使用费;探矿权人投资勘查获得具有开采价值的矿产地后,可依法获得采矿权,允许将勘查费用计入递延资产,在开采阶段分期摊销;国家通过多种方式积极培育矿业权市场,促进探矿权、采矿权依法出让和转让;对外商从事非油气矿产资源勘查开采的,除享受国家已实行的有关优惠政策外,还可以享受免缴探矿权、采矿权使用费1年,减半缴纳探矿权、采矿权使用费2年的政策。⑥国家进一步放宽西部地区企业对外贸易经营权和经济技术合作经营权的标准,降低西部地区生产企业申请自营进出口经营权的标准,注册资金由300万元调整至200万元,科研院所、高新技术企业和机电产品企业的注册资金由200万元调整至100万元。

根据《西部开发政策实施意见》第1点意见的规定,国家西部大开发政策的主要目的就在于促进西部民族地区社会经济的发展,因此《国务院有关西部大开发的若干政策措施》和《西部开发政策实施意见》中关于支持中小企业发展的措施实际上就是支持西部民族地区中小企业发展的政策。总之,《国务院有关西部大开发的若干政策措施》和国务院西部开发办发布的《西部开发政策实施意见》对扶持西部民族地区中小企业发展提出了一系列有效的对策,是现阶段西部民族地区支持中小企业发展的一般政策,是国家支持西部民族地区中小企业发展政策系统化的初步尝试。

二、国家促进西部民族地区中小
企业发展的基本制度体系

我国法律意义上的中小企业立法起步很晚,是 2002 年以后的事情。到目前为止,由全国人大通过的专门的中小企业法律只有一部——《促进法》。近年来,为了中小企业发展,国务院和国务院各部、委、局围绕《促进法》出台了一系列落实《促进法》具体规定的行政法规、规章,大部分是中小企业政策,规范性法律文件很少。当然,由于中小企业法的特殊性,中小企业法规范和中小企业政策之间的界限并不是很清晰,二者也很难完全区分开来。在这个意义上的国家促进西部民族地区中小企业发展的基本制度体系分为三个层次:一是中小企业基本法,现阶段主要指《促进法》;二是国务院和国务院下属各部、委、局颁布的扶持中小企业发展的专门性行政法规和规章;三是国家为扶持西部民族地区中小企业发展而在中小企业法律文件中作出的专门规定。

(一)中小企业基本法

从法理上讲,中小企业法可以从形式意义和实质意义两个方面去理解。形式意义上的中小企业法是指由全国人大和全国人大常委会审议通过并具有现实法律效力的专门的中小企业法规范性文件,到目前为止我国只有一部中小企业法,即《促进法》。实质意义上的中小企业法则不仅仅是指由国家最高权力机关制定的、以"法"命名的规范中小企业行为的规范性文件,还包括分散在其他规范性文件中规范中小企业行为的具体法律规范,譬如《中华人民共和国政府采购法》(以下简称《政府采购法》)关于对中小企业政府采购的特殊规定,《中华人民共和国反垄断法》(以下简称《反垄断法》)关于中小企业经营者达成"垄断协议"的除外规定,等等。

　　这里所谓的中小企业法主要是从形式意义上来讲的。我国在国家生活中重视中小企业问题的时间不是很长,即便我国先前有六次关于企业规模划分标准的国家规定,但也远够不上中小企业立法的标准:(1)六次企业规模划分标准规定的"立法"意图是为了大企业和公有制企业,与现代社会里中小企业立法的目的、所有制无限定原则相去很远;(2)六次企业规模划分标准规定的"立法"均采用的是"企业规模划分标准"的立法体例,并不是"中小企业划分标准"的立法体例,与中小企业法的立法体例相距很大;(3)六次企业规模划分标准规定的"立法"层级和效力层级都特别低,都是部门规章,且在执行过程中随意终止、中止、变通的情形也很多。真正形式意义上的中小企业立法始于 2002 年,是年 6 月全国人大常委会通过了《促进法》。它是到目前为止我国唯一的一部以"法"命名的中小企业规范性文件。其中关于促进中小企业发展的一切政策措施的规定当然适用于西部民族地区。

　　关于《促进法》在我国中小企业法体系中的地位,学界有不同的看法,有人认为是中小企业特别法,我国还需要制定一部中小企业基本法。另有人认为,《促进法》就是我国的中小企业基本法,仅仅是名称上没有采用"基本法"这样的说法而已。我们赞同第二种看法。看《促进法》是不是中小企业基本法,并不能仅从名称等表面现象判定,而是要从法律文件的具体规定来判断:《促进法》的具体规定尽管只有 40 多个条文,但是它和世界上其他国家以"中小企业基本法"命名的法律规范性文件相比,都够得上"基本"法的标准,其涉及的每一项规定都是"原则"的、"一般"的,都需要具体立法去细化从而才具有可操作性。从 2002 年以来国务院、国务院各部委为了落实《促进法》而制定出台的一系列规范性文件也充分说明了这一点。《促进法》确定的理念和一般规定是当前和今后我国制定中小企业规范性文件和政策的基本行动准则。

(二)国家扶持西部民族地区中小企业发展的专门规定

　　到目前为止,国家法律中明确规定促进民族地区中小企业发展的专门规定不多,主要涉及三部法律:一是《促进法》,二是《政府采购法》,三是《反垄断法》。

《促进法》第 24 条提出了一个针对"五类"中小企业的减免所得税的规定,其中就包括少数民族地区中小企业:"国家对失业人员创立的中小企业和当年吸纳失业人员达到国家规定比例的中小企业,符合国家支持和鼓励发展政策的高新技术中小企业,在少数民族地区或贫困地区创办的中小企业,安置残疾人员达到国家规定比例的中小企业,在一定时期内减征、免征所得税,实行税收优惠。"这五类中小企业包括失业人员创立的。在国家正式法律文件中明确提出扶持民族地区中小企业发展,这是第一次。

《政府采购法》是同一次全国人大常委会上和《促进法》一起通过的法律。《政府采购法》第 9 条明确规定:"政府采购应当有助于实现国家的经济和社会发展政策目标,包括保护环境,扶持不发达地区和少数民族地区,促进中小企业发展等。"这是一个很原则的规定,它需要相关的法律、法规创设配套制度加以落实,对不发达地区、少数民族地区中小企业占有政府采购的份额、比例、程序等作出规定。

2007 年通过的《反垄断法》没有遵循世界通例,对中小企业"垄断"作出原则性豁免规定,仅在分则第 15 条规定:中小企业经营者为提高经营效率和竞争力而达成具有垄断性质的协议,不构成垄断。《反垄断法》的这个"漏洞"明显是有利于大型企业、国有或国家控股中型企业而不利于民营中小企业的,需要通过以后的相关立法"补漏"。

(三)行政法规和国务院下属各部、委规章

国家扶持西部民族地区中小企业发展的政策在国家实施西部大开发战略和《促进法》颁布前,尽管都是很原则的、非专门的,但专门针对西部民族地区中小企业的分散的、个别的规定还是存在的。如,1993 年 12 月国务院颁布的《中华人民共和国企业所得税暂行条例》,该条例第 8 条规定:"民族自治地方的企业,需要照顾和鼓励的,经省级人民政府批准,可以实行定期减税或免税。"1994 年国家财政部和国家税务总局发布《关于企业所得税若干优惠政策的通知》规定:国家确认的革命老根据地、少数民族地区、边远地区、贫困地区新办的企业,经主管税务机关批准后,可减征或免征所得税3 年等等。国家关于中小企业发展的政策和行政法规、规章高密度地出台

是在 2002 年以后,尤其是 2005 年以来,相关中小企业的立法每年以 20% 以上的速度递增,它们构成当前我国中小企业法的主体。仅 2008 年一年中央国家机关发布的涉及中小企业的规范性文件就达 18 件:《中华人民共和国增值税暂行条例》、《国务院办公厅关于加快发展服务业若干政策措施的实施意见》、《国务院办公厅转发人力资源社会保障部等部门关于促进以创业带动就业工作指导意见的通知》、《国务院办公厅转发发展改革委等部门关于创业投资引导基金规范设立与运作指导意见的通知》、《国家发展改革委关于印发强化服务促进中小企业信息化意见的通知》、《关于支持引导中小企业信用担保机构加大服务力度缓解中小企业生产经营困难的通知》、《财政部、国家税务总局关于调整纺织品服装等部分商品出口退税率的通知》、《财政部关于提高部分商品出口退税率的通知》、《财政部、工业和信息化部关于印发〈中小企业发展专项资金管理办法〉的通知》、《财政部国家税务总局关于提高劳动密集型产品等商品增值税出口退税率的通知》、《财政部、国家发展改革委关于对从事个体经营的有关人员实行收费优惠政策的通知》、《财政部、国家发展改革委、国家工商总局关于停止征收个体工商户管理费和集贸市场管理费有关问题的通知》、《中国银监会关于认真落实"有保有压"政策进一步改进小企业金融服务的通知》、《中国银监会关于银行建立小企业金融服务专营机构的指导意见》、《中国人民银行、财政部、人力资源和社会保障部关于进一步改进小额担保贷款管理积极推动创业促就业的通知》、《国家税务总局关于小型微利企业所得税预缴问题的通知》、《财政部、工业和信息化部关于做好 2008 年度中小企业信用担保业务补助资金项目申报工作的通知》、《国务院办公厅关于当前金融促进经济发展的若干意见》。国务院行政法规和国务院下属各部、委、局规章成为当前促进中小企业发展法律、政策文件的主体。

三、民族地区地方专门立法和政策

当前支持西部民族地区中小企业发展的地方立法和政策包括这样几个

层次:一是西部各民族自治地方根据《宪法》、《民族区域自治法》制定的自治条例、单行条例中关于支持当地经济和企业发展的规定;二是根据《宪法》、《立法法》、《民族区域自治法》规定的立法权限,西部各省、自治区、直辖市、较大的市的人民代表大会和人民政府颁布的关于进一步贯彻、实施《促进法》的"实施细则"、"实施办法"等;三是西部民族自治地方根据本地中小企业发展的实际情况制定的促进本地中小企业发展的地方性规章和政策。

(一)自治条例和单行条例

《宪法》第 4 条第 3 款规定:"各少数民族聚居的地方实行区域自治,设立自治机关,行使自治权。"自治区、自治州、自治县都是民族自治地方。根据《宪法》116 条的规定,民族自治地方的人民代表大会有权依照当地民族的政治、经济和文化特点,制定自治条例和单行条例。制定自治条例和单行条例都属于地方立法行为,其地位相当于地方性法规,其效力限于自治权管辖的范围。自治条例是规定民族自治地方自治机关的组织和活动原则、机构设置、自治权、工作制度及其他重大问题等内容的综合性的规范性文件。一般而言,各民族自治地方制定的自治条例,主要内容都是有关民族自治地方的"政治"性权力,涉及"经济"方面的权力较少,这是由自治条例的性质决定的。尽管我国实行民族区域自治政策始于 1949 年的《共同纲领》,但到目前为止 5 个自治区都没有制定出自治条例。我国民族自治地方大规模地制定自治条例始于 1982 年《宪法》颁布后。到 2005 年为止,西部 27 个民族自治州、83 个民族自治县(或旗)基本上都已经制定了自己的自治条例。在自治条例中都不同程度地规定了促进当地社会经济文化发展的内容。为了保障民族自治地方的自治权,《民族区域自治法》和各民族自治地方的自治条例中都原则性地规定:国家实行有利于民族自治地方经济发展的财政管理体制,为民族自治地方的各项事业和建设提供资金支援和补贴,扶持民族自治地方发展民族贸易和地方工业及传统手工业,帮助民族自治地方加速发展文化教育事业,帮助民族自治地方培养少数民族干部和技术人才,鼓励内地技术人员到民族自治地方工作,民族自治地方有权自主安排使用根据国家财政体制应该属于民族自治地方的财政收入。

单行条例是民族自治地方的人民代表大会根据区域自治的特点和实际需要制定的单项法规。从性质上讲,单行条例是区域特别法。《立法法》第66条第2款规定:单行条例"可以依照当地民族的特点,对法律和行政法规的规定作出变通规定,但不得违背法律和行政法规的基本原则,不得对宪法和民族区域自治法的规定以及其他有关法律、行政法规专门就民族自治地方所作的规定作出变通规定"。由此可见,当前西部民族地区就促进中小企业发展问题作出的地方性立法当主要属于单行条例的范围。从上世纪90年代末起,西部各省、自治区、直辖市开始重视本辖区内中小企业的发展,加强中小企业立法,但终究受我国立法体制和国家中小企业立法滞后等因素的影响,中小企业单行条例在西部民族地区立法中寥寥无几。就促进中小企业发展这一事项而言,单行条例应当是中小企业民族地区地方立法的主要形式。受2008年爆发的全球金融危机引起的就业压力的影响,中小企业单行条例立法在西部民族地区陡然升温,但立法的重点已经发生了转移,主要集中围绕《促进法》展开,构成当前西部民族地区中小企业地方立法的主体和纲领性文件。

此外,西部一些省、自治区、直辖市的人民代表大会和人民政府为了贯彻、落实国务院的《关于进一步贯彻实施〈民族区域自治法〉若干问题的通知》和《民族乡行政工作条例》、《城市民族工作条例》,结合实际制定了相关的实施细则或实施办法。国家明确提出西部大开发战略构想以后,国家对西部民族地区经济建设采取了一系列措施,把东西部地区的协调发展作为国家经济社会发展的一个重要原则,加大了对民族地区的投入,确立了对西部民族地区的转移支付制度,新增了发展基金、温饱基金、民族地区乡镇企业贷款,制定了民族贸易和民族用品生产实行"低息贷款、减免税收、专项投资"等一系列优惠政策。西部各省、自治区、直辖市根据中央支持西部民族地区经济发展的政策,制定了各自的"西部大开发政策"。这些自治条例、单行条例、实施细则或实施办法、"西部大开发政策"中,都直接或间接包括了支持民族地区中小企业发展的某些具体措施。

(二)《促进法》实施细则或实施办法和地方政府规章

1.《促进法》实施细则和实施办法

《促进法》无论从什么角度去理解都是很原则的,它具有"促进型"法律的普遍特征:政策性、灵活性和政府主导性。它并不直接为权利主体直接规定强制性义务和相应的法律责任,而是赋予政府部门很宽泛的自由裁量权和实施政策目标的主导、核心地位。[①] 这就为各地贯彻、落实《促进法》留下了必须进一步具体立法的要求和能够进一步制定地方性法规、地方规章的宽松的余地。自从 2002 年 6 月《促进法》颁布以来,西部省份就根据《促进法》的规定和本省的实际情况积极筹备制定"《促进法》实施细则"或"实施办法",为在本省(区、市)范围内贯彻、落实《促进法》制定具体的政策措施。

西部各省、自治区、直辖市为进一步落实《促进法》而制定、颁布的"实施细则"或"实施办法"从不同的角度可以作不同的分类。

(1)按照逻辑种属关系,可以分为一般的"《促进法》实施办法"或"《促进法》实施细则"和针对《促进法》某个具体条文规定的某个具体事项制定、颁布具体的"指导意见"或"实施办法"等。到 2008 年止,西部 11 个省级行政区域中,云南省出台了《云南省中小企业促进条例》(2008 年 5 月 29 日云南省第十一届人民代表大会常务委员会第 3 次会议审议通过)。重庆市出台了《重庆市中小企业促进条例》(2007 年 11 月 23 日重庆市第二届人民代表大会常务委员会第 34 次会议通过),四川省出台了《四川省〈中华人民共和国中小企业促进法〉实施办法》(2005 年 4 月 6 日四川省第十届人民代表大会常务委员会第十四次会议审议通过)。其他西部省份尽管没有出台"中小企业促进法条例"或实施办法或实施细则,但都已经有了比较完备的草案,加之此次全球金融危机的促动,都加快了立法进程,明确在近期内要出台支持中小企业发展的地方性法规来解决日益严峻的就业压力,如甘肃

---

① 陶清德:《中小企业法律制度研究》,兰州·甘肃人民出版社 2004 年版,第 102—121 页;陶清德:《中小企业"政策法案"的两面》,兰州·《甘肃理论学刊》2006 年第 4 期,第 120—125 页。

省人大常委会就已经明确《甘肃省促进中小企业发展条例》要在 2009 年内出台。① 从地方关于促进中小企业发展的具体立法情况来看，西部各省、自治区、直辖市针对《促进法》某个具体条文规定的某个具体事项制定、颁布的具体"指导意见"或"实施办法"等规范性文件的数量远远超过了"中小企业促进条例"或"《促进法》实施办法或实施条例"等一般立法。这类具体立法主要表现在以下几个方面：一是对中小企业具体减免地方性税收的优惠政策的指导意见。这方面不仅国家有一般性的政策规定，西部各省、自治区、直辖市也为促进管辖范围内民族地区中小企业的发展出台了很具体的减免税政策。二是对引进外来资金或项目给予奖励的政策性规定。在很长一个时期内，西部民族地区由于地缘、民族等客观因素的限制，"外"资流入很少，资金短缺一直成为制约西部民族地区中小企业乃至整个社会经济发展的"瓶颈"，西部各省、自治州、自治县国家权力机关和人民政府制定了一系列政策，对引进"外"资和"外"资企业给予资金、再投资、个人和企业所得税、土地使用权等方面的优惠。② 三是对当地中小企业给予信贷支持的实施意见。我国一向迷信政府干预而怀疑市场调节。我国明确提出建立社会主义市场经济和把扶持中小企业发展作为国家政策重点是同时起步的，国家一开始就关注到"抓大放小"的分流改革必然会使中小企业的资金"断连"问题凸显出来，所以国家一开始的促进中小企业发展的政策就集中在解决中小企业融资难方面。但是解决中小企业融资难的路径选择走的又完全不是一条市场化的路子，国家把解决中小企业融资难的问题完全寄托于国家对"四大银行"的政策干预。上世纪 90 年代，国家在大银行内部强制要求设立信贷部，实行信贷员制度等，从某种角度看，还是轻视市场和人民群众创新能力的表现，这一点到 2002 年《促进法》出台也没有根本改观。国家支持中小企业发展的政策倾向也直接影响、渗透到了西部民族地区支持中小企业发展的地方立法和地方政策中，直到目前西部各省已经出台或

---

① 本文稿修订出版之前，《甘肃省促进中小企业发展条例》已出台。

② 这里的"外"资，不仅仅是指国外资金，包括来自于本自治区、自治州或自治县以外的所有资金。

正在筹划出台的"中小企业促进条例"或"《促进法》实施办法或实施细则"都把中小企业信贷政策作为立法的重点。翻开西部五个自治区出台的"加快中小企业发展的若干意见",都毫无例外地将中小企业信贷政策作为解决中小企业融资难的首选对策。四是关于建立中小企业信用担保体系的实施意见。建立中小企业信用担保体系是国家中小企业信贷政策"失败"后转轨的产物。上世纪90年代末,随着东南亚金融危机的爆发,我国实施通货紧缩政策,宣告了中小企业信贷政策事实上的"破产"(尽管上世纪90年代以来中国人民银行和中国银监会颁布的一系列支持中小企业发展的信贷政策仍然有效)。因此,在2000年以后,国家将解决中小企业融资难问题的视线转向降低中小企业信贷风险,在全国范围内"整顿金融秩序",其标志性事件是国家重视、加快中小企业信用体系建设和在全国范围内推行中小企业信用担保机构试点工作。由于中小企业信用担保机构建设本身具有的"权力"扩张效果,西部民族地区和全国其他地区一样,中小企业信用担保机构和中小企业信用担保立法迅速发展。到目前为止,中小企业信用担保政策后来居上,成为继中小企业信贷政策后的西部各省、自治区、直辖市和各自治州、自治县中小企业立"法"的重点。五是对中小企业引进人才、创业发展、政策和信息咨询、企业登记等优惠政策的规定。从国家提出西部大开发战略以来,政策引导被置于很高的地位,到目前为止国家并没有一项正式的西部开发立法,包括引进外资、企业登记、行政许可、土地使用权出让或划转、各种减免税等促进中小企业和社会经济发展的措施都以政策文件的形式体现。《促进法》出台更强化了这种趋势。因为,《促进法》作为我国中小企业基本法并没有像传统法律那样为执"法"部门和企业规定一个"法定"权力或权利范围,相反赋予了执"法"部门很宽泛的自由裁量权,包括制定具有普遍约束力的规范性文件的权力,《促进法》的政策化是内在于中小企业法的。正是由于《促进法》的政策化推动了西部民族地区中小企业"法",尤其是《促进法》和国家政策规定得比较笼统的事项,大量地被"地方化"和"地方事务化"而纳入地方立法和地方政策的范围。譬如,人才引进、创业扶持包括各种企业孵化器和各种类型的工业园区("特区")建设、中小企业信息化、电子商务等等,纷纷被纳入政府地方政策的范围。六是关于发展当地高新技术产业和高新技术企业及科技型中小企业孵化基地、生产力发展中心等的指导措施。根据 1999 年中央发布的《技术创新决定》,设立高新技术产业、高新技术企业及科技型中小企业孵化基地、生产力发展中心等推动科技成果转化的工业园区,不仅企业可以享受各种减免国税待遇,而且地方政府也可以从中央财政获得专项资金支持。在这种利好推动下,地方政府都热衷于设立各种工业园区。工业园区政策和类似的规范性文件在当前西部地区省级以下政府规章和政策中占有相当高的比例。除上面六个方面以外,关于支持中小企业产品出口的指导意见,关于建立中小企业社会化服务体系的具体措施和指导意见,关于建立中小企业自律性组织、提高中小企业信用的具体措施等等,在西部民族地区中小企业"法"体系中也占有相当的比例。

(2)按照立法目的划分,民族自治地方中小企业法可分为专门事项立法和特定区域立法。这并不是一种独立的分类,而是依据《促进法》和西部民族地区制定的"《促进法》实施细则"或"《促进法》实施办法"而进行的一种分类。特定区域立"法"的典型是工业园区立"法"。随着中小企业政策中区域政策和产业政策地位的加强,西部民族地区的特定区域立法将越来越频繁,尤其在发展县域经济、区域集群发展中,地位也越来越凸显出来。譬如,新疆自治区为了克服绿洲农业和资源型工业的经济"分散"效应(由自然地理因素造成的外部不经济),把全区划分为若干个不同的经济带,根据不同经济带的特点和优势,制定不同的政策和地方性法规、规章。从新疆自治区明确提出乌昌经济一体化战略以来,新疆自治区人民政府和人大为了推进乌昌地区企业的集群化发展,成立了专门的跨乌鲁木齐市和昌吉州的领导和协调机构,并先后出台了十多部地方性法规、规章和政策性文件,指导、规范乌昌经济区的发展。专门事项立"法",是 2007 年以来地方中小企业立"法"的新趋势。譬如,《促进法》规定中央财政必须设立中小企业专项资金科目,省级财政根据条件设立中小企业专项资金科目。从 2007 年以来,中央财政加大了对中小企业的支持力度,下拨地方的中小企业专项资金必须要专款专用,迫使西部各省、自治区、直辖市财政部门设立中小企业专项资金科目,并延伸到地市级财政。到 2008 年底,西部 11 个省级人民政府的财政部门、中小企业局、经贸委等都联合出台了"中小企业专项资金管理办法",个别自治州、自治县也制定了适用于本辖区的"中小企业专项资金管理办法"。地方制定什么样的专项政策往往取决于中央的政策导向,譬如,2008 年国家为了缓解金融危机造成的就业压力,进一步加大了对中小企业和非公有制经济的融资支持力度,除了成立小额贷款公司、提高对中小企业的信贷上限等间接融资支持外,还进一步降低了成长型中小企业的直接融资门槛,为此西部一些省份制定出台了中小企业上市培育政策。最为典型的是云南省人民政府于 2008 年 7 月 29 日颁布了《云南省中小非公企业上市培育办法》。完全可以预见,随着《促进法》规定的扶持中小企业发展政策的进一步具体化、明晰化,今后在西部民族地区的中小企业专门事项立法将会越来越多。

当然,西部民族地区针对中小企业发展的地方立法形式并不是孤立存在的,往往各种形式都交织在一起。五个民族自治区关于贯彻、落实《促进法》的一般地方性立法,本身就是关于民族地区中小企业发展政策的立法。而有些西部省份则在本省关于贯彻、落实《促进法》的"实施细则"或"实施办法"等一般性立法文件中专门就扶持本省民族地方中小企业发展作出专条或专项、专款规定;或者根据《促进法》第 24 条关于国家扶持少数民族地区中小企业发展的政策规定精神,制定适应于本省民族地方中小企业发展的专门地方性法规。这在民族自治地方比例高的西部省份比较普遍。有些属于有意为之,有些则是由于本省民族地方分布的实际情况使关于中小企业的一般地方性立法在具体适用上产生"专门性"的事实效果。① 但到目前为止,西部省份中在"一般"地方立法之外进行专门立法,以独立的地方性规范文件对某个民族自治地方中小企业发展的政策措施做出具体规定的不多见。更多的是在相关地方性立法和政策性文件中专条规定在本省民族地方投资设立企业等享受何种优惠政策。有一种更为普遍的情形是,西部各

---

① 可能是由于本地扶持企业发展的政策使然,如本地无大型企业,支持企业发展的各项立法实际上就是扶持中小企业发展的专门立法;也可能是"民族"使然,如一般地方性立法在民族自治地方适用,从而使支持中小企业发展的地方性立法在执行环节上产生扶持民族地区中小企业发展的事实效果。

民族自治州、自治县都根据《促进法》、本省的"《促进法》实施细则"或"《促进法》实施办法"的规定,将支持本地中小企业发展作为"地方事务"处置,制定专门的扶持本地中小企业发展的"政策"(成文的或不成文的)。这类"规范性文件"在数量上要远远多于正式的地方性法规和地方性规章,在实际"执法"环节上也比地方性法规、地方性规章优先。

2. 地方规章

早在上世纪 90 年代,随着国家实行市场经济,中小企业发展面临的困境就通过乡镇企业的大量破产倒闭显现出来。起初,西部民族地区跟随着国家的政策风向,亦步亦趋,制定了一系列乡镇企业"脱困"政策,但收效甚微。上世纪 90 年代末,国家实行国有企业"抓大放小"、"下岗分流"和"股份制"改革,迫于就业压力,国家企业立法转向政策性立法,国家出台了一系列解决中小企业融资难、信用制度建设等方面的政策和部门规章。与此同时,西部民族地区中小企业立"法"也进入了一个新阶段。1998 年 5 月 2 日宁夏自治区人民政府出台了《关于进一步放开搞活中小企业的政策规定》,首开西部民族地区制定中小企业地方规章的先例。此后,新疆自治区人民政府办公厅转发了自治区经贸委制定的《进一步促进自治区中小企业发展若干意见》(2004 年 4 月),广西自治区人民政府印发了《关于加快中小企业发展的若干意见的通知》(2007 年 5 月)等。到 2008 年底,西部 5 个自治区都出台了支持本辖区内中小企业发展的省级人民政府规章,而其他 5 个省和 1 个直辖市也先后颁布了"促进中小企业发展"省级政府规章,最迟的是 2008 年 12 月 12 日云南省人民政府颁布的《关于加快中小企业发展的若干规定》(云政发[2008]253 号)。不用说,5 个自治区颁布的关于促进中小企业发展的政府规章当然属于西部民族地区中小企业地方立法的范围,适用于制定规章的人民政府行政管辖范围内的中小企业事项。其他 5 个省、1 个直辖市"关于促进中小企业发展"的地方规章原则上其效力必然及于本辖区内的所有民族地区,但其中有些条款专门针对民族地区作出的规定则仅适用于本辖区内民族自治地方的中小企业。2008 年全球金融危机迎来了中小企业地方立法"高峰期",西部 11 个省、自治区、直辖市除个别省份外,都制定了促进中小企业发展的省级人民政府规章,但中小企业立法还没有深入到自治州、自治县一级,还没有一个自治州、自治县权力机关或人民政府就中小企业发展问题制定专门的单行条例、规章或政策。

(三)促进民营经济发展的地方政策

在前文,我们用比较大的篇幅指证和论述了西部民族地区个体、私营经济的特殊地位,指出西部民族地区的市场经济是处在小农经济和小商品经济海洋中的地方市场经济。正因为如此,西部民族地区都普遍重视对个体、私营等民营经济或非公有制经济发展的政策引导。1993 年《宪法修正案》以宪法的形式规定国家实行社会主义市场经济,明确了个体、私营经济的法律地位。这为个体、私营经济占主导地位的西部民族地区探索发展"西部式"的市场经济提供了宪法依据。之后开始的以国有企业股份制改革为核心的资产重组,把大量的国有企业剩余劳动力抛向社会,个体、私营经济成为吸纳这些剩余劳动力的主渠道。个体、私营经济对保障国有企业改革和社会稳定的作用陡然提升,这使得个体、私营经济建构市场的西部民族自治地方纷纷选择了通过立法来保护个体、私营经济发展市场经济的构想——通过发展小商品经济推进市场经济。就是在这种背景下,产生了西部民族地区第一个个体、私营经济地方立法高潮。譬如,1993 年四川省第八届人民代表大会常务委员会第三次会议审议通过了《四川省个体工商户条例》,1994 年四川省第八届人民代表大会常务委员会第十次会议审议通过了《四川省私营企业条例》,1997 年四川省第八届人民代表大会常务委员会第二十八次会议审议通过了《四川省〈中华人民共和国乡镇企业法〉实施办法》,1998 年宁夏自治区人民政府颁布《关于进一步放开搞活中小企业的政策规定》,1998 年贵州省黔南布依族苗族自治州人大常委会审议通过《黔南布依族苗族自治州个体工商户和私营企业权益保护条例》,1999 年贵州省黔东南苗族侗族自治州人大常委会通过《黔东南苗族侗族自治州个体工商户私营企业条例》,1999 年贵州省务川仡佬族苗族自治县人大常委会审议通过《务川仡佬族苗族自治县非公有制经济发展保护条例》,等等。其中,1997～1999 年西部民族地区自治州、自治县的一半民族自治地方都已经制定出台了"保护非公有制经济发展条例"。有些民族自治地方尽管没有制定专门的个体、私营经济保护"条例",但在同一时期的自治条例或促进中小企业发展的政策规定中都涉及了保护非公有制经济发展的内容。

在2005年国务院颁布《非公经济发展意见》以后,西部民族自治地方都加快了保护个体、私营经济发展的立法。到2008年,从自治区到自治州、自治县,西部三级民族自治地方都已经出台了个体、私营经济保护条例或地方规章。这类立法构成西部民族地区发展县域经济政策的雏形。

综上所述,当前支持西部民族地区中小企业发展的立法和政策在表现形式上分为四个层次,国家、省(自治区、直辖市)、民族自治州和自治县四级"立法"。理论上讲,效力层级"自上往下"排序,而实际的情形并不是这样。由于涉及中小企业发展的问题很复杂,并不具有按照一般法律规范作普遍处置的特性,而是更多地表现为"地方事务",国家、省(自治区、直辖市)关于扶持中小企业发展的政策和"法规"在执行环节上被赋予很大自由裁量权的地方行政执法机构"变通"。① 因此,支持西部民族地区中小企业发展的立法和政策在实践上存在"立法"和"执法"的"二元"分离:立法层面上的国家对民族地区的单向优惠扶持,执法层面上民族自治地方政府行政执法机关以不受司法审查的自由裁量权将中小企业法与政策完全纳入"地方事务"。

---

① 《促进法》和其他中小企业普遍性规范文件本身授予行政执法机关很宽泛的自由裁量权和这种自由裁量权的非司法审查性赋予了这种无限定"变通"的合法性。

第七章　西部民族地区中小企业发展制度的局限性

一、西部民族地区中小企业发展制度的特点

从上面关于国家支持西部民族地区中小企业发展制度情况的介绍,我们可以总结出以下特点:

(一)政策分散

国家至今没有出台过支持西部民族地区中小企业发展的专门法规和政策,扶持西部民族地区中小企业发展的政策措施分散在各种国家和地方性立法文件当中。譬如,《宪法》和《民族区域自治法》中原则性地规定了民族自治地方的划分、民族自治地方享有的各种权力,规定"民族自治地方的自治机关根据本地方的情况,在不违背宪法和法律的原则下,有权采取特殊政策和灵活措施,加速民族自治地方经济、文化建设事业的发展"。千年之际,中央提出了西部大开发战略,明确了国家实施西部大开发的各项优惠政策,涉及制定政策的原则、增加资金投入政策、改善投资环境政策、扩大对外开放政策、吸引人才和发展科技教育政策五大方面,但除增加资金投入、改善投资环境两大政策中的若干措施具有明确的可操作性以外,其他规定都很原则,明确涉及中小企业发展的政策规定更是少见,每一项政策措施似乎都与西部民族地区中小企业的发展有关,又似乎与西部民族地区中小企业的发展不具有直接联系。2005 年国务院《民族区域自治法若干规定》将

《民族区域自治法》规定的国家对民族自治地方实施的特殊优惠、照顾政策进行了细化,增强了国家对民族地区优惠政策的可操作性和透明度,使国家对民族地区的特殊优惠政策向制度化迈出了实质性的一大步。前文我们已经做过详尽梳理,指出当前支持西部民族地区中小企业发展的政策措施的主体是西部各省、自治区和其他民族自治地方、直辖市制定的落实《促进法》的"实施细则"或"实施办法"和促进民营经济发展的地方政策。

可见,当前国家支持西部民族地区中小企业发展的法规和政策的一个鲜明特点是分散性或零散性:(1)立法和政策分散在中央和地方的不同的其他规范性文件中,无统一、系统的规定;(2)在实践中能够产生实效的政策措施基本上都属于地方基层"对策",不同行政管辖区域、不同行政级别的地方国家机关在其管辖的行政区域范围内制定和执行着不同的发展本地中小企业的"政策措施"。

(二)区域性和族群性

1. 区域性

毫无疑问,国家支持西部民族地区中小企业发展的政策措施是区域性的:(1)现行国家对西部民族地区的政策是历史上久已形成的"西部"政策适应新形势的合理部分的必然延伸。国家对西部民族地区社会经济发展实施各种优惠政策由来已久。历史上我国历朝历代根据西部地区的特殊"区情"实施不同于内地的特殊政策。长久地推行特殊政策,强化了这一地区在中华民族版图内的"特殊性",并形成居住在这一地区范围内居民"特殊"的心理素质、文化气质、经济和社会生活方式。新中国成立后,尽管实施新型的民族平等政策,但是不得不正视这一地区久已形成的"特殊"的"传统",在某些既成事实的社会、经济、文化等"历史传统"面前,延续历史形成的"特殊"区域政策。(2)我国法定民族自治地方的划分是以行政区划为基础的。我国《宪法》和《民族区域自治法》对民族自治地方的区域范围确定和级别划分,是以行政区域划分为根本基础的。实践中在特定地区实施的政策也是以行政管辖权为基础确定政策有效范围的。(3)新中国成立后的很长一段时间里,西部民族地区的政策暗合国家的边疆政策。从 1950 年到 1985 年的 35 年时间里,国家针对西部民族地区的各种优惠政策执行着"边疆"政策的功能。(4)现行国家支持西部民族地区中小企业发展的政策是作为国家西部地区区域政策的组成部分执行的。1999 年国家提出西部大开发战略,在颁布的国家政策性文件中第一次明确提出针对西部民族地区中小企业的优惠政策措施:规定"积极引导西部地区个体私营等非公有制经济加快发展,依照有关法律法规,凡对外商开放的投资领域,原则上允许国内各种所有制企业进入。加快建立中小企业信用担保体系和中小企业服务机构","对设在西部地区国家鼓励类内资企业和外商投资企业,在一定期限内,减按 15%的税率征收企业所得税。民族自治地方的企业经省级人民政府的批准,可以定期减征或免征企业所得税。"可见,国家关于支持西部民族地区中小企业发展的立法和政策是以族群为对象、以地域为基础的区域性政策。

2. 族群性

尽管国家直接支持西部民族地区中小企业发展的立法和政策很少,但几乎国家所有有关西部开发的政策和立法都把民族问题作为首选目标,所以民族性是国家促进西部民族地区中小企业发展制度的重要特点:(1)历史上西部地区就是一个多民族和我国少数民族居住集中的区域,历朝历代的"西部政策"都具有民族政策的鲜明特点。(2)我国法定的民族自治地方大多分布在西部地区,"民族地区"(民族性)和"边疆地区"(区域性)是同一的。(3)国家现行政策明确将"西部"和"民族地区"直接联系在一起,支持西部民族地区中小企业发展的立法和政策分散在《宪法》、《民族区域自治法》、国务院《西部开发政策实施意见》、《民族区域自治法若干规定》等若干法律、法规和其他国家政策性文件当中。1999 年国家提出西部大开发战略,随后国务院办公厅转发国务院西部开发办《西部开发政策实施意见》。《西部开发政策实施意见》第 2 条将西部大开发和西部民族地区社会经济发展联系在一起,明确规定国家西部大开发政策适用于不在西部的民族自治州。2005 年国务院颁布的《民族区域自治法若干规定》则将《西部开发政策实施意见》的规定延伸至民族自治县。(《民族区域自治法若干规定》第

6 条)到目前为止,国家所有分散在各个不同法律、法规和政策性文件中支持西部民族地区中小企业发展的立法和政策条文都是在区域性和民族性方向上作出规定的。(4)当前,分布有民族自治地方的西部各省、自治区、直辖市和地级市及各西部民族自治州、民族自治县制定的促进当地中小企业发展的地方性立法和地方性政策,都把发展当地中小企业和推进当地民族地区工业化、现代化联系在一起。

3. 区域性之"实"和族群性之"名"

诚然如此,我们如果仔细审视西部民族地区中小企业"促进法",就会发现,民族性或族群性是西部民族地区中小企业"促进法"的形式特征,其本质上则是区域政策。(1)按照《宪法》和《民族区域自治法》的规定,国家实行民族区域自治政策。这意味着任何在民族地区推行的政策都必须体现民族性和区域性特征。(2)按照《立法法》规定,任何民族自治地方的地方性立法(应当包括地方性政策)不得违反《宪法》、《民族区域自治法》和其他法律、行政法规关于民族区域自治原则的规定。这限制了民族自治地方立法对民族区域自治政策的可能"突破"。(3)从执行层面上看,区域政策较族群政策操作简便、成本低廉。"族群"政策落实到位的话应当是一种公民政策,也是自然人政策,它建立在族群调查、识别、信息甄别等一系列具体措施上,既要遵循程序规程又要遵循实体规程,操作复杂、成本较高,且是以区域内族群不平等为前提的。相反,区域政策是一种抽象政策,只要是属于宪法、法律规定的民族自治地方的公民,都平等地适用在该区域内推行的政策,执行起来操作简便、快捷,执法技术要求不高,成本低廉。我国的民族区域自治制度是在新中国成立初期建立起来的,当时的客观情况和执法水平,不可能使得民族区域自治政策达到公民政策和自然人政策的水平来执行,因此国家尽管基于政治需要冠以"民族区域自治政策"的名号,实际执行层面是当作区域政策来执行的。即使从民族平等原则的角度,民族区域自治政策也更适宜作为区域政策来执行。中小企业政策也不例外。正是由于此,西部民族地区中小企业发展才呈现出明显的"汉族化"倾向和民族地区企业发展的"内卷化"现象。

（三）国家干预性

国家和西部各级行政区域推进西部民族地区中小企业发展的立法和政策,明显不同于一般的"市场法则"。(1)政府部门的政策构成了支持西部民族地区中小企业发展规范性文件的主体。到目前为止,国家还没有颁布"西部民族地区中小企业发展促进法"之类的统一的规范性文件。推进西部民族地区中小企业发展的地方性立法也仅限于地方国家权力机关为贯彻、落实《促进法》而颁布的"《促进法》实施办法"或"《促进法》实施细则",或分散规定在扶持非公有制经济、民营经济等地方性政策当中,只有恰好存在"地域性"吻合"民族性"的情形时,这样的立法才是"专门性"的。即只有民族自治地方制定的扶持本地中小企业发展的地方性立法,才属于"专门性"的范围。但是,由于受我国国家立法体制的限制,除各民族自治区以外,这样的"专门性"地方立法就不可能存在。而截至 2007 年年底,西部民族地区自治州州府所在地还没有一个被国务院确定为《立法法》规定的"较大的市"的范围;其他西部省级行政区域、各省会城市都属于一般地方行政区域,也仅仅在它们制定的相关地方性法规中,个别条文涉及了民族地区中小企业发展问题。另外,《促进法》本身是一部"政策法案",各地方权力机关制定的"《促进法》实施细则"或"《促进法》实施办法"不可能改变"政策法案"的性质,只能是将国家的中小企业政策、《促进法》规定的政府部门的中小企业政策执法权、自由裁量权进一步具体化。(2)《促进法》赋予了中小企业政策执行机构宽泛的自由裁量权。按照《促进法》第 4、5 条和第二章到第六章的规定,政府及其各部门享有从中小企业政策制定到具体执法的各种权力,而《促进法》、《宪法》、《民族区域自治法》及其他相关法律、法规并没有为中小企业执法权规定法律责任。而这一系列权力的性质也决定了它们排斥司法权的审查,因为按照我国现行《中华人民共和国行政诉讼法》的规定,行政执法机关自由裁量权幅度内的行政行为原则上司法机关只能按照合理性审查,司法机关无权对行政执法机关法定裁量权范围内的执法行为行使变更权。这样,在中小企业法上行政执法机关享有比一般法律制度上更宽泛的自由裁量权,政府干预性质更突出。(3)中小企业法是以政府权力为主导的法律权利义务体系。关于此点笔者在《中小企业法律制度研究》一书和前面"理论篇"中已经作过详尽论述,在此就不再赘述。①(4)西部民族地区中小企业发展的立法和政策赋予了各民族地区根据自己的实际情况变通执行法律和政策的权力,包括按照《促进法》的规定制定具体政策和其他规范性文件的权力以及根据《民族区域自治法》的"变通执行权"。首先,根据《促进法》的具体规定,赋予中小企业"执法"机关的权力实际上不限于"执法"权,还包括根据国家产业政策、就业政策等制定中小企业发展具体政策的权力。其次,根据《宪法》、《民族区域自治法》的规定,各民族自治地方有根据本地的实际情况制定单行条例的权力,包括根据本地中小企业发展的实际情况制定有关支持中小企业发展的单行条例。尽管目前还没有民族自治地方的国家权力机关制定这方面的单行条例,但是根据《宪法》、《民族区域自治法》的规定,各民族自治地方确实享有这方面的地方立法权。第三,在具体的中小企业执法中普遍存在通过发布地方性的支持中小企业发展措施而将中小企业政策事项和立法事项"地方事务化"的现象,即中小企业法和政策执法环节存在根据《促进法》的执法"变通权"。可见,在中小企业法和政策执行环节,直接体现着政府干预的属性。

　　强调政府政策在西部民族地区中小企业发展中的地位和作用的另一面是忽视市场规则、市场规律的作用。(1)西部民族地区的国有大中型企业以资源、能源等重工业为主,国家实行矿产资源国有制和对资源的战略性控制,从政策和法律上排斥资源配置的市场化。(2)支持西部民族地区中小企业发展的对策、措施基本上都是政策文件和政策性规范,可操作性很差,法制化程度太低,法律有被淡出西部民族地区中小企业发展制度的倾向。(3)中小企业法律主体在政策性规范中的权利(力)义务的单向分置、执法主体被赋予无限自由裁量权,排斥法律主体之间的相互监督、制约机制,完全与市场经济本身的法则相违背。(4)到目前为止,国家颁布的支持西部大开发和西部民族地区中小企业发展的政策都是区域发展政策,除对少数

---

① 陶清德:《中小企业法律制度研究》,兰州·甘肃人民出版社2004年版,第110—112页。

民族的个别"族群"政策外,没有针对族群个体的私法政策和激励机制,不能从制度上保证少数族群甚至限制了少数族群参与市场的积极性。

(四)以财政、税收政策为主

我国支持西部民族地区社会经济和中小企业发展的政策、立法分前后两个阶段,前一个阶段为1950年至1999年,对西部民族地区的优惠政策主要倾向于农牧业,长期实行"以率计征、依法减免、增产不增税"的定额轻税政策;后一个阶段从1999年国家正式提出西部大开发至今,国家对西部民族地区优惠政策的范围扩大,且政策主要向企业倾斜,并以减免所得税为主。前后两个阶段,我国支持西部民族地区社会经济和中小企业发展的经济政策的核心是财政、税收政策。从1950年至2006年,我国对西部民族地区的各项优惠政策中,有关税收优惠的政策共有16项:对边疆民族地区实行减免工商税(1950~1993年);对少数民族地区农牧业实行轻税照顾(1953年至今);对生活困难的少数民族地区减征农业税(1958年至今);对边疆县和民族自治县乡镇企业免除工商所得税5年(1979~1985年);对"老、少、边、贫"地区减免所得税(1985年至今);对边疆贸易实行税收优惠政策(1991~1994年);减免少数民族地区固定资产投资方向调节税(1992年至今,全国已停征);对"老、少、边、贫"地区新办企业减免所得税3年(1994~1997年);对收购边销茶原料企业减按10%征收农业特产税(1994年至今);2006年1月1日起,停征农业税及除烟叶以外的农业特产税;对设在中西部地区的外商投资企业3年减按15%税率征收企业所得税(2001~2002年);对西部地区民族自治地方企业可定期减征或免征企业所得税(2001~2010年);对西部地区新办交通、电力、水力、邮政、广播电视企业实行2年免征、3年减半征收所得税(2002~2010年);对定点生产和经销边销茶免征增值税(2001~2005年);对西部地区为保护生态环境,退耕还生态林、草产出的农业特产品收入,在10年内免征农业特产税(2001~2010年,除烟叶以外的农业特产税全国已经停征)。从整个新中国成立以来西部民族地区社会经济发展和中小企业发展来看,国家对西部民族地区长期实行财政转移支付,财政转移支付资金在不同的历史时期有不同的用途,总体上前一阶段主要用于农牧业生产,后一阶段呈现多元化趋势,主要用于教育、生态环境保护、基础设施建设、国有企业转轨与改制。

综上而言,新中国成立以来对支持西部民族地区社会经济和中小企业发展的优惠政策是针对西部民族自治地方相对落后的社会经济状况实行的由政府主导的一种工业化、现代化策略。

二、现行西部民族地区中小企业发展制度的局限性

从 1950 年到现在,国家长期对西部民族地区实施的优惠政策的首要目标是要达到各民族事实上的平等,通过优惠和扶持政策逐步缩小各民族之间,尤其是各少数民族和汉族之间在经济发展水平上的现有差距。[①] 现阶段,国家和西部各省、自治区、直辖市、其他各级国家机关支持西部民族地区中小企业发展的立法和政策,作为支持西部民族地区发展政策的重要组成部分,对促进西部民族地区中小企业发展起到了积极的作用,但也存在不少值得关注的问题。

(一)"经济决定论"

新中国成立初期,国家为了贯彻、落实《共同纲领》确定的民族平等政策,从当时全国和西部民族地区的实际情况出发,首先解决少数民族地区人民的基本生活需求问题,重点对西部民族地区的农牧业实行减免税政策,而西部民族地区工商业则实行国家专营。这一方面是国家实行计划经济的产物,另一方面也是当时国家建设难以全面铺开所致。事实上,计划经济与消除民族间存在的事实上的不平等不冲突,恰恰相反,计划调配是一种短期内缩短西部民族地区与汉族地区之间、各民族之间存在的事实上的不平等的最便捷、最有效的方法。今天看来,我们不能用"计划经济都是不好的"这

---

① 马戎:《民族社会学——社会学的族群关系研究》,北京·北京大学出版社 2004 年版,第 525—526 页。

样武断的观点来评价上世纪50年代至80年代中期的各项国家政策。尤其是,如果没有国家对西部民族地区工业企业的垄断经营,没有"三线建设"时期国家对西部地区的大规模、有计划投入,整个西部地区就不会建立起现代工业化的基础。在上世纪80年代中期至90年代上半期,随着对西部民族地区农牧业实行承包经营,国家西部政策的重心向工业企业转移,针对各类企业的财政、税收优惠政策相继出台,作为国家推进对外开放政策的重要一环,西部民族地区的基建企业、边贸企业、在西部民族地区的外商投资企业首先得到国家和地方优惠政策的垂顾。80年代后期的农牧业承包经营极大地提高了农牧业的劳动生产力,农牧业的发展对西部民族地区的生态环境产生巨大压力,1999年的西部大开发战略实际上是对西部地区农牧业政策重大调整的开始,国家支持西部地区社会经济发展的政策重心向各类企业倾斜。

1. 将经济差距和族群分层作因果分析

从我国《宪法》和《民族区域自治法》确定的民族政策来看,国家长期将各族群间存在的"事实上的不平等"简单等同于各族群间经济发展的不平衡或经济差距,从而将缩小族群间经济发展差距的政策作为消除族群分层的政策执行。我国长期以来实行针对少数民族的优惠政策——最先针对农牧业,后来针对民族地区的企业——以缩小各民族间的经济发展差距、消除各民族存在的事实上的不平等,有把族群分层简单归结为经济发展水平差距的倾向。近60年来,国家把改变西部民族地区落后状况的措施集中在经济措施上,直到上世纪80年代中后期才改变过去那种"输血式"扶贫措施,就是最好的证明。其实,从上世纪90年代国家将推进西部民族地区社会经济发展的措施根本上转向对西部民族地区中小企业以来,国家支持西部民族地区的各种"创业"对策也没有走出"经济决定论"的圈子。实行市场经济以后,扶持西部民族地区经济发展的"经济决定论"陷入危机:首先,国家针对中小企业的直接"补贴"违反市场竞争规律;其次,几十年的实践证明,造成族群差距的原因是多方面的,消除族群之间、西部民族地区和汉族地区之间发展差距的措施根本上还不在于外部资金的"注入",而在于内部群体的主动"参与";再次,我国加入WTO以后,国家对西部贫困民族地区的优惠政策包括在 WTO《补贴与反补贴措施协定》的"不可诉补贴"范围之内，但国家对西部民族地区的"普遍优惠"政策将会受到挑战。

2. 政策缺乏刚性，各项政策存在"剥皮"现象

如果立法和政策的对象、内容、措施、责任、执行程序等是十分明确的、确定的、自由裁量幅度小的、并非终局性而接受准司法或司法审查的，执法机关在执行过程中的"变通"余地就会缩小。但是，实际上我国从上世纪90年代以来针对西部民族地区中小企业的优惠政策普遍缺乏刚性，这些政策的对象和内容一般都比较笼统，多以"普遍"政策的形式出现，而这些措施一般都通过中央到地方的财政部门执行，又属于我国《行政诉讼法》规定的"抽象行政行为"，缺乏行政执法机构以外的国家或社会机构的监督，所以各项政策在实际执行中普遍存在自上而下的"剥皮"现象。①

3. 政策对象的"特权化"

国家对西部民族地区的优惠政策对象由"农牧民"转向"企业"，表面上看仅仅是政策对象主体身份的变化，但实际上这种转变意味着政策"属性"的改变：普遍适用于个体的"平均主义"政策转化为针对少数经营业绩突出的营利性组织的"特权"，同时也使政策执行丧失了一种基于个体利益相关者的监督机制。对"农牧民"的优惠政策在最终执行环节是针对个体的，具有分散性，无论以何种方式执行，"农牧民"户都是一种生计单元，针对"农牧民"的优惠政策具有鲜明的平均主义特点，都较少考虑效益而更多地顾及公平。但是，"企业"不同于"农牧民"，它们是一种生产组织，具有"财团"性质，追求利益最大化是它们的目的所在，谋求市场"特权"与它们所追求的目的具有一致性。因此，针对企业的政策比针对"农牧民"的政策更容易被腐蚀和偏离公共目标。

正是因为以上原因，从我国实施改革开放以来，尽管国家对西部民族地区优惠政策的范围和幅度有了很大提高，西部民族地区的社会经济总量和

---

① "剥皮"是我们在西部民族地区进行中小企业发展状况调查中，对中央补助西部贫困民族地区资金的层层被"蚕食"现象、各级地方国家机关执行国家政策当中的层层"变通"现象的统称。

当地人民的生活水平也较过去有了大幅度的提高,但是西部民族地区和汉族地区之间、各民族之间尤其是各少数民族和汉族之间的经济发展差距并没有缩小,反而较过去进一步扩大了。出现这种"多收了三五斗"的情形,根本上是与国家对西部民族地区执行的"经济决定论"政策分不开的。

(二)族群被淡出民族区域自治政策

以地域为基础的民族区域自治制度和国家支持西部民族地区中小企业发展的政策之间存在着抵牾,族群被淡出民族区域自治政策的范围。任何一个多民族的国家,都需要一种规范国内各民族之间关系的政治制度来解决族群问题。现代社会主义国家开创了把民族问题制度化的先例:苏联建国初期实行在"民族自决权和分离权力"前提下的"各拥有平等权利民族的自愿联合"的联邦制,处理国内存在的 100 多个民族之间的关系问题,建立了 15 个加盟共和国、20 个自治共和国、8 个自治州、10 个自治区和 128 个边疆区或州组成的共和国联盟;[①]南斯拉夫实行以"事实上的分权"为基础的联邦制,解决民族与国家之间的关系。[②] 新中国成立后,中国共产党根据中国国情选择了民族区域自治作为解决民族问题的基本政策。我国的民族区域自治制度是在地域基础上的"个人身份的制度化"和"族群聚居地区'自治权力'的制度化"。在笔者看来,从制度本身的设计上来说,区域自治仅仅是形式,维护少数族群的权利才是制度的目的。也就是说,民族区域自治制度根本上是以族群为对象的民族政策。根据这一精神实质,与民族区域自治制度相一致的、对西部民族地区实行的优惠政策应当是以族群为对象的政策,而不应当制定和执行以民族自治区域为对象的政策。新中国成立初期,直至 20 世纪 80 年代中期,国家对西部民族地区的优惠政策主要都是以少数民族族群或族群个人为对象(主要针对民族地区农牧业和农牧民)的政策。

---

① 赵洵主编:《苏联百科词典》,北京·中国大百科全书出版社 1986 年版,第 1238 页。
② 吴楚克:《民族主义幽灵与苏联裂变》,北京·中国人民大学出版社 2002 年版,第 94 页。

但是,到 20 世纪 90 年代以后,随着国家对西部民族地区农牧业逐渐实行免税政策,少数民族族群和族群个人逐渐淡出国家政策的范围,民族区域自治制度的政策重点不经意间随之向"区域制度化"转移。1999 年国家提出西部大开发战略以后,出台的一系列有关针对西部民族地区企业的所得税减免政策、退耕还林还草进行生态环境建设政策等都表征了这种转变。国家和西部各级国家机关有关支持西部民族地区中小企业发展的立法和政策就是这种转变的代表。国家和西部各级国家机关有关支持西部民族地区中小企业发展的立法和政策的对象是企业,是法定住所或经营场所在西部民族地区的中小企业,这种政策和享受政策待遇的中小企业的连接点是行政"区域",而不是在一定行政区域内的特定族群或特定族群的经营产业、经营行为。这一新近政策的变动,"变通"执行了民族区域自治制度。民族区域自治政策被抽取了民族属性而潜化为区域政策,族群被淡出了民族政策的范围。

正是由于以地域为基础的民族区域自治制度和国家支持西部民族地区中小企业发展的政策之间存在着一定程度上的抵牾,所以才会出现越加大对西部民族地区投入和中小企业发展的支持力度,在西部民族地区现代化过程中的"内卷化"现象就表现得越明显的效果,而且是在《宪法》规定的民族区域自治制度下合法展现的。

(三)政策的区域协调性差

国家和西部各级国家机关出台的支持西部民族地区中小企业发展的立法和政策分散在中央和地方的不同规范性文件中,无统一、系统的规定,各种立法和政策重复冲突现象比较突出。"政策措施"的规范性程度、法治化程度、稳定性比较低,区域协调性比较差。

现阶段,从规范性文件的发布主体的行政级别分,支持西部地区中小企业发展的立法和政策分为中央与地方两个层级。前文已经提到,中央立法和政策都很原则、很笼统,将制定具体政策措施的空间留给了具体实施中小企业政策的各级地方国家机关,而《宪法》和《民族区域自治法》、《立法法》等赋予民族自治区、自治州、自治县的国家权力机关根据本地实际情况制定单行条例的权力,因此当前在西部民族地区施行的支持中小企业发展的规范性文件表现出比国家一般行政区域更复杂的体系结构。从形式上看,《宪法》、《民族区域自治法》、《立法法》、《促进法》、《民族区域自治法若干规定》、《国务院有关西部大开发的若干政策措施》、《西部开发政策实施意见》等中央国家机关颁布的规范性文件中有关支持西部民族地区社会经济发展的措施,构成了支持西部民族地区中小企业发展措施的灵魂,其他所有的规范性文件都是根据这些措施的原则性要求或是在这些措施感召下由地方国家机关制定出来的。问题就在于,除中央发布的规范性文件以外,其他在西部民族地区施行的支持中小企业发展的规范性文件大都属于地方性的,"政出多地"不说,更重要的是,支持中小企业发展的地方性规范性文件除地方制定的"《促进法》实施措施或实施意见"以外,基本上都是政府政策,甚至许多行政命令都被作为"政策"在实际工作中执行,"政出多门"。纵向上的"政出多地"和横向上的"政出多门",一方面造成了支持西部民族地区中小企业政策措施缺乏统一性、系统性,在市(州)、县(自治县)一级甚至普遍存在政策措施随领导换届而"换届"、"内部不成文规定"大于法定、"红头文件"和领导个人意志凌驾于普遍性立法和政策之上的做法;另一方面从上至下的中小企业立法、政策措施大量重复、重叠,既造成了各级地方性法规、地方性规章及各级政府及其职能部门决策之间冲突的普遍发生又浪费国家立法资源。

此外,现阶段支持西部民族地区中小企业发展的立法尚处于探索阶段,国家支持中小企业发展的法律文件也仅仅有《促进法》,更多的支持中小企业发展的政策措施的"立法"主要分散在各类行政法规,政府(包括执政党)及其职能部门的政策、规章及各级政府部门的具体"发展对策"中,加之《促进法》和其他各级各类中小企业立法、政策赋予执法机关很宽泛的自由裁量权,造成了中小企业政策措施的规范性、稳定性、法治化程度都比较低。对西部民族地区而言,还存在各民族地区和上级国家机关、各级民族地区之间、同级民族地区之间立法、政策的重复和冲突,区域协调性特别差,执法部门在执法中利用立法"漏洞"和自由裁量权"徇私"的现象很严重。

（四）政策内容单一

《促进法》规定了一系列支持中小企业的政策措施,由于受各种配套措施、实施条件等的限制,真正具有操作性的政策措施只有财政、税收政策。财政、税收政策是国家实行市场经济后保留下来的仍最具有计划经济和行政干预特点的政策措施,也是国家改革最薄弱、力度最小的领域,同时也是国家在长期"操作"中积累经验最丰富的政策手段。由于随着20世纪90年代以来国家改革的逐步深入,政府职能从其他领域退出,政府的财政、税收职能和政策得到了强化,财政、税收部门的地位得到了大幅度提高,在一定程度上出现了财政、税收政策滥设的倾向:随意设置减免税政策;财政执法部门和税收部门缺乏明确的职能、职权分工;减免税政策缺乏统一标准和刚性;财政、税收政策受行政命令直接干预多,缺乏市场激励机制,与国家产业政策、就业政策等的协调性差;税收立法的层级低,以行政法规、部门规章为主,受国家短期政策的影响大;税收优惠政策的制定和颁行主体不合法现象普遍存在,一些非国家权力机关、政府部门参与制定、发布税收优惠政策,滥施税收立法权。受这种大环境的影响,国家中小企业政策和国家支持西部民族地区中小企业发展的政策以财政、税收政策,尤其以税收优惠政策为主。《促进法》共有45条,涉及税收政策的条文就有7条,而有5条涉及税收优惠政策;从1994年国家实行税制改革以来,以中小企业为受益主体的税收优惠政策有23项,直接规定减免税的政策有18项,涉及税种也由工商税或营业税扩张到增值税、营业税、所得税、消费税、进出口税等;从1979年国家颁布对西部民族地区企业的第一项新时期的扶持政策以来,国家先后颁布相同类型的政策文件6件,有5个政策性文件是有关对西部民族地区中小企业减免所得税的政策。可见,我国的中小企业政策和支持西部民族地区中小企业发展的政策的内容主要是税收优惠政策,且以直接的税收减免为主要手段。

不仅仅如此,西部各省(自治区、直辖市)支持民族地区中小企业发展的具体措施更是将《促进法》规定的政策措施进一步行政化和财税化,基层政府部门在具体执法中将中小企业政策简约为行政手段和直接或间接的财政、税收政策。

综上所述,目前国家和西部各省(自治区、直辖市)实行的支持民族地区中小企业发展的政策措施尽管对发展西部民族地区的社会经济和缩小西部民族地区与汉民族地区的经济差距起到了积极作用,但是它的局限性也很明显:目的上的"经济决定论",政策措施缺乏刚性,优惠对象上的区域和族群的错位,措施和方法的单一,政策具有明显的短期性和过渡性。

(五)中小企业界定不适应西部民族地区

前文我们已经说过,按企业规模大小进行企业立法本身就是一种很不可靠的做法。因为大、中、小型企业的划分不像对企业性质的界定那样具有稳定性。这样,中小企业立法的内容在很大程度上缺乏一个公认的"尺度"。现代中小企业法无疑是维护市场自由竞争秩序的产物,但它也彰显和扩张了政府的行政权力、地位,使政府权力大幅度地向立法、司法领域渗透,政府合法、合理地获得了大量的(行政)立法权、应急处置权、准司法权。这也正是此类立法的优势和价值所在,它清楚地说明了法律不仅仅是一种普遍性规范,同时它还是一种"地方性知识",需要发挥局部性、区域性立法和执法、司法的主观能动性。

《促进法》和《企划规定》力图给出一个放之中国而皆准的中小企业概念。这种近乎"儿戏"的立法努力,我们在西北六省(或自治区)民族地区中小企业发展状况调查中已经专门做过陈述,还专门列举了甘肃、青海的民族地区和西藏、内蒙等自治区的实际情况,指出按照现有的中小企业划分标准,往往会导致数几十万,甚至上百万平方公里地区范围内没有一家大企业,使中小企业界定丧失任何立法价值。按照一定的刚性的数量指标确定的中小企业标准,对地区经济差异悬殊的西部民族地区来讲,并不能为政府部门制定中小企业政策提供有价值的参考。

(六)中小企业界定没有贯彻民族政策

我国的中小企业界定对支持西部民族地区中小企业发展方面,还明显存在以下不足:

1. 中小企业界定不能涵括我国西部民族地区中小"企业"的实际发展状况

我国西部 5 个自治区、27 个自治州、80 个自治县、3 个自治旗,总面积 566.1 万平方公里,占全国总面积的 58.97%,中小企业的数量相对于东部地区差距悬殊,国家关于大、中、小型企业划分的标准和制度丧失任何意义。按照中小企业的一般界定,在西部民族自治区以下的 90% 以上的自治州、自治县就没有 1 家大型企业,有 70% 以上的自治州、自治县没有严格意义上的中型企业;到自治县一级,我国西部民族地区 95% 的自治县没有达到《企划规定》规定标准的中型企业,自治县所属企业基本上都是小型企业,这在西藏、青海、新疆、甘肃、贵州、四川等省、区的一些民族自治县表现得尤为明显,区分和不区分中型企业和小型企业完全丧失客观前提;在西藏、青海等地的一些西部民族乡基本上还停留在传统的,甚至原始的社会生产阶段,严格意义上的"企业"基本上都没有,个体经营户是当地"最高"的"市场经济"组织形式,在这种情况下的中小企业界定没有任何存在的意义。正是由于西部民族地区存在以上企业经营规模的特殊情形,所以国家关于中小企业的一般界定在西部民族地区无法适用,难以达到政策调控的目的。

2. 中小企业所有制无限定性规定对西部民族地区无实际意义

在西部民族地区,不仅企业的绝对数量比中东部地区、非民族自治地方少,而且当地大、中型企业都以国有或国有控股企业为主,非国有或国有控股企业并不具有政策优势。市场经济有它自身的规律,稳定性差的个体经营户、个人投资企业的信用能力较合伙企业、有限责任公司、股份有限责任公司差,规模小的企业抵御风险的能力较规模大的企业差,个人或企业作为投资者更愿意向稳定性强、抵御市场风险能力强的企业投资,银行等融资机构都愿意向稳定性强、抵御市场风险能力强的企业融资;政府决策也有它自身的规则,尤其是政府官员在实行任期制和绩效考核制度的情况下,政府总是选择那些能够"生财"的经济主体作为"政策投资"对象。在这方面,无论是那些口袋里装着"钱"的投资者,还是政府信贷政策诱引下的融资机构,还是政府官员,都更垂青那些大、中型企业作为私人政策和公共政策的对象。在上世纪 90 年代后期国家实行企业改制以前,中央和地方政府还为集体企业、乡镇企业"担保"护航。到国家对国有企业实行"抓大放小"、"减员增效"的分流改革政策和股份制改革以后,尤其是1995年《中华人民共和国担保法》出台,地方政府在市场和政策机制的双重压力下,将注意力彻底转向了当地大、中型企业。由于这种客观环境的限制,加之历史上国家政策导向的作用,西部民族地区的大、中型企业基本上都是原经济实力较强和产品市场占有份额较高的国有企业转轨后的国有独资或国有控股企业。在这种企业格局下,中小企业所有制无限定性规定没有任何实际价值,无论国家在政策上怎样"使力",中小企业政策执行的重心都回落在国有大、中型企业上,地方中小民营企业很难从国家统一的中小企业界定标准下享受到中小企业优惠政策。

3. 中小企业划分没有贯穿区域政策

我国幅员辽阔,东西部地区社会经济发展差距较大,尤其是东部一般行政区域和西部民族地区的发展差距更大,如果中小企业的一般界定不考虑占我国土地总面积近6成的西部民族地区中小企业的发展状况,那么这个中小企业一般界定的"普遍适用性"就会大打折扣。从上世纪80年代末90年代初以来,西方国家普遍将区域政策纳入中小企业政策体系,把社会经济发展程度相对落后的"行政经济区域"或"地理经济区域"作为另类"弱势"群体,跟国家产业政策合并使用,使中小企业政策起到调整社会经济结构的作用。① 我国《促进法》"总则"部分并没有明确将促进区域中小企业和社会经济发展确立为中小企业政策的内容,在"分则"部分也没有将发展中小企业作为地方各级政府的强制性义务。尽管我国《促进法》第24条规定"国家对……符合国家支持和鼓励发展政策的……在少数民族地区、贫困地区创办的中小企业……在一定期限内减征、免征所得税,实行税收优惠"。从1979年至2006年国家也发布了一些有利于西部民族地区中小企

---

① 如,日本1999年新修订的《中小企业基本法》将"创造新型产业,促进市场竞争,扩大就业机会,搞活区域经济"作为中小企业基本法的基本理念。(王振、孙林、虞震:《中小企业:日本经济活力的源泉》,上海·上海财经大学出版社2003年版,第77页)

业发展的政策措施①。但是,这些政策措施主要都是针对民族地区的,而不是针对民族地区中小企业的,没有将促进西部民族地区中小企业的发展作为推动当地社会经济发展的手段。中小企业划分中不考虑区域特殊性,确实实现了中小企业界定的形式统一,但是这样界定基础上的中小企业政策很容易成为"贵族政策"——体现经济发达地区利益而忽视经济落后区域的利益。从2004年5月试运行中小企业板第一次上市的中小企业的区域分布,就很能说明缺少区域政策基本理念的中小企业界定给西部地区中小企业发展带来的消极影响,整个西部地区中小企业获取外部资金的劣势,堵住了西部地区中小企业参与社会融资的渠道,无形中对西部经济落后地区的中小企业造成了一种歧视。因此,我们认为我国现行《促进法》和《企划规定》关于中小企业的一般界定是一个反映和更有利于东部经济发达地区中小企业发展的政策规定。

4. 中小企业一般界定"超然"于西部民族地区区情

在前面"西部民族地区中小企业发展的特点"中,我们已经提到西部民族地区总体上中小企业具有数量少、规模小的特点,一般的非公有制企业的雇员人数大都在50人以下。按照《企划规定》关于中小企业的界定,西部民族地区99%以上的企业都属于小企业,中小企业的划分仅仅在理论上存在,不具有指导实践的任何价值和意义。这种企业规模格局和中小企业界定的"两张皮"格局,不利于地方制定和执行促进中小企业发展政策。

5. 销售额指标不利于西部民族地区中小企业参与全国统一市场

销售额是我国中小企业界定的一项重要指标。销售额作为企业经营规模的指标,暗含了对企业运营情况的考虑,主要体现"效率优先"的经济价值。但是,销售额容易受市场供求关系的影响,不稳定,不能反映企业经营的社会价值和长远利益,而且销售额大小也是相对的。《促进法》和《企划规定》将"销售额"作为中小企业界定的标准,意味着在一定程度上将销售额绝对化了。绝对意义上的销售额是一个与企业资本总额、区域经济发达

---

① 从1950年至2006年,我国对西部民族地区的16项优惠政策中,涉及西部民族地区中小企业的优惠政策共有11项。

程度、市场化发展程度正相关的指标。采用销售额指标对经济相对发达地区——或准确一点说,产品竞争具有比较优势的地区——更有利。把以东部地区经济发展程度为标准的销售额作为中小企业界定指标,不利于西部民族地区中小企业和东部经济发达地区的中小企业在实质公平角度上平等参与市场竞争,从长远来讲也不利于全国统一商品市场的形成。

6. 资产总额指标客观上产生了"国有化"效果,不利于非公有制企业的发展

我国《促进法》第 2 条第 2 款将中小企业划分标准的立法权授予国务院的同时,也规定了中小企业划分的主要参照指标系统是"企业职工人数、销售额、资产总额"。这意味着国务院关于中小企业划分标准的具体规定必须在这三项法定指标范围内作出。《企划规定》规定工业企业和建筑业企业的企业规模划分采用职工人数、销售额、资产总额三项指标,而对其他类型的企业规模划分采用职工人数和销售额指标。工业、建筑业企业规模划分采用资产总额指标,从全国而言体现了国家的工业化政策和对现代化的一种工业化诠释。对西部民族地区却产生了接近"国有化"的效果:国家采用职工人数、销售额、资产总额三项选择要件界定工业企业和建筑业企业,在同等规模条件下必然使工业企业和建筑业企业比其他类型的企业有更多"机会"入围中小企业的范围。另外,由于从"三线建设"起,国家对西部地区的投资就主要集中在资源开采、能源开发、化工等重工业方面,这类企业的经营效益并不见得很好,但是资本的历史积累比其他类的企业要深厚得多;企业公司制改革以后,这些具有丰厚历史资本积淀的能源、化工国营工业和建筑业企业又被改制为国有或国有控股公司;相反,那些后起的非工业和建筑业企业的经营效益可能比国有的工业、建筑业企业要好得多,但职工人数、资本总额方面并不见得有优势,这样国有工业、建筑业企业的劣势恰好成了它们入围中小企业范围的条件,而它们在职工人数、资产总额方面的优势又成为优先获得中小企业政策支持的筹码。可见,把资产总额作为中小企业划分的选择要件,体现了国家工业化的思路,但在西部民族地区起到了支持当地国有工业企业和建筑业企业的效果,使这一政策在客观上产生了接近"国有化"的效果,在"政策投向"既定的情况下,剥夺了当地非公有制企业获得政策支持的机会。

综上来看,我国《促进法》和《企划规定》关于中小企业界定普适性的制度,在企业规模标准认定上明显是以东部经济发达地区的中小企业发展程度为模具的,它适用于我国东部经济发达地区,但有些规定与我国中西部地区的经济发展状况是不相符合的,更是很难套用到西部民族地区,根本原因是国家关于中小企业的一般界定在西部民族地区不具有产生实效的客观条件。

三、西部民族地区中小企业目标政策和族群政策的冲突

根据《促进法》第 2 条的规定,我们认为我国中小企业法确定的中小企业目标政策包括三个方面:市场化政策、就业政策、产业政策。由于诸多客观的和主观的原因,中小企业法确定的中小企业目标政策在西部民族地区无法实现。

(一)"族际分层"使中小企业就业政策无法落实

在新中国成立初期,我国实行民族区域自治制度的原因就已经在理论上得到了解决:中国的民族发展在地区上是相互交叉的,西部传统的少数民族居住区域如此,中原汉族地区也是如此,民族杂居是普遍现象,而一个民族完全聚居在一个地方的比较少,甚至极少。不同民族之间在经济、文化发展方面存在较大的不同。但是,"为着一个伟大的共同发展的目标,我们就必须把由于各民族之间的偏见所产生的偏向,逐步地减少下去。"①换一句话说,西部许多地区普遍存在的"族际差别"和"多民族大杂居、小聚居"的民族分布格局是我国实行民族区域自治政策和设立民族自治地方的前提。显然,在这些地区推行国家政策就会面临更为复杂的局面,橘南枳北的情形也不可避免。

___

① 《周恩来选集》,北京・人民出版社 1984 年版。

国家实行民族区域自治制度的目的是为了将"民族偏见所产生的偏向逐步减下去",但是西部民族地区少数民族的生计方式和国家的现代工业化政策、趋势之间时常发生抵牾情形,支持区域经济发展的政策客观上产生了强化"族际分层"的实际效果。这一点,我们在前面也已经历举过更为翔实的实例作过详尽的论述。近年来,国家支持西部民族地区中小企业发展的政策也同样存在这种情况。由于西部民族地区的少数民族族群与现代企业文化之间存在较大"隔膜",国家支持中小企业发展的政策对转移传统产业劳动力很难产生激励效应。

不过,西部民族地区鼓励中小企业发展的政策,推动了西部民族地区非公有制经济的发展,引起了西部民族地区族群结构的一些新的变动趋势。一方面,国家鼓励中小企业发展的政策加强了对西部民族地区企业文化的影响,非公有制经济获得了新的发展空间和机遇;另一方面,国家鼓励中小企业发展的政策激起了新一轮的内地汉族人口流动——主要是内地汉族农业人口向西部民族地区的流动。这些新流入的人口,主要并不是从事传统产业,而是投资于第二、三产业创办企业。这样,在西部民族地区出现了一种明显的企业文化"汉化"的新趋势。它对未来西部民族地区社会经济总体发展水平的提高会产生积极的效果,同时对这些地区未来的民族关系、族群格局、民族结构、民族文化的发展会产生根本性影响,企业文化对传统生计方式的渗透、侵蚀和区域经济生活的一体化使西部民族地区的族群关系增加了许多不确定的变动因素。

可见,西部民族地区普遍存在的"族际分层",使中小企业就业政策无法落实。如果没有西部民族地区少数族群参与现代企业文化,国家通过支持当地中小企业发展来转移出传统产业部门的劳动人口,进而实行退耕还林、减轻西部地区生态环境压力的政策将无法实现。

(二)大企业与中小企业之间缺乏相互协作的利益基础

西部民族地区的大、中型企业以重工业为主,重工业又以资源开采、能源开发、化工工业为主,重工业企业是特定历史时期国家政策的产物,与当地传统产业部门的联系不紧密,大、中型企业对传统产业部门的带动效应较差。非公有制企业往往是市场经济的直接产物,但是:一方面,非公有制企业在政府政策"差序"中的重要性处在次要的位置,得到国家或地方政策支持的可能性很小;另一方面,非公有制企业与当地大、中型企业之间的产品同构性比较差,行业跨度比较大,二者之间无法形成产业链,大企业与关乎当地民生的地方中小企业之间缺乏相互协作的利益基础。

正是由于西部民族地区大、中型企业与当地小型企业之间缺乏产业、产品同构性,所以大、中型企业与小企业(主要是非公有制企业)之间无法形成产品加工、贸易和技术交流的共同机制,大、中型企业生产技术的当地化、民生化和中小企业产业政策存在产业障碍,无法形成统一的当地产品市场。

(三)中小企业发展面临结构性障碍

在前文,我们用大量的实证资料对西部民族地区中小企业发展存在的问题进行了剖析,总结了西部民族地区中小企业发展的特点,又用相当的篇幅分析了西部民族地区中小企业面临的"政策冲突困境"和"文化冲突困境",这都是对西部民族地区中小企业发展中存在的外在的"事实"现象的陈述。西部民族地区中小企业发展还面临着一种结构性障碍,使得国家中小企业政策的目标在西部民族地区总体上无法完全落实。

1.企业与当地传统经济生活的长期"疏离"

首先,西部民族地区的企业与当地传统产业、当地人们的经济生活长期处于一种"疏离"状态,使得企业文化无法融入当地人的生活。西部民族地区的少数族群为什么走不出"传统"? 少数族群的文化为什么会与现代工业文明长期处于一种"对峙"状态? 是少数族群不够开化,还是不愿意走出历史给他们设下的这个"圈套"? 不是。是现代文明没有为他们提供这样的机会和条件。从新中国成立后到现在,我们在西部民族地区建了很多工厂,修了很长的铁路,盖了许多高楼……有哪一样在他们生活空间中的现代产物是属于他们的,或与他们的"开化"有直接的联系? 耕地被占了,草场被征了、山坡被采矿了……国家最多是给一些经济补偿,并没有为生存空间压缩的家庭或个人在现代产业部门安置一个可能使他"憣然醒悟"的位置! 国家资本和民间资本对西部民族地区的建设史,是一个"为工业化而工业化"的过程。前面我们一再提到,西部民族地区轻重工业比例失调的问题,就是这种"为工业化而工业化"的显证。在前文列举的种种西部民族地区中小企业发展的模式中,除了"玉林模式"(是由玉林特殊的农业条件造就的),我们很少见有哪一种模式把发展与传统产业有紧密联系的企业作为政策扶持的重点!这种现代企业与当地传统产业的长期"隔离"制度,起到了维系西部民族地区少数族群传统生计方式的作用。

2.企业的结构性"两极分化"

西部民族地区企业结构明显显现出大、中型企业和小型企业的"两极分化":大、中型企业以重工业为主,小型企业以轻工业为主;大、中型企业基本上是国有和国有控股企业,小型企业主要是私营企业、个人独资企业、合伙企业;大、中型企业数量极少而规模大,小型企业数量多而规模小;大、中型企业主要集中在第二产业部门,小型企业主要集中在第三产业部门。近年来,随着国家对中小企业支持力度的加大,中型企业首先在中小企业政策中受益。而西部民族地区大企业和中型企业之间在产业联系、产品营销、所有制、隶属关系等方面存在众多联系,中型企业从中小企业政策中直接受益,间接带动了当地大型企业的发展,却剥夺了小型企业获得各种中小企业优惠政策的机会。所以,近年来,西部民族地区大、中型企业和小型企业"两极分化"的现象越来越严重,许多小型企业破产、倒闭(最为典型的是乡镇企业)或无法支付"企业化"经营的成本而转为个体经营。上世纪90年代后期以来国有企业的"抓大放小"、"下岗分流"、"减员增效"及国家对国有企业下岗职工的再就业安置政策,个体经营者迅速向第三产业部门集中。另一方面,西部民族地区市场自生企业(主要是非公有制企业)尚处于原始积累阶段,个体经营户是其普遍经营方式。因此,在正向和反向上都使得非公有制企业、个体经营户在第三产业部门堆积。这样,在西部民族地区出现工业化和现代化的"虚增"现象:在农业等传统产业增值乏力的情况下,工业增加值在国民生产总值中的比重相对上升,第三产业部门由于个体经营、非公有制企业"归大堆"而使产值总量攀升却质量、效益不高。实际上,在我国西部民族地区,个体经营仍然是一种生计行为,还不能归入到严格的产业行为中去:(1)个体经营以家庭成员为劳动力的主要来源,很少存在雇佣劳动关系;(2)个体经营大多为兼业经营,用于弥补主业收入的亏欠和不足;(3)个体经营的目的主要是为了维持家庭生计,而不是为了赢利或再投资;(4)个体经营主要集中在小商业、小餐饮业、小旅馆、小型短途交通运输业等方面,这类经营的投资额不大、增值能力有限;(5)以工业化为目标的国家政策从根本上轻视第三产业,认为第三产业是为第二产业部门提供服务的产业部门,从国家政策上将第三产业部门称为"服务业"和国有企业裁减人员主要向第三产业部门安置就能反映这一点;(6)也因上述原因我国西部民族地区个体经营者和整个第三产业部门的素质都不高。这一切都使得西部民族地区第三产业部门向微型化、非公有化方向发展。第三产业部门经营组织形式的个体化、生计性限制了西部民族地区中小企业的扩展。

四、中小企业工具政策和区域政策的错位

中小企业工具政策与区域政策的错位主要体现在中小企业政策与民族区域自治制度的不衔接方面。

(一)西部民族地区中小企业发展政策的本质是区域政策

扶持民族地区中小企业发展的政策是一种区域政策而不是身份政策。我国《促进法》没有将区域政策纳入中小企业政策基本理念的范围,但是《促进法》明确将制定和执行中小企业政策的权力赋予了各级政府及其职能部门。《促进法》第4条规定:国务院"负责制定中小企业政策"和"进行统筹规划";"国务院负责企业工作的部门组织实施国家中小企业政策和规划,对全国中小企业工作进行综合协调、指导和服务";"国务院有关部门根据国家中小企业政策和统筹规划,在各自职责范围内对中小企业工作进行指导和服务";"县级以上地方各级人民政府及其所属的负责企业工作的部门和其他有关部门在各自的职责范围内对本行政区域内的中小企业进行指导和服务"。可见,尽管中小企业政策是国务院制定的,但是具体的中小企业指导和服务工作还是由各级地方人民政府及其职能部门实施的。而无论

哪一级政府和政府机关执行中小企业政策,它们都对本行政权管辖范围内的所有中小企业负责,而不是仅仅对某一个特定的中小企业负责。这就是说,在普遍的执行理念上讲,中小企业政策是一种区域政策,而不是身份政策。但是,我国民族区域自治制度包含着族群身份"制度化"的内容。这就使得民族区域自治制度在扶持西部民族地区中小企业发展的政策中找不到对应的支撑点,民族区域自治制度的民族身份政策在支持民族地区中小企业发展的政策中完全落空。

(二)中小企业发展政策与其他区域政策不衔接

中小企业财政、税收政策与国家对西部民族地区的财政转移支付政策不衔接。新中国成立以来,中央长期对西部民族地区实施各种财政优惠政策,包括少数民族地区补助费、少数民族地区机动金、少数民族地区财政预备费等,还包括各种定期或不定期的税收减、免及边境贸易补贴等。从1980年起国家为了照顾民族自治地方发展生产和教育文化事业,中央对5个自治区和云南、贵州、青海的定额补助每年递增10%。[1] 2002年中央对5个自治区的财政补助就高达1334.7亿元。[2] 在国家对西部民族地区的财政转移支付中,除极少数部分以救灾、扶贫款形式下拨以外,绝大部分财政补助资金都是"例行公事"的、不附加任何条件的白送,不掺杂任何激励机制。民族区域自治制度在西部民族地区推行了50多年,中央对西部民族地区的无偿财政补助也实行了50多年,我们没有看到西部民族地区摆脱相对贫困的处境,反而培养了一些族群成员的"惰性",使自治地方和族群成员身份具有特殊的"社会资本"。《促进法》实施以后,《促进法》规定的中小企业财政政策、税收政策当然适用于西部民族地区。但是,《促进法》规定的各项中小企业工具政策都以市场化政策、就业政策、产业政策为依据,这样中小企业财政政策、税收优惠政策必然包含着激励机制,发展中小企业专

---

[1] 吴仕民:《中国民族政策读本》,北京·中央民族大学出版社1998年版,第89—93页。

[2] 马戎:《民族社会学——社会学的族群关系研究》,北京·北京大学出版社2004年版,第523页。

项财政资金、发展基金及针对中小企业的各种税费减免措施不再可能是"免费的午餐",必然要附加各种条件。在这种情况下,现行的中小企业财政、税收政策与国家对西部民族地区实行的传统财政转移支付政策就会发生严重冲突,对于西部民族地区具有特殊族群身份的成员,他们宁肯据拥特殊的"社会资本"享用"免费的午餐"(中央财政补助),也不愿意"花钱买风险"(投资于现代企业)。这种现象在中央每年拨付财政补助款额最多的西藏、青海、甘肃、四川、云南等省、区的藏区和藏民中表现得尤为明显。因此,在一定程度上说,西部民族地区的少数民族之所以固守传统生计方式不放弃,也是中央财政提供的太多的"免费午餐"惹的祸。在这种情况下,国家必须解决国家对西部民族地区的财政优惠政策和中小企业财政、税收政策的衔接问题,否则,国家支持西部民族地区社会经济和中小企业发展的政策目标就会全部落空。

(三)中小企业融资政策对西部民族地区中小企业极为不利

根据我们在西部民族地区中小企业融资情况的调查发现,西部民族地区中小企业的融资具有以下显著特点:(1)直接投资高于融资。资本的总的流动趋向是高利润区和高利润产业。但是,在地区经济发展存在明显差距的情况下,经济相对发达地区的投资者总能够在对经济相对落后的地区的直接投资中抓住获得暴利的机会,而不是做坐吃利息的债权人。近年来,内地到西部民族地区直接投资创办企业或承包企业的资本总额远远超过了当地融资机构对现有中小企业的融资额。(2)中型企业在中小企业信贷政策中获益最大。从上世纪90年代以来,国家实施一系列的信贷鼓励政策,甚至不惜违反市场经济规律对商业银行下发每年对中小企业的强制信贷额度,商业银行从"完成任务"的角度考虑,选中经济效益、信用度相对比较好的中型企业作为交易对象,中型企业一时成为中小企业小额贷款的"香饽饽"。(3)中小企业直接融资与西部民族地区的中小企业无缘。西部民族地区的中小企业规模都比较小,资本实力有限,企业治理结构问题也比较突出,管理人员的文化水平和从业人员的技术水平也比较落后,中小企业很难有条件进入"二板市场"。(4)中小企业信用担保机构刚刚建立起来,资金少,担保能力小,抗风险能力差,覆盖面窄。我们在甘肃、新疆、青海等地作实地调查和问卷调查的结果显示,西部民族地区7成以上的中小企业不知道有中小企业信用担保机构这样一个组织。

另外,中小企业融资政策本身的特殊性也决定了现行企业融资制度对西部民族地区的中小企业极为不利。在市场经济条件下,金融是市场化程度最高的,无论是间接融资还是直接融资,融资机构(包括商业银行、投资公司、证券公司等)始终是一个全国统一的市场,不专门针对某一个企业或某一类企业开展业务。这就使得融资机构较服务对象有更为广泛的选择交易对象的余地,此地之失必为他地所得所弥补,而对服务对象而言,在此时此地进行的融资交易具有唯一性。这种融资交易双方地位的不对等性,对经济相对比较落后的西部民族地区的中小企业更为不利。

(四)中小企业政策缺乏对企业特殊族群投资者的特别支持规定

按照许多西方国家的做法,中小企业法中都规定了对特殊身份企业投资者的特别支持政策。如美国小企业法规定联邦政府采购合同金额的20%必须留给小企业,其中8%必须留给妇女和少数民族小企业主。我国《促进法》也有类似的规定。《促进法》第22条第2款规定"失业人员、残疾人员创办中小企业的,所在地政府应当积极扶持,提供便利,加强指导"。第24条规定国家对以下6类中小企业"在一定期限内减征、免征所得税":失业人员创办的中小企业;当年吸纳失业人员达到国家规定比例的中小企业;符合国家支持和发展政策的高新技术中小企业;在少数民族地区创办的中小企业;在贫困地区创办的中小企业;安置残疾人员达到国家规定比例的中小企业。实际上,我国《促进法》规定的对特殊身份的中小企业投资者的优惠政策,涉及的政策对象只有两类——失业人员和残疾人员。《促进法》第24条只规定对"在少数民族地区创办的中小企业"实行减、免所得税的优惠政策,不包括在民族自治地方的少数民族成员。也就是说,《促进法》第24条规定的优惠政策是针对民族地区和企业的政策,而不是针对企业投资者的。这与当今世界各国照顾少数族群的习惯做法不符,也与我国民族区域自治制度的价值理念不符。

（五）缺乏扶持少数族群投资企业的激励机制

从现代构建和谐社会的基本法治理念来看，国家的法律制度和各项政策必须要承担起扶持"弱者"的职责。从我国目前的实际情况来看，西部民族地区是我国贫困人口比较集中的地区。西部民族地区的少数民族总体上主要以传统产业为基本生计方式。传统产业在现代社会里属于"弱势产业"，以此为业的族群是这个社会里的"弱势群体"。要想根本上解决西部民族地区的企业与当地传统产业、当地人们的经济生活长期处于"疏离"状态而使得企业文化难以融入少数民族的经济生活的问题——而且既然中小企业法担负着扶持市场竞争"弱者"的功能——那么在中小企业法中建立扶持少数族群投资现代企业的激励机制就成为一种必然选择。只有这样《民族区域自治法》和《民族区域自治法若干规定》中关于促进民族地区社会经济发展的政策才会有着落。

总之，国家支持西部民族地区发展的民族政策与国家中小企业工具政策之间脱节，某些方面还存在严重冲突。国家支持西部民族地区发展的民族政策主要以财政补贴、救济式扶贫款项等财政转移支付方式进行，而国家支持中小企业发展的政策主要通过税收、信贷、信用担保、风险投资、技术创新、企业协作、优化资源配置、社会化服务等方式进行；国家支持西部民族地区发展的民族政策是以"区域"为对象的政策，而中小企业政策是以"企业"为对象的政策；等等。这种民族区域制度的有关规定与中小企业工具政策的冲突，严重影响了国家中小企业政策在西部民族地区的实效。

第八章　促进西部民族地区中小企业发展制度体系重构

一、"内生性"增长是西部民族地区中小企业发展的根本出路

西部民族地区中小企业的发展必须同时面对"四重"矛盾：现代工业等经济部门与传统农牧业等产业部门的矛盾；区域发展和族群发展的矛盾；历史上形成的民族区域自治制度实质上的计划性和当前民族地区主流经济形态市场化的矛盾；企业的族群化和地方化的矛盾。应对、解决这些矛盾、冲突的出路在于走"内生性"增长的道路。这里的"内生性"并不仅仅是一个经济学术语，她更多地包含着特定的文化内涵，是指西部民族地区社会的发展不能仅仅是一种区域（自治区、自治州或自治县）社会经济总量的增长，而是由当地自治民族和其他少数民族参与的整体社会现代化水平的进步、提高。为此，必须做到以下几点。

（一）区分区域政策和族群政策

修订《民族区域自治法》，将族群身份纳入民族区域自治政策，明确将针对民族区域的政策和针对特定族群的政策区分开来。1949 年《共同纲领》第 51 条规定："各少数民族聚居的地区，应实行民族区域自治，按照民族聚居的人口多少和区域的大小，分别设立各种民族自治机关。"1954 年以后的《宪法》沿袭了《共同纲领》关于设立民族自治地方以少数民族聚居区

为基础的原则,最新修订的《民族区域自治法》也没有对此原则做出"新补充"。这使得新中国成立以来针对少数族群的优惠制度和政策大部分都是以"区域政策"执行的。① 针对少数族群的优惠政策范围很有限,仅限于就业和教育两方面。② 而且正式上升为国家法律的"政策"很少,很大程度上影响了这些政策的稳定性、透明度。2005 年国务院颁布的《民族区域自治法若干规定》看准了民族区域自治制度对市场经济的某些不适应性,试图做出一些改变,修补《民族区域自治法》民族自治地方自治权关于经济权力规定的不足,但受《宪法》和《民族区域自治法》对民族区域自治制度规定的限制,《民族区域自治法若干规定》没有较大突破。未来《民族区域自治法》应当在不改变以少数民族聚居区为基础设立民族自治地方的前提下,在实践中具体区分"区域政策"和"族群政策",将针对少数族群的政策制度化,更多地把国家民族政策具体化为族群政策,以鼓励少数族群参与当地现代经济生活。这样做可以基本上解决西部民族地区社会经济发展中存在的"内卷化"现象:(1)防止我国民族政策执行中的"区域化",使民族区域自治制度不致产生强化族群分层的负面效果;(2)以族群为对象的优惠政策比以区域为对象的优惠政策执行起来,更便于兼顾族群中的"个人",有利于弥补民族区域自治制度强调以区域和族群为对象的不足,改变族群社会分层的结构性差距,达到消除族群间存在的"事实上的不平等";(3)改变我国民族政策上长期存在的"汉族文化参照系"理论和"工业化参照系"理论,从多元化角度考虑族群及个人"平等",防止民族政策产生加强民族地区族群之间隔阂和不满的效果;(4)从制度上消除各级政府部门把民族政策单纯作为区域政策执行的根源,防止地方政府部门工作人员的"种族"倾向,克服西部民族地区陷入"越帮越穷"的怪圈;(5)更为重要的是,将族群政策制度化,便

---

① 包括近 10 年来针对自治县、乡所属企业的税收减免、民族地区矿产资源补偿费分成比例、民族贸易企业增值税减免、"三项照顾"政策(少数民族地区补助费、少数民族地区机动金、少数民族地区财政预备金)等。

② 根据《民族区域自治法》和政府有关行政法规的规定,在少数民族自治地方各级行政首脑官员必须选自当地的自治民族,在公务员录取时优先招收当地自治民族;国家采取措施设立民族学校和对少数民族学生入学降低录取分数线或实行保送政策。

于执行少数族群及其个体参与现代经济部门的鼓励政策,把实现社会分层因素上的"事实上的平等"过渡到"法律上的平等",从政治领域(争取族群之间利益分配)平等逐步向经济、司法领域(争取个人之间竞争机会)平等过渡,不能使民族区域自治制度成为中看不中用的制度"花瓶"。

(二)确立对西部民族地区的长效转移支付制度

国家对西部民族地区的各类企业和经营行为的各种税收优惠、直接的财政补贴等,实际上就是国家对西部民族地区的转移支付,但是实行了半个多世纪的政策措施竟然在国家法律制度体系中找不出它的位置!国家这样做的目的,无非是想让国家保留更大的灵活处置权。但是,就实际情况来看,国家即使在经济最困难的年代也没有中断对西部民族地区的财政补贴。与其如此,还不如国家明确将对西部民族地区的财政转移支付制度法律化,增强这项政策的稳定性、权威性和提高它的法制化程度,也可以最大限度上防止地方对这笔专项资金的挤占、挪用。

(三)提高西部民族地区矿产资源补偿费的地方分成比例

矿产是一种与现代工业紧密联系的资源,因此采矿权与从事传统产业部门的经济主体不发生利益联系;而我国实行矿权国有,这就意味着传统产业部门的经济主体很可能占有一定空间范围内的土地,但他们并不是这块土地的真正主人,国家很可能以"矿权所有者"的身份加以"剥夺"(譬如征收)。以一种非完全物权——矿权,削减另一种完全物权——土地所有权,是现代工业对传统产业的胜利,也是现代货币资本对传统农业地产的胜利。土地所有权和地下矿权的二元分离制,奠定了西部民族地区"二元"经济体制的基本格局。西部民族地区现代经济部门所获得的收入中,有相当一部分来自这种"双轨制"下对传统经济部门、对乡村的剥夺。国家占有民族地区矿产资源费本身属于国家对民族地区矿产资源收益的无偿"平调",中央财政补助远不能弥补该"损失"。如果短期内国家尚不能理顺此种经济调控措施,就应当在适宜的范围内再进一步提高民族地区在矿产资源补偿费中的分成比例(当前中央和自治区矿产资源补偿费的分成比例是 4∶6),而且应当通过法治化程度比较高的矿产资源产品征税手段来调控民族地区社会经济。只有这样,当前国家针对西部民族地区企业的税收调控政策产生的各种"负担"才不致转嫁到传统产业部门及其经营者头上。提高西部民族地区矿产资源补偿费的地方分成比例,国家就可以主要通过对矿产资源及产品流转征税调控西部民族地区社会经济发展。

(四)在西部民族地区建立有效率的现代经济部门

西部地区传统产业部门的扩展能力主要受生态环境的制约。西部民族地区存在的生态问题,并不仅仅是传统产业和人口压力造成的。其实,传统的农、牧、林、渔业本身受自然规律的"调控",离开固有的大自然提供的"生产设施"就无法维持生产;而手工业和小商品经济又无法自身超越地域限制。因此,传统产业部门的扩张能力是很有限的,它们进行生产的过程和维护扩大再生产的过程是同一个过程,它们对生态环境的实际影响并不如人们想象的那样大,恰恰是那些设在西部民族地区的工业——从数量众多的直接改变地貌的采掘业到对各类矿产品进行冶炼、加工的洗选、化工等工业——才是造成生态问题的"元凶"。另外,根据我们的调查,工业等现代经济部门在西部民族地区一直保持着高增长,但是这种高增长是靠国家、地方政府对民族地区的高投资维系的,而这些经济部门的效率却并不令人乐观,更没有能力吸收当地从事传统产业的少数族群进入这些产业部门。而事实上,这些在西部民族地区的工业等现代经济部门的投资并不是来自企业自身,相反各民族地区政府部门都为了实现政绩最大化调动了手中可调动的各种制度性、政策性要素为现代经济部门"鸣锣开道",在土地、资源、资金、人才、技术等方面提供各种直接的或间接的"补贴",并把传统产业部门产品的价格长期压在市场交易均衡价格水平之下,使传统产业部门的财产占有人——主要是占绝对多数的农民、牧民——没有在土地、资源等生产要素的增值中获益,而金融体系也导致部分农村金融体系被现代经济部门占用。在西部民族地区,必须改变对当地现代经济部门"投资拉动增长"的政策,建立真正有效率的现代经济部门,否则"工业反哺农业"就是一句不折不扣的空话,指不定是"谁补贴谁"!

（五）调整西部民族地区现代产业部门的结构

调整西部民族地区的现代产业部门的结构,目的是为吸收当地传统产业部门的剩余劳动力创造条件。从国家"三线建设"时期开始,我国西部民族地区就建立了以重工业核心的现代工业体系,上世纪90年代以来现代信息产业等产业部门在西部民族地区有了一定的发展,但是并没有改变现代经济部门的产业格局。而当前,重工业多为国有或国有控股工业企业,与当地民族传统产业的相关度差、资本运行相对封闭、人员编制受国家户籍制度影响较大,无法形成吸收当地剩余劳动力的格局。因此,今后必须调整西部民族地区现代产业部门的结构,延伸现代工业企业生产的产业链,为吸收当地传统产业部门的剩余劳动力创造条件,实行以现代产业带动传统产业发展的"反哺"模式。

（六）尽可能消解民族传统文化与现代文明的"隔膜"

1. 文化"隔膜"及其消极影响

拉近少数族群和现代文明的距离,已经成为当前保障西部民族地区社会稳定的关键。自从2005年8月到西部民族地区进行专门调查以来,笔者一直想寻找一个词来描述西部民族地区当地少数族群文化与当地现代经济部门之间存在的那种隔膜,终未得其要。后来一个偶然的机会笔者读了我国社会学家孙立平的《断裂:20世纪90年代以来的中国社会》,作者用"断裂"一词来描述在一个社会中,几个世代的成分并存,但又相互之间缺乏有机联系的状况。即20世纪90年代以来中国社会存在的下岗失业工人、进城农民工、农民等为代表的社会群体数量攀升,贫困面扩大造成的贫富悬殊加剧的社会状况。其实,中国社会里真正在社会学、文化意义上存在的一个被人们忽视的社会联系"断裂"的现象,也存在于西部民族地区。西部民族地区的"二元"经济格局并不单纯是"行政力量"或国家政策的结果①,国家

---

① 当前各种研究都认为,中国社会存在的"二元"经济格局是行政力量推动的结果。但根据笔者的研究,未必竟然。中国社会的"二元"经济格局与历史上的封建贵族、地主和农民的经济生活方式存在必然联系。(瞿同祖:《中国封建社会》,上海·上海世纪出版集团、上海人民出版社2005年版,第110—129页)

安排是借助西部民族地区天然存在的民族经济文化差异为基础的,在实践理性层面并没有什么问题。但是,这种安排则把西部民族地区少数族群排除出了现代经济部门(非国家可以要这样做,而是客观后果如此),使少数族群的经济生活方式与现代经济文明之间存在的文化"隔膜"永久化了。各少数族群农业收入的总量持续不断地在增长,农业耕作或饲养的规模在不断地扩大,而传统经济部门经济总量增长的速度永远也无法跟上现代经济部门的增长步伐,以及由此产生的由于现代经济部门资金快速流通和经济快速增长而对滞留在长周期运行的传统经济部门资金的通货贬值影响,也使得传统经济部门处于和现代经济部门竞争的绝对劣势地位。西部民族地区存在的少数民族族群生活有增长而无发展的"内卷化"局面就因此而出现。

2. 消解文化"隔膜"的应对措施

因此,西部民族地区的社会发展并不是一个仅仅从制度上取消"二元"经济体制的问题,更艰巨的任务是拉近西部民族地区少数族群传统文化与现代文明、少数族群和现代经济部门的距离。为此,我们认为应当采取以下措施:(1)制定针对族群为优惠对象的经济政策——包括资金、土地、税收优惠、财政补贴等,吸引和鼓励西部民族地区少数族群人员投资于现代经济部门。(2)西部民族地区的现代经济部门应当对当地少数族群开放,将少数族群在非传统产业部门就业的机会从公共部门(政府部门公务员、军队、警察、公立学校教师等)扩张到其他部门,尤其是现代经济部门,国家、地方政府和现代企业组织应当为少数族群到现代经济部门就业提供便利和保障。(3)发展西部民族地区的职业教育,尤其要以当地大中型企业为依托,引导当地少数族群进入现代经济部门培训和实践锻炼,不要仅仅局限于对少数族群学生普通高校入学降低录取分数线或实行保送等措施。(4)国家和地方政府制定政策,对吸收当地少数民族族群劳动力的当地非传统产业部门经济组织实行财政、税收等优惠政策,以鼓励当地企业吸纳少数民族人员参与现代经济生活方式。

"内生性"增长就是指西部民族地区社会经济的增长不仅仅是民族地区区域经济总量的增加,而且是指西部民族地区少数族群人民对现代社会经济生活积极主动地参与和生活质量的普遍提高。西部民族地区社会经济的发展走"内生性"增长的道路,使少数族群传统文化与现代文明接轨是西部民族地区现代化的根本出路。关键有三点:(1)在西部民族地区建立真正有效率的现代经济部门;(2)要制定针对少数民族族群参与现代经济生活的族群政策,取代传统的区域补偿政策,明确界定民族区域政策的优待对象;①(3)通过经济激励措施打破西部民族地区少数族群经济生活方式与现代经济文明之间存在的文化"隔膜"。

二、将区域政策确定为国家中小企业基本政策

我国幅员辽阔,东、中、西部地区发展差距较大,尤其是西部民族地区传统生计方式仍然支配着当地少数民族族群的实际生活和观念世界,整齐划一的中小企业政策不符合我国的国情。一方面,市场经济条件下,资源配置最终是按照单位投入的市场赢利状况确定的,在同等条件下,普适性的中小企业政策会更有利于经济发达地区的中小企业;这样,排除区域政策的中小企业政策会成为支持东、西部地区之间发展差距的"富贵"政策,导致"富者愈富、穷者愈穷"。另一方面,缺乏区域政策的中小企业政策会整体上拉大全国汉族和少数民族、汉族聚居区和少数民族聚居区的族际差距和区际差距,使社会财富向汉族等少数几个现代化程度比较高的民族集中,而西部大部分的少数民族却无法享受现代经济部门产生的文明成果。因此,为了防止国家中小企业政策在实际执行中转变为与《宪法》、《民族区域自治法》规定的民族政策相左的政策,我们建议必须将区域政策确定为国家的中小企业基本政策。

---

① 我们认为这是一个现阶段实行市场经济后校正民族区域自治制度的必需的措施。显然,以区域为对象的优惠政策,涵盖范围太宽,适用于计划经济下的政府职能而不适用于市场经济;而采用非民族的界定方法又会导致优惠政策产生"漏洞";以族群为优惠对象则有利于确定政策的内涵和外延。

（一）实行中小企业"政策法案"制①

1. 中小企业"政策法案"制的含义

中小企业"政策法案"就是指由国家立法机关颁布中小企业基本法确认中小企业目标政策和可供选择的基本工具政策类型,授权政府根据中小企业基本法以"法案"的方式制定中小企业具体政策,对全国的中小企业发展作统筹规划,由各级政府及其职能部门在各自的职责权限范围内对中小企业工作进行协调、指导和服务。中小企业"政策法案"制是法治理念和政府自由裁量权相结合的产物,它包括以下 3 个层面:(1)由国家立法机关颁布中小企业基本法,确定国家中小企业目标政策和基本工具政策类型;(2)中小企业基本法授权最高国家行政机关在中小企业基本法规定的中小企业目标政策和工具政策类型范围内结合国家中小企业发展的实际情况制定普适性中小企业政策,对全国的中小企业发展作出统筹规划;(3)各级政府及其职能部门根据法定的职责权限和本地的实际情况制定适用于本辖区的中小企业发展政策,并负责执行国家最高行政机关制定的中小企业政策,对中小企业工作进行协调、指导和服务,中小企业政策的制定权限遵循《立法法》的规定,下级国家机关制定的中小企业政策不得与上一级国家机关制定的中小企业政策发生原则性抵触,否则无效。前两个层次属于立法行为,后一个层次可能是立"法"行为,也可能是执"法"行为,要根据具体情况而定。

显然,中小企业"政策法案"制具有"法律"和"政策"的双重特点。中小企业"政策法案"制的"法律"特征表现在:(1)制定中小企业基本法和中小企业政策的行为属于立法行为,行使的是国家立法权。差别仅仅在于制定中小企业基本法行为是专门的国家立法机关行使立法权的行为,制定中小企业政策的行为是国家行政机关根据最高立法机关的授权行使行政立法

---

① 提出这个观点的真实背景是:我们在西部民族地区进行实地考察时,民族自治地方政府机关、中小企业经营者、中小企业政策性文件的执行者经常遇到中小企业政策性文件"政出多门",各政策性文件之间重叠和冲突,中小企业政策性文件规范性、可操作性、法治化程度差,基层政府机关、中小企业无所适从。

权的行为;制定中小企业基本法的国家机关是专门行使国家立法权的机关,而制定中小企业政策的国家机关则是政府。(2)在规范性文件的表现形式上,中小企业基本法属于国家法律,中小企业政策属于"准行政法规"。即在效力关系上,我们可以将中小企业基本法和中小企业政策都看做"法律"的范围,中小企业法和中小企业政策的概念可以互换使用。(3)国家行政机关制定的中小企业政策不能超越中小企业基本法的授权范围,也不能超出中小企业基本法规定的中小企业政策类型的范围。(4)中小企业政策执行机关的职责权限是法定的,其执行中小企业政策的自由裁量权最大不能超越其法定的职责权限和中小企业基本法、中小企业政策的范围。可见,中小企业政策属于"法律"的范围,中小企业"政策法案"制的"法律"特征是明显的。

中小企业"政策法案"制也具有"政策"的特点:(1)中小企业基本法的基本功能是确定政府及其职能部门制定、执行中小企业政策的类型、范围,确认政府及其职能部门发展中小企业的职责和义务。(2)中小企业基本法尽管采用的是"法"的形式,但是它的内容则是中小企业政策。(3)中小企业基本法规定了国家、政府、社会对中小企业的单向度义务和中小企业享有的单向度权利,且没有设置"法律责任"制度,不具有传统意义上"法律"文件的标准特质。(4)中小企业基本法基本上都是由奖励性规范和鼓励性规范组成,在这方面中小企业基本法更接近于政策而"背离"法律。(5)中小企业基本法和中小企业政策在形式上存在差别,中小企业基本法属于"法律"的范围,中小企业政策属于"政策"的范围。(6)在执行环节上,中小企业法最终都要表现为政策的形式,中小企业法执行机构把中小企业基本法和中小企业政策都按照中小企业政策执行。可见,中小企业法本质上属于"政策"。

中小企业"政策法案"制缘起于第二次世界大战后的日本。19世纪中期日本明治维新后,日本作为后起的资本主义国家,为了赶上欧美发达国家,采取了加强同业统合的政策。第一次世界大战期间同业统合组织促成了日本经济向统制经济的转轨,1931年日本政府通过《工业组合法》,统合同业组织与产业组织的工业组合制度被法律化,并演化成统制程度很高的组织。"二战"前,日本走向军国主义的根本推动力来自于这种同业统合组织谋求超额垄断利润的统制经济。《工业组合法》是战后日本中小企业"政策法案"的原型。第二次世界大战结束后,在美国的直接干预下1947年日本出台《关于禁止私人独占与保障公正交易的法律》(简称《禁独法》)和《经济力过度集中排除法》,全面实施反垄断和财阀解体政策,统制性很强的工业组合、商业组合受到限制,独立形态的中小企业有了存在的法律基础。之后,日本政府制定了一系列振兴中小企业的规范性文件,这些规范性文件明显不同于传统大陆法意义上的"法律"也不同于政府"政策",而是兼具"法律"和"政策"的双重特点:一方面,日本政府颁布的振兴中小企业的规范性文件承继大陆法系传统,对中小企业政策采取行政立法的形式。另一方面,日本政府借鉴美国普通法的优点,对政府部门制定的中小企业政策实施"经济力集中度"审查;这种审查是对政府制定的行政规范性文件的审查,具有"法案"审查的性质,本质上属于立法审查;后来,对中小企业法案"经济力集中度"的审查逐步过渡到了制定统一的中小企业基本政策指导法——中小企业基本法。我们将这种兼具"法律"和"政策"双重特点的中小企业规范性文件称为"政策法案",将中小企业"政策法案"中"法律"和"政策"之间存在的张力机制称为"政策法案"制。①

透过中小企业"政策法案"中"法律"与"政策"的张力关系,我们会发现中小企业"政策法案"中"法律"与"政策"的紧张关系体现的是国家立法权和行政权之间的制约关系。中小企业"政策法案"通过中小企业法使国家公权机关的意志贯穿到了中小企业政策中,把国家立法权和行政权的制约关系表达为中小企业法的形式和内容的张力:中小企业政策采用法的形式,起到了以立法权制约行政自由裁量权的效果。

2. 中小企业区域发展政策实施"政策法案"制的必要性

严格意义上讲,国家实施中小企业发展政策并非始于上世纪90年代,

---

① 笔者在《中小企业法律制度研究》一书的第三章"中小企业法的性质和定位"已经对中小企业"政策法案"做了初步探究,认为中小企业法具有明显不同于一般法律规范的显著特点,它既不属于纯粹"法律"的范围也不纯粹属于"政策"的范围,提出中小企业法是形式意义的法,组成中小企业法的核心内容是中小企业政策。

早在此以前就已经有关于中小企业的政策规范出现在国家有关政策和法律文件当中。新中国成立初期,国家先后颁布了一系列扶持工业企业发展的措施,以促进社会主义工业化建设。在"大跃进"期间搞"大炼钢铁"运动,国家扶持建造了许多小煤矿、小钢厂等。在改革开放初期,国家在东南沿海设立经济特区、对外开放城市,以优惠经济政策鼓励当地企业发展和对外经济贸易、经济技术合作等。尽管国家在不同时期为支持特定产业或特定地区企业发展的这些政策并没有特定的主体指向,但是这些政策无一例外都包括中小企业。到上世纪90年代以后,随着国有企业向关系国家经济命脉的大、中型企业收缩,中小企业问题凸现出来,"中小企业"作为一个企业政策"簇群"和明确的政策术语被提了出来,专门的中小企业立法和政策也才出现在各级国家机关的规范性文件中。

就是从上世纪90年代起,不算全国县级以上地方各级国家权力机关和各级人民政府及其职能部门依据其职责权限发布的落实《促进法》、国务院中小企业政策、其他中央国家机关指导全国中小企业工作的规范性文件的实施办法、实施细则、地方性法规、地方性规章、指导意见等,仅中央国家机关包括国务院、国务院各部委在其职责权限范围内颁布的扶持中小企业发展的文件就有1000多件。这些政策性文件有的属于规范性文件,如行政法规、部门规章、实施细则或实施办法、专门颁布的具有可执行性的政策性文件等;有的属于非规范性文件,但同样起着规范性文件的作用,如行政命令、政府或政府部门决议、决定、指导意见,还有会议纪要等等。因为,这些规范性文件和非规范性文件有一个共同的特点是以指导性规范、奖励性规范、鼓励性规范为主,只规定权力(或权利)和义务,不设定权力(或权利)滥用和违反义务的责任,亦不受任何其他国家机关的监督、审查,完全仰仗执行机关的内部监督和自律及执"法"人员的内心道德良知。这类具有普遍指导性的文件如果是依据其职责权限发布的,就会涉及部门利益,制定或不制定、起草或不起草此类文件的意义就大为不同:起草或不起草此类文件涉及在文件中本部门权力的安排问题,制定或不制定此类文件涉及部门和部门领导人"有没有法制和法治意识、有没有依法行政的观念"。在这种部门功利主义、门户主义思想和部门领导人政绩主义观念的支配下,90年代以来中央国家机关颁布的关于促进中小企业发展的政策性文件就显得太多,有时使用者无所适从。而我国向来有"法无规定者适用政策"的显规则和"重政策、轻法律"的潜规则,政策在很大程度上起着法律的作用,甚至超越法律。①　国家如果不对这些行政上、组织上存在隶属关系或不具有隶属关系或同级关系的中央国家机关制定的指导中小企业工作的政策性文件进行清理,在中小企业政策和中小企业政策执行缺乏司法监督机制的情况下,将会严重扰乱国家的立法秩序,扰乱国务院颁布的中小企业政策的执行,损害国家法律和政策的严肃性和权威性。

为了解决当前我国扶持中小企业发展的政策文件太多问题,必须采取中小企业"政策法案"制。这就是说,当前必须集中精力对已经出台的中小企业政策性文件进行清理,该修订的修订、该完善的完善、该废止的废止、该废除的废除。清理工作结束以后,今后出台中小企业政策性文件必须按照《宪法》、《立法法》规定,按照立法权监督关系对中小企业政策和中小企业政策性文件实行"法案"审查,作为国家没有建立司法审查制度情况下对国家最高权力机关授权政府及其职能部门普遍行政立法权和执法权的过渡性制度。

3. 西部民族地区中小企业发展制度中确立"政策法案"制的积极意义

西部民族地区是一个特殊的地理、政治、经济区域。位处西部,说明它的生态环境具有全国战略意义;民族地区,说明它们具有区别于汉族地区的文化,如何做到在发展中维护民族文化的连续性,是维系我国文化多元性的标志。国家支持中小企业发展的政策在这些地区的拓张肯定具有不同于中、东部地区的进程和意义。中小企业"政策法案"制正好可以通过"法案"审查机制用以协调、解决国家普遍性中小企业政策与西部民族地区特殊的地理、经济、民族、文化之间的冲突,防止中小企业政策与传统的民族区域自治制度、中央对西部民族地区的财政补助制度等的抵触;中小企业"政策法案"制可以通过"法案"审查机制清除中小企业政策中可能潜含的民族歧视

---

① 前文提到的,政策具有在执法上被优先适用的现象和行业主管政府机关主笔起草适用于本行业的法律草案,就是"政策"大于"法律"的表现。

的内容,防止国家支持西部民族地区中小企业发展的政策变成民族地区的
"汉化"政策;中小企业"政策法案"制可以通过"法案"审查机制纠正国家
普遍性的中小企业政策偏离国家民族政策的情况发生,使各民族自治地方
利用《宪法》、《立法法》赋予的制定单行条例权、地方性事务先行立法权等,
根据地方实际情况制定适合于扶持本地中小企业发展的政策措施。按照中
小企业"政策法案"制的基本精神,国家制定的普遍适用的中小企业政策和
省(自治区、直辖市)或市、自治州制定的普遍适用于其管辖行政区域范围
内的指导中小企业工作的意见、措施,民族自治地方有变通执行权;对各级
地方政府及其职能部门在其职责范围内制定的指导中小企业工作的意见,
民族自治地方按照《立法法》的规定享有通过合法途径请求政策性文件制
定机关的同级地方国家权力机关行使审核、监督权;对在西部民族地区执行
的中小企业政策和各级政府、政府部门制定的指导中小企业工作的政策性
文件,民族自治地方享有抽象的执行异议权,并享有通过合法途径获得变通
执行或停止执行的请求权、申诉权。

(二)修正、整合《促进法》的中小企业理论

从新中国成立初期到改革开放初期,我国中小企业理论经历了一个较
为漫长的"企业工业化"阶段。20世纪80年代中期,随着国家提出"多种所
有制并存"的所有制结构理论,我国中小企业发展经历了一个较为短暂的
过渡阶段——"中小企业补充论"。到1992年和1993年以后,"市场"社会
意识形态论终结,1997年中共十五大明确提出"非公有制经济是社会主义
经济的重要组成部分","个体"、"私营"经济的地位以《宪法》"修正案"的
形式得到了确认,"中小企业存在论"取代了"中小企业补充论"的地位,为
配合国有企业改制,就业政策被确立为"中小企业存在论"的核心政策;
2002年,国有企业改革、改组、改造已经接近尾声,人们的心灵已经接受了
下岗、失业的煎熬,就业政策退居次要地位,产业政策的地位上升,《促进
法》以大量的条款反映了对中小企业政策产业结构调整功能的期待,"中小
企业产业政策论"在《企划规定》中得到了全面体现。

2002年以来的实践证明,"中小企业产业政策论"具有和其他中小企业

理论一样的局限性,最明显的是"中小企业产业政策论"不能反映和解决我国区域经济发展不平衡问题,尤其国家中小企业政策在解决西部民族地区中小企业发展和激励西部少数民族从传统产业中转出以减轻西部生态环境压力方面,显得束手无策。① 为此,我们从扶持西部民族地区中小企业发展和促进西部民族地区社会经济整体协调发展的角度,建议修正、整合《促进法》的中小企业理论,把中小企业产业政策和区域社会经济发展政策结合起来,以产业政策和区域政策为主线、以市场化政策和就业政策为两翼,构建西部民族地区中小企业发展模式。这就是说,西部民族地区中小企业发展的理想模式尽管将维护市场自由竞争、促进就业、实现动态化的产业结构调整和推进技术创新作为基本的价值目标,但是鉴于西部民族地区的特殊性,西部民族地区中小企业发展政策应以促进区域经济发展和区域产业结构调整作为首要的政策目标。这就要求在《促进法》"总则"部分将中小企业区域发展政策确定为国家中小企业目标政策,在"分则"部分的中小企业工具政策中增加区域政策目标实现的具体措施;在《企划规定》中将区域特点和行业特点一并作为中小企业量化界定的前提。

(三)中小企业界定实行指标浮动调整区间制

根据我国《促进法》规定,国家中小企业政策支持的中小企业必须符合四项标准——合法性、市场化(满足社会需要性)、促进就业、符合国家产业政策。这是企业得到国家中小企业政策支持的"质的规定性"。此外,按照职工人数、销售额、资产总额确认的经营规模还必须属于《企划规定》的中小企业的范围,这是企业能够获得国家中小企业政策支持的"量的规定性"。无论是《促进法》对中小企业的"质"的界定,还是《企划规定》对中小

---

① 其实,近年来西部地区退耕还林还草措施收效甚微,问题并不出在当地少数族群的"脑筋转不过弯"上,问题出在西部地区现代经济部门和国家的西部政策缺乏激励机制上。现代经济部门如果不能为当地转移劳动力提供充分的、有保障的生计之道,人们是不会放弃传统产业这根唯一的"救命稻草"的。退一步来讲,国家的西部政策至今未走出"计划经济"的思路,直接的财政补助手段不能创造出有效的激励机制,无法引导当地少数族群从传统生计方式中主动走出来。

企业的"量"的界定,都没有考虑地区经济发展差距。我们认为不包含区域经济发展差距的中小企业界定,具有以下明显弊端:(1)界定标准刚性显著而灵活性不足,不符合中小企业法的本质特征;(2)不符合我国幅员辽阔,东西部地区经济发展差距较大的实际,更不符合占我国土地总面积近60%的西部民族地区企业文化发展的实际——在那里仍有95%以上的少数民族以从事传统产业、小手工业、小商业、小服务业为生,与现代经济基本上处于"隔绝"状态;(3)界定标准缺乏可操作性,尤其与西部民族地区等企业文化极不发达的地区缺乏对照,难以执行;(4)简化了界定标准,但缺乏动态性。

为了解决中小企业界定缺乏区域政策的弊端,我们建议:(1)中小企业在一般数量界定基础上,必须规定一个执行浮动百分比区间,以适应我国地区经济发展不平衡的实际,增强中小企业政策的可执行性、可操作性。我们认为,中小企业界定执行标准浮动调整百分比区间应当采取10%到20%四档梯度式区间:以东部地区为0(即现行中小企业政策和中小企业界定是以东部地区的经济发展程度为标准),则中部地区和东北老工业基地中小企业定量指标下浮10%(老工业基地的资产总额指标和东部地区执行统一标准,不下浮),西部地区下浮15%,西部民族地区下浮20%。此外,西藏、青海、新疆等企业数量少、规模小的民族自治地方(包括自治州和自治县、民族乡①)可以下浮到25%,一些企业数量极少的民族自治县可以将符合《促进法》中小企业定性界定的个体经营户作为中小企业政策扶持对象。②

---

① 在青海、西藏、新疆,一些民族乡的行政区域面积比中、东部地区的一些市、县还大,而当地除了一些个体小商业和数量很少、规模很小、生产时断时续的乡镇企业以外,人们还以世代先人的产业——农业、畜牧业等为生计方式。毫无疑问,国家的中小企业政策当然应当适用于这里的所有非传统产业的营利性组织。

② 有人主张执行界定标准的浮动调整空间不应太大,宜定为统一的10%。(林汉川:《中国中小企业发展机制研究》,北京·商务印书馆2003年版,第15页)我们认为,统一适用一个标准,对于刚性很强的法律文件而言,是可行的。但是,对于政策性规范来说,本身规范授予了执"法"机关很宽泛的自由裁量权,加之我国东部地区和西部民族地区的经济发展差距较大,不划分地区的统一执行10%的标准,没有实际意义,而且统一执行10%的标准也不具有梯度性,不能反映我国地区经济发展程度的实际差距状况。

（2）在中小企业性质界定中增加区域政策，将区域政策作为中小企业第五项基本政策标准。具体来说，就是在《促进法》第2条关于中小企业的界定中，增加促进落后地区社会经济发展的规定，将该条第1款修改为："本法所称中小企业，是指在中华人民共和国境内依法设立的有利于满足社会需要，有利于推动落后地区社会经济发展，有利于技术进步，增加就业，符合国家产业政策，生产经营规模属于中小型的各种所有制和各种形式的企业。"使《促进法》第24条关于国家中小企业政策重点扶持的"少数民族地区、贫困地区创办的中小企业"和其他几类中小企业一样在国家中小企业基本政策中有所归属和依据。同时，建议《促进法》第2条增加第3款，规定为："县级以上民族自治地方可以根据国务院的中小企业政策，制定符合本地特点和发展企业文明实际需要的中小企业划分标准，逐级上报国务院批准后执行。"以此防止在执行国家中小企业政策过程中发生与少数民族传统文化的冲突，激化民族矛盾；也可以防止遇有西部民族地区企业数量少、规模小而出现中小企业政策执行"无对象"的问题。而且，根据民族地区特殊性而在国家立法中作除外规定，是包括《宪法》在内的国家法律文件的一贯做法，《促进法》当然不应有例外。

（四）着力扶持和发展县域经济和非公有制中型企业

西部民族地区企业结构的"二元"化或"两极分化"，极大地限制了企业文明在西部民族地区的传播和少数族群的观念现代化。现实地讲，西部民族地区企业结构"二元"化格局在短期内是无法消除的，当前能够做的事是培育由"二元"化格局向"一元"化格局转变的过渡机制。

对于西部绝大多数民族地区而言，企业少而个体经营户比例高、公有制企业比例高而非公有制企业比例低、资源开采型企业多而加工类企业少、工业企业多而农产品加工企业少、重工业企业多而轻工业企业少；第三产业发展并非工业产业链延伸的结果，属"生计型"产业，产业总体产值比重高而单个企业规模小。而西部民族地区中心城市的自然地理空间距离也限定了地区经济发展很难跨越县域经济发展阶段，广西"玉林模式"也说明县域经济是区域经济协调发展和一体化发展的基础。县域经济在推动西部民族地区社会经济发展中的基础性地位,要求我们将中小企业区域发展政策延伸至县级。

另外,考虑到西部民族地区大、中型企业主要是国有或国有控股重工业企业的实际情况,以及非公有制企业与当地民生和传统产业及从事传统产业的少数族群的特殊联系,我们建议将国家扶持西部民族地区中小企业的重点放在非公有制中小企业方面。这在形式上违背了中小企业法立法的基本宗旨——所有制和企业形式无限定(我国《促进法》第2条也对此有明确的规定),但是,根据西部民族地区企业机构特点,在量化标准和质化标准的基础上以所有制作为政策标准确定中小企业政策适用的对象,恰恰体现了公平原则。从政策标准来看,也并不是所有的非公有制中小企业都作为国家中小企业政策适用的对象,政策本身的品性也支持这种"限缩"政策对象措施的合法性。《企划规定》仍旧采用同时要件和选择要件确定中小企业范围的做法。采用选择式要件的目的在于扩大中小企业的范围;采用同时式要件的目的在于从中小企业中筛选出有质量的、有竞争潜力的中型企业,形成能够支持和落实国家产业政策的二级企业梯队,使这些中型企业在国家通过产业政策实行产业结构调整时,发挥中轴作用。从现阶段西部民族地区中小企业发展的实际情况来看,国家和地方着力培育一个中型非公有制企业梯队作为中坚企业,确实有利于起到联系国有或国有控股大中型企业和当地小型企业、个体经济的作用,也有利于西部民族地区企业结构和产业结构的调整。另外,《促进法》和《企划规定》中关于中型企业的界定也支持了国家中小企业政策着力发展中型企业的立场:《促进法》和《企划规定》特别强调"销售额"指标,而在具体界定"销售额"的含义时向营业额靠近,等于强调企业的内涵竞争力,大量的小企业是不具备这种品质的。因此,"销售额"指标在中小企业划分上的法定化,明确表明了《促进法》的政策倾向。

三、把族群身份纳入西部民族地区中小企业政策体系

（一）族群关系的"去政治化"

1. 民族区域自治政策没有解决的问题

1949 年中国人民政治协商会议颁布的《共同纲领》第 6 章奠定了新中国民族政策的基础,是新中国民族政策和"族群"政策制度化的起点。

《共同纲领》第 6 章根本上是国家关于民族问题的政治解决方案。第 50 条的规定体现了总体上民族政策设计的"政治化"倾向:"中华人民共和国境内各民族一律平等,实行团结互助,反对帝国主义和各民族内部的人民公敌,使中华人民共和国成为各民族友爱合作的大家庭。反对大民族主义和狭隘民族主义,禁止民族间的歧视,压迫和分裂各民族团结的行为。"政治民主主义民族政策在国家体制上巧妙地得到了体现,成为当时国内中国共产党和各民主党派倡导的"政治民主化"诉求的一面旗帜。第 52 条规定:"中华人民共和国境内各少数民族,均有按照统一的国家军事制度,参加人民解放军及组织地方人民公安部队的权利。"此规定体现了"军队国家化"。民族政策中贯穿"政治民主化"精神和"军队国家化"措施,是一个照顾周全的高明的民族问题政治解决方案,即使中国共产党赢得了各民主党派和各国内少数民族的人心,又为防止民族分裂留下了很大的政策回旋余地。当然,一项民族政策要真正赢得民心并不能仅仅停留在政治层面上,必须要转化为具体的民生政策(具体一点说就是国家的民事制度)才行。《共同纲领》第 51 条关于民族区域自治制度的规定为国家民族政策的民生化作了初步尝试:"各少数民族聚居的地区,应实行民族的区域自治,按照民族聚居的人口多少和区域大小,分别建立各种民族自治机关。凡各民族杂居的地方及民族自治区内,各民族在当地政权机关中均应有相当名额的代表。"而第 53 条则将这项制度进一步延伸到经济、文化领域。可见,《共同纲领》第 51、53 条的规定并不是纯粹意义上的民族政策而是"族群"政策,是民族政策在文化层面的展开。这一展开的结果是承认了每个公民的"族

群"身份,把"族群"和"族群边界"制度化,并上升为一项正式的制度。这项制度的最大优势是法律上承认了各民族的平等地位,最大的消极后果是公民个体"族群身份"的法定、市民身份的隐没以及由此产生的"族群"边界的明晰化,使得族群边界成为一个社会问题。更何况民族区域自治制度的根本是区域自治,区域内各民族的平等仅仅是形式上的平等,经济、文化、心理以及宗教信仰上的差异根本上决定着法律平等的实现深度和维持的持久程度。

此后 1952 年《民族区域自治实施纲要》、1954 年《宪法》、1982 年《宪法》、1984 年《民族区域自治法》等都延续了《共同纲领》确定的民族政策理念和原则,至今没有大的改进和发展。其实,根据《共同纲领》第 51 条和第53 条来看,民族区域自治制度是对"族群"关系的一种政治解决:仅仅在形式上确立了各族群的政治平等原则。1954 年《宪法》第二章第五节"民族自治地方的自治机关"乃至现行《宪法》第三章第六节中关于民族自治权力的列举性规定都没有超出政治平等原则的范围,"族群"政策始终没能突破政治层面而进入经济、文化等民生层面,或没有创制出把整体上的、抽象的民族政治政策转化为"族群"个体利益行动的机制,没能也不能很好地解决"族群分层"问题,一再地把民族自治区域内存在的"族群"矛盾或利益冲突积压了下来。如果一旦国家和社会整体上把个体利益作为推进社会财富分配和社会进步的原动力,"族群"边界清晰化、个体"族群"身份法定化将会激活自治区域内的族群利益冲突,区域自治政策也将会向民族区域自治制度最初设置的反方向运动,民族平等原则也将成为民族区域自治政策"族群化"、民生化的障碍而在根本上遭受质疑。总之,《共同纲领》确立的民族区域自治制度把"族群"问题按照民族问题的民主"政治化"解决方式(各民族一律平等)和"族群"关系的制度化(民族区域自治制度),以及在此基础上实行对少数族群的优待政策。在社会资源实行计划配置的时间段上,确实能够起到改善"族群分层"、消解"族群隔阂"和"族群矛盾"的作用,有助于缩小各族群之间在社会经济发展方面的差距和形成族群合作,但形式上的各民族政治平等并不能事实上解决族群和族群个体经济发展、文化差异问题,更致命的是"区域自治"不断强化着族群的政治意识,一旦社会资源按照竞争原则配置,自治区域内"民族主义"情绪必然会抬头,像西藏、青海、新疆、甘肃和四川部分民族自治地方的族群冲突就不可避免地会发生。从长远来看,民族政策的"去政治化"(向族群政策转化)和"族群"政策个体化(向民生政策转化)尽管不利于维持民族多元性,但它确实是市场作为配置社会资源基本方式条件下的唯一路径。

2. 民族区域自治权的困境

1954 年《宪法》关于民族区域自治的出发点是正确的:"国家在经济建设和文化建设的过程中将照顾各民族的需要,而在社会主义改造的问题上将充分注意各民族发展的特点。"1982 年《宪法》基本上照搬了 1954 年《宪法》的规定。但是,"需要"和"特点"往往随着时空而多有变化,"自治"的核心就在于如何去体现各自治民族和自治区域的"需要"和"特点"。1954 年《宪法》在"国家机构"一章中专节规定了"民族自治地方的自治机关",该节内容实际上由两部分组成:一是民族自治地方自治机关的组成,二是民族自治地方的自治机关享有的自治权。我们不说在"国家机构"下规定民族自治地方的自治权是否恰当,仅就"民族自治地方自治机关的自治权"(第 70 条第 1 款)的规定来看,它和民族自治地方的自治权能等同吗? 尽管这样,1954 年《宪法》关于"民族自治地方自治机关的自治权"的规定也是很笼统的、很原则的,严格来讲涉及民族自治地方自治权的法条只有第 70 条。1954 年《宪法》关于民族自治地方自治权规定的体例直接构成现行《宪法》的蓝本。现行《宪法》除了把"国家机构"置于"公民基本权利和义务"之后,并在"国家机构"章中增加"中央军事委员会"一节以外,"国家机构"章的体例和 1954 年《宪法》相比没有变化。但从内容来看,现行《宪法》关于"民族自治地方的自治机关"大量地增加了关于民族自治地方自治机关自治权的规定。

按照现行《宪法》第三章第六节的规定,民族自治地方的自治机关除根据第 117 条之规定行使一般地方行政区域的治权外,根据自身民族的"需要"和"特点"主要享有以下自治权:根据本地方的实际情况,有权变通执行或停止执行上级国家机关的决议、决定、命令和指示;依照当地民族的政治、经济和文化的特点,制定自治条例和单行条例;管理本自治地方的财政;自主地管理地方性的经济建设事业;自主管理本地方的教育、科学、文化、卫生、体育事业,保护和整理民族的文化遗产,发展和繁荣优良的民族文化;依照国家的军事制度和当地的实际需要,经国务院批准,可以组织本地方维护社会治安的公安部队;在执行职务时,依照本民族自治地方自治条例的规定,使用当地民族通用的一种或者几种语言文字;根据本地方实际情况获得国家和全社会帮助。仅仅从形式上来看,现行《宪法》关于民族区域自治权的规定是很全面的,涉及政治、经济、文化和社会生活等各个领域,民族问题的"去政治化"或"文化化"特征很明显。但是,这些规定都是缺乏任何实现前提条件的原则规定,规范性、常规性、制度性很差,政策性、随意性很大,根本不具有法律操作性。《民族区域自治法》对《宪法》关于民族区域自治机关自治权的规定进一步进行了补充:国家实行有利于民族自治地方经济发展的财政管理体制,为民族自治地方的各项事业和建设提供资金和补贴,扶持民族自治地方发展民族贸易和地方工业及传统手工业,帮助民族自治地方加速发展文化教育事业,帮助民族自治地方培养少数民族干部和技术人才,鼓励内地人员到民族自治地方工作。

诚然如此,在国家实行市场经济后,《宪法》、《民族区域自治法》以及《民族区域自治法若干规定》关于民族区域自治权的规定也显现出明显的缺陷和不足:

(1)自治权的"政治化"倾向。首先,民族自治地方的自治权规定在"国家机构"一章下,客观上等于将民族自治地方的自治权等同于政治权利。《宪法》是在"国家机构"下规定了"民族自治地方的自治机关"的"自治权",这在客观上起到了把民族区域自治权"政治化"、"工具化"的效果。其次,民族自治地方和民族自治地方的自治机关并不是同一个概念,民族自治地方享有的自治权更不等于民族自治地方的自治机关享有的权力。《宪法》在"民族自治地方的自治机关"节下规定民族自治地方的自治权,并在第117条作了如下规定:"自治区、自治州、自治县的自治机关依照宪法、民族区域自治法和其他法律规定的权限行使自治权,同时行使宪法第三章第五节规定的地方国家机关的职权。"其实,按照民族区域自治制度的精神实质,自治权专属于民族自治地方;民族自治地方的人民代表大会和人民政府是国家地方权力机关,行使的是国家权力,在性质上和民族自治地方的自治权存在根本区别。可见,现行《宪法》把民族自治地方的自治机关和民族自治地方、民族自治地方享有的自治权和民族自治地方的自治机关享有的自治权等同化了!这不仅在逻辑上和事实上是不成立的,而且导致将民族自治权"政治化"的结果。随着国家实行市场经济,《宪法》的这种立法体例更显现出它曲解、违逆事实,夸大政治权力介入民族关系积极效果的弊病,是阶级斗争理论在国家《宪法》中的体现。将处理族群关系的大量的经济、文化、社会权利当作政治权力作出规定,客观上存在将范围较民族自治地方享有的政治权力广泛的经济、文化、社会权利"政治化"的结果。

(2)族群问题"政治化"的危险。1949年《共同纲领》的定位是正确的:民族问题是政治层面的问题,自治区域内的"族群"问题是文化层面的问题。但是,1954年《宪法》显然已经带有"阶级斗争扩大化"的倾向,把族群问题和民族问题混同了起来,把民族自治区域的自治权规定在了"国家机构"一章中。常规政治要求民族问题社会化,族群关系法制化,族群身份公民化。相应地,民族自治权应当作为公民基本权利在宪法和宪法性文件中作出规定,而不应当作为"民族自治地方的自治机关"的"附带品",更不能把它等同于民族自治地方的自治机关的自治权。发展市场经济要求更广泛地规定民族自治地方享有的经济权利,但民族自治地方自治权的"政治化"限制了"权利"的立法创制。民族自治地方的自治权"政治化"产生的一个很不利的后果是族群问题"政治化"。

(3)民族政策"区域化"。1954年《宪法》和1982年《宪法》的"序言"中都明确规定:"国家在经济建设和文化建设的过程中将照顾各民族的需要,而在社会主义改造的问题上将充分注意各民族发展的特点。"按照这个规定,《宪法》和《民族区域自治法》规定设立民族自治地方首要"照顾"的是"民族的需要"和"注意""民族发展的特点",而不是"民族自治地方"的"需要"和"特点",即民族区域自治政策的核心是民族政策而不是"区域政策"。但是,在《宪法》、《民族区域自治法》和其他相关立法、政策文件中,都把民族区域自治政策当作区域政策执行,仅仅在涉及少数民族干部培训、人才培养等极个别问题上执行族群政策。譬如,现行《宪法》第三章第六节规定了民族自治地方享有的种种自治权,但都是以"民族自治地方的自治机关"为权利主体。这只有两种解释:一是民族自治地方享有的自治权是民族地方自治机关享有的自治权;二是民族自治地方的自治机关代表民族自治地方的人民行使自治权。但无论哪种解释,都说明民族自治地方的自治权是一种"区域性"权利而不是"族群性"权利。换一句话说,我国的民族区域自治政策根本上是一种区域政策而不是族群(民族)政策。民族政策的"区域化"产生的最大消极后果是国家本意在于惠及少数族群的政策最终会完全转化为区域政策或族际平均主义政策,使少数族群获得名义实惠多多而实际实惠很少,加深了"族际分层"和激化了"族群矛盾",并使少数族群不能真正享受区域社会经济发展的实惠,长久陷入了一种"区域社会经济有增长"而"少数族群及个人无发展"的"内卷化"状态。

总体来看,民族区域自治制度是民族问题的"政治化"解决方式和"族群"关系的制度化。它在社会资源实行计划配置的时间段上,确实在形式上能够起到改善"族群分层"、消解"族群隔阂"和"族群矛盾"的作用,有助于缩小各族群之间在社会经济发展方面的差距和形成族群合作,但它并不能解决族群和族群个体的发展、文化差异问题,更致命的是"区域自治"不断强化着族群的政治意识。在社会资源按照竞争原则配置的条件下,民族自治区域内的"民族主义"情绪因族群利益冲突而有抬头的趋势。从长远来看,民族政策的"去政治化"和"族群"政策个体化——即民族政策向民生政策转变、民族自治机关的自治权向公民权利转变,成为市场作为配置社会资源基本方式条件下的唯一路径。

(二)在民族区域自治制度中引入企业化政策

从国家结构形式意义上讲,我国的民族区域自治制度具有深厚的历史文化积淀渊源,是一项适合中国国情的制度。但从这项制度创制时的时代背景和根本出发点及现实状况来看,这项制度必须要作"与时俱进"的"修补",而时机、条件和形势也迫切需要我们重新对它作出调整、整合。

1. 现行民族区域自治制度与计划经济的契合

对任何一个多族群的政治实体来说,都需要设置一项制度来规范这个政治实体内各个族群之间的相互关系。这项制度的核心是国家的政治体制与政治结构。① 在中国共产党创建初期，曾赞成用"联邦制"和"民族自决权"作为解决国内各族群关系的基本方略。但经过第二次国内革命战争、抗日战争、解放战争，中国共产党根据中国的实际情况选择了民族区域自治作为解决国内族群关系的基本政策。1952 年中央人民政府通过了《民族区域自治实施纲要》，1954 年把这一政策和相关的制度性安排正式写入《宪法》。

中国共产党最终选择民族区域自治作为解决我国族群关系的基本政策，除了民族众多、历史原因和各民族"大杂居、小聚居"等客观条件以外，政治意识形态起了很关键的作用。

首先，马克思主义经典思想关于民族自决权和社会主义国家结构形式的理论，直接影响了中国共产党族群政策的选择。我们这样讲，并不是说中国共产党选择民族区域自治政策不正确或不符合中国国情，而是说这项政策的具体制度设计上受政治意识形态的影响太过，以至于在具体制度设计上对政治因素的考虑远远盖过了族群文化、经济、社会等非政治因素。出于政策、政治的考虑，制度设计规定得过于原则、灵活、笼统，法制化程度太低；或对政治问题的敏感，把大量的非政治问题"政治化"了。俄国是世界历史上第一个取得社会主义革命胜利的国家，加之俄共控制下的共产国际对当时世界范围内共产党政治纲领、政治决策的干预，列宁关于多民族国家处理族群关系的理论直接影响了同一时期和稍后世界范围内共产主义政党、无产阶级革命取得胜利的多民族国家解决族群关系的立场。列宁认为以"统一的、不带有任何民族色彩的苏联共产党"为"重要政治纽带"的社会主义国家需要实行单一制的国家机构形式，坚持认为联邦制是多民族社会主义俄国的过渡性政策。② 中国共产党最终放弃早期倡导的民族自决、联邦制

---

①　马戎：《民族社会学——社会学的族群关系研究》，北京·北京大学出版社 2004 年版，第 500 页。

②　《社会主义革命和民族自决权》，《列宁全集》第 22 卷，北京·人民出版社 1958 年版，第 137—150 页；《论民族自决权》，《列宁全集》第 20 卷，北京·人民出版社 1958 年版，第 395—457 页。

作为解决中国族群关系的基本政策不无受列宁民族理论的影响。列宁关于多民族国家解决族群关系的理论包含着科学的内涵,但是受当时俄国国内外政治气候的直接影响,其理论的核心是把民族关系阶级化和把民族矛盾政治斗争化,明显带有阶级斗争扩大化的倾向。在无产阶级革命乃至社会主义革命时期,这种理论能够辐射、涵盖几乎所有的社会关系,对解决许多问题行之有效,但在常规社会譬如社会主义建设时期,这种形成于非常规社会的理论显然在具体问题上不能适应社会实际。中国共产党尽管在1946年就已经明确民族区域自治是解决中国多民族国家族群关系的基本政策,但这个来自于中国国情的决策一开始就是政治斗争的产物。

其次,1954年民族区域自治"入宪"标志着一个旧的族群关系时代的结束,社会主义族群关系时代的开始,民族自治地方在新制度中的地位和走向、未来命运在社会主义工业化总路线中就已经圈定了。经过新民主主义革命,中国共产党最终取得了在新民主主义革命尤其是统一战线中的领导地位,从而改变了新中国国家政权的性质。1949年《共同纲领》就是对新民主主义政权性质、组织形式和方针政策的临时宪法性确认。1954年《宪法》的性质完全不同于《共同纲领》:《宪法》"序言"肯定了国家建设社会主义的过渡时期的总路线和实现总路线的内外条件;总路线是逐步实现国家的社会主义工业化,逐步完成对农业、手工业和资本主义工商业的社会主义改造;实现总路线的内外条件是发挥统一战线的作用和实行有利于社会主义工业化的社会制度、国家结构及民族、外交等各项政策。(《宪法》"总纲"内容)《宪法》中关于民族区域自治制度的条文规定尽管增加了不少,但是:(1)《宪法》"序言"中关于"经济和文化建设""照顾各民族需要"、"社会主义改造""充分注意各民族特点"的政策,在"总纲"中被表述为原则性的民族区域自治制度,在"国家机构"中被阐释为"民族自治地方自治机关的自治权"。《宪法》规定上的前后矛盾和冲突反映了需要在社会主义工业化总路线与民族区域自治制度之间建立平衡、协调机制,也说明民族区域自治的具体制度设计需要应时、应事、应势作出调整、整合和安排。(2)工业化总路线宣布了工业在未来社会中的核心地位和非工业的次要地位,对民族区域自治制度的意义在于预示着工业化在民族自治地方的全面铺开。同时,它意味着民族地区的农牧业、手工业或其他拥有私产基础上进行的生产组织形式被宣布为非社会主义而列入改造的对象。各族群在民族自治地方的实际地位、关系、发展机会完全取决于与社会主义工业的联系程度。民族政策被当作区域发展政策执行也就成了必然。因此，民族政策作为区域政策执行是国家工业化政策核心地位的体现和反映。（3）国家把实现社会主义工业化总路线在《宪法》中固定下来并置于各项政策措施的核心目标地位，就意味着民族区域自治制度的完全工具化。民族区域自治制度本身所宣言的民族平等、民族团结和各民族共同繁荣的原则和价值则丧失了其本身应具有的价值和地位，仅仅具有法律形式意义。民族区域自治制度一经工具化，民族区域自治制度的法制化程度就会大大削弱，全面"政治化"就成为它的宿命。（4）工业化总路线启动了对社会生活的全面意识形态化。工业化前面加上"社会主义"作为限定语，等于把一切"非社会主义的"、"非工业的"都宣布为"落后"。换一句话说，一切社会主义的或工业的都是先进的。而所谓的"抢救落后"的真正含义也就等于主流文化的意识形态化。

最后，当1954年《宪法》把社会主义工业化总路线作为宪法确定的各项基本制度的根本出发点和归宿时，民族区域自治制度文化层面的意义就已经全部丧失了，并被纳入了社会主义计划经济的轨道。与发展工业尤其是重工业相关的资源实行全民所有即国家所有（第6条第2款）；民族地区的土地可以归农民所有，包括"个体所有"（第5条和第8条第1款）和"合作社所有即劳动群众集体所有"（第5条），但限于地上权，与发展工业相关的矿产等资源所有权则归属于国家（第6条），且半社会主义性质的合作社经济被宣布为"改造个体农业和个体手工业的主要道路"；国家明确对"富农经济""采取限制和逐步消灭的政策"（第8条第3款）；把个体、私营工商业全部划为"资本主义工商业"的范围，采取"采取利用、限制和改造的政策"（第10条第2款）。这样，民族自治地区能够"照顾"的"民族需要"和"注意"的"民族发展的特点"就仅限于少数族群的传统产业——农业了；工业化总路线留给民族地区的少数族群（包括自治族群和非自治族群）的发展空间也仅限于农牧业，国家在政策上割断了少数族群甚至所有从先人那儿承继下来从事农业的群体与工业的一切可能的联系，把他们全部"边缘化"了;民族自治地方享有的"自治权"实际所剩也就仅仅是"政治层面"的权力,民族自治地方享有的发展经济、文化的权利也就只剩下一个抽象的原则了,在具体制度层面很难作出具体规定,在"国家机构"部分专节以"民族自治地方的自治机关"为题对民族自治地方的自治机关的自治权作出规定也就成了自然的事情。因此,从历史起源上和根本目的上看,新中国很长一段时间内存在的"计划经济"有着特殊含义:依靠国家力量强制实行其他产业部门向工业部门、其他所有者财产权向国家所有权转移,全部社会物质资源和技术资源向工业部门流动的经济形态。① 1954 年《宪法》对民族区域自治制度作出如此规定的原因和目的很显然,就是使民族区域自治制度与国家社会主义工业化总路线相一致,使民族政策辅从计划经济。

2. 在民族区域自治制度中引入企业化政策的必然性

正如民族区域自治作为解决我国国内族群关系的基本制度写入 1954 年《宪法》有着深刻的历史背景(客观条件和原因)和历史必然性一样,现阶段度民族区域自治制度进行更张,引入企业化政策也具有历史必然性。

(1)民族区域自治制度具体制度设计、执行上的"政治化"、工具主义和"区域政策化"是明显不适应市场经济的计划经济的表征。

1993 年以后国家全面实行社会主义市场经济,市场和计划一样,都成了社会资源的配置方式。"计划"的行政强制功能逐渐被剥离了出去,其宏观调控职能逐渐显现出来,而剥离出去的行政权力也向更为中立的监管职能转变。尽管 1982 年《宪法》没有像 1954 年《宪法》那样明确把"社会主义工业化总路线"写进《宪法》条文,但是其对"现代化"的规定的根本精神还在"工业化"方面,而且其蓝本也是 1954 年《宪法》。这就是说,现行《宪法》经过四次修订,"计划经济"的外壳已经基本上剥离掉了,但是其"灵魂"和精神还存在,还在实质上影响着社会生活。而西部民族地区业已形成的

---

① 1954 年《宪法》第 4 条再清楚不过地反映了这一点:"中华人民共和国依靠国家机关和社会力量,通过社会主义工业化和社会主义改造,保证逐步消灭剥削制度,建立社会主义社会。"所以,"计划经济"在 1954 年《宪法》中有特殊的含义。"计划"和国家通过强制手段使社会资源向工业部门集中,和"直接行政干预"是同义语,和一般经济学上"计划"的中立性相差很远。

"二元"化企业格局(见前文"西部民族地区中小企业的发展情况"、"西部民族地区中小企业发展的典型模式"、"西部民族地区中小企业发展状况分析"),更使得"计划经济"在市场经济条件和环境下仍然"自然"前行:①大型企业多为国有或国有控股企业,中小企业全部为地方、民营企业;国有或国有控股企业全部为第二产业部门主要是工业大中型企业,而且都是重工业企业,而集体、民营企业尽管分布产业范围很广,但不仅规模小,不能对所在产业的产业结构、产品结构、市场竞争产生实际影响,而且绝大多数都是轻工业企业和第三产业部门企业;供需关系稳定、价格垄断、利润丰厚的资源、能源企业多为国有或国有控股企业,其他行业企业皆为集体、民营企业和个体经济。②民族自治地方企业和自治族群人格不完全一致,民族自治地方企业大多为汉族人创办、经营,自治族群和其他少数族群的自然人投资现代企业者很少;西部民族地区的少数族群长期从事农、牧、渔等传统产业,对传统产业形成了稳定的民族感情和产业"情节",加之新中国长期实行少数族群与现代工业隔离的"社会主义工业化总路线",在西部民族地区"族群分层"明显地表现为族际产业分工;西部的许多少数族群在心理上对工商业仍然抱有抵触,少数经营小商品经济的族群世代重复进行家族式的简单再生产,对现代企业制度不甚了解和不信任,对"外来"资本、人员普遍抱有戒心。③正是西部民族地区国有企业和民营经济的"二元"化企业格局等多方面因素促成的现代工业化组织生产的方式中存在的族群产业分层,进而使得国家在政策、法律上已经明确宣告"死亡"的"计划经济"能够在西部民族地区的市场经济的环境中依然在事实上大行其道!问题的根本不是由于《宪法》和《民族区域自治法》规定的民族区域自治制度错了,而是民族区域自治制度的某些具体制度设计和执行背离了民族区域自治制度的原则、精神和初衷,也由于民族地区经济、文化等"事实"因素制约了民族区域自治制度应有功能的发挥,使得民族区域自治制度在某些方面显得"超前"或"超然"。其中,具体制度设计、执行上的"政治化"、工具主义和"区域政策化"明显与当前实行的市场经济极不适应、不协调。国家整体上实行社会资源的市场配置模式,已经使得民族区域自治制度具体制度设计、执行上的"计划"色彩到了必须更张、调整的阶段。设计再精良的、强制推行时间再长的财政补贴和税收减免政策都不会比在社会成员之间创制一种内部机制来得有效,持续时间更长、更稳定、成本更低、更赢得民心。"施惠"不可能成为落实政策原则、实现政策目标和价值、使政策获得持久效力的有效手段。

（2）适应市场经济的民族区域自治制度应当是国家组织人力资源的方式。

从根本上来讲,民族区域自治制度不应当仅仅是国家调整族群关系、缓和族群矛盾、避免族群冲突、解决多元族群文化差异问题的策略,更应当是国家组织人力资源的一种方式。前文我们已经详细论述过西部民族地区中小企业发展中存在的地域和身份绞缠的消极影响。"一方水土养一方人",指的是人们生活空间之间的关系,并不是指人们的创业空间。事实上只有生活于斯、生长于斯的人,才会对养育他(或她)的山水怀有深厚的感情。市场经济突破了人们创业的地理空间限制,但人们最终选择自然、人文、社会等各方面环境贴近主流生活方式的地方作为生活区域。在西部民族地区和中东部地区,汉族居住区生存环境、社会经济发展程度存在较大差距及文化生活方式存在较大差异的情况下,只有动员本地人力资源才有可能维持当地社会的可持续发展,也只有创业空间和"情感"(生活)空间维系于西部民族地区的人们才是西部民族地区的希望之所在! 因此,在国家实行市场经济以后就应当调整民族区域自治制度的具体政策、制度设计:一是实行区域政策向族群身份政策的转变,激励少数族群投资于现代经济部门、现代产业部门和现代企业;二是区分民族自治地方自治机关的自治权(力)和民族自治地方的自治权(利),把调整各级国家机关权限划分关系、民族政治关系的政治性权力和调整族群关系的公民权利(非政治性权力)区分开来,并分别在《宪法》"国家机构"和"公民的基本权利和义务"中作出规定;三是建立民族区域自治权向民族自治地方公民权利过渡的连通机制,防止国家对西部民族地区的财政补贴、转移支付和税收减免政策的"区域化"。总之,把民族区域自治制度作为一种组织人力资源的手段,是市场作为配置社会资源基础性方式的要求,同时可以获得两项积极效果:一是淡化我国民族政策的"政治"色彩和政治功能;二是维持西部民族地区发展的持续性、稳定性和长期效果。

（3）农业和小商品经济的传统组织生产的方式在工业社会中不具有任何竞争优势，"二元"现代化模式已经不适应现代社会。

1949年《共同纲领》确立的民族区域自治政策的根本在于实行了各民族平等原则。1954年《宪法》才完整地规定了国家处理民族关系的三大基本原则，并将边疆政策贯穿到民族政策当中，规定"中华人民共和国是统一的多民族国家"，"各民族自治地方都是中华人民共和国不可分离的部分"。与边疆政策并行的是"社会主义工业化"在西部民族地区全面铺开，民族问题的政治化和民族地区的现代化在民族区域自治制度中的紧张关系由此形成。前文我们已经指出，由于工业化路线和少数族群文化生活方式的差别，西部民族地区的工业化实行的是事实上的少数族群与现代工业隔离的政策，历史上汉族和边疆少数族群的自然环境条件差异形成的自然分工，在边疆民族地区工业化的过程中却实实在在地演化成了以族群为单元的社会分工（主要表现为行业分工）和社会分层（或称"族群分层"）。西部民族地区的工业化和当地少数族群的现代化并不是同一过程，甚至可以说，区域工业化和少数族群现代化并不具有直接相关性（起码在国家立法和政策中是如此）：民族地区工业企业或是分属于中央到地方各级政府的全民所有制企业（20世纪50年代"三线建设"到90年代国家对国有企业"抓大放小"），或是由当地或外来汉族人投资创办的民营企业（尤其是90年代国家提出建立社会主义市场经济以后），当地少数族群仍然在国家的财政补贴、减免税政策的鼓励下从事传统农业、牧业、渔业或很有限范围的小商品经营。民族地区存在的基于传统生计方式差异的区域和族群"二元"现代化模式，在由封建制或奴隶制社会向现代社会转型的过程中，照顾到了绝大多数少数族群的利益，有利于缓和族群矛盾和冲突，赢得了民心。但是，这种社会财富分配的模式一经确立，就意味着建立了一个实现社会公平的更高的"平台"，新"水平"上的矛盾和冲突也会潜隐在新的社会分配机制中。上世纪90年代国家实行市场经济为这种"新"的社会分配机制中矛盾、冲突的表面化提供了契机，族群发展权直接表现为利益分配关系，国家对少数族群的财政补贴、税收优惠相对于直接投资于现代工业、企业的收益差拉大，国家政策在维持民族地区社会分配公平中的地位和作用相对式微，新型工业、企业文明与少数族群传统产业、产业组织形式之间的利益冲突激化。更为主要的是西部民族地区乃至整个中国社会的工业化已经达到了这样一个水平，传统产业主要是农业收益已经对社会没有全局影响力，企业化的组织社会资源的方式已经取得对传统农业等组织生产的方式的绝对优势，民族地区存在的"二元"现代化模式早已经完成了它的历史使命，成了新形势下民族地区现代化的"新"障碍。而这一切矛盾的焦点都指向了民族区域自治制度下过时的区域政策。

另一方面，国家在上世纪80年代初推行的家庭联产承包责任制，尽管调动了西部民族地区农牧民的生产积极性，提高了农牧业的社会生产力，但是家庭承包责任制同时是一种农业的分散经营模式，客观上使国家的边疆政策由整体的族群政策转化为族群私人政策。分散经营把利益整体划分成了私人利益单元，不仅增加了国家民族政策实施的环节，而且与现代经济部门相比，也使得国家对民族地区的财政、税收优惠政策实施的成本大大增加。同时，国家对农业的私人监管的成本远远高于通过企业对社会监管的成本，使得民族地区的现代经济部门成为比传统产业更有效率、社会效益更高和给从业者带来收益的部门。因此，西部民族地区农牧业的分散经营，是一柄"双刃剑"，提高了社会生产力并稳定了边防，但也使得国家的民族区域自治政策执行的成本大幅度提高和效率大幅度下降，使民族区域自治制度下的族群政策执行的"人治"因素增加，落实难度加大，国家对西部民族地区的实际监管也变得疏散。

因此，在当前和今后一段时间内，一些工业化发展进程比较快、族群意识比较强的西部民族地区因族群利益分配不公而引发的族群冲突不可避免。解决这一问题的根本出路在于改变民族地区存在的"二元"现代化发展模式，改变以区域发展政策为核心的民族区域自治政策，实行以族群政策为核心的民族区域自治制度，进而在民族区域自治制度中引进企业化政策，把引导少数族群参与当地的工业化、企业文明作为国家民族政策的重要内容。

（三）把族群政策纳入西部民族地区企业制度

我国的民族区域自治制度是从中国共产党在二次国内革命战争时期提

出的民族自决方案逐步根据社会实际情况逐步演化而来的,民族平等是民族自决方案的必然结论。近代以来,无论是汉族所在的中东部地区还是少数族群所在的边疆地区,都受到外来西方资本主义国家的侵略,"中华民族"作为一个包含50多个族群并被赋予国家意义的政治术语,就是在共同抵御外来势力侵略的过程中形成的,尤其是抗日战争,民族团结被提高到了关乎民族危亡的高度。因此,1949年把民族区域自治政策写进《共同纲领》时才将"民族团结"重墨浓彩:"中华人民共和国地内各民族一律平等,实行团结互助,反对帝国主义和各民族内部的人民公敌,使中华人民共和国成为各民族友爱合作的大家庭。反对大民族主义和狭隘民族主义,禁止民族间的歧视,压迫和分裂各民族团结的行为。"1954年《宪法》注意到国家进入社会主义建设(和平)时期,民族地区的经济、文化建设和消除各民族事实上存在的不平等、"族群分层",才是新生的国家政权面临的最大民族问题。尽管那时的经验很缺乏,又无"前车之鉴",但《宪法》还是就消除各民族间存在的事实上的不平等作出了尝试性规定:"各少数民族聚居的地方实行区域自治";"各民族都有使用和发展自己的语言文字的自由,都有保持或者改革自己的风俗习惯的自由";"各上级国家机关应当……帮助各少数民族发展政治、经济和文化的建设事业"。除此以外,第一次就民族自治地方的自治权作出了原则性规定。1982年《宪法》以1954年《宪法》为蓝本,明确规定了国家处理国内民族关系的三大原则,以法条的形式完整地表述了民族区域自治制度的含义:"各少数民族聚居的地方实行区域自治,设立自治机关,行使自治权。各民族自治地方都是中华人民共和国不可分离的部分","国家保障各少数民族的合法的权利和利益,维护和发展各民族的平等、团结、互助关系。禁止对任何民族的歧视和压迫,禁止破坏民族团结的行为,反对大民族主义和地方民族主义"。同时,将民族自治地方享有的经济、文化权利的法律条文由1954年《宪法》规定的2条增加到6条8款。从现行《宪法》关于民族区域自治制度的规定来看,民族区域自治政策包括两个层次:族群(身份)政策和区域(发展)政策。按照现行《宪法》"序言"的指示性规定,族群政策应当是民族区域自治政策的核心和出发点。但后来在政策具体执行过程中,为了配合国家工业化战略和执行方便,民族区域自治政策转向了区域中心主义,民族区域自治政策在本质上也就成为区域现代化政策。这在计划经济时代是不成问题的,民族区域自治政策按照区域政策还是族群政策执行,对基本上整体从事传统产业的西部民族地区的少数族群影响不大,甚至更有利于少数族群。

但是,国家实行市场经济以后,社会资源分配方式发生了重大变革,组织社会生产和消费的单元是按照"私人"来划分的,整个社会的人们的基本经济关系表现为私权关系(私人利益关系)。尤其是工业和工业增加值对传统农业等产业的绝对竞争优势,加之民族地区"二元"现代化模式的推进,传统产业收益对民族地区的全局影响力大幅度下降,国家对少数族群的财政税收优惠政策已经不足以弥补所从事产业因处于竞争弱势所产生的损失。更因为企业化组织相对于传统农业等产业生产组织形式——个人、家庭——的绝对强势地位,西部民族地区从事传统产业的少数族群实际上是和"武装"到极致的现代企业在竞争,胜负早就有定数了!在这种情况下,民族区域自治政策仍然按照区域政策执行,必然会损害少数族群的利益,而各种为享受少数民族族群特殊待遇的"族群身份寻租"现象也在民族地区蔓延开来(譬如,为了享受少数民族成员就业、受教育、从事经济活动的优惠待遇,隐匿自己的真实族群身份,改为少数民族),激化了西部民族地区少数族群和汉族的矛盾,损害了当地少数族群与干部的关系。其实,民族自治地方是区别于中华人民共和国一般行政区域的特殊行政区域,其特殊性不在于"区域"而在于"族群",民族区域自治政策是一种侧重给予少数族群的政策(1954年《宪法》和现行《宪法》都明确规定"各少数民族聚居的地方实行区域自治")。可见,从本来意义上讲,民族区域自治政策的本质是族群政策,区域政策是辅从性政策。现在对民族区域自治政策的重心作出制度内调整是很自然的事,并不违背民族区域自治制度设计的初衷,而且也与社会资源按照市场化方式配置的精神完全一致,在民族地区的社会基本利益关系按"私人"划分与凸显民族区域自治政策的族群政策正好契合,也与国家一贯实施的对少数族群的财政税收等各种优惠政策不冲突。

问题的真正难点在于如何消解西部民族地区少数族群与现代企业文明的"隔膜"。前面我们一再提到当前西部民族地区少数族群对现代企业的排斥及由此出现"族群行业分层"。笔者认为,这个问题的病根出在国家政策上,国家把西部民族地区国家所有权和公民个人所有权的界限按照计划经济的观念划分得过于绝对,把国家利益和当地少数族群的利益、民族自治地方的利益完全对立和割裂开来,把当地的少数族群排除于当地的现代化(工业化)进程之外。国家完全可以在《公司法》等企业法律制度之外设立特别制度(譬如在《民族区域自治法》中作出专门规定,《民族区域自治法若干规定》已经在这方面作了初步尝试),把每年对西部民族地区少数族群的财政补贴、税收优惠等的转移支付款项分期分批部分转化为当地国有或国有控股企业的股权,诱导、鼓励、吸引当地的少数族群投资于非农产业和实际参与当地的现代化进程。今天给予一部分弱势群体以"优惠"必须以将来不给予为目标,只有永远的"同志"没有永远的"恩人",否则一项本质上的临时性、过渡性政策会把"受惠者"配置为"寄生虫"而成为"施惠者"永久的负担!也许一朝照顾不周,便生埋怨,甚至发生直接冲突。从长远来看,对少数族群的财政税收优惠政策绝对是一项"吃力不讨好"的政策!在西部民族地区的企业尤其是工业企业中引入对少数族群的财政转移支付向族群身份股权制度的转变,一方面可以很大程度上降低政府执行民族区域自治政策的成本、效率,转变政府职能,使政府从"施惠者"管理角色向服务角色转移;更为重要的是民族地区的少数族群也可以从被动的政策"受惠者"转化成当地社会经济市场化、工业化、企业化积极主动的参与者。

(四)建立国家对西部民族地区传统产业部门和少数族群的补偿制度

新中国成立后,国家在少数民族聚居区设立民族自治地方,行使宪法和法律授予的自治权,甚至包括了对国家法律、政策的变通或停止执行权。另外,《民族区域自治法》还规定:民族自治地方依法享有财政收入自主安排使用权,对地方性经济建设事业的自主管理权,根据地方特点和需要制定经济发展方针、政策、计划的权力及合理调整生产关系、改革经济管理体制的权力,对本地教育、科学、文化、卫生、体育事业享有自主管理权,等等。但是,这些民族自治地方权力的享有和行使是在一种现代经济部门和传统产业部门的"二元"分离经济体制下存在的,民族自治地方的各项"自治权"是与现代经济部门无涉的权力。西部民族地区的这种"二元"分离经济体制造成了当地少数民族地区,尤其是少数族群对现代经济部门的深度"隔膜"。国家从20世纪50年代开始,确实定期或不定期地对少数民族地区的传统产业实行一定的补偿制度,但是这种补偿多是国家对少数民族地区的"扶贫",并没有也无力使传统产业部门实现机械化、产业化、企业化,传统产业部门始终维持在原始积累阶段而没有实质的发展。从上世纪80年代开始,国家对西部民族地区实行"新形式"——针对企业和企业行为的补偿制度,但是当地少数族群主要从事以户为单元的传统产业,企业这种现代经济形式与他们的生计方式联系稀疏。这种补偿对象的转移产生了四个后果:(1)对西部民族地区的经济补偿成了一种纯粹的区域补偿;(2)对西部民族地区的经济补偿转化成了刺激现代经济部门和现代经济组织形式的措施,具有鼓励人们投资于现代经济部门和现代企业组织的作用;(3)从事传统产业的少数族群被悄然淡出了国家对西部民族地区经济补偿的对象范围;(4)民族区域自治制度设计的初衷也发生了"转变"——以"缩小民族地区和一般国家行政区域的经济发展差距"取代了消除族群分层(即"族群间存在的事实上的不平等")的目标。这样一来,这些补偿政策的实际受惠者往往并不是西部民族地区的少数族群而是在这些地区定居的或流动的"多数族群"(汉族)。① 因此,要使国家对西部民族地区的扶持措施真正起到消除族群分层的作用,就必须进一步完善对西部民族地区的补偿制度。

四、建立适应西部民族地区特点的中小企业发展财政税收支持制度

财税是政府通过收支调节社会总供给和总需求平衡以达到优化资源配置、公平分配、经济稳定和发展目标的调控活动。我国中小企业法上规定的

---

① 民族政策以区域政策执行也并不是一无是处,它可以在一定程度上克服对民族自治区域内作为"少数"的汉族的不公平。

财税政策包括:中小企业发展专项资金政策、中小企业发展基金政策、中小企业财政补贴政策、中小企业减免税政策、中小企业政府采购政策、中小企业政府专项贷款援助政策、中小企业规费减负政策等。根据近几年的实践,中小企业财政补贴政策、中小企业税收优惠政策、中小企业贷款援助政策构成我国当前支持中小企业发展的三大支柱政策。

我们针对西部民族地区的区域经济发展特点和文化因素对国家中小企业政策的基本理念、价值取向、中小企业界定、中小企业目标政策、发展模式选择等基本问题提出了适应西部民族地区中小企业发展的整体制度建构性意见。但是,真正能体现西部民族地区特色的中小企业发展制度主要体现在中小企业发展工具政策的选择上。

(一)将专设中小企业科目制度延伸至县财政

《促进法》第 10 条规定将中央预算中设立中小企业科目法定化,但对地方财政预算作出了任意安排。在我国现阶段的财政预算体制下,地方不设立对应科目就无这笔支出,也不能保证中央预算下拨资金被合法、有效使用。在实践中,西部民族地区尤其是到自治州、自治县一级中小企业发展专项资金被挪用现象普遍存在。为此,必须将专设中小企业科目制度延伸至县财政,并将地方财政设置中小企业科目法定化。

(二)在中小企业发展基金支持项目中增设支持民族地区中小企业发展事项

1.清理整顿政府性基金,统一设立中小企业发展基金

上世纪末,为了支持中小企业积极参与国际竞争和经济技术交流及提高企业科技创新能力,国家专门设立了中小企业国际市场开拓基金和科技型中小企业创新基金,这种做法的恰当性值得思考。首先,为了发展某项事业设立一项政府性基金的做法不规范、不严肃。其次,目前建立的支持中小企业发展的几项基金都属于政府基金,社会化、市场化程度低,而政府设立基金也不利于理顺政府收入分配关系。再次,中小企业国际市场开拓基金、科技型中小企业创新基金的覆盖面都很狭窄,基金额度也比较小,不能适应中小企

业整体发展的要求。而且,从中小企业国际市场开拓基金、科技型中小企业创新基金近几年的实际运作情况来看,主要是为东部地区中小企业提供基金支持,西部地区中小企业整体发展程度很难够上获得这类基金支持的条件。最后,《促进法》也没有对中小企业国际市场开拓基金、科技型中小企业创新基金作出明确规定,只规定了中小企业发展基金,因此中小企业国际市场开拓基金、科技型中小企业创新基金就没有了存在的合法性,而中小企业发展基金的扶持事项中也已经包括了支持中小企业技术创新和中小企业开拓国际市场的事项,将这两项基金并入中小企业发展基金也就成了顺理成章的事。

2.设立西部民族地区中小企业发展基金

当然,如果国家要保留中小企业国际市场开拓基金、科技型中小企业创新基金,对这一问题还有别的解决途径,而且国家也已经设立了中小企业风险投资基金、中小企业创业投资基金、中小企业信用担保基金,对中小企业与大企业的协作配套实施贴息贷款政策,一些地方政府还通过地方立法措施设立中小企业专业化基金、中小企业清洁生产建设基金等。也就是说,人们对《促进法》第13条之规定作这样的理解:《促进法》第13条规定的中小企业发展基金是一个综合性范畴,是一个抽象的概念,具体操作中需要一项支持事项专门设立一项基金,将来根据实际情况需要还可能设立其他基金形式,国家只对现有的支持中小企业发展的各类基金进行整改,吸收私人资金、财团资金、捐赠资金等加入,以实现各类中小企业基金形式的社会化、市场化运作为目标。那么,国家就更应当将支持西部民族地区中小企业发展事项列入中小企业发展基金扶持事项,设立西部民族地区中小企业发展基金。对于西部民族地区来说,不是如何提高中小企业的技术创新能力,而是如何吸引外来资金和鼓励当地人们投资于企业经营,增加中小企业尤其是非公有制中小企业的绝对数。如果不能确立企业文化在西部民族地区的主导地位,就不可能实现西部民族地区的现代化。

(三)专设针对民族地区少数族群的中小企业特种贷款担保业务

1.建立中小企业信用担保体系

至今仍然提建立中小企业信用担保体系的话题,对很多人来说好像已经很过时。但是,我们在 2005 年 8 月到 2007 年 4 月到西部民族地区进行实地调查发现,绝大多数集体性质的企业和非公有制企业及私人企业投资者对用中小企业信用担保机构的担保基金为企业提供信贷担保是"闻所未闻"。按照国家建立中小企业信用担保法规、政策的规定,中小企业信用担保机构只在地级市(含地区、自治州、盟)以上行政区域设立。西部民族地区省会城市(包括自治区首府、直辖市)、地级市(含地区、自治州、盟)中心城市、自治县县府所在地的空间距离较远,信息闭塞,中小企业信用担保基金暗箱操作情况比较严重。主要是因为中小企业信用担保是一种"紧俏"资源,对于数量庞大的中小企业群体而言,维持买方市场是其基本经营理念,更为重要的中央还没有建立起中小企业信用再担保体系,我国的国家体制决定了地方各级政府及其有关部门恪守"与中央保持一致"而对建立地方中小企业信用担保机构缺乏积极性,设立的担保机构大多是"空架子",人员到位、组织机构也一应俱全,而财政资金迟迟不能到位;尽管按照《信用担保试点意见》的规定,中小企业信用担保机构的法律形式必须是法人,可以是企业法人,可以是事业法人,也可以是社团法人,但是财政资金不到位,私人资金不敢"有所动作"。考虑到以上情况,我们认为现阶段应采取以下措施尽快建立健全中小企业信用担保体系:首先,中央应尽快建立中小企业信用再担保机构,来带动地方各级政府机构"实质性"建立中小企业信用担保机构的积极性。其次,加重地方政府建立中小企业信用担保机构的责任,对"干吃"工资"占着茅坑不拉屎"的空壳中小企业信用担保机构,尤其是长期不对已经成立的中小企业信用担保机构拨付应当支付的财政资金而使已经成立的中小企业信用担保机构处于"空转"状态的地方政府及其部门的直接负责人追究行政责任。再次,实行中小企业信用担保基金资金来源多元化。作为政府支持中小企业的重要措施,所需担保资金来源应当以政府出资为主,具体方式包括财政拨款、国有资产变现,在此基础上吸收会员风险保证金、中小企业入股、捐赠等多渠道筹集的资金。最后,为了加强对中小企业信用担保基金和信用担保机构的管理及实现担保行为的规范化,国务院应当根据近 10 年来全国中小企业信用担保机构的运营经验,尽快制定《中小企业信用担保条例》。

2. 创设针对民族地区少数族群的中小企业特种贷款担保业务

为了增加筹资渠道,加强对西部民族地区中小企业的支持力度,除了采取以上措施加快完善全国性中小企业信用担保制度以外,国家应当针对西部民族地区的实际情况,制定其他一些支持西部民族地区中小企业发展的特别措施。首先,中央每年应当拿出一定比例的对西部民族地区的中央财政补助资金,用于建立民族地区中小企业信用担保体系和用作西部民族地区中小企业信用担保基金,一来可以推进西部民族地区中小企业信用担保体系建设,二来也可以在中央对西部民族地区财政补助制度中引入一定的效益机制。其次,中央对西部民族地区尤其是贫困民族地区中小企业信用担保机构建设提供专项财政资金支持,以解决财政资金匮乏,中小企业信用担保资金无着落的问题。我们在一些西部民族贫困地区考察时发现,确有一些自治州、自治县财政相当困难,地方很难拿出资金去充实中小企业信用担保基金,为此一些地方政府采取"模糊政策",名义上保留中小企业信用担保机构而实际上没有运营资金,要么人员在岗拿财政工资而"不干事",要么人员在岗而职位虚设,中小企业信用担保机构的职位由政府机关人员、企业家"无偿"兼任,以应付上面的检查、监督工作。也有一些地方将中小企业信用担保机构设在乡镇企业局或经贸局等政府机构里,作为这些机构的下设机构,机构组成人员由这些政府机构的人员兼任,"有事转转","无事各忙各的",有些仅仅是为了应付上面的检查,在这些机构下挂个"招牌",意思是还有这样一个机构在。再者,西部民族地区中小企业信用担保资金的运行应当严格坚持"绩优者扶持原则",在西部民族地区培育一个非公有制中型企业梯队,作为连接西部地区国有或国有控股大中型企业与当地经济的桥梁和纽带。最后,国家应当考虑专设支持民族地区中小企业发展专项贷款基金。中央每年向西部民族地区要拨付近两千亿元的财政补助,这些财政补助资金大多以生活消费资金的形式耗费了,产出效益特别差,中央应当考虑为西部民族地区办一些长远、长久的事情,用其中的一定比例设立民族地区中小企业发展专项贷款基金,专门作为针对民族地区少数民族投资企业的特种财政性贷款担保资金,支持民族地区企业和企业文化建设事业。

（四）开展针对民族地区中型企业的贴息贷款业务

贴息贷款能以较少的财政资金带动大量的社会资金参与对中小企业的援助,特别适合于资金相对匮乏的西部民族地区。现阶段,由于我国西部民族地区中小企业总体发展水平和资信情况不好,对所有中小企业都提供贴息贷款不可行,对中小企业长期贷款提供贴息也不可行。根据我们调查得出的结论,对民族地区中型企业的短期商业贷款高出利率部分的利息提供补贴还是可行的。因为,西部民族地区中型企业的数量相对较少,资信情况也较小型企业好得多。另一方面为了调动西部自然条件相对比较好的民族地区的少数民族手中的闲散资金,国家应当考虑将中小企业向私人融资的行为纳入贴息贷款的行列。由借贷双方在自觉自愿的基础上平等协商确定借贷资金的利率,以银行为居间人签订借贷合同,政府为此类民间借贷提供贴息。理由有以下几点:(1)一般情况下,中小企业很难获得商业银行贷款,获得平均利率的商业贷款更难,商业银行即使在政府提供贴息的情况下一般也不愿意将资金贷给中小企业,除非企业的效益特别突出,因此对所有中小企业提供贴息贷款没有实际意义。(2)银行不愿意向一般中小企业提供借贷,而在政府银行业监督管理机构又不能指令商业银行向中小企业贷款的情况下,中小企业还得发展,政府还得想办法支持中小企业发展。西部民族地区的少数族群个人尤其是自然条件比较好的牧区牧民家庭都有数量比较可观的银行储蓄,国家可以通过一定的激励机制引导这部分资金用于经济建设并不损害资金所有者个人的利益和实现保值、增值。这部分资金要想引向中小企业发展,就首先要承认企业向私人借贷的合法性。近几年发展起来的以银行为居间人的民间融资形式,既解决了民间资本的出路,又实现了国家通过银行对民间融资的监控。在这种情况下的民间融资,国家应当和商业银行融资一样对待,给予高于市场利率部分的利息贴息支持。

（五）开展针对中小企业的开发性金融业务

中小企业发展问题是个国家政策问题,《促进法》和《企划规定》也明确将产业政策确定为中小企业政策的首要价值导向。从这方面讲,解决中小企业资金匮乏的问题,商业银行不应当是主要的信贷资金提供者,而应当是政策性银行。我国自从上世纪80年代设立中国国家开发银行、中国进出口银行、中国农业发展银行三大政策性银行的目标也是为执行、落实国家政策提供资金导向支持。那么,为什么国家将促进、扶持中小企业发展确立为国家的一项基本政策而以一般的商业银行作为贯彻、实施这一政策的融资者呢?为什么不是政策性银行呢?在国家开发银行实行商业化转轨后,并不意味着不需要设立一个政策性的中小企业发展银行!在这方面国家开发银行转轨前的一些成功探索经验值得借鉴。我们认为国家政策性银行要加强自身制度建设,积极开拓创新,走开发性金融之路,承担起为中小企业发展融资的责任。①

在这方面国家开发银行甘肃省分行"破解县域经济融资难"做成了几桩成功的案例,最为典型的是"临夏案例"。2004年至2005年,国家开发银行甘肃省分行运用开发性金融原理,从建设信用、建设制度入手,将银行融资优势和政府组织协调优势结合起来,建立包括政府、银行、担保中心、中介机构、企业在内的多层次信用机构和风险分担机制,打造了一个既支持县域经济发展又防范金融风险的信用和融资平台,探索出了一条支持西部欠发达地区和民族地区中小企业发展的新路子。具体做法是:首先,建立和完善县域社会信用制度体系。在国家开发银行甘肃省分行的积极推动下,临夏市成立了由市委书记、市长、分管副市长、计委、财政局、建设局等有关部门参加的信用建设领导小组,负责信用建设和银、政合作方面的协调和决策。之后,临夏市在国家开发银行甘肃分行的指导下先后制定了《临夏市中小企业信用担保管理办法》、《临夏市县域经济贷款评审实施细则》、《临夏市

---

① 开发性金融是指"单一国家或国家联合体通过建立具有国家信用的金融机构,为特定需求者提供中长期信用,同时以建设市场和健全制度的方式,加快经济发展,实现长期经济增长以及其他政府目标的一种金融形式。"开发性金融与商业性金融相对应,二者同为现代金融体系的组成部分。开发性金融业不同于政策性金融,政策性金融是以优于商业性金融的条件向特定项目提供中长期大额贷款,不追求业绩,其实质是财政拨款的延伸和补充。开发性金融是政策性金融的深化和发展,其兼具政策性金融吸收商业性金融的市场化经营理念,其潜力和能力远远大于政策性金融。(国家开发银行、中国人民大学联合课题组:《开发性金融论纲》,北京·中国人民大学出版社2006年版,第75页)

企业信用政绩和评价制度》等20多项规范性文件。这些规范性文件完善了临夏市社会信用体系制度。其次,建立中小企业贷款会员制度和连带互保制度。在国家开发银行甘肃省分行和临夏市政府的倡导下,临夏市组建了由工商联、发展计划局、经贸局发起成立的市中小企业信用促进会;中小企业信用促进会负责全市贷款企业的信用征集、信用监督、信用评价;贷款会员之间实行连带互保制度,即获得贷款的会员中小企业要向中小企业担保中心缴纳贷款金额2%的风险互保基金和6%的风险抵押金,风险互保基金作为担保费和会员违约损失补偿,风险抵押金用于补偿企业的违约损失。① 再次,建立企业信用评价、评审、监督管理制度。为了最大限度地减低贷款风险,国家开发银行甘肃省分行、信用建设领导小组、中小企业信用促进会严把贷款入口关,加强企业信用意识,信用促进会从生产经营、日常管理、资金信贷、债务偿还、履约等方面对企业进行信用评价,并以会员打分形式对企业贷款进行民主评议,只有分值在80分以上才同意贷款。另外,由政府出资组建中小企业信用担保中心和风险补偿机制,设立由政府官员参加的中小企业信用担保中心监管委员会。最后,建立开发性金融平台。在国家开发银行甘肃省分行的积极推动下,临夏市将政府所拥有的城市土地、基础设施和城市特许经营权等资源整合起来,使之成为政府经营城市的重点和城市建设主要资金和还贷来源,由国家开发银行按比例放大提供城市经济发展所急需的中长期信贷资金;通过建立信用平台、担保平台、融资平台,临夏市形成了包括政府、银行、企业、担保中心、中介机构在内的多层次信用解构和风险分担机制。通过以上国家政策性银行+政府+市场+制度建设的方式,形成了一批以中型企业为龙头的带动县域中小企业和社会经济发展的新模式。②

---

① 连带互保制度在企业间形成了强大的同行压力、平辈压力、群众压力,保证贷款企业按时还本付息。

② "临夏案例"是根据我们到临夏市作实地考察和结合刘文林、黄丽珠《把市场和制度建设进行到底——国开行甘肃分行破解县域经济融资难题》(2005年5月9日《金融时报》)一文汇总而成。

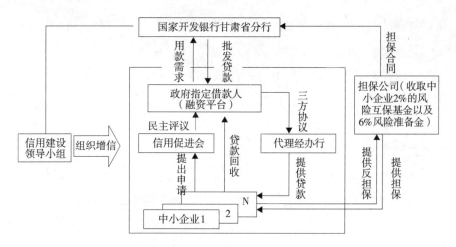

表 45　开发性金融临夏模式信用结构及业务流程

（六）增加中央对民族地区财政补助的激励机制

从建国初到现在,中央财政一直对西部民族地区实行补助政策,即使到上世纪 90 年代以后每年"中央补贴"占地方财政总支出的比例也一直保持稳定,从 1990 年到 2006 年中央对西部 5 个自治区西藏、内蒙古、新疆、广西、宁夏的财政补贴占到地方年平均财政总收入的 92.5%、36.3%、52.4%、31.1%、59.8%,而这还不包括国家针对西部民族地区和西部地区的项目优惠贷款、税收减免、教育专项拨款、直接拨付的扶贫救济款等,这些资金的大部分都以中央预算的形式下拨各自治区财政,由各自治区财政安排"花销",而其中的很大一部分以民族"扶贫"的形式发放到了少数民族农牧民手中,用于生活消费开支了,从而"培育"了西部少数民族地区对中央财政的"依赖"心态,缺乏自强意识。另一方面,每年中央对民族地区的大比例地方财政补贴政策也培养了民族自治地方政府的"等、靠、要、拿""对策":每年向中央虚报财政收入总额和低报人均财政收入,以获得比例比较高的中央财政补贴;向中央虚报贫困县、乡和贫困人口,以向中央获得更多的扶贫救济款,一些省、自治区的领导人以拥有贫困县、乡和贫困人口为荣,作为向中央伸手要钱的筹码;一些省、自治区、自治州、自治县夸大在本自治地方发生的自然灾害,以此作为向中央领取自然灾害救济款的条件……没有激励机制的政策和制度总是为官员群体性腐败创造通道,长久执行一项中央政府对地方的赞助性行为会产生地方应对中央的政策机制性腐败。事情一旦到了这种地步,除非根本上废除这项政策措施或根本上改变决策体制,否则就不可能消除这种地方政府对中央的政策性"寻租"——因为任何"补漏"措施都不能杜绝"漏洞",也不能杜绝新上任的领导用同样的方式去应对中央的决策。这同样适用于存在具有行政隶属关系的地方上下级政府机关、同一行政级别的政府机关内存在领导和被领导关系的政府和政府部门之间。

从促进西部民族地区长久发展的角度讲,国家必须建立和完善对西部民族地区的财政转移支付制度,增加中央财政向民族地区财政转移支付的激励机制,起码保持中央财政对民族地区的财政补助激励机制和中小企业财政、税收等国家政策和其他市场化政策的大致平衡,防止自治地方和族群特殊身份的"资本化"。扶贫和救灾款项可以例外,但中央应先调查落实各民族地方人民的实际生活状况和发生自然灾害时的实际受灾情形,然后再拨付扶贫救济款和救灾救济款,在中央财政资金没有到位前应当责成地方财政垫付。对其他中央对民族地区的财政补贴措施必须要改变支付方式,逐步引入竞争、效益等激励机制:(1)国家要考虑到中央对民族地区的财政补贴是一种过渡时期的暂时性政策和中央对地方的赞助性措施,不是一项永久性政策①,而且中央要通过各种途径向民族地区人民宣传清、宣传好这一政策。(2)要在中央对民族地区的财政补贴政策中引入激励机制,作为这项政策最终取消的过渡形态。主要是要不失时机地把一些条件已经成熟的激励机制引入中央对民族地区的财政补贴政策,并设计一些能够反映民族地区社会经济发展实际状况的制度。譬如,中央财政补贴以项目资金的方式进行支付;或对中央财政补贴按照财政预算科目、细目进行分类、分配,进而按照预算资金的性质类别分别适用政府采购法、招投标法、中小企业法

---

① 美国社会学家波普诺认为以族群为对象的优惠政策是一种赞助性行动,而不是一种永久性政策。它只不过是一个给少数民族提供足够的帮助以使他们克服以前故意压迫所留下的后果的办法。长期执行这样的政策其他民族不会接受,对被扶持者也没有好处。([美]波普诺:《社会学》,北京·中国人民大学出版社 1999 年版,第 315 页)

等不同制度规定的机制进行配置。《促进法》明确规定中央财政设立中小企业发展专项资金、中小企业发展基金、中小企业信用担保基金、中小企业风险投资基金等,中央对西部民族地区的财政补贴完全可以通过这些专项资金和基金资金的方式更有效益地支付。(3)今后中央对民族地区的财政补贴最低限度要做到与国家现阶段建立的各种适应市场经济的具有效益、竞争等激励机制的制度、政策——如中小企业发展政策——保持协调和一致。

(七)采取特别税收优惠措施鼓励民族地区中小企业发展

减免税措施较其他税收优惠措施确实具有规定简洁明了、操作简便等特点,但它和其他税收优惠政策相比也具有以下明显的不足。我国当前中小企业税收优惠政策设置存在以下明显弊端:中小企业减免税优惠政策滥设;税收活动缺乏基本规范和基本原则指导;税收优惠政策缺乏市场激励机制,常常是为减免税而减免税;税种立法层次低,受政策影响大;税收规范性文件的法治化水平低,税收立法和执法的随意性大,税法和税收优惠政策缺乏应有的法律权威性。以1994年我国税制改革到2004年为例,国家颁布的主要的以中小企业为受益主体的23项税收优惠政策中,直接规定实施减免税的政策文件就达到了18项,减税措施包括了比例减征和降率减征(即优惠税率);涉及税收减免政策的规范性文件的制定和颁行主体存在不合法性,不具有立法主体资格的政党、社会团体公然发布税收减免税政策,而且这样的政策性文件在实践中毫无例外地被作为"法律"执行。

1. 制定《税收基本法》,遏制税收立法混乱状态

针对我国中小企业税收优惠政策立法和执行存在的以上问题,从全国的情况来看,我们建议国家将企业基本税种立法主体升格为全国人大;[1]制定《税收基本法》,对税收的基本原则、基本规范、税收立法权、税收优惠设

---

① 近几年,我国在这方面已经有所改观,新的《企业所得税法》已经获得全国人大通过并已付诸实施,尽管旧的《企业所得税法实施细则》没有跟进修订,但这说明我们国家的税收法这个国家规范性文件中的"孩子"在不断"长大",这标志着我国税收实体立法取得的可喜进步。

置权、税收优惠措施的种类及其选择范围、税收管理权划分、税收征纳双方的基本权利和义务等做出规定,扼制税收"立法"和税收优惠措施选择与设置等方面存在的混乱无序状态,对基本税种的优惠措施设置举行听证会制度和实行"法案"审查制度,使税收措施实实在在地由政策上升为法律,这是建立、健全、规范西部民族地区中小企业税收制度的前提;应当从严控制税收减免政策的应用范围,除非为了扶持特定产业发展而对创业初期(3年以内)企业、出口企业(出口退税实际上属于减免税)和技术创新企业适用,适用的税种范围、期限、幅度都要符合《税收基本法》的规定,并尽量采用能够刺激中小企业提高生产效率、节约资源、增加收益和改善经营管理功能的、与市场化原则相匹配的税收优惠措施,减免税政策最好和能产生长效机制的其他激励制度、措施配套使用(如《促进法》第12条规定的"税收换捐赠"措施、第17条关于以税收政策鼓励风险投资机构增加对中小企业的投资等)。

2. 引入税收激励机制,以特别税收优惠措施为主鼓励民族地区中小企业发展

西部民族地区的自然生态环境、企业结构、产业结构特点和国家在这一地区实行的特殊民族政策决定了西部民族地区选择某些针对中小企业的税收措施的特殊要求。(1)从总原则上来看,引导西部民族地区中小企业发展的税收优惠政策措施要和民族政策、区域经济政策、产业结构调整政策结合使用,多采用中小企业特别税收优惠政策。(2)中小企业税收政策的制定要考虑西部民族地区的区域特殊性、民族特殊性和历史原因造成的企业结构、地理布局以及中小企业发展的特点,要体现企业公平税负、平等竞争的原则,从实质上废止以企业所有制和企业形式征税的税收歧视政策。(3)直接针对企业实施减免税政策有利于刺激企业扩大生产规模而不利于引导企业兼顾社会整体利益走可持续发展之路。因此,要严格限定减免税政策的适用范围、幅度、期限,不要将减免税政策搞成"万能"政策,更不要制定过长期限和无期限限制的减免税政策,建议只对符合西部民族地区产业发展要求、有利于促进当地非公有制经济发展的中小企业和当地少数族群投资设立的或少数族群投资主体达到一定比例的或吸收当地少数族群人口达到一定比例的中小企业,以及主要开展边境贸易的中小企业、技术创新型中小企业或中小企业技术创新项目实行一般在 3 年以内而最长不超过 5 年的税收减免政策。(4)确定西部民族地区重点发展的产业,制定针对重点产业的中型企业的政策性减免税(包括降低税率),对在西部民族地区创办的符合国家产业政策和区域发展政策的中小企业实行普遍的照顾性减免税和提高中小企业营业税的起征点。(5)国家要尽快开征投资收益调节税,对内地企业和个人到西部民族地区的投资,只要符合国家产业政策和区域发展政策,国家应当实行普遍的投资抵免政策;对西部民族地区少数族群投资企业经营实行比当地汉族和内地外来人员投资更为优惠、宽松的税收优惠待遇,以吸引和鼓励少数族群切实投身于家园的现代化建设。(6)对西部民族地区科技型民营中小企业参照国家关于高新技术开发区高新技术中小企业的政策,实行优惠税率和减免税政策待遇,并实行和国家高新技术产业中小企业相同的固定资产折旧政策;对设立在西部民族地区第三产业的"第三类"①中小企业,实行较一般国家政策更为宽松的、更优惠的政策;对西部民族贫困地区中小企业实行的定期向省级人民政府报批的定期减免税政策不变。

总之,在西部民族地区社会经济发展比较落后的情况下,中小企业财税政策始终是国家支持西部民族地区中小企业和社会经济发展的首要政策。在各项财税政策的采用上必须体现由中央对西部民族地区的直接财政补贴向刺激中小企业提高生产效率、节约资源、增加收益、改善经营管理的和与市场化原则相匹配的财税政策过渡的趋势。

五、健全西部民族地区中小企业融资制度

按照《促进法》和相关政策性文件的规定,我国中小企业融资制度由中

———————————

① "第三类"中小企业是指国家为了支持和鼓励第三产业的发展规定对"五类"中小企业实行减免税政策中的第三类中小企业,即"对新办的独立核算的从事咨询业、信息业、技术服务业企业或经营单位,自开业之日起,第一年免征企业所得税,第二年减半征收企业所得税"。我们认为对西部民族地区从事咨询业、信息业、技术服务业企业或经营单位应当实行更为优惠的政策。

小企业信贷制度、中小企业直接融资制度、中小企业风险投资制度、中小企业信用建设制度、中小企业信用担保制度及与这五项基本制度相联系的配套制度、政策、措施组成。应当说,这是一个很庞大的制度和政策体系,每一项制度都可以单独作为一个问题去研究。但对于我们来说只能就西部民族地区中小企业发展过程中存在的融资问题及解决方法展开论述。

融资困境,这是全世界中小企业普遍面临的难题。我国西部民族地区中小企业和全国中小企业一样面临融资难的问题,且也有一些共同的原因,如,金融组织的市场化程度低,中小企业信贷政策缺位,受国家金融政策约束,中小企业的银行贷款条件苛刻,中小企业直接融资渠道不畅等。但就西部民族地区而言,在前文我们用大量事实材料证明了我国西部民族地区中小企业的资金缺口是一种相对的资金缺乏,只是相对于成长型中小企业而言的。因此,当前西部民族地区中小企业融资政策和融资制度的重点应放在成长型中小企业。

（一）实行一定额度的信贷资金抵免营业税措施

融资产生的根据就在于,储蓄者和投资者之间不匹配,需要把社会资金引向投资者。途径有两条:一是间接融资,二是直接融资。直接融资不是通过银行等"蓄钱罐"进行融资,是以企业所有权采取资金所有权的融资形式。直接融资和间接融资相比较,市场参与者要多得多,因此市场受情绪影响的机会更多,投机泡沫在所难免,直接融资造成的市场风险要高得多。正因为如此,直接融资市场历来是国家重点规制的市场。在这种情况下,促进西部民族地区中小企业发展的融资政策就必须兼顾国家普遍制度和区域特殊性来抉择。

在上世纪 90 年代,中国人民银行配合国务院领导的国有企业改革,制定了一系列支持可能增加商业银行对中小企业信贷的政策,包括:1998 年 5 月 26 日中国人民银行颁发《关于改进金融服务、支持国民经济发展的指导意见》,1998 年 6 月 20 日中国人民银行颁发《关于进一步改善对中小企业金融服务的意见》,1998 年 10 月 19 日中国人民银行下发《关于扩大对小企业贷款利率浮动幅度的通知》,1999 年 11 月 17 日中国人民银行颁发《关于加强和改进对小企业金融服务的指导意见》等。通过这几个支持中小企业信贷融资的政策性文件,初步确定了我国中小企业服务的专业性金融机构体系:中国民生银行、各城市商业银行、各城市信用社以城市中小企业为主要支持对象;中国农业银行和农村信用合作社为乡镇企业提供信贷资金支持;其他类的商业银行包括"四大商业银行"内部都要设立小型企业信贷部,配备人员,完善对中小企业的金融服务。可是,这些政策措施在西部民族地区执行的效果却很不理想:中国民生银行在西部民族地区基本上不设分支机构,也没有支持西部民族地区中小企业的信贷项目;西部地区除省会城市以外很少专设城市商业银行,更不用说民族地区了;西部民族地区的城市信用合作社数量少,不用和"四大银行"展开竞争,同样是处于中小企业信贷市场的买方地位;农民、个体经营户、乡镇企业数量庞大,加之前些年政府干预农业银行、农村信用社信贷业务及政府行政担保贷款较多,农业银行、农村信用社的呆账、坏账较多,惜贷现象突出;西部民族地区除五大自治区首府和少数几个自治州州府所在地中小企业比较集中以外,大部分民族自治地方中小企业都比较分散,尤其是那些靠采掘业、能源开发和利用为主要财政来源的自治州、自治县,有增长前景和效益比较好的中小企业都集中在远离城镇的矿区、山区,商业银行出于"多种因素"的考虑,不愿意为这类中小企业提供信贷资金。

所以,考虑到西部民族地区的特殊情况,国家和西部地区各级地方政府应当采取积极措施对中国民生银行、城市商业银行、城市信用社、中国农业银行、农村信用合作社在西部民族地区开展支持中小企业信贷服务提供政策便利和激励机制;国家可以考虑对这些商业银行向西部民族地区中小企业提供信贷资金达到一定额度给予营业税抵免的政策。

(二)设立民族地区中小企业发展政策性信贷制度

尽管我国已经明确中国民生银行、城市商业银行、城市信用社、中国农业银行、农村信用合作社是为城乡各种类型的中小企业提供信贷支持的金融机构,但是这五类金融机构是一种业务竞争关系,缺乏业务关联性和协调性:中国民生银行、中国农业银行是全国性商业银行,而城市商业银行、城市信用社、农村信用社则多开展局部性、地方性业务,业务对象有较强的社区性。根据这种情况,我们认为:(1)中小企业遍布全国各地,不具有全国布局结构的金融机构不宜确定为专门为中小企业融资的金融机构。中国民生银行尽管在所有制性质上不同于"四大商业银行",但它同样是商业银行,国家限制其业务经营范围没有法律根据。市场竞争固然、必然如此,"四大商业银行"机构设置全面向城市收缩就已经用铁一般的事实说明了这样的"政策指令"实际效果会是什么。(2)中国农业银行的机构设置已经全面收缩,撤出乡村市场,将其确定为乡镇企业的专门信贷机构没有任何实际意义。(3)城市商业银行、城市信用社、农村信用社的业务具有很强的地方性和局域性,从当前我国改革的趋势来看,有向社区金融机构转变的趋势。鉴于以上情况,我们应当效仿日本的做法,对现阶段中国人民银行和中国银监会确定由各商业银行中小企业信贷部和中国民生银行、城市商业银行、城市信用社、中国农业银行、农村信用合作社开展的中小企业信贷业务从各自的主营业务中分离出来,按照国家宏观政策目标设立几个大的行业性的专门的中小企业金融机构。国家根据区域经济发展政策的需要,可以成立区域性的中小企业专门金融机构,调控国家和民间资本在地区之间的流动。这样做有利于防止开展中小企业信贷业务的金融机构钻政策的空子将"旧"业务(原有业务)产生的死账、坏账转嫁到"新"业务(中小企业信贷业务)方面,有利于各为中小企业提供融资的金融机构的中小企业信贷融资业务和其他业务界限的清晰、明朗(因为中小企业信贷融资带有很明显的政策导向性),方便国家贯彻产业结构调整政策、区域政策、就业政策、环保政策、金融结构调整政策(调控中小企业金融机构资本总量具有分散金融风险的功能)等。

我国在上世纪80年代为了适应改革开放的需要,专设了三大国家政策性银行,三大政策性银行对我国经济发展和扩大对外开放起到了积极作用,近年来三大政策性银行的业务范围根据形势发展需要进行了调整。尽管如此,扶持中小企业发展是现阶段国家的一项重要政策,为中小企业提供政策性融资应当属于国家政策性银行的业务范围,但是到目前为止还没有一家政策性银行的业务范围全部包括中小企业政策性信贷的需求。国务院有关部门已经在筹划组建全国区域性的中小企业政策性银行,利用现有的商业银行网络为中小企业提供金融支持。我们建议在将来成立的中小企业政策性银行应当考虑我国区域经济发展差距较大、区域经济资源分配不均、各经济区域协调发展和资金资源配置公平的基本经济价值目标,实行分区域设置政策性信贷业务部,由民族地区中小企业发展政策性信贷业务部,专门负责支持西部民族地区中小企业发展的政策性信贷业务。

结合上述情形来看,西部民族地区中小企业的间接融资显然无法从国家普适制度下得到解决,我们认为设立专门性的中小企业金融机构和中小企业政策性银行,并在国家中小企业政策性银行内设立为民族地区中小企业发展提供政策性信贷的业务部,专门负责支持西部民族地区中小企业发展的政策性信贷资金,才是比较好的解决途径。

(三)开通西部民族地区成长型中小企业直接融资"绿色通道"

首先,在统一的中小企业界定执行标准浮动调整区间幅度内降低西部民族地区非公制中型企业进入中小企业板市场的入门门槛,对西部民族地区非公有制中型企业实行特别准入制度。2004年5月27日中小企业板在深交所推出。但是,我国中小企业板是从属于主板市场的、不具有实质独立性的资本市场,与真正的创业板市场存在一定距离,是专为具有成长性和科技含量高的中小企业提供直接融资服务的平台。而降低中小企业上市融资条件的"呼声大、雨点小"。2009年尽管推出了创业板,但对西部民族地区的中小企业来说,还是一个"遥远的梦"。《公司法》《证券法》修订后,中小企业上市受着"两个不变"、"四个独立"的限制,短期内中小企业板难以对我国中小企业融资有大作为。在同等条件下,西部民族地区具有"成长性"的中小企业并不具有中、东部地区成长型中小企业相同的上市竞争优势,往往在上市行政审查阶段就被"挤出"上市行列,而西部民族地区的科技型中小企业就更无法和中、东部地区相比了。因此,对西部民族地区最现实的做法是在统一的中小企业界定执行标准浮动调整区间幅度内适当降低西部民族地区非公制中型企业进入中小企业板市场的入门门槛,对西部民族地区非公有制中型企业实行特别准入制度。

其次,国家应当委托专业性评估机构根据国家产业政策、西部开发政策和区域经济发展政策对西部民族地区成长型中型企业的经营状况进行全面评估,允许经营状况比较好、经营业绩突出、有良好发展前景的中型企业发行特种企业债券。发行企业债券是中小企业获得直接融资的重要途径。按照1993年《企业债券管理条例》的规定,国家对发行企业债券的控制相对宽松一些。但随着同年12月《公司法》的出台,中小企业发行企业债券的"便宜"通道被堵上。1998年《证券法》更是让中小企业的债券融资"雪上加霜"。之后,中小企业债券融资进入长期的"冬眠期"。这期间国家也发布了一些关于支持中小企业直接融资的政策,包括2004年国家发改委发布的《关于进一步改进和加强企业债券管理工作的通知》、2005年《公司法》的修订,都没有能够为中小企业债券融资"解冻",企业债券融资一直与中小企业无缘。2005年国务院发布的《非公经济发展意见》提出了国家积极拓宽中小企业、非公有制经济的直接融资渠道。但并没有提出超越1993年《公司法》、《企业债券管理条例》和1998年《证券法》规定的有利于中小企业股票、债券融资的有效应对方案,仅仅原则性地提出了拓宽中小企业直接融资的几条途径:实行各种所有制企业平等上市原则;分步推进创业板市场;健全证券公司代办股份转让系统功能;发展中小投资公司。2007年5月30日(发布日期是8月14日)中国证券监督管理委员会审议通过《中华人民共和国公司债券发行试点办法》(以下简称《公司债券发行办法》)标志着我国企业债券融资新时代的到来。《公司债券发行办法》第7条、第11至22条对发行公司债券作出了比《公司法》、《证券法》低的规定。它主要通过严格企业债券的发行程序、加重公司高级管理人员责任、发行债券公司提供担保和加强监督管理来弥补降低发行公司债券门槛增加的金融风险。但无论如何,目前西部民族地区中小企业离踏入发行企业债券的法定门槛还有相当的距离。国家从推进西部民族地区现代化进程的角度来判定,应当对那些在西部民族地区有很好成长前景的中型企业给予发行企业债券的"便捷之门"。

再次,国家尽快出台关于企业内部有偿集资的法律法规,在一定范围内承认中小企业集资的合法性,并加以引导、规范,对那些借集资侵害职工合法权益、违反劳动法和相关法律、扰乱金融秩序的行为要坚决予以取缔,对企业法定代表人和其他相关责任人追究法律责任。这将对支持西部民族地区合法经营的小型企业、家庭式或家族式企业的可持续发展和正处于"跨越"阶段的个体经营户有积极意义。到目前为止,国家并未出台相关法规对中小企业集资说"是"。早在 1989 年 3 月 5 日国务院就发布了《国务院关于加强企业内部债券管理的通知》([1989]21 号),对企业发行内部债券的主体条件、期限、利率、用途等作出了明确规定。实际上,按照《国务院关于加强企业内部债券管理的通知》的规定,企业发行的内部债券并不是严格意义上的"债券",发行"债券"的行为也不是严格意义的债券发行行为,而是一种企业内部集资行为。随后国家税务总局根据《国务院关于加强企业内部债券管理的通知》于同年 6 月 16 日发布《关于集体企业实行内部集资和股份制有关财务问题的规定》,明确了企业发行内部债券的行为为企业内部集资行为,没有再采用"债券"的概念。1993 年国务院颁布《股票发行与管理暂行条例》、《企业债券管理条例》,同年年底《公司法》颁布,企业直接融资"双轨制"形成。1993 年以后,尽管没有法律法规明令废止《国务院关于加强企业内部债券管理的通知》,也没有明令禁止企业集资,但是随着《中华人民共和国中国人民银行法》(以下简称《人民银行法》)、《商业银行法》、《公司法》的出台,企业集资已不再符合现代企业制度及新出台的金融法律的规定,有些过去合法的做法(如企业社会集资)已经成为非法。到《担保法》出台后,政府出面为企业举办的或担保进行的各种集资也被宣告为"非法"。1998 年 7 月 13 日国务院公布《非法金融机构和非法金融业务活动取缔办法》(国发[1998]247 号)(以下简称《非法金融取缔办法》)。《非法金融取缔办法》第 4 条明确将未经国家法定机构批准、向社会不特定对象集资的行为宣布为非法吸收公众存款或变相吸收公众存款的行为,要求国家机关予以严肃查处、取缔。1998 年 8 月 11 日国务院办公厅转发了中国人民银行于同年 7 月 29 日发布的《整顿乱集资乱批设金融机构和乱办金融业务实施方案》(国办发[1998]126 号)(以下简称《整顿金融方案》),对 1989 年《国务院关于加强企业内部债券管理的通知》发布以来的企业直接融资政策进行了一次系统性的总结和梳理,最终宣布企业社会集资、行政组织出面为企业举办的集资及借用行政组织或企业名义进行的集资为"乱集资"行为,只保留下了一个"暂时禁止"、"待出台规定的"企业内部有偿集资。2002 年 1 月 30 日中国人民银行发布"银发[2002]30 号"文件,进一步申明了 1998 中国人民银行发布的《整顿金融方案》的立场。[①]　至今,国家还没有出台关于企业内部有偿集资的法律法规,按照 1998 年《整顿金融方案》的规定,在国务院对企业内部集资明确作出规定前,企业内部集资也属于非法。这样,从 1989 年到现在,无论何种形式的企业集资都属于非法。但是根据我们的调查,在西部民族地区的中小企业中企业内部集资普遍存在,甚至还包括一些事业单位。一般情况下,这类集资多发生于小型企业、家庭式管理或家族式经营的企业和正处于"跨越"阶段的存在一定数量雇工的个体经营户(相当于微型企业)中,而且都是单个企业个别进行的,企业规模比较小,因而集资的规模也不大,大部分企业内部集资都能够按照"劳资"双方的约定实现"双赢"的结局。个别情况也会引发"劳资"冲突,大多数是个别集资者与资方的冲突,一般不会达到"扰乱金融秩序"程度。法律、法规和政策冠以"扰乱金融秩序"而严厉取缔之,多少有些危言耸听,尤其是一些"劳资"双方"共渡难关"式的集资,企业经营已经达到成熟期中小企业的集资,对社会、企业、个人都是有益无害的。因此,我们建议:国家尽快出台关于企业内部有偿集资的法律法规,在一定范围内承认中小企业集资的合法性,尤其应当承认那些经营已经进入成熟期的中小企业内部集资行为的合法性,只是加以引导、规范,对那些借集资侵害职工合法权益、违反劳动法和相关法律、扰乱金融秩序的行为要坚决予以取缔,对企业法定代表人和其他相关责任人追究法律责任。

(四)将西部民族地区中小企业政府采购优先权份额法定化

《促进法》第 34 条赋予了中小企业在政府采购中的优先权。但是:中

---

①　2002 年 1 月 30 日中国人民银行发布"银发[2002]30 号"文件规定"对非法设立金融机构、非法吸收或变相吸收公众存款以及非法集资活动,一经发现,应立即调查、核实,经初步认定后,及时提请公安机关依法立案侦查"。

小企业政府采购优先权限于采购商品或服务,不包括工程;中小企业政府采购优先权限于购买,不包括租赁、委托等其他形式。《政府采购法》第9条规定:"政府采购应当……扶持不发达地区和少数民族地区,促进中小企业发展等。"但是,遗憾的是《政府采购法》中并没有明确规定中小企业的政府采购优先权,也没有规定按照国家产业发展政策安排国家扶持的重点产业和弱势群体、弱势企业的分配比例,因而《促进法》第34条规定的中小企业政府采购优先权并没有法律保障。对少数民族等弱势群体创办的中小企业和落后地区的中小企业给予政府采购优先权属于世界通例,因此我们建议:首先,修订《政府采购法》,细化《政府采购法》第9条,明确政府采购中中小企业所占的份额;其次,扩大中小企业参与政府采购的范围和形式,将中小企业政府采购优先权的范围延伸至工程,将中小企业政府采购优先权的形式扩展至租赁、委托等;再次,最为重要的是对《促进法》第34条进一步细化,并对第22条、第24条、第31条规定的8类特殊类型的中小企业在法定的中小企业政府采购总额中的比例作出安排,在国家财政预算中留给西部民族地区中小企业一定比例的政府采购优先权份额。

(五)完善中小企业信用担保制度

按照《信用担保试点意见》的规定,我国的中小企业信用担保机构体系由中小企业信用担保机构、从事中小企业担保业务的商业担保机构和中小企业互助担保机构组成。根据这三种担保机构从事担保业务的性质不同,可以分别将我国的中小企业信用担保体系划分为三种类型:政策性担保、商业性担保和互助性担保。"两翼"指商业担保机构的担保和企业互助担保机构的担保,或称商业性担保和互助性担保。我国实行以中小企业信用担保机构为中心,以从事中小企业担保业务的商业担保机构和企业互助担保机构为补充的中小企业信用担保体系。商业性担保机构从事中小企业担保业务适用《信用担保试点意见》的规定。现阶段西部民族地区中小企业信用担保体系建设的关键有以下几点:首先,在地市、州级行政区域普遍建立中小企业信用担保机构,在经济总量大、中小企业数量相对较多的自治县设立担保机构的分支机构,完善信用担保体系。① 其次,建立区域性中小企业信用再担保机构,作为介于地市级信用担保机构和省级信用再担保机构的过渡机构,以减轻当前中央不设立信用再担保机构给省级信用担保机构带来的压力,并达到逐层延长放大倍数和分散风险的目的。② 再次,按照《担保体系建设意见》建立健全西部民族地区中小企业信用担保制度。③

(六)设立区域性中小企业风险投资基金

创业投资又称风险投资,是指由专门的中小企业创业投资机构向处于创业期的中小企业提供股权资本,并为其提供经营管理和咨询服务,在被投资企业发展成熟后通过股权转让获得中长期资本增值收益的投资行为。中小企业创业投资基于一种中小企业生命周期理论,认为每一个中小企业都要经历创办期、经营期、发展期和成熟期四个阶段,每一个阶段的资金需求会呈现出不同的阶段性特征。在中小企业创办期需要产权资金,对公司而言是股金。这个阶段的投资风险最大,一般情况下是个人自有资金。政府

---

① 《促进法》规定县级以上人民政府和有关部门应当组建中小企业信用担保体系。实际上对西部民族地区而言,在自治县一级普遍设立信用担保机构的意义不大:1.西部民族地区自治县一级中小企业总数较少;2.西部民族地区自治县一级的经济总量一般都比较小,资金需求不旺;3.在自治县一级根据实际情况设立地市级中小企业信用担保机构的分支机构更实际,也有利于节约资源。

② 2005年国务院发布《非公经济发展意见》正式提出了"一体两翼四级"的中小企业信用担保框架体系,提出建立中小企业信用担保基金和区域性信用再担保机构。

③ 2006年国家发展改革委、财政部、人民银行、税务总局、银监会五部委联合制定了《担保体系建设意见》,2006年11月23日国务院办公厅发布《关于加强中小企业信用担保体系建设意见的通知》(国办发[2006]90号),全文转发了五部委制定的《担保体系建设意见》。《担保体系建设意见》从五个方面提出了建设我国中小企业信用担保体系的措施:一是建立健全担保机构的风险补偿机制;二是完善对信用担保机构的税收优惠等支持政策;三是推进担保机构与金融机构的互利合作;四是切实为担保机构开展业务创造有利条件;五是加强对担保机构的指导和服务。国家为了加强中小企业信用担保体系建设,实施和完善对中小企业信用担保机构的税收优惠政策,包括继续执行国家经贸委《关于鼓励和促进中小企业发展的若干政策意见》规定的免征3年营业税的税收优惠;开展贷款担保业务的担保机构的风险准备金累计达到注册资本金30%以上的超出部分可转增资本金,担保机构实际发生的代偿损失,可按规定在企业所得税税前扣除;对主要从事中小企业贷款担保的担保机构,实行担保费率和运营风险成本挂钩及30%～50%的浮动担保费率,担保费率也可经担保机构监管部门同意后由担保双方自主商定。

出于扶持中小企业创业的目的也会通过政府独资设立或参股设立的专业性投资机构向中小企业投入一部分资金,这种资金一般都带有政府政策导向的性质;另外,一些勇于冒险的私人投资者也会根据自己的市场判断投入一部分资金;在法律允许和国家信贷政策支持的范围内,还可以向商业银行借款。处于经营期的中小企业主要通过商业银行获得流动资金,有时仍需要从个人投资者、风险投资者那里增加产权资金。发展期的中小企业主要依赖外部融资,商业银行、投资公司、开发公司等都是获得产权资金的来源渠道。进入成熟期,企业风险大幅度下降,赢利趋于稳定,创业资本逐渐退出,主要以大公司参股、雇员认股、股票公开上市等方式获得产权资金,也会从商业银行、投资公司等其他途径筹集发展改造项目资金。从中小企业成长的四个阶段来看,中小企业成长的前两个阶段投资风险都特别高,所以:一方面,国家从控制金融稳定的角度看,绝不可能允许企业通过向社会公开发行股票、债券募集资金;另一方面,商业银行从控制信贷风险的角度考虑,也不愿意为创业期间的中小企业提供信贷资金。加之,国家对企业集资、民间融资的政策性控制,中小企业在创业期和经营期所需资金主要来自创业者个人或企业所属机构的自有资金,创业企业资金缺口很大。正是由于创业期间中小企业面临直接融资和间接融资渠道壅塞的缘故,出现了政府独资或政府牵头、其他投资者参与设立专门性的中小企业创业投资公司和中小企业创业投资基金,用以疏通中小企业创业期间的融资“瓶颈”。

可见,要构建有效的扶持中小企业发展的金融支持体系,首先需要大力发展中小企业创业投资制度体系。我国设立创业投资是上世纪 80 年代中期伴随高新技术产业企业的发展和高新技术企业成果转化而产生的。从1985 年 3 月中央发布《中共中央关于科学技术体制改革的决定》启动创业投资开始,我国中小企业创业投资始终把扶持高新技术产业企业、科技型中小企业创业发展作为投资取向。① 2002 年《促进法》第 17 条规定:“国家通

---

① 1999 年科技部、国家计委、财政部、中国人民银行、国家税务局、中国证监会发布的《关于建立风险投资机制的若干意见》第 3 条规定:“创业投资(又称风险投资),是指向主要属于科技型的高成长性创业企业提供股权资本,并为其提供经营管理和咨询服务,以期在被投资企业发展成熟后通过股权转让获得中长期资本增值收益的投资行为。”

过税收政策鼓励各类依法设立的风险投资机构增加对中小企业的投资。"此后风险投资制度建设加快,但是既定的价值取向没有发生大的变化,直到2005年11月15日国家发改委、科技部、财政部、商务部、中国人民银行、国家税务总局、国家工商总局、中国银监会、中国证监会、国家外汇管理局10部委联合发布《创业投资企业管理暂行办法》(已于2006年3月1日施行)才有所调整。① 按照《创业投资企业管理暂行办法》的规定,我国中小企业创业投资制度步入正轨:首先,创业投资投向不再限于高新技术企业和科技型中小企业,而是处于创建(一次创业)或重建(二次创业)过程中的成长性企业;其次,对创业投资企业实行备案管理;再次,创业投资实行与担保业务分置制度,规定了禁投业务;最后,实行创业投资企业资金来源和资金运作多元化,为民间资本留下了一个合法的出口——那些类似于投资公司的民间金融组织,如金融会、地下钱庄等可以投资设立创业投资企业。《创业投资企业管理暂行办法》的出台标志着我国中小企业风险投资制度的基本成熟,下一步面临的问题是如何积累成功的经验把创业投资制度上升为国家稳定的法律。

　　从上世纪80年代中期以后,尽管国家出台关于创业投资的政策和法律性规范文件已近百部,中东部省份也已经根据自身的实践经验颁布了不少关于创业投资的地方性法规和地方性政策,西部地区(除四川、广西、云南外)的创业投资和创业投资立法始终跟不上全国的发展速度。近些年,一方面,西部民族地区都热衷于建立高新技术开发区,也有不少"高新技术企业"入驻,但都面临创业资金短缺的问题,大多数高新技术开发区一片萧条景象;另一方面,人们对创业投资的认识不够或存在较大误区,也是由于国家先前政策上的误导,西部民族地区政府部门总是将创业投资和信用担保相混淆、将创业投资风险基金和财政专项资金相混同,没有从真正意义上去

---

　　① 《创业投资企业管理暂行办法》第2条规定:"本办法所称创业投资企业,系指在中华人民共和国境内注册设立的主要从事创业投资的企业组织","前款所称创业投资,系指向创业企业进行股权投资,以期所投资创业企业发育成熟或相对成熟后主要通过股权转让获得资本增值收益的投资方式","前款所称创业企业,系指在中华人民共和国境内注册设立的处于创建或重建过程中的成长性企业,不含已经在公开市场上市的企业"。

重视中小企业风险投资制度建设,没有充分认识到创业投资建设的重要性。这造成在西部民族地区包括一些自治区首府所在地创立的创业投资企业都很少;即使已经设立的,创业投资企业的资金来源也比较单一,主要以政府财政拨款为主;资金规模也较小,很多创业投资企业的资金规模都没有达到《创业投资企业管理暂行办法》第 9 条规定的实收资本 3000 万元的标准;创业投资企业组织形式和内部治理结构也不符合《创业投资企业管理暂行办法》的规定,创业投资企业的法定代表人由政府部门官员兼任情况很多见;创业投资企业的股权机构设置不符合法律和政策规定,投资人数达不到 50 人,单个投资者的股权普遍达不到 100 万元;资金投向主体结构和产业结构比较单一,普遍存在政府干预创业投资企业资金投向而将资金投向单一产业或单一企业的现象,创业投资受地方政府导向影响比较大,向单个创业企业投资超过法定 20% 标准的情况很常见;等等。

鉴于这种情况,我们认为,当前西部民族地区中小企业创业投资重点要做好以下工作:首先,积极发展中小企业创业投资公司,并在政策上给予引导和资金上给予支持,要做到在每个民族地区地级市(含自治州)设立一家符合《创业投资企业管理暂行办法》规定标准的中小企业创业投资公司。其次,实行创业投资公司资金来源渠道的多元化,吸收民间资本进入创业投资公司或允许民间资本设立创业投资公司。再次,加强创业投资人才(包括创业投资公司管理人员)的培训,提高从事创业投资业人员的素质,保证创业投资公司经营管理层人员熟练掌握风险投资知识,不允许外行进入创业投资公司的高层管理人员队伍,允许民间资本设立的创业投资公司采取委托管理或聘用创业投资人才经营管理。又次,理顺中小企业创业投资公司和政府的关系,在创业投资公司有投资的情况下,政府只能就其在创业投资公司的投资行使股东权力,不得以行政权力干预公司的资金投向,保证创业投资公司的商业性、市场化和独立经营地位。最后,大力发展面向中小企业的创业投资基金。这也是我国创业投资面临的一个全国性问题,我们希望现阶段在西部民族地区正筹建的创业投资公司不要重蹈中东部地区的覆辙,把创业投资办成专门针对科技型企业尤其是高新技术企业的投资。这种"画地为牢"的做法无论目前在国家政策上受到如何青睐,但是有一点是清楚的——单纯考虑技术含量而忽略市场前景的创业投资必然会使创业投资的路越走越窄,我们相信真正的高新技术和高新技术企业的产生具有一定的周期性,决不会时时、处处"喷涌",没有那么多的高科技企业让创业投资发展为一种产业。具有50多年创业投资发展经验且拥有比我国多得多的高科技的西方国家也没有将创业投资创办成专门为高新技术企业服务的产业。西部民族地区中小企业创业投资应当兼顾接受投资企业的技术含量和市场前景,将创业投资基金发展成为促进中小企业创立和发展的重要措施,创业投资应当面向所有中小企业,由创业投资公司根据《创业投资企业管理暂行办法》的规定确定资金投向。

(七)完善西部民族地区的中小企业信用制度

我国中小企业信用制度建设政策作为国家中小企业政策的一项重要内容是国家在上世纪90年代实施针对中小企业的特殊信贷政策仍然无法解决商业银行"惜贷"现象的情况下出台的。我国整个90年代国家解决中小企业融资难的主要策略是解决商业银行信贷"瓶颈",包括确定专门中小企业信贷金融机构、改善信贷管理、扩展服务领域、调整信贷结构。正因中小企业信用制度建设正出台的这种特殊背景,我们认为中小企业信用政策在中小企业法和政策中并不是一个独立的制度系统,而是从属于中小企业金融政策的子政策系统。但是,中小企业信用制度还牵涉到中小企业参与市场活动的其他内容,如签订一般商业合同、参与政府采购等,因而中小企业信用制度又不同于中小企业信用担保,它有自己在中小企业法和政策上独立存在的地位和价值。在前文我们已经提到,在这个意义上的企业信用包括三个方面的内容:企业资信、企业信息和企业商誉。

企业资信就是企业的资产状况,包括人和物两个方面,首要的是企业拥有的财产——有形财产和无形财产,它决定企业的偿债能力。企业资信是企业信用的核心和基础。近代以来市场经济确立的基本法律原则就是"无财产则无人格",企业作为一种拟制主体,它在法律上获得支持的根基就在于它必须有供自己独立支配的足够维持其从事正常经营活动的财产。否则,它就没有参与市场活动的资格,人们也无法相信它的实际履约能力或偿债能力。任何一个中小企业不论采用何种法定组织形式,都必须要遵守企业实体法律的规定,要达到企业实体法律规定的偿债能力,包括依法到工商、海关、税务、卫生、劳动等政府部门履行企业对国家承担的相关法定义务(也属于债),即我们通常所说的企业资信。这是企业信用的本体层面,也是企业信用的最基本含义。一般都由企业法调整,尽管它属于中小企业政策发挥作用"不言"的前提,但它不是中小企业法调整的对象。企业商誉本身属于道德范畴,是指任何一个中小企业无论它的规模有多大、性质如何、采取何种组织形式等,都必须要遵守商业道德和行业道德,接受商业自律组织和行业自律组织的监督,任何企业违反商业道德或行业道德都得接受商业、行业自律组织的惩戒。这是企业信用的道德层面。法律不能行使道德功能,现代社会更不能把所有的道德要求都上升为法律。法律和道德的界限也就是民主社会和专制社会的界限。尽管如此,现代社会的法律、政策对市场主体的道德并没有选择沉默,而是对市场主体的道德作出了(法律上的)价值判断:一方面,将市场主体应当遵守最基本的可以上升为法律规则的商业操守、商业道德,上升为法律规则,用以直接调整人们的商业行为。另一方面,道德是实践性的、应然性的、常常是反逻辑性的,而法律是理论性的、实在性的、必须是遵循逻辑性的,并不是所有的道德规则都符合法律的逻辑,可以演绎为法律规则,法律只能对能够纳入其逻辑范畴的道德规则做出价值判断;但是,这些道德规则又是为现实的法律肯定的社会所不可缺少的,法律不能不表明自己的立场,因此法律按照法律本身的价值和法律反映的意志对市场主体的此类道德行为做出判断,积极鼓励那些符合法律价值和法律意志的行为,否定那些不符合甚至违反法律价值和法律意志的行为;并进而将这类道德规则以法律原则的形式直接纳入法律规范系统;由于这类道德规则更多地体现市民社会的正当要求,所以就将这些道德规则规定在民商法典的基本原则部分,作为刚性法律条款和体现国家意志的国家政策条款的补充。根据这类规范和一般道德规则、法律规则的区别,人们通常将这些规定在法律文件中的道德规则称为道德价值条款或道德原则条款。企业商誉的特殊性决定了本体意义上的企业商誉的调整归属,它一般属于民商法和商业道德规范调整,不属于中小企业法调整的范围。但是,从认识论角度讲,企业商誉还指企业在市场活动中保持合法经营、恪守商业道德和行业道德、诚实守信等良好声望表现的记录。

无论企业资信还是企业商誉一旦作为执行国家政策的依据,都将被作为一种企业信息纳入认识论系统。广义上的企业信息包括企业资信和企业商誉。任何一个中小企业不论采取何种法定组织形式,都必须要遵守企业程序法律的规定,必须依法向工商、税务、海关、卫生、劳动、统计、规划等政府部门登记和提供法定的企业信息,包括企业的名称、住所、高层管理人员个人情况、企业性质、组织形式、登记注册号等,也包括依法设立的专门社会中介组织、商业银行等金融机构、质量监督等行政授权组织、消费者协会等社团组织自己调查掌握或他人投诉获得的有关企业履行合同、偿还债务等情况的记录,即通常我们所说的企业信息。这是企业信用的管理层面,它是企业信用制度建设的重要内容。中小企业法上的中小企业信用制度建设就指的是有关企业以上信息的收集、征集、建立数据库等,作为中小企业获得国家中小企业政策扶持依据的活动。目的上是通过中小企业信用制度建设提升中小企业的商业道德水准。在这个角度上,中小企业信用制度建设不是一个单纯的法律制度建设,它涉及中小企业的商业道德建设问题。

鉴于以上情况,我们认为当前西部民族地区中小企业信用制度建设主要要做好以下工作:首先,按照《中华人民共和国企业登记管理条例》、《中华人民共和国个人独资企业登记管理条例》、《中华人民共和国合伙企业登记管理条例》、《中华人民共和国公司登记管理条例》以及《个人独资企业法》、《合伙企业法》、《公司法》的规定严格中小企业的工商登记,工商登记机关应当严把企业设立、变更、注销登记关,禁止和防止将独资、合伙企业登记为公司。其次,民族地区中国人民银行分支机构应当加快企业和个人信用信息收集、征集、登记进程,尽快建立西部民族地区中小企业信用信息数据库,作为各商业银行、政策性银行、创业投资公司、信用担保机构等向中小企业提供信贷资金、政策性贷款、风险投资、信用担保等的依据,以更好地贯彻、执行国家中小企业政策。再次,考虑到西部民族地区中小企业地域分布比较分散、交通不便及保证收集到的信息的真实可靠性,我们建议西部民族地区中小企业信用信息收集、征集工作实行由自治县级以上掌握企业信用信息的政府部门逐级上报至省、自治区、直辖市对口政府部门和省级中国人民银行分支机构委托中国农业银行设在自治县的分支机构负责收集、征集并逐级上报至省级中国农业银行分支机构,最后由省、自治区、直辖市有关政府部门和省级中国农业银行分支机构汇总报送至省级中国人民银行分支机构。最后,建立统一的省、自治区、直辖市中小企业自律组织和企业行业协会,授予省、自治区、直辖市中小企业自律组织和企业行业协会企业失信惩戒权并加以规范,要求中小企业自律组织和企业行业协会制定适用于本省实际情况的"企业失信惩戒准则",上报中国人民银行总行批准,逐步建立起比较完善的中小企业失信惩戒制度。

六、建立适应西部民族地区区域经济文化特点的中小企业特别制度体系

支持西部民族地区中小企业发展面临着如何协调西部民族地区民族文化和现代企业文明的关系、如何协调民族区域自治政策和中小企业政策之间的冲突。这包括建立具有西部民族区域中小企业发展特点的社会化服务体系、企业技术创新支持体系、少数民族投资企业的特殊保护制度、提高西部民族地区企业组织化程度问题等。

(一)对少数民族成员投资企业的行为给予特别保护

我国的民族区域自治政策体现了一种团体多元主义民族平等理念和族际公平原则:所谓民族平等指的是"族群"整体平等,而不是生命个体平等;在社会中被赋予官方法律实体地位的是族群,公民身份中的"民族成分"制度只表明"族群"归属而不代表个人的法律地位;这样,整个民族政策是以族群为对象的政策,这种政策会最终落实在族群人口相对集中的聚居区域,从而使民族政策转化为一种区域政策;以族群为对象的民族政策强调社会财富在所有族群之间分配的大致平等和公平(严格来说是一种均等分配),法律上表现为社会总权益在族群之间的形式平等或结果平等,而不是按照

竞争规则对社会总财富在个体成员之间进行优化配置从而实现全体社会成员实质公平或机会均等。因此，以族群为对象的民族政策带有明显的族群平均主义色彩，它与以竞争为基础的市场经济形态具有明显的冲突；它也是以对多数族群的不平等政策来实现国内各民族平等的民族政策，它的过渡性很明显。

在前文我们也指出，我国《促进法》规定的普适性的中小企业政策在西部民族地区必然完全是以区域政策贯彻执行的。理由是：《促进法》、《政府采购法》和其他相关法律、法规、政策只规定对少数民族地区中小企业的特殊优惠政策而没有对少数民族个体创立的中小企业或投资于中小企业的行为规定特殊优惠政策。这与我国《宪法》、《民族区域自治法》规定的民族区域自治政策保持了根本一致。但是，我们知道中小企业法和中小企业政策是不能作为执行国家民族政策的工具的。根本上说，中小企业法是弥补"市场缺陷"的"法律"，包括了对市场竞争的弱者给予特别照顾和扶持的理念。对经济落后区域的中小企业、社会弱势群体创办的中小企业、吸收社会弱势群体就业达到一定比例的中小企业和社会弱势群体投资（中小）企业的行为给予特殊政策优惠，是现代世界各国的通例。我国《促进法》只规定了对失业人员、残疾人员创办的中小企业和吸纳残疾人、失业人员达到一定比例的中小企业及少数民族地区、贫困地区的中小企业的扶持政策，没有具体规定中小企业政府采购优先权比例，也没有规定对妇女、少数民族成员等创办的中小企业享受政府采购优先权的比例。这是我国现阶段中小企业法的一个缺陷，它忽略了我国现阶段女性失业比例攀升、再就业困难的社会实际；它也忽略了我国是一个多民族的国家，在西部民族地区的绝大多数少数民族成员还缺乏对现代企业文明知识的基本了解，正接受着来自传统生计环境恶化和对现代企业文明无知的双重生存选择挑战。如果说我们承认现阶段正在执行的民族区域自治政策是一个暂时的、过渡性政策，那么国家扶持中小企业发展的政策中就必须对西部民族地区的中小企业、西部民族地区少数族群创办的中小企业、西部民族地区吸收当地少数族群达到一定比例的中小企业、西部民族地区的少数族群投资中小企业的行为实行特殊优惠政策，作为《民族区域自治法》的"补漏"措施。只有以扶持西部民族地区中小企业发展为契机,把国家扶持西部民族地区社会经济发展的各项政策、措施最终转化为调动当地少数族群参与现代企业文明的个人行动,才能使西部民族地区最终突破以企业文化为中心的"族群差序"格局和企业文化自身内部的族群"身份差序"格局,也才能使西部民族地区的中小企业和社会经济发展走出"有增长而无发展"的"内卷化"怪圈,进而最终使国家扶持西部民族地区社会经济发展的政策走出"扶贫"迷津。

(二)加强对地方性中小企业"立法"的审查

我们在前文已经指出,西部民族地区中小企业发展存在的另一个重要问题是中小企业设立登记混乱、内部治理结构不规范,从而在西部民族地区中小企业中普遍存在有现代组织形式而无现代经营观念的假"现代企业",家族观念内核和现代企业管理模式"花瓶"并存的假"公司"泛滥。这已经影响到了西部民族地区各项中小企业政策能否如实贯彻落实,影响到了中小企业政策在西部民族地区执行会不会偏离政策设计初衷,直接影响到了中小企业政策在西部民族地区的执行会不会构成"实质违法"。正是由于这个问题在西部民族地区具有如此重要的地位,所以我们建议主要从以下几个方面着手解决这个问题。

1. 清理扶持西部民族地区中小企业发展的政策、地方性法规、规章

近年来,西部各省、自治区、直辖市根据《促进法》第44条的规定纷纷出台了关于促进本省、自治区、直辖市范围内中小企业发展的实施办法、政策等,对《促进法》第26条之规定出现理解上的错误,甚至出现比较严重的越权"立法",无理性地放宽、放松中小企业市场准入的条件。譬如,《宁夏自治区党委、人民政府关于加快发展非公有制经济若干问题的规定》第6条规定:"对开办个体工商户、私营企业,取消法人设立审批制,实行注册制;凡是法律法规未做规定的许可证、登记证和专项审批等前置条件一律取消,凡是国家没有明令禁止的行业、商品和经营方式,一律对非公有制经济开放。"该规定的本质是企业设立实行"法无明令禁止即自由"原则,即注册制或完全准则主义。企业设立实行审批制还是核准制、注册制,在《个人独资企业法》、《合伙企业法》、《公司法》中已经作了明文规定,地方性政策和地方性规章包括行政法规、部门规章等是无权随意改变的。《宁夏自治区党委、人民政府关于加快发展非公有制经济若干问题的规定》第7条还规定:"开办注册资本在50万元以下的私营企业,只要注册资本达到规定标准的30%以上,即可先行注册,其余的随后在规定期限内补足。拥有专利技术、注册商标等无形资产的,资产评估后,可抵充不超过35%的注册资本。"这违反了《公司法》关于公司设立法定要件的规定。近年来西部地区各省、自治区、直辖市以及享有单行条例制定权的自治州、自治县颁布了不少类似于《宁夏自治区党委、人民政府关于加快发展非公有制经济若干问题的规定》的支持中小企业发展的地方性政策、地方性法规,造成了大量的地方支持中小企业发展的政策、地方性法规、规章、单行条例与国家法律、行政法规严重冲突和抵触的情形。因为,地方性法规尤其是地方性政策在具体执行上相对于国家法律、行政法规上的优先和优势,导致企业工商登记管理机关具体执法上的无所适从,加之各级地方政府"假"、"大"、"空"的"政绩"观念作祟,干预工商行政管理部门的企业登记工作,使工商登记管理工作经常处在"合法"与"非法"的夹缝里。这种立法冲突也给工商管理机关无形赋予了"法"外"自由裁量权",置企业登记管理于实质上的"无法"状态。

2. 取消对进行公司制改革企业的各项优惠政策

对实行公司制改革企业给予各种信贷、财政、税收、亏欠弥补等各种优惠措施,是我们国家从计划经济体制向市场经济体制过渡过程中的暂时性政策,它对企业尤其是国有企业改制起到了积极推动作用;国家对资不抵债企业实行整顿、破产、接管和不符合国家产业政策、产品不适应市场需求的企业转产,给予税收减免、贷款利息补贴、以物抵债等各种优惠措施,目的上是为了最大限度地盘活企业资产、减少潜在的和显在的各种经济损失、稳定社会经济秩序。但是,近年来随着公司制地位在西部民族地区企业中普遍确立和对企业破产、转产认识的提高,这些政策措施的种种消极后果也渐渐显露出来:企业主、破产企业、转产企业利用国家和地方对改制、破产、转产企业给予的优惠政策及公司有限责任逃废债务、"洗钱"、套取国家优惠政策、规避正当市场风险、"合法"逃税、拖延履行债务等现象频繁发生。在很大程度上对中小企业诚信经营起了反面作用。这也是西部民族地区中小企业中假"现代企业"尤其是假"公司"泛滥的重要原因。因此,我们建议在西部民族地区应当取消对公司制改革企业的各项优惠政策,为公司制"降温",起码在国家政策上、政府企业登记管理机关那里不要将现代企业制度和公司制画等号。同时,国家应当从严执行对破产、转产企业的各项税费减免措施。

3. 严格企业工商登记审核程序

工商登记管理机关要把好企业设立登记关,严格按照《个人独资企业法》、《合伙企业法》和《公司法》规定的实质要件和《企业法人登记管理条例》、《合伙企业登记管理办法》、《个人独资企业登记管理办法》、《公司登记管理条例》、《企业法人法定代表人登记管理规定》、《企业名称登记管理规定》、《中外合资经营企业登记管理办法》等企业登记的有关行政法规、部门规章规定的形式要件进行企业设立、变更和注销登记。既不能将个人独资企业或合伙企业登记为公司,也不能将公司登记为合伙企业、个人独资企业。另外,《促进法》第 26 条规定"企业登记机关应当以法定条件和法定程序办理中小企业登记手续,提高工作效率,方便登记者。不得在法律、行政法规规定之外设置企业登记的前置条件;不得在法律、行政法规规定的收费项目和收费标准之外,收取其他费用"。这就是说西部民族地区的工商登记管理机关在中小企业登记中,不仅要提高登记的质量,做到依法登记,而且要提高登记的效率,坚持登记高效、便利原则,不得有法外执"法"的情形。

(三)规范中小企业内部治理结构

企业内部治理结构是指企业所有者、经营者、劳动者三者制衡制度和机制的总和,它包括在特定融资结构下的合约关系、控制权设置和激励机制设计。国内外对企业内部治理结构的认知分歧较大,具体实践形式也各异。主要有三种模式:英美模式、日本模式、德国模式。英美模式强调以股东意志为主导,股权高度分散和高度流动,股东会对公司有很强的约束力;日本模式是一种典型的内部人控制,法人股势力强大,银行在企业中占有重要地位,以设立监察人制度作为内部人控制的补充;德国模式下,工会的力量强大,强调股东、经营者与职工共同决策。按照我国《公司法》的规定,理论上公司法人治理结构近似于德国模式,但在实践上监事会职权弱化,企业的"内部人控制"现象比较突出,国有独资公司和国有控股公司治理结构中普遍存在政企关系不明朗、界限不清的问题,公司管理层"政治化"问题很突出。

西部民族地区中小企业之所以愿意采用公司形式,除了上面提到的国家和地方政策上对公司制企业实行特殊照顾和公司绝对有限责任以外,我国《公司法》关于公司"内部人控制"结构也是吸引投资者的一个重要因素:投资者可以以一种不在根本上影响或改变企业控制权而投政府所好的企业形式获得比在个人投资企业、合伙企业中更低的责任风险。事实上,在企业资信状况较单薄、整个社会诚信经营状况较差、政府或社会没有建立起统一的企业信用信息数据库和高效的查询渠道以前,企业投资人承担无限责任是维持社会交易安全的最基本的保障,个人独资企业和合伙企业无疑是最理想的企业组织形式。现阶段,西部民族地区中小企业中公司制企业很普遍,但是绝大多数私营公司制企业普遍是有现代组织形式而无现代经营观念的假"公司"。对此,除了上面提到的在登记环节的"防堵"之外,还需要采取"疏导"措施,对已经登记为公司的企业进行稽核,督促这些中小企业规范经营管理,逐步使中小企业走上真正公司制的轨道。

(四)规范家庭、家计、家族经营企业的经营管理

西部民族地区中小企业一个显著的特点是家庭、家计、家族企业占相当高的比例。这在民营企业包括集体、个人独资、私营、联营、非国有控股企业中表现得尤为明显。在西部民族地区,无论是外来投资者还是本地投资者创办企业都无法摆脱渗透到投资者"骨子里"的传统观念的影响和支配,加之恶劣的生存环境、生态环境的制约,"身份差序"和"族群差序"交织在一起,民营企业在创业初期的产权制度就带有明显的家庭、家计或家族化倾向。这种家庭式企业、家计式企业和家族式企业是民族地区经济文化和现代企业文明相互交流、相互妥协的产物,是企业文明在特殊人文、自然环境中的自然生成物,是民族地区土生土长的传统小农经济、小商品经济向市场

经济的趋近或过渡形态。具有其他类型的企业模式不具有的优势。家庭式、家计式和家族式企业管理和经营模式不纯粹是传统的,因为它采用企业组织形式;也不纯粹是近代或现代的,因为支配企业经营管理的理念是传统的。我们也不能说,家庭企业、家计企业、家族企业是市场环境缺乏信任机制的反映,因为在西部民族地区的内地企业投资者主要来自农村,本地投资者主要是当地传统产业从业人员,无论是哪一种企业,投资主体最初的投资动机主要并不是"创业"而是"谋生",家计是民营企业"原动力"。在这种"谋生"义利观念的支配下,基于亲情的生计关怀(更何况国家不承担这类投资者的最低生活保障)就自然而然地、本能地被带到了新的经济组织形式中。根据我们的调查,西部民族地区的家庭企业、家计企业、家族企业是市场经济在西部民族地区发展的自然形态,并不反映市场诚信状况;市场主体的信任危机恰恰是家庭企业、家计企业、家族企业进一步发展的产物,是"企业"形态突破血缘界限后才出现的现象。

正是由于家庭企业、家计企业、家族企业是企业的过渡形态,所以它和现代企业相比,具有和现代市场经济不相适应的方面,表现出诸多的落后性和保守性,如重亲情而轻制度、企业产权不明晰且依从家庭成员身份变动、企业扩展能力有限且存续期短、抵御风险能力差等。尽管如此,家庭企业、家计企业、家族企业在当前还是今后一个很长的时间里都是西部民族地区占比例很高的中小企业经营和管理的企业文化模式,对当地传统文化、自然生态环境具有很强的适应性,任何按照现代企业制度理念改造家庭企业、家计企业、家族企业的做法都是违背客观经济规律的,更不允许以引入现代企业制度为由在家庭企业、家计企业或家族企业中"掺沙子"。这样做,弄不好会激化民族矛盾、引发民族冲突事件。我们认为比较恰当的做法是法律上、政策上承认家庭、家计、家族经营企业的合法、正当地位,正视其存在的价值、意义,对他们的经营管理提出比一般的中小企业更高的要求:经法定机关审核认定为家庭企业、家计企业或家族企业的,必须建立完备的会计账簿;必须明确推举一名法定代表人并按照《企业法人法定代表人登记管理规定》到法定登记机关进行登记;必须与企业职工签订劳动合同、按时足额为职工缴纳社会保险费和遵守劳动法的其他相关规定;规定家庭企业、家计企业或家族企业享受中小企业政策的范围;严格限制家庭企业、家计企业或家族企业参与高风险的投融资活动,一般不允许家庭企业、家计企业或家族企业通过股票市场融资,也不允许进行债券融资和内部集资;等等。

(五)改变企业立法体例,推进"集体"企业民营化

按照通常的理解,认为集体企业是集体所有制企业的简称,就是生产资料归劳动群众集体所有为基础的、实行共同劳动、按劳分配为主的独立的商品经济组织。按照我国相关法律、法规的规定,集体企业包括城镇集体所有制企业(以下简称城镇集体企业)和乡村集体所有制企业(以下简称乡村集体企业)。其法律特征主要有:企业财产属于集体所有;企业实行共同劳动并按劳分配。

1.西部民族地区集体企业的认定困境

根据我们在西部民族地区的实地调查,如通常人们认为的"生产资料所有制"层面上的集体企业随着近年来城乡原有"集体"的社区化和家庭承包经营及上世纪80年代的承包、租赁到90年代后期的人员分流、转轨、改制、出售,基本上都已经完成了股份制改造,加之集体企业转轨过程中没有设定专门的集体财产管理机构对改制后企业占用的集体财产行使监管权,所有制意义上的集体财产已经基本流失殆尽,"集体"基本上都已经"虚化"。现阶段作为集体财产保全下来的是那些在改制过程中实行股份制的集体企业、乡村集体所有的土地及公用设施。也就是说,现阶段如果还有企业能够被称作集体企业的话,仅仅指那些占有、使用集体成员所有财产的企业。但是,这种所谓的"集体"企业性质上已经完全不同于所有制意义上的集体企业,跟乡村基于土地和集体共用公共设施的集体经济组织已经根本不是同一层级上的"集体":(1)企业财产实行股份制,包括集体股、企业股、职工个人股;(2)企业实行资合和人合相结合,兼有股份制和合作制的性质并各有取舍,企业职工一般都是集体组织的成员,企业经营管理者一般由全体企业职工民主选举产生;(3)企业设立职工股东会(由所有持股职工组成)、董事会或经理,一般不设监事会,由企业职工股东会行使监事会权力,企业重大事务由股东会按照一人一票制(除非企业章程有特别规定)作出

决定;(4)分配方式上实行按劳分配和按股分红相结合。可见,这个意义上的"集体所有制企业"实质上指的是集体财产的实现形式。因此,我们可以这样来定义现阶段西部民族地区实际存在的集体企业:集体企业是指按照股份划分企业资产和认购方式,以劳动合作为基础实行按劳分配和按股分红相结合,资产归全体职工共有并由全体职工共同参与管理的企业组织形式。

这仅仅是我们对集体企业一般法律形式的理论抽象,实际的情形要比这复杂得多。一方面,集体企业比一般的私营企业享有更多的财政、税收、信贷优惠政策,所以私营企业主为了套取国家政策待遇,总是愿意挂靠集体企业或挂一个集体企业的名头。另一方面,地方政府为了迎合国家政策、法律及统计制度,总是将乡镇企业、将土地所有权归集体经济组织的企业、由原集体企业转轨而来的私营企业、股份合作制企业、村社或社区成员共同筹资创办的企业等都归并到"集体企业"这个"大口袋"中。更为复杂的是,地方政府从上世纪80年代中后期开始根据国家法律、政策规定对集体企业全面实行承包、租赁经营,90年代后期又推行集体企业出售、出让,在西部民族地区的集体企业中还存在着企业经营权转让(实际上是不改变企业所有制归属前提下的企业经营许可证交易,在采掘业企业中普遍存在),以及企业经营许可证交易基础上存在的企业承包、转包或租赁经营等。这一切都给集体企业的认定带来了不小的难题。实际上"集体"企业的复杂表现形式和国家法律、政策上的具体规定存在严重脱节,使"集体"企业面临主体认定困境。

2. 集体企业在西部民族地区的经营形式

鉴于"集体"企业渊源于我国按企业所有制性质不同的立法分类和现阶段西部民族地区具有实质集体性质的企业类型的不一致,顾及《中华人民共和国物权法》的新规定,我们将财产所有权、使用权、收益权或最终处分权按《宪法》规定的由集体经济组织成员共同支配的企业组织形式,称为集体企业。① 这个定义忽略了对集体企业的实质追究,采取了和现行法律、

---

① 这个定义并不是令我们满意的界定。因为:这里的"集体"采用的是一个与传统所有制理论相妥协的概念,顾及了《宪法》对"集体"的界定,部分忽略了"集体"在现代市场经济社会中的"新"含义和"新事实"。

政策和国家统计制度相妥协的立场。这个意义上的集体企业,在西部民族地区的经营形式主要包括三种:承包经营、租赁经营、股份合作制。承包经营是指被工商行政管理部门登记为集体所有性质的企业,所有人不直接经营,而是将企业的经营权承包给"集体"组织中的或"集体"组织以外的一人或数人经营,所有人只按照承包合同约定收取承包经营费的集体企业的经营形式。一般情况下,发包方不介入承包方的具体经营行为,除非承包方违法经营,发包方不能在承包经营合同约定的承包经营期限届满前解除合同,也不得以行使所有人权利为名干涉、妨碍承包方的正常经营。租赁经营是指被工商行政管理部门登记为集体所有性质的企业,所有人不直接经营,而是将企业财产的一部分或全部出租给"集体"组织中的或"集体"组织以外的一人或数人,所有人只按照租赁合同约定收取租金的集体企业的经营形式。一般情况下,出租方不介入承租方的具体经营行为,除非承租方将租赁合同标的物用于违法用途,出租方不能在租赁合同约定期限届满前收回租赁物,也不得以行使所有人权利为名干涉、妨碍承租方的正常使用租赁物。股份合作制是兼具资合和人合、投资人身份和雇员身份的企业经营形式,是介于合伙企业和有限责任公司之间的企业组织形式。

3. 西部民族地区集体企业经营不规范的表现

由上可知,在西部民族地区严格所有制意义上的集体企业是不存在的。尽管承包、租赁或股份合作制是原集体企业经营形式的转变,但这种转变已经引起了集体企业"性质"的改变,最显著的一个变化是收益权不再按所有权而是按使用权(或投入)确定。而承包、租赁、股份合作(经营权)与集体所有制的冲突也加速承包、租赁、股份合作向市场化转轨,尤其是承包经营制与集体性质的冲突更为剧烈。所谓的"集体企业经营不规范"就是企业的集体所有制性质和经营权相互"挤压"下"变形"的产物。

(1)租赁经营式微

在西部民族地区,集体企业实行租赁经营的很少,租赁经营已经基本上整体退出了企业经营市场。西部民族地区少见的租赁经营集体企业的形式是个人承租经营和合伙租赁经营。实际经营管理中存在的问题主要有:承租人会计制度不健全,账册设置漏洞比较多,少报赢利,多报损失;承租人实行两级法人经营形式,"空壳"租赁现象普遍;合伙租赁经营模式中,家庭合伙和家族合伙更常见,合伙人多为家庭或家族成员,合伙人之间缺乏合伙合同约束,合伙关系不稳定;租赁经营中"名为公司、实为合伙"的情况很常见,各租赁经营的合伙人借"公司"有限责任逃债、套债的现象比较普遍;在租赁合同规定的期限内,承租人实施超限、超负荷甚至恶意使用租赁财产等滥用承租权的问题比较突出,造成资源浪费和租赁财产使用寿命缩短;等等。

(2)股份合作制畸形发展

股份合作制在西部民族地区并不具有普遍性,其中的缘由,我们进行了仔细的考证,集中起来主要有以下四点:族际分层广泛存在,制约合作机制的形成;区域内族群经济文化类型的差距较大,无法形成交往利益机制;大部分少数族群对企业文化持抵制态度,难以形成文化共识;股份合作制本身不具有广泛适用性,身份限定投资资格。

在西部民族地区现有的股份合作制企业中,存在以下比较突出的问题:①股份合作制和租赁、承包经营界限模糊。有些实行内部人承包或租赁经营的集体企业,为了降低、规避经营风险,将承包、承租经营企业登记为股份合作制企业;有些外部承包人为了规避经营风险和享受内部承包人的优惠待遇,在承包合同中约定"投资置换身份"的条款,由发包方出面将承包经营登记为有限责任公司或股份有限责任公司;等等。②股东"空挂"现象比较普遍,股份合作制企业的名义性质和实质性质差距较大。西部民族地区股份合作制企业中,股东"空挂"现象十分普遍:一方面,在集体企业股份制改革过程中,集体身份具有特殊的"社会资本"性质,身份权和股权交易具有对价性。一些缺乏资金的集体成员为了在股份合作制企业中保留一个"位置",让有资金的其他集体成员在自己名下入股,自己是名义股东,实际上并不分取企业红利,在具体经营管理中也是按照缴纳股金人的意志行使投票权;而一些经济实力比较强的集体成员,为了控制股份合作企业,也愿意为缺乏资金的集体成员"代位入股"。另一方面,西部民族地区的少数族群受传统文化观念束缚,对企业经营报拒斥态度,这给改制中的集体企业留下了很大的"身份"和"股金"缺口,使西部民族地区股份合作制企业中的股东"空挂"现象成为必然,同时也为其他集体成员"代位入股"和集体外成员"参股""补缺"以弥补企业资金缺口提供了正当理由。当前,这种企业股权和集体成员身份权的交易的主流已经不限于集体成员内部,开始向集体成员外部扩张了。这种外部资金向股份合作制企业内部渗透的趋势正在悄然改变着西部民族地区股份合作制企业的性质。③股东"空挂"刺激了股份合作制企业中身份权和股权交易,使股东、股权变动频繁,导致股份合作制企业形式权利义务关系不稳定。这从另一个方面说明:在西部民族地区企业组织形式中,股份合作制并不是一种完备的企业组织形态,它具有明显的过渡性——企业身份权有逐步置换成股权的趋势。当真正完成了这个置换过程,集体企业的性质也就发生根本性变化了。

(3)承包经营制的法律地位模糊

西部民族地区实行承包经营的集体企业经营管理方面存在的问题最突出,也是现阶段西部民族地区中小企业制度建设应当关注的重点。①集体企业承包经营制的缺陷源自于承包经营制自身。承包经营是企业所有权和经营权两权分离的结果。但是,法律对经营权的界定一直不清晰,潜在地存在着引发发包方和承包方冲突的隐患。尤其在民族地区这种冲突的危险性、危害性更应当受到关注。②承包经营合同的发包方"虚化"、"缺位"或地位不确定。承包经营合同的发包方一般是"集体","集体"是一个抽象的"群体",它不像"国家"可以自设自己的合法性,现代社会的"集体"的代言人只有通过成员的公选或共同追认程序才能确立其"合法性"地位,而且这种"合法性"还必须合乎国家法律的规定。这就是说,"集体"总是存在着"双重"确认问题,符合国家法定标准是"集体"的形式特征,集体成员的公选或共同追认是"集体"的实质要件。由于国家实行集体经济体制改革造成旧集体管理制度的"实际失效"和新制度不能及时出台的制度"真空",造成原集体经济组织退出国家行政、经济职能组织系统后行使原集体组织行政、经济职能主体的"缺位"和新生集体组织的职能"悬搁",使集体企业承包在所有权人"缺位"或"半缺位"状态下进行,而真正的集体财产的所有权人不能行使发包权,行使集体企业发包权的又非集体财产的所有权人(由最基层的政府机关代为行使发包权)。③企业集体所有权和经营权分离最终导致了"集体"人格和成员个体人格的分离、集体企业承包经营合同实际权利主体和义务主体的分离。这种分离的结果是所有权的主体——集体既不是集体企业承包经营合同的权利主体也不是集体承包经营合同的义务主体,完完全全成了一个失去鲜活生命的概念或名词。集体企业所有权人"缺位"状态下的集体企业承包经营会产生怎样的一种结果就可想而知了。从改革开放至今,西部民族地区集体企业呈逐年萎缩的态势,就与集体所有权主体"缺位"有直接关系。④现阶段,西部民族地区集体企业承包经营合同约定的承包经营期限大都在 10 年以上,承包经营权的物权特征很明显,而且外部人承包已经成为承包经营的主流,因此实行承包经营的集体企业之"集体"仅仅是个名分,不具有任何实践价值和意义。

4. 还"集体"经营管理之实质,推进"集体"企业民营化转型

总的来看,企业之"集体"不应是一种所有权,更不应是一种所有制,而仅仅是指企业的一种经营管理模式。在这个意义上,集体企业制度之改进将是一个还原集体企业本质,推进传统集体企业向现代企业制度方向转型改革的过程。当前,应主要做好以下工作。

(1)在企业立法上取消按照所有制立法的模式

新中国成立以来的很长一段时间里,国家实行计划经济体制,与这种经济体制相适应的、方便国家对公有制经济进而对全民公有制经济和城镇公有制经济进行体制性转移支付的最恰当的立法模式就是按所有制立法:按照所有制性质划分企业类型,对所有制性质不同的企业给予不同的政策,并以此为标准确定企业法体系。计划经济时代尽管已经宣告终结了,但计划经济立法并没有随之结束,按所有制性质不同划分企业法律类型的立法一直延续到了 21 世纪。上世纪 90 年代初随着《中华人民共和国城镇集体所有制企业条例》(以下简称《城镇集体企业条例》)和《中华人民共和国乡村集体所有制企业条例》(以下简称《乡村集体企业条例》)的出台,我国最终有了比较完备的区分企业所有制性质的企业法体系。在此以前,从 1979 年到 1991 年的 12 年间,国家还相继制定了《私营企业暂行条例》、《全民所有制工业企业法》、《全民所有制企业转换经营机制条例》、《企业法人登记管理条例》以及一些分散在其他规范性文件中的关于全民所有制企业实行承包、租赁经营的条文。即使到 1996 年国家确立市场经济的基础性地位已经 5 年时,全国人大常委会制定的《中华人民共和国乡镇企业法》(以下简称《乡镇企业法》)还延续了计划经济时代城乡"二元"经济结构的过时立法理念。根据我们在西部民族地区的实地调查,尽管《促进法》明确规定了国家支持中小企业发展政策的"所有制无限定"原则,但是西部民族地区久已形成的企业规模、效益体系对应所有制结构类型的企业结构体系使得国家支持中小企业发展的政策最终转化成了扶持国有和集体中型企业的政策。

现阶段废除按所有制性质区分企业法律形式的企业立法模式、实行以企业投资人出资方式和责任形式为最基本的企业法律分类的时机已经成熟:①国有企业的分流、改制工作已经基本完成,集体企业也已经通过承包、租赁和股份制等实现了经营机制转轨,原来意义上的各种所有制类型的企业都基本上采取了个人独资、合伙、有限责任公司、股份有限责任公司、股份合作、国有独资公司或国家控股等形式,宏观层面上的国家所有制、集体所有制、劳动者个体所有制已经被纳入国家政策调整的范围,法律调整的领域主要是各种财产权的实现形式(即被有些文献称作"中观"的层次①)。②内、外资企业立法的统一化进程已经启动,我国已经制定和出台了统一适用内、外资企业的《企业所得税法》,"三资"企业不再作为我国国家政策上特殊区分的"所有制"类型,而是和其他内资企业一样实行国民待遇,我国企业实体立法的最终目标是从企业实体法上取消对"三资"企业的超国民待遇,将中外合资经营企业、中外合作经营企业、外商独资企业统一纳入《个人独资企业法》、《合伙企业法》、《公司法》。③国家已经基本完成了将原国有企业改建为国有独资公司、国有控股公司的目标,建立起了比较完善的国有企业公司制管理模式;国家也已经建立了专门的国有资产管理机构对国有资产行使所有人权利,采取了对国有资产进行核定、登记、评估等一系列措施,从而从宏观和微观上基本上解决了国家所有权"虚化"和国有资产所有权人主体"缺位"的问题,国家放弃按所有制立法对国家所有制的主导地

---

① 杨干忠、王琪延、张志敏:《民营经济实用词典》,北京·中国发展出版社 2001 年版,第 291 页。

位不会产生太大的影响。④新生的社区、村民自治组织等新型"集体"组织需要新的"集体"法律制度,以理顺城镇集体组织、集体经济转轨后的社区和社区经济、社区经济组织(包括社区企业)、乡村集体经济转轨后的村民自治组织和乡村经济、乡村经济组织尤其是乡村企业的法律关系。⑤不取消企业立法上按照所有制立法的模式,会严重影响和制约社区企业、乡村企业的发展。我们从包括《宪法》在内的现行有效执行的法律规定中,就可以清楚地看出按所有制立法给新兴"集体"组织和"集体"经济——城镇社区、社区经济、社区企业和乡村村民自治组织、土地集体所有制、集体所有制经济、乡村企业——发展造成的消极作用:现行《宪法》和法律沿袭了计划经济时代的理念,把"集体"确认为一种贯彻计划经济目标的、连接国家和公民个人的中间过渡环节组织或亚组织;按照《宪法》规定,集体所有权不是一种完全所有权;这样,行使集体所有权的"集体"的法律人格降了一格,成了一种不完全的、不健全的人格,换一句话说,"集体"和"集体"经济组织不具有和其他法律主体平等的法律人格。这在很大程度上影响了"集体"经济组织平等参与市场竞争的能力,制约了"集体"经济的发展,只有从根本上废除按所有制区分企业类型的立法,才能推进社区经济和乡村经济的进一步发展。

(2)废除城乡集体企业"二元"体制

我国对城镇集体企业和乡村集体企业制订和适用两套不同的制度和政策始于新中国成立之初。不过,直到上世纪90年代以前,这种"双轨制"政策是以体制性转移支付进行的,真正上升为一种法律制度是在90年代初。1990年6月9日国务院颁布《乡村集体企业条例》,1991年9月9日国务院颁布《城镇集体企业条例》,最终确立了城乡集体企业"二元"体制。1996年10月29日全国人大常委会通过的《乡镇企业法》并没有动摇城乡集体企业"二元"体制的地位。集体企业实行"双轨制"是计划经济和国家长期实行的城乡"二元"经济结构的产物。其实,城镇集体企业和乡村集体企业的差别并不是形式上的差别,而是存在实质上的不同,城镇集体企业和乡村集体企业适用着两套完全不同的劳动和社会保障制度,是一种包含着对农村人(或农民)深刻歧视的制度和政策。我们认为集体企业"双轨制"是实行市场经济和法治中国的污点,必须予以取消,对城乡集体企业实行统一的企业制度。这对于占整个西部民族地区集体企业90%以上比例的乡村集体企业无疑会产生实质性影响。

（3）规范"集体"企业经营管理

加强对集体企业的会计、审计审核,要求集体企业无论采取何种经营管理形式都必须严格按照法律规定建立会计账簿,保全财务、会计资料。对实行租赁经营的集体企业,无论实际企业运行采用何种模式,都要求签订真实有效的租赁经营合同,严禁"空壳"租赁偷逃税款、逃废债务。对于股份合作制企业,要明确股份合作制是公司制的一种过渡形态,对可以设立有限责任公司或股份有限责任公司的,就尽量不要设立为股份合作制企业;严把登记关,搞清楚股份合作制企业和其他类型企业的区别,按照企业的实际投资形式、责任分担方式确认是否是真正的股份合作制企业,审核资本的实际构成中是否存在"投资置换身份"借以规避正常市场经营风险和骗取国家对股份合作企业优惠政策的现象;加强对股份合作企业的年检、年审,杜绝股东"空挂"。对于实行承包经营的集体企业,发包方尽量按照《招投标法》的规定采取招投标方式确定承包方,要求发包方和承包方签订明确的承包合同,承包合同要明确约定承包经营权的范围、承包费等事项。建议对农业和城镇化水平比较差或实行龙头企业带头模式空间较小的地区,推行集体企业民营化,发展个体、私营经济。

（六）扶持民营经济发展

前文我们已经说过,由于西部民族地区的区域自然条件、经济、文化差别很大,李俊海主张的中小企业与中小城镇"捆绑"发展的理论模式根本不可行,建议各民族地区应当根据各自的实际情况探索适应本地的中小企业发展模式,譬如:县域经济基础比较好的民族地区可以选择区域中心城市发展模式(或中小企业与中心城市"捆绑"发展模式);而若有比较好的农业和农产品加工企业做基础,则玉林模式是比较理想的选择;对于工业基础比较差,以农业为财政收入主要来源的民族地区,发展个体、私营经济进而通过个体、私营经济的自动联合完成中小企业原始资本积累历程,是不得已的最佳选择……但从总体上来看,未来西部民族地区原集体经济必然向国有经济和民营经济分化,整个经济类型将分化为两大类:国有经济和民营经济。民营经济将是西部民族地区社会经济发展的主体。因此,西部民族地区采取民营经济模式发展中小企业将具有广泛适用性和客观必然性。扶持民营经济发展,是当前和今后西部民族地区普遍面临的任务。

1. 将零雇佣企业或微型企业纳入中小企业政策的范围

前文我们已经说过,西部民族地区尤其是西北六省区民族地区个体经营者、私营企业构成本地市场的主体,按照现行国家中小企业划分标准,许多民族地区没有一家大型企业,甚至没有一家够得上标准的中型企业。这样的企业标准立法意味着把西部许多民族地区完全排除出了中小企业政策的范围,等于公开宣扬族群或经济发展区域在国家中小企业政策和法律面前的不平等,使企业标准立法成了一种名副其实的"恶法"。事实上,对于不同的经济发展区域,从公民、自然人到农村承包经营户、个体工商户再到规模大小不同的企业,每一种组织经济的形式都有它们各自存在的价值。更何况为了促进就业、支持特色手工业等,将自我雇用企业或零雇佣企业纳入国家中小企业政策范围,是德国、美国、加拿大、英国、韩国、日本、新加坡、泰国等世界上绝大多数国家的通行做法。在中小企业中划分出一个微型企业类别,将那些特色产品手工业、国家重点发展产业、民族手工业、个人科技研发活动等经营性行为纳入国家中小企业政策支持的范围,在实质上符合国家区域经济发展平衡和国内各族群平等的政策。在中小企业中划分出一个微型企业类别,对企业规模普遍偏小、个体经营者和私营企业数量、财税意义重大的西部民族地区具有更加特殊的价值。可以这样说,一个地区可以没有大、中型企业,但不能没有将千万个家庭、个人与整个社会生活联系起来的个体经营户、规模以下小型企业。

2. "打民族牌",扶持县域"龙头"企业发展

在走"民营经济模式"道路的西部民族地区的经济上有一个明显的特征:缺乏能够牵引当地经济发展的"龙头"企业和特色产业。民营经济模式毕竟不是当地经济发展的最终选择,仅仅是地区经济产业化、工业化、社会化的准备和过渡形式。为此,实行"民营经济模式"的西部民族地区面临着培育民营经济中的"领头人"和自己区域品牌的任务。从临夏州的经验看，发展特色产业的根本出路在于"打民族牌"，发挥比较优势；发展特色民族产业最终要落实到培育县域"龙头"企业上，必须发展产业化"龙头"企业、骨干财源企业，走县域精品企业、特色产品企业、人文企业的道路。

3. 引导主导产业企业和投资的民营化

我国正处于经济转轨时期，企业改制的结果是国有、集体企业越来越少，以后国家作为投资主体，单独设立的企业会越来越少，在民营经济占主体的民族地区的发展起点必然是民营经济，民营化将是今后经济发展的唯一选择取向。尤其是原国有中小型企业、集体企业的民营化包括主体民营化、产业民营化、企业民营化和区域经济整体发展取向的民营化，将是民族地区企业深化改制的必然选择。在西部一些民族地区的"十一五"规划中明确规定了民营企业未来五年在当地企业数量、规模、产值等方面的目标。"走民营路"，就是要逐步实现投资主体民营化、主导产业民营化、精品企业民营化和经济整体民营化。

4. 加快产业结构调整，转变经济增长方式

加大产业结构、产品结构、所有制结构、投资结构、城乡结构和企业组织结构的战略调整和优化升级。提高农业生产的质量和集约化程度，发展具有民族特色的农产品加工"龙头"企业，引导农业向产业化、特色化、工业化、集约化方向发展；提升壮大第二产业，根据地方经济优势发展地方特色制造业，向专业化、规模化、效益化、高新技术化方向发展；稳速发展第三产业，对原有民营经济控制的资源根据地方产业政策、区域政策，向区域化、民族化、人性化、现代化方向发展。拓宽经济增长空间，增强国民经济整体素质和竞争力。

5. 坚持保护生态环境和节约资源并重的发展战略，实现可持续发展

西部民族地区大部分都是生态脆弱区域，发展和提升民营经济的质量、规模，必须把保护生态环境放在首要位置，加快技术创新，促进机制创新，充分发挥市场引导作用，逐步完善资源节约体系，科学高效利用资源，加大生态环境改善保护力度，建设资源节约型和环境友好型社会，走可持续发展之路。

6. 加快基础设施建设

加快基础设施建设,尤其是中心城市、中心县城及中心城市、中心县城通往各中小城镇的道路建设,发展中小城镇,提高城镇化建设的水平,以此带动产业布局和产业结构调整。以促进城镇化建设为目标,按照"强化中心城市、完善各县县城、培育重点集镇"的思路,加快城市建设步伐,拓宽发展空间,扩大城镇规模,提升城镇经济实力;发展中心城市、中心县城、中小城镇之间的交通基础设施,增强经济增长的后劲,为城乡经济一体化做好准备;挖掘利用太阳能、风能等各类再生能源,节约用水,发展节能示范和循环经济等相关产业。

7. 拓宽民营经济发展渠道,优化民营经济发展环境

(1)鼓励民营资本进入基础设施、公益事业、公用设施及其他行业和领域,在投融资、税收、土地使用和外贸方面优先支持,搞好服务,促其逐步向生产型、科技型、外向型方向转变。以建立现代企业制度为目标,健全民营经济发展机制,实现民营经济在发展领域、规模总量、水平档次上的三大突破,使其成为国民经济的主体力量、财政收入的主要来源、社会就业的主要途径、群众增收的主要渠道。(2)全面落实民营经济示范区的各项优惠政策,建立支持引导民营经济发展的政策体系,消除民营经济发展的体制性障碍。加快政府职能转变步伐,为企业及时公布国家产业政策和投资信息,落实扶优扶强措施,重点培育扶持骨干企业;着力构建民营企业人才平台,解决人才制约;建立企业信用档案,健全担保体系,拓宽企业融资渠道;拓展招商领域,促进民营企业与州内外强势企业的经济技术交流与协作;规范市场秩序,保护民营品牌,激励民营企业家的创业积极性,让优秀民营企业家更多地参与社会政治活动,营造关心支持民营经济发展的良好社会氛围,形成民营经济发展的强大合力。(3)打造民营经济优势品牌。紧紧围绕民族特色,着力培育具有地方特色的民营经济优势品牌,提高设计策划、市场开发能力,壮大经营规模,加快发展速度。

8. 发展民族地区传统产业部门,实行对农牧业的财政转移支付政策

国家必须对民族地区传统产业部门,主要是农牧业实行财政转移支付政策,弥补工业品和农产品价格"剪刀差",使小商品经济或个体经营尽快

从"生计"市场经济中解套,加速民族地区资本原始积累的进程。实际上也是长久以来国家执行农业对工业转移支付政策的产物,是农业人口无奈的一种自我承担。

七、健全西部民族地区中小企业社会化服务体系

APEC中小企业部长级会议提出为中小企业提供服务的5个优先领域是人才开发、市场准入、技术共享、资金融通、信息共享。其实,不同的国家、不同的地区和不同的经济发展区域中小企业对社会化服务的要求是不同的。根据我国当前西部民族地区中小企业发展的实际状况来看,应当从以下方面建立健全西部民族地区中小企业社会化服务体系。

(一)建立政府主导的多层次、多元化的中小企业社会化服务机构

根据《促进法》相关规定,中小企业社会化服务机构主要包括5类:政府及其职能部门、中小企业社会中介服务机构、各类研究机构和大专院校、行业自律性组织、中小企业自律性组织。建立政府及其职能部门主导的多层次、多元化的中小企业社会化服务机构是当前西部民族地区中小企业社会化服务体系建设面临的首要问题。按照国外中小企业社会化服务体系建设的经验,中小企业社会化服务体系建设的模型主要有三种:政府规制型、政府引导型和政府主导型。在西部民族地区建立政府主导的多层次、多元化的中小企业社会化服务体系的主要原因有以下几点:(1)在我国长期实行计划经济,政府及其职能部门有管理企业活动的传统,企业和社会都对这种"传统"有一定程度的"认同",短期内不会消除。在当前社会转型期内,政府承担着引导社会经济转轨的职责,既作为国有资产的所有人行使对国有经济的管理、监督者权力又作为民营经济的引路人行使对社会经济的规制者、调控者权力。(2)《促进法》确立了政府主导型中小企业社会化服务体系的基本模式。《促进法》总则第3条确立了政府对中小企业发展既实行法律规制又实行政策引导、行政指导的模式:"国家对中小企业实行积极

扶持、加强引导、完善服务、依法规范、保障权益的方针,为中小企业创立和发展创造有利的环境。"《促进法》第32条原则上规定了对中小企业反垄断适用除外。2007年通过的《中华人民共和国反垄断法》(以下简称为《反垄断法》)又重申了这种立场。(3)政府主导型中小企业社会化服务体系模式符合我国现阶段西部民族地区社会和中小企业发展整体状况。现阶段我国西部民族地区的市场发育不成熟;国家缺乏支持西部民族地区中小企业和社会经济发展的区域性法律、政策体系;中小企业专门管理机构在西部民族地区还没有建立起来,尤其是社会中介组织在这里发展很缓慢、也很落后,缺乏连接企业和政府的中间桥梁、纽带,政府政策和国家法律无法通过社会中介组织传达到企业;西部民族地区地域辽阔,政府在西部民族地区的行政管理很有效,但经济协调职能的效力范围很有限等等。这一切决定了政府规制型和政府引导型中小企业社会化服务体系模式不适应西部民族地区社会经济和中小企业发展的实际情况。(4)政府主导型中小企业社会化服务体系模式是西部民族地区中小企业社会化服务体系建设的过渡模式,与依法治国、依法行政相适应的未来中小企业社会化服务体系模式应当是政府规制型。(5)西部民族地区中小企业社会化服务体系必须发挥地方政府及其职能部门、社会中介服务机构、各类研究机构和大专院校、行业自律性组织、中小企业自律性组织的整体功能。西部民族地区中小企业社会化服务体系必须坚持政府主导,除了政府管理经济的传统以外,主要还在于政府是西部民族地区唯一自上而下普遍设立的社会组织,便于为中小企业提供全方位的服务,政府比其他社会组织更便于联系其他中小企业社会化服务机构,使西部民族地区各类中小企业社会化服务机构发挥整体功能。

(二)设立专门的地方性中小企业社会化服务中心机构

按照行政区域级别在西部民族地区地方政府设立专门的地方性中小企业社会化服务中心机构,有利于为当地的中小企业提供方便、快捷的服务。在这方面日本地方级、都道府县级中小企业社会化服务体系建设为我们提供了比较成功的范例。

根据日本《中小企业基本法》和"二战"后日本政府相继颁布、修订的中

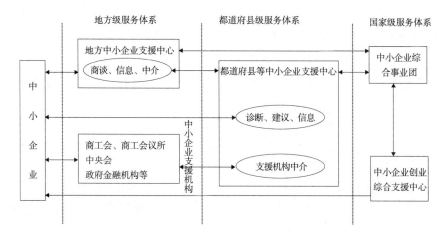

表46　日本中小企业社会化服务体系框架

资料来源：王振、孙林、虞震：《中小企业：日本经济活力的源泉》，上海·上海财经大学出版社，第139—160页。

小企业社会化服务体系建设的"政策法案"，日本中小企业社会化服务体系框架由国家、都道府县、地方三级中小企业服务体系组成，每一级服务体系都以政府专门设立的中小企业支援中心为核心相互配合共同为本辖区内中小企业提供咨询、信息、商谈、技术指导等各种服务。其中，国家级中小企业服务体系的中心是中小企业创业综合支援中心，综合指导和协调都道府县、地方中小企业支援中心及其他中小企业服务机构的关系，都道府县和地方级中小企业支援中心和其他中小企业服务机构相互合作分别对本辖区内的中小企业提供全方位社会化服务。1999年日本新修订的《中小企业基本法》贯穿了区域政策理念，都道府县和地方级中小企业支援中心的地位、功能进一步得到强化。

　　2000年4月国家经贸委印发《关于培育中小企业社会化服务体系若干问题的意见》，将我国的中小企业社会化服务体系分成两个层次：综合服务组织和专业服务组织。综合服务组织是指各级经贸委申办设立的在政府政策指导下致力于为中小企业提供公益性、扶持型等综合服务的中小企业服务中心、协会、商会等；专业性服务组织是指依法设立的为企业提供各类专业性服务的社会中介服务组织。当前西部民族地区在政府牵头下，确实也设立一些中小企业服务中心、协会、商会等综合服务组织,但是缺乏周转资金、数量少、规模小,无法对中小企业提供有效服务;而受西部民族地区市场发育程度低、中小企业数量少等因素的制约,专业性服务组织发展迟缓。考虑到我国西部各民族自治地方和中小企业空间分布比较分散,我们建议省、自治区、直辖市一级应当设立省级中小企业社会化服务综合指导中心,负责对本行政区域内的市、自治州和县、自治县中小企业社会化服务中心的工作进行指导、协调;在县、自治县(含县、自治县)以上地方行政区域负责企业工作的政府部门设立中小企业社会化服务指导中心,对本行政区域内的中小企业提供创业辅导、企业诊断、信息咨询服务和市场营销、技术支持、人才引进、人员培训、对外合作、贷款担保、引进资金、法律咨询、派遣专家等中介服务。

(三)实行对中小企业高层管理人员的常规培训制度

培育西部人力资源市场体系,建立对民族地区中小企业员工尤其是高层管理人员的经常性培训制度,是当前提高西部民族地区中小企业经营管理水平的重要途径。在"实证篇"中,我们用大量的事实阐述了西部民族地区中小企业管理人员和就业人员的学历结构和知识结构,指出中小企业不注重职工培训、管理层人员缺乏现代企业基本知识和管理观念是制约西部民族地区中小企业发展的重要因素。一般情况下,提升中小企业人力资源整体水平的途径有以下几种:一是引进高学历、高技术人员,熟练技术工人。《促进法》第22条第3款规定:"政府有关部门应当采取措施。拓宽渠道,引导中小企业吸纳大中专学校毕业生就业。"这不是一个单纯的引进人才的问题,它涉及国家教育体制、社会和企业分配制度、社会保障制度等方方面面。二是中小企业建立与科研机构、大专院校、各类技术服务机构固定的经常性联系,为中小企业提供技术信息、技术咨询、技术转让、产品研制、技术开发服务和开展技术合作、交流,促进中小企业科技成果转化,实现企业技术、产品升级换代。三是对企业员工进行定期或不定期的培训。这是中小企业提高人力资源整体水平最常见的措施。四是企业实行委托经营或聘用专业技术人员进行管理。实行托管制度或聘用制是提高企业经营管理水平最便捷的途径。五是建立与大型企业的人才、技术协作关系,利用大型企业的人才、技术优势带动中小企业的发展。

1.培育西部人力资源市场

这项措施包括这样几项内容:一是深入人事制度、分配制度改革,建立适应市场经济的人才流动机制。由于我国至今没有建立起适应市场经济的人事制度和分配制度,国家公职人员、行政事业单位人员和企业职工之间还存在着收入分配差距悬殊的问题,职业"收入差"导致人才"壅塞"现象:高学历人员向行政事业单位拥挤而文化层次比较低的人员流向企业,造成行政事业单位人才"过剩"和企业人才"紧缺"的职业队伍"两极分化"格局。如果这个问题不解决,国家任何鼓励大中专毕业生和其他人才到中小企业就业的措施都是枉然。二是建立城乡一体化的社会保障制度。现阶段,我国社会保障制度主要覆盖城镇居民,农村集体土地所有制仍然对广大的农村人口起着社会保障的作用。这严重阻碍了统一的人力资源市场的形成和发育。三是进行户籍制度改革,实行公民自由迁徙制度。越来越多的内地人到西部民族地区投资创业,遇到的第一个问题就是户籍障碍:外来人员到民族地区承包、租赁企业不能享受和当地人相同的待遇,不能成为股份合作制企业的股东。四是建立西部人力资源区域市场。统一的人力资源市场只在社会经济发展程度大致相当、比较优势大致平衡的经济区域形成,经济发展差距过大和比较优势明显的不同经济区域,会导致优秀人才向经济发达地区的单向流动,会产生人力资源"两极"格局"市场"。因此,我们建议趁着西部大开发的有利时机,西部12个省级行政区域应当筹划建立统一的人力资源市场,推进区域性人力资源市场的形成。五是改革地方教育体制,大力发展职业技术教育。西部地区国家普通高等教育薄弱,和中东部地区相比较不具有任何优势,而且国家一直缺乏对西部地区尤其是对西部民族地区的有效的区域经济发展政策,人才匮乏也成为限制西部普通高等教育发展的重要因素。今后,西部地区应当有选择地、有重点地发展几所普通高等教育机构,而把重点放在发展职业教育上,为西部和西部民族地区培育合格的职业技术人才。

2. 建立对民族地区中小企业员工尤其是高层管理人员的经常性培训制度

为了提高中小企业从业人员的素质,建立中小企业员工培训制度或实施员工培训计划是有效的途径。根据我国西部民族地区中小企业从业人员学历结构和知识结构特点,我们认为应当从以下几方面采取措施加强对西部民族地区中小企业从业人员的培训:一是设立在政府支持下的、以县(含自治县)为基础的多元化、多种形式的企业员工专门培训基地。当地有职业技术学校的,培训任务由职业技术学校担任;也可以通过当地政府建立与大型企业的协作关系,由大型企业内设的员工培训中心承担中小企业员工培训任务。二是实施企业员工培训计划。即当地劳动部门就业指导中心拟定长期和短期企业员工培训计划,政府部门根据员工培训计划拟订财政预决算计划。一般情况下,中小企业员工培训计划是政府财政经费支持下的培训计划。中小企业员工培训经费实行中央和西部民族地区财政分担,中央负担部分一般由中央对西部民族地区财政补助和中央关于西部开发财政转移支付经费支付;中小企业员工培训经费由民族地方财政统一拨付给承担培训任务的各类院校、专门培训中心和为中小企业提供员工培训与实践机会的大型企业;具体的中小企业员工培训计划实施以中小企业主为中心的培训,由政府部门和中小企业主签订企业员工培训合同,中小企业主要保证履行员工培训合同;如果培训机构不履行或不恰当履行中小企业培训合同,不仅要返还培训费而且要承担行政责任。三是针对西部民族地区中小企业主缺乏现代企业知识和管理理念是制约西部民族地区中小企业经营水平和经营规范化的关键,我们建议建立中小企业高层管理人员的经常性培训制度,并实行培训经费由中小企业自身全额负担的制度。企业高层管理人员培训实行政府备案制,企业高层管理人员每次培训结束后都要参加由主管企业工作的政府机构和培训基地统一组织的考试、考核,参加培训的人员要将考试、考核结果如实上报主管企业工作的政府机构备案,作为今后企业参与政府采购、竞聘其他企业高层管理人员的依据。

3. 促进中小企业科技成果转化

建立与科研机构、大专院校、各类技术服务机构固定的经常性联系,为中小企业提供技术信息、技术咨询、技术转让、产品研制、技术开发服务和开展技术合作、交流，促进中小企业科技成果转化。科研机构、大专院校和各类技术服务机构拥有雄厚的科研实力、各种培训硬件和软件、技术信息，这恰好是中小企业所缺乏的。近年来，在一些有条件的西部民族地区设立了以当地科研机构、大专院校、技术服务机构为中心的高新技术开发区、科技园、工业园、企业孵化基地等，建立中小企业与科研机构、大专院校、技术服务机构的固定的经常性联系，甚至有些西部民族地区的政府采取各种措施建立与中东部地区综合性大学、科研院所的帮扶联系。西部民族地区在规划、用地、财政、税收等方面提供优惠政策支持，引导中东部地区综合性大学、科研院所在西部民族地区建立各类技术服务机构、科技园、工业园区和当地政府扶持建立的生产力促进中心、高新技术开发区、科技型中小企业孵化基地等相互补充，为当地中小企业提供技术信息、技术咨询、技术转让、产品研制、技术开发、人员培训等全方位服务和开展技术合作、交流，推动了当地中小企业科技成果的转化。

（四）建立具有西部民族地区特色的中小企业技术创新服务体系

前文我们历数了西部民族地区中小企业技术创新方面存在的种种不足：开展科技活动的中小企业数量极少，中小企业科技活动人员稀缺，新产品开发和新技术研发能力极差，中小企业科技活动投入经费低——主要是R&D经费投入少、投入强度低，中小企业基本上没有拥有自主知识产权的产品，企业只注重企业生产的数量忽视生产的质量，只注重企业的增长不关注企业的发展，等等。我们还一再地强调，西部民族地区小企业和大中型企业之间存在着产业"隔离"和"两极分化"现象，阻断了中小企业从大企业就近获得技术创新能力的通道。为此，我们认为当前西部民族地区中小企业技术创新服务体系的重点应放在消除西部民族地区中小企业技术创新的体制性障碍方面。

1. 加强中小企业技术创新体系建设

西部民族地区自治县、自治州、自治区政府部门应当建立企业技术开发和创新中心，加强与各类科研机构、高校和各类技术服务机构尤其是转制以后以技术入股等方式进入企业的科研院所、从高校剥离出去的独立核算的科技开发公司和技术服务机构的联系，增加研究投入和技术创新能力，建立有效的人才激励机制，加快技术创新成果的产业化，建立以企业为主体和核心的西部民族地区技术创新体系。政府设立的企业技术开发和创新中心负责本辖区内的中小企业技术创新协调工作，对科研机构的技术创新成果实行等级备案，积极主动为技术创新成果的市场化、产业化寻找企业合作伙伴，并尽力从中斡旋促成双方达成合作协议。

2. 建立以县域经济为依托和县城为基地的中小企业技术创新服务体系

前文我们已经提到，当前我国西部民族地区中小企业发展只能走以县城为中心的"县域经济"模式，中小企业技术创新服务体系的建设思路也只能是以县域经济为依托和以县城为基地。理由是：西部民族地区中小企业主要集中在县级以上中心城市，即使企业厂址不在中心城市的，企业办公地点也选在公共设施条件比较好的中心城市；中心城市一般都是民族自治地方的政治、经济、文化中心，企业创新服务机构设在中心城市便于与各方面沟通和加强信息交流，也可以分享中心城镇的邮电、通讯、广播、电视等信息化公益设施；而且在比较大的城市，譬如自治区首府所在地，通常也是科研机构、中介服务机构比较集中的区域，便于中小企业创新服务机构加强与这类机构的沟通与联系，更好地为中小企业提供技术创新服务。

为此，我们认为西部民族地区自治县以上中心城市尤其科研院所比较集中的西部民族地区大中型城市应当深化科技体制改革，积极采取措施引导和鼓励具备条件的公益性科研机构向企业转制，地方政府提供财政、金融、税收等方面的政策支持，提高直接服务于当地经济建设的科技力量的比例和社会化服务能力；另外，自治州州府所在地、自治区首府所在地等区域性中心城市和技术创新试点城市在完善原有技术推广机构、生产力促进中心等向中小企业提供技术服务机构的基础上设立面向社会的技术创新服务中心，逐步形成区域性的开放式企业技术创新服务体系，为中小企业提供全方位的技术创新服务。

3. 提高西部民族地区企业的组织化程度

建立以延伸西部民族地区大型企业产业链为重点的、加强大中型企业与小型、微型企业协作与联系的技术创新研究,提高西部民族地区企业的组织化程度。和中小企业相比,大企业在经济上和技术上具有明显的优势。但是,中小企业具有大企业不可比拟的经营灵活高效的优势,大大缩短了科学技术转化为生产力的时间和进程,成为现代社会企业技术创新的主导力量。为了推进整个社会的企业技术进步,西方许多国家鼓励和支持大企业与中小企业建立以市场配置资源为基础的、稳定的原材料供应、生产、销售、技术开发和技术改造等方面的协作关系,形成大企业与中小企业的分工协作、专业互补的关联产业群体,带动和扶持中小企业发展。加强与大企业的协作与联系既可以使大企业享受到协作一体化带来的好处,大大节约成本、减少风险、增强赢利能力,也可以使中小企业从大企业那里获得技术、资金、管理、信息等方面的支持。在我国西部民族地区,大中型企业的主体是重工业和国有企业或国有控股企业,这类企业的产业链与当地从事民生经济的小型企业、微型企业、集体企业和其他非公有制企业之间的产业联系不紧密,存在普遍的产业"断链"情况。这种大中型企业和当地小型企业、微型企业的产业"隔绝"和"两极分化",使当地社会经济长期处于一种"绝对"社会分工和"有增长而无发展"的状态,大中型企业与当地民生经济联系疏离,成为名副其实的"纳税户",强化了大中型企业与当地少数族群的对立。如果不解决这个问题,随着治理西部生态环境措施的进一步深入和从事传统产业的少数族群承受来自国家生态环境治理政策的压力加大,有可能会引发族际冲突。因此,我们建议国家和地方应当及早主动建立以大企业和骨干转制科研机构为依托的产业技术开发基地,由大企业和骨干科研机构牵头加强大企业重工业技术的民生化。一方面,可以延伸西部民族地区大中型企业的产业链,增强国有或国有控股大中型企业和当地经济的联系,使当地关系民生的小型集体企业、私营企业、个体经济和从事传统产业的少数族群都能从大中型企业的发展中受益。另一方面,通过加强当地小型企业与大中型企业的产业联系,可以提高西部民族地区企业的组织化程度,增强民族地区中小企业在市场上的竞争力。

4. 建立与西部民族地区少数族群传统经济生活紧密相关产业企业的科技创新体系

制约西部民族地区现代化的关键因素是少数族群的传统生计方式观念和决定他们生计方式观念的传统经济生活。我们不能强迫少数族群改变传统生计方式和生活方式,只能采取引导的措施。玉林模式为我们提供了成功的经验。玉林市除了发展玉柴机器集团、三环陶瓷集团等大型工业企业以外,还把拉动当地经济发展的中心放在了支持农产品加工"龙头"企业方面,因为只有农产品加工企业才最终能够带动社会"最保守"的传统产业群体——农民——加入到推动地区现代化的行列中来,农业和农民才是社会现代化的真正"瓶颈"! 玉林市"十一五"规划清楚地将扶持农业龙头企业和与当地民生经济有紧密联系的高附加值产业——制造业——确定为首要扶持的两大产业。因此,我们认为要想使西部民族地区真正摆脱"有增长而无发展"、"年年扶贫而越扶越贫"的"内卷化"困境,出路只有一条,就是通过系统的、有效的制度建构使少数族群自觉地、主动地、不经意地从他们的经济生活到观念世界逐步接受企业文化! 支持与西部民族地区少数族群传统经济生活紧密相关的产业、产业企业和产业企业的产业链,以及建立对此类产业和产业企业的科技创新服务体系,是支持西部民族地区现代化进程的重要一环。

另外,政府及其职能部门为中小企业提供全方位的政策咨询和信息服务,是当今世界中小企业社会化服务体系的重要组成部分。我国西部民族地区的各级人民政府及其部门应当明确权限分工,在其各自法定职责范围内为中小企业提供工商、财税、融资、劳动用工、社会保障等方面的政策咨询、信息服务。具体包括:鼓励中小企业的创建,简化各种申办手续;简化各种行政管理和税收手续;维护公平的市场竞争环境等。[①]

---

① 林汉川:《中国中小企业发展机制研究》,北京·商务印书馆 2003 年版,第 905—906 页。

主要参考文献

1. 贺卫方:《法边馀墨》,北京·法律出版社,2002。

2. 张世民:《中国经济法历史渊源原论》,北京·中国民主法制出版社,2002。

3. 陶清德:《中小企业法律制度研究》,兰州·甘肃人民出版社,2004。

4. 李善同:《西部大开发与地区协调发展·序言》,北京·商务印书馆,2003。

5. 宋蜀华、陈克进:《中国民族概论》,北京·中央民族大学出版社,2001。

6. 马戎:《民族社会学——社会学的族群关系研究》,北京·北京大学出版社,2004。

7. 费孝通:《乡土中国 生育制度》,北京·北京大学出版社,1998。

8. 林汉川:《中国中小企业发展机制研究》,北京·商务印书馆,2003。

9. 国务院发展研究中心、北京市科学技术委员会:《中小企业发展与政策》,北京·北京科技出版社,1999。

10. [英]安东尼·吉登斯,赵旭东等译:《社会学》(第四版),北京·北京大学出版社,2003。

11. 何星亮:《新疆民族传统社会与文化》,北京·商务印书馆,2003。

12. 林汉川:《中国中小企业创新与持续发展》,上海·上海财经大学出版社,2006。

13. 李庚寅、周显志:《中国发展中小企业支持系统研究》,北京·经济科学出版社,2003。

14. 王振、孙林、虞震:《中小企业:日本经济活力的源泉》,上海·上海财经大学出版社,2003。

15. [美]杰斯汀·G.隆内克、卡罗斯·W·莫尔、J.威廉·彼迪,《小企业管理》翻译组译:《小企业管理》,大连·东北财经大学出版社,2000。

16. 郑春荣:《中小企业:德国社会市场经济的支柱》,上海·上海财经大学出版社,2003。

17. 陈乃醒:《中小企业经营与发展》,北京·经济管理出版社,1999。

18. 邓荣霖:《中小企业制度与市场经济》,北京·中国人民大学出版社,1999。

19. 四川外语学院加拿大研究所编:《国外中小企业开发概观——加拿大和其他各国》,重庆·科学技术出版社重庆分社,1987。

20. 季卫东:《法治秩序的建构》,北京·中国政法大学出版社,1999。

21. [英]H.K.科尼巴奇,张毅、韩志明译:《政策》,长春·吉林人民出版社,2005。

22. 马戎:《〈边区开发论著〉导言》,北京·北京大学出版社,1993。

23. 徐孟洲:《银行法教程》,北京·首都经济贸易大学出版社,2002。

24. 沈宗灵:《法理学》,北京·高等教育出版社,1994。

25. 葛洪义:《法律与理性》,北京·法律出版社,2001。

26. [美]罗斯福,关在汉译:《罗斯福选集》,北京·商务印书馆,1982。

27. 约翰·穆勒:《政治经济学原理》,北京·商务印书馆,1991。

28. 李玉潭:《日欧美中小企业理论与政策》,长春·吉林大学出版社,1992。

29. [德]马克斯·韦伯,林荣远译:《经济与社会》,北京·商务印书馆,1997。

30. [美]保罗·萨缪尔森、威廉·诺德豪斯,萧琛译:《经济学》(第十七版),北京·人民邮电出版社,2004。

31. 王全兴:《经济法基础理论专题研究》,北京·中国检察出版社,2002。

32. [奥]凯尔森:《法与国家的一般理论》,北京·中国大百科全书出版社,1996。

33.〔日〕金泽良雄,满达人译:《经济法概论》,兰州·甘肃人民出版社,1985。

34.邹愚:《多层次资本市场"重剑无锋"》,《21世纪经济报道》2007年2月27日。

35.张忠军:《经济法学》,北京·中国城市出版社,2004。

36.肖江平:《经济法案例教程》,北京·北京大学出版社,2004。

37.国家开发银行、中国人民大学联合课题组:《开发性金融论纲》,北京·中国人民大学出版社,2006。

38.〔美〕波普诺:《社会学》,北京·中国人民大学出版社,1999。

39.扈纪华、裘敬梅、赵雷、王翔、刘淑强等:《〈中华人民共和国中小企业促进法〉释义》,北京·中国法制出版社,2002。

40.孙学敏等:《中小企业技术创新研究》,郑州·郑州大学出版社,2003。

41.刘乃全、李勇辉:《中小企业:意大利通往繁荣之路》,上海·上海财经大学出版社,2003。

42.萧琛:《美国微观经济运行机制》,北京·北京大学出版社,1995。

43.林珏:《美国市场经济体制》,兰州·兰州大学出版社,1994。

44.何成栋、赵守国:《非国有经济与中小企业发展研究》,西安·陕西人民出版社,1995。

45.陶和谦:《经济法学》,北京·群众出版社,2004。

46.切斯特·巴纳德:《经理人员的职能》,北京·中国社会科学出版社,1997。

47.罗国勋:《21世纪:中国中小企业发展》,北京·社会科学文献出版社,1999。

48.机械工业部科学技术情报研究所综合情报研究室编译:《美国小企业法》,北京·机械工业出版社,1987。

49.白钦先、薛誉举:《各国中小企业政策性金融体系比较》,北京·中国金融出版社,2001。

50. 熊彼特:《经济发展理论》,北京·商务印书馆,1990。

51. 刘东、杜占元:《中小企业与技术创新》,北京·社会科学文献出版社,1998。

52. 林汉川、汪前元:《中国中小企业改制模式研究》,北京·中国财经出版社,2001。

53. 林汉川、魏中奇:《中小企业发展的国别比较研究》,北京·中国财经出版社,2001。

54. [德]舒马赫:《小的是美好的》,北京·商务印书馆,1984。

55. [英]亚当·斯密:《国民财富的性质和原因研究》,北京·商务印书馆,1974。

56. 吴敬琏:《现代公司与企业改革》,天津·天津人民出版社,1994。

57. 高德宏:《中国小企业研究》,成都·四川大学出版社,1993。

58. 杨正、林军:《中小企业管理指南》,北京·经济管理出版社,1995。

59. 戎殿新、罗红波:《中小企业的王国——意大利》,北京·经济日报出版社,1996。

60. 高瑗、项润:《中小企业成败案例》,北京·企业管理出版社,1999。

61. 仇保兴:《小企业集群研究》,上海·复旦大学出版社,1999。

62. 丁德章:《中小企业经营管理》,北京·经济管理出版社,1998。

63. 魏国辰、李文龙:《中小企业改革与发展问答》,北京·经济科学出版社,1999。

64. 陈乃醒:《中国中小企业——发展与预测》,北京·民主与建设出版社,2000。

65. 常修泽:《现代企业创新论》,天津·天津人民出版社,1994。

66. [日]太田进一:《中小企业的比较研究》,北京·中国经济出版社,1989。

67. [日]末松玄六:《中小企业管理战略》,北京·中国经济出版社,1988。

68. [美]斯蒂格利茨:《政府为什么干预经济》,北京·中国物质出版社,1998。

69. ［美］张伯伦:《垄断竞争理论》,上海·三联书店,1958。

70. ［英］科斯:《企业、市场与法律》,上海·三联书店,1990。

71. 林汉川、田东山:《WTO 与中小企业发展》,上海·上海财经大学出版社,2001。

72. 林汉川、魏中奇:《中小企业的存在与发展》,上海·上海财经大学出版社,2001。

73. 冯德连:《中国中小企业技术创新机制研究》,北京·中国财经出版社,2001。

74. 林汉川:《WTO 与中小企业转型》,北京·经济管理出版社,2001。

75. 江小娟:《经济转型时期的产业政策》,上海·三联书店,1969。

76. 李俊杰:《民族地区中小企业与中小城镇"捆绑"发展的策略》,成都·《西南民族大学学报》(人文社科版)2003 年第 9 期。

77. 易国庆:《中小企业政府管理支持体系研究》,北京·企业管理出版社,2001。

78. 马戎:《西方民族社会学的理论与方法》,天津·天津人民出版社,1997。

79. 杨小凯:《经济控制论初步》,武汉·湖北人民出版社,1994。

80. 盛洪:《分工与交易——一个一般理论及其对中国非专业问题的应用分析》,上海·三联书店,1994。

81. 林汉川、夏敏仁、何杰、管鸿禧:《中小企业发展所面临的问题》,北京·《中国社会科学》2003 年第 2 期。

82. 吴汉洪:《美国政府在产业结构调整中的作用》,北京·《中国经济时报》(理论版)2002 年 6 月 25 日。

83. 王晓晔:《多元化目的——欧共体竞争法目的和任务评述》,北京·《国际贸易》2001 年第 9 期。

84. 陶清德:《中小企业"政策法案"的两面》,兰州·《甘肃理论学刊》2006 年第 4 期。

85. 陶清德:《中小企业法的性质和定位》,兰州·《甘肃高师学刊》2007 年第 2 期。

86. 王红一:《论中小企业法的地位》,广州·《南方经济》2003 年第 9 期。

87. 史际春、王先林:《建立我国中小企业法论纲》,北京·《中国法学》2000 年第 1 期。

88. 李彦芳:《中小企业法的定位分析》,太原·《太原理工大学学报》(社会科学版)2002 年第 1 期。

89. 史际春、王先林:《建立我国中小企业法论纲》,北京·《中国法学》2000 年第 1 期。

90. 柯楠:《我国中小企业法律制度的完善》,《经济师》2003 年第 10 期。

91. 史际春、王先林:《论我国建立中小企业法的若干基本问题》,北京·中国方正出版社,2000。

92. 孟勤国:《论当今中国的双轨制法制》,武汉·《当代法学研究》1988 年第 2 期。

93. 刘文华、张雪楳:《论产业法的地位》,北京·《法学论坛》2001 年第 6 期。

94. 王青林:《法制下的法治》,哈尔滨·《求是学刊》2004 年第 2 期。

95. 刘文林、黄丽珠:《把市场和制度建设进行到底——国开行甘肃分行破解县域经济融资难题》,北京·《金融时报》2005 年 5 月 9 日。

96. 邹愚:《多层次资本市场"重剑无锋"》,北京·《21 世纪经济报道》2007 年 2 月 27 日。

97. 詹花秀、陈柳钦:《我国民间金融发展问题探讨》,北京·《21 世纪经济报道》2007 年 2 月 27 日。

98. 迈克尔·波特:《国家竞争优势》,北京·华夏出版社,2002。

99. 李艳芳:《"促进型立法"研究》,武汉·《法学评论》2005 年第 3 期。

100. 顾朝林:《中国高新技术产业园区》,北京·中信出版社,1998。

101. 赵洵主编:《苏联百科词典》,北京·中国大百科全书出版社,1986。

102. 中央统战部民族宗教工作局:《中国民族工作五十年理论与实践》,北京·中央民族大学出版社,2000。

103. 陈连开:《中华民族研究初探》,北京·知识出版社,1994。

104. 费孝通:《费孝通民族研究文集》,北京·民族出版社,1988。

105. 费孝通:《中华民族的多元一体格局》,北京·《北京大学学报》1989 年第 4 期。

106. 费孝通:《行行重行行》,银川·宁夏人民出版社,1992。

107. 郝瑞:《田野中的族群关系与民族认同》,南宁·广西人民出版社,2000。

108. 郝瑞:《再谈"民族"与"族群"》,北京·《民族研究》2002 年第 6 期。

109. 何博传:《山坳上的中国》,贵阳·贵州人民出版社,1989。

110. 鹤见和子:《内发型发展论:以日本为例》,北京·北京大学出版社,1993。

111. 和钟华:《生存和文化的选择——摩梭母系制及其现代变迁》,昆明·云南教育出版社,2000。

112. 黄光学:《中国民族识别》,北京·民族出版社,1995。

113. 邵宗海:《族群问题与族群关系》,台北·幼狮文化事业公司,1995。

114. 金耀基:《现代化、现代性与中国的发展》,北京·北京大学出版社,1999。

115. 金耀基:《中国社会与文化》,香港·牛津大学出版社,1992。

116. 金耀基:《中国的现代文明的秩序的建构:论中国的"现代化"与"现代性"》,潘乃穆:《中和位育》(上),北京·北京大学出版社,1999。

117. 林汉川、叶红雨:《高新技术中小企业发展需要产权制度创新》,《中国工业经济》2001 年第 6 期。

118. 林汉川、叶红雨:《论我国高新技术中小企业的管理创新》,《研究与发展管理》2001 年第 4 期。

119. 林汉川、叶红雨:《论我国高新技术中小企业的成长的市场环境》,《研究与发展管理》2001 年第 5 期。

120. 林汉川、叶红雨:《论我国高新技术中小企业的人才成长环境》,《中国集体经济》2001 年第 1 期。

121. 林汉川、叶红雨:《论我国高新技术中小企业的政策环境》,《宏观经济管理》2001 年第 12 期。

122. 周晖:《中小企业生命模型研究》,《中国软科学》2000 年第 10 期。

123. 冯德连:《中小企业与大企业共生模式分析》,《财经研究》2000 年第 6 期。

124. 汪前元:《中小企业的理论界定》,《市场经济研究》2000 年第 6 期。

125. 乔新生:《中小企业发展的金融法律保障》,《经济与法律》2000 年第 4 期。

126. 乔新生:《中小企业法:理论基础与制度设计》,《经济与法律》2000 年第 6 期。

127. 冯德连:《国外企业群落理论的演变与启示》,《财贸研究》2000 年第 5 期。

128. 汪前元:《中国乡镇企业的制度分析》,《社会科学家》2000 年第 4 期。

129. 林汉川、田东山:《日本中小企业界定标准的演变与启示》,《世界经济》2002 年第 1 期。

130. 林汉川、魏中奇:《美、日、欧盟中小企业最新界定标准比较及其研究》,《管理世界》2001 年第 1 期。

131. 吴敬琏:《发展中小企业是中国的大战略》,《改革》1999 年第 2 期。

132. 刘元春:《高新技术企业改制中的产权问题》,《中国工业经济》2000 年第 3 期。

133. 谭剑:《我国中小企业政策沿革及评价》,《中国工业经济》1997 年第 6 期。

134. 蒋伏心:《小企业问题:定义、借鉴与对策》,《江海学刊》1999 年第 6 期。

135. 颜光华:《企业再造》,上海·上海财经大学出版社,1998。

136. 陈文晖:《中小企业信用担保体系国际比较》,北京·经济科学出版社,2002。

137. [美]乔纳森·弗里德曼,郭建如译:《文化认同与全球性过程》,北京·商务印书馆,2004。

138. 黄颂文、宋才发:《西部民族地区扶贫开发及其法律保障制度研究》,北京·中央民族大学出版社,2006。

139.杨发仁、杨力:《西部大开发与民族问题》,北京·人民出版社,2004。

140.[美]潘斯,帕米尔译:《现代民族主义演进史》,上海·华东师范大学出版社,2005。

141.田成有:《乡土社会中的民间法》,北京·法律出版社,2005。

142.[英]安东尼·D·史密斯,龚维斌、良警宇译:《全球化时代的民族与民族主义》,北京·中央编译出版社,2002。

143.郝苏民、文化:《甘青特有民族文化形态研究》,北京·民族出版社,1999。

144.魏明孔:《西北民族贸易研究》,北京·中国藏学出版社,2003。

145.朱苏力:《道路通向城市》,北京·法律出版社,2004。

146.黄宗智:《中国乡村研究》(第一辑),北京·商务印书馆,2004。

147.马戎:《民族与社会发展》,北京·民族出版社,1999。

148.宁骚:《民族与国家》,北京·北京大学出版社,1995。

149.吴楚克:《民族主义幽灵与苏联裂变》,北京·中国人民大学出版社,2002。

150.潘乃谷、马戎:《边区开发论著》,北京·北京大学出版社,1993。

151.华伟:《大区体制的历史沿革与中国政治》,《战略与管理》2000 年第 4 期。

152.[英]安东尼·吉登斯,胡宗泽、赵力涛译:《民族-国家与暴力》,上海·三联书店,1998。

153.梁治平:《清代习惯法:社会与国家》,北京·中国政法大学出版社,1996。

154.[英]梅因,沈景一译:《古代法》,北京·商务印书馆,1959。

155.刘世军:《现代化过程中的政府能力》,《中国经济评论》(创刊号),1999 年。

156.张维迎:《法律制度的信誉基础》,《21 世纪:人文与社会——首届"北大论坛"论文集》,北京·北京大学出版社,2002。

157. 瞿同祖:《中国封建社会》,上海·上海世纪出版集团、上海人民出版社,2005。

158. [德]马克思:《资本论》(第一卷),北京·人民出版社,1975。

159. 罗红波、戎殿新主编:《欧盟中小企业与中—欧合作》,北京·中国经济出版社,2001。

160. [德]赖因哈德·西德尔:《家庭的社会演变》,北京·商务印书馆,1996。

161. [德]罗森堡·小伯泽尔:《西方致富之路》,上海·三联书店,1989。

162. 王询:《文化传统与经济组织》,大连·东北财经大学出版社,1999。

163. [德]鲍尔·芒图:《十八世纪产业革命》,北京·商务印书馆,1983。

164. [德]柯武刚、史漫飞,韩朝华译:《制度经济学》,北京·商务印书馆,2000。

165. 杨国枢等:《中国人的个人传统性与现代性》,杨国枢主编:《中国人的心理和行为》,台北·台北桂冠图书股份有限公司,1991。

166. [德]马克斯·韦伯,彭强、黄晓京译:《新教伦理与资本主义精神》,西安·陕西师范大学出版社,2002。

167. 周叶中:《宪法》,北京·高等教育出版社、北京大学出版社,2001。

168. 王人博:《中国的宪政之道》,北京·中国政法大学出版社,2000。

169. 杨国枢:《现代化的心理适应》,台北·台北巨流图书公司,1978。

170. 罗荣渠:《现代化新论》,北京·北京大学出版社,1993。

171. 李秀林、李准春、陈晏清、郭湛:《中国现代化之哲学探讨》,北京·人民出版社,1990。

172. [法]莱昂·狄冀:《公法的变迁》,北京·中国政法大学出版社,2000。

173. 布罗代尔:《15 至 18 世纪的物质文明、经济和资本主义》(第二卷),上海·三联书店,1993。

后　记

一

2000 年,我在乡村中学执教已满 10 年,无论对待教育的立场还是曲折的人生履历,我都属于所在群体中的"另类"。或许是为了逃避那些太过熟悉的面孔,或许是为了自我编制的所谓的梦想,或许是冥冥之中的定数,我不顾母亲和好心的朋友们的劝说决然离开了生我养我的乡土,二度走进学校做学子,攻读法学研究生。"世路如今已惯,此心到处悠然。"第二次走进高校课堂,内心多了一份平静,少了许多躁动。除了研读学校开设的法学研究生常规课程和导师开具的法学经典书目外,我将当时极尽冷门甚至不为那些懵懵懂懂、言必称"罗马法"的小师弟小师妹们所知的中小企业法确定为研究方向。研究生毕业后第二年出版的我的第一本个人专著——《中小企业法律制度研究》的基本素材和框架体系就是在读研究生期间敲定的。

每每有作品收笔,手里就如攥着一团火,常常寝食不安,总觉得流布的东西要涉及他人,那份要担当的社会责任使我不敢有丝毫的懈怠,有时甚至如千斤重担压得让我喘不过气来。6 年前的俶作也已经尘封鼎定,其中的幼稚和浅薄如伤后余疮不愿向人提及。近年来,研究生扩招,官员读博士,"学术"泛滥,我自知能力很有限,没有"万事通"的脑力,成不了"万金油",就一条道儿走到黑了!现陈拱于此的文字,便是缘起于 2005 年立项而于 2009 年结项的国家哲学社会科学基金项目,书名与原项目名称相差只字,但规模、结构较原结项成果有较大调整,研究方法之选择也有所侧重,观点也有更进一步的提炼,称之为原作之"精华",也算是我内心的愿望吧! 但谁知道呢,若干年后,她会不会成为我的又一个伤痛?!

二

我有时候真感觉生活是一场持续不断的"赌博"。2004 年年底,我的第一本个人研究专著《中小企业法律制度研究》出版,我有一种突然"解套"的轻松。这种如释重负的日子维持了一个月时间,我几乎是每天一页书不去翻、一个字不去看。元旦过后大概 10 天左右,约是 2005 年 1 月 16 日,教研部负责科研工作的副主任突然找到我,让我以《中小企业法律制度研究》一书作为先期研究成果申报一项国家社科研究西部项目,要我在 20 日前上报学校科研处。那时,大家对申报国家课题缺乏积极性,知道被批准立项的几率很小。我刚到甘肃省委党校法学教研部不久,不知就里,贸然答应了。

已经是 20 日下午了,学校已经放假,学校机关楼除了留下的值班人员以外,都已经回家准备年货了。我把材料送报学校科研处,负责收表的工作人员的桌面上已经摆着大概 10 来份表,说是就等我了,然后他接过申报表看了一下申报人简况页,又看了看我,说:"可以了。"我翻了一下已经上交的报表,才发现先前安排的几个人都没有报。这时候,我感到自己这件事做得很"莽撞"! 大概又过了 10 天左右,学校科研处又给我打电话,说是学校请了几位周围高校里申报国家社科项目的"行家里手"对前段时间上报的申报表进行现场点评,提出很有权威和指导价值的修改意见。我去了。"专家"对我的申报表没有提出什么修改意见。他似乎说了好多,又似乎什么都没有说,我早先按要求准备好的笔记本上一个字也没能写上去。我茫然不知所措,我真后悔"蹚这场浑水"了! 也许,大凡"专家"都有这种超凡的能耐,像我这样凡人的机智是跟不上的:他或许真的说了很多,字字精辟,句句珠玑,等到他结束言语时,我也不能领会他的深奥! 抑或他其实很忙,出入各种场合,根本就没时间顾得上看这些小儿科的玩意儿? 但他末了的一句话我是听清楚了，说我不应当把"课题参加人"栏空着。这一句我听清楚了，他的意思是让我"壮大课题研究队伍"！后来，我确实也遵照他的意见做了，仅此而已。我不知道这个改动对后来课题批准立项究竟产生了多大的影响。因为时光不能倒流，无法试错验证，不过是一种无妄的揣度罢了。此后，这件事让我心里忐忑了好一阵时间。

大概春节过后，校园里的迎春花已经开得很灿烂，我结束了"休假"，恢复了读书的习惯，那件"莽撞"的运气"赌博"也就淡出了我的记忆。我住的楼下是两块七八亩见方的草坪，中间有一条两三米宽的马路，我在楼上开窗，楼下景致便可尽收眼底。不过，我还是更愿意到草坪上去看书，顺便可以容身天籁。草坪以虬松刺柏为栏，以各种名贵的开花稀有树种为饰；园丁们在草坪上用砖石铺出窄窄的人行间道，在花树间逶迤穿梭；叫得出名字的、叫不出名字的报春鸟，从这个枝头窜到那个枝头……就在这盎然春景中，那些不愉快的事渐渐释怀，最终完全忘记了。"感谢忘却……幸亏有忘却，还带来一点好奇，一点天真，一点莫名的释然和宽舒。"

6 月的兰州，已经是热浪袭人。我刚从北京参加中国法学会和人民日报社联办的一个学术会议回来，路上颠簸的倦意还没有驱除，必须增加睡眠来恢复体力。午睡正酣时，电话铃声惊醒了我。电话是学校科研处打过来的，说我申报的国家课题批准立项了，要我下午到省委宣传部报到，第二天要参加一个"动员会"。这正应了中国老百姓的那句俗语：有心栽花花不开，无意插柳柳成荫！

接下来才是真正的"赌博"。当初课题申报时，就没有抱太大的希望，所以材料准备很不充分，如今课题批准立项了，我反而有点措手不及。说实在的，我心里没有一点底，毕竟这样的课题现成的东西太少了，它本身依赖实地调查积累论据。其实，我也知道，周围的每一个申报课题的人，都不过是拿自己的运气下"赌注"一般。"中"了的，感到欣喜，而后便是漫长的煎熬；没有"中的"，那便是一种相形之下的"落魄"了；最高兴的是那些没有申报而又分享欣喜的人，他们会将这份欣喜长时间的咀嚼和回味，他们也会为没有不够聪明而撞上那份"落魄"而暗自庆幸。欣喜终归不属于赢得欣喜的人，我必须将那场关于运气"赌博"的"彩头"付诸实施了。整个 2005 年 7

月,我除了制作一些调查表格和问卷外,我坚持早晚长跑,以便让自己的体格变得很坚实,迎接即将到来的长途跋涉。

三

2005年的暑假,我从兰州出发,沿兰新线一路向西,第一站是天祝藏族自治县,而后是肃南裕固族自治县、阿克塞哈萨克族自治县、肃北蒙古族自治县,然后从敦煌经哈密市,一直到新疆伊犁州的伊宁市。整个8月,我是在甘肃、新疆民族地区的考察中度过的。幸好,我早有预见,全靠那一个月的长跑锻炼让我能够支撑下了这一个月。辩证法真是无处不在,智力取胜的"赌博"还得用体力作"赌注"才能付诸实施啊!

在这一个月的时间里,给我留下最深刻影响的是阿克塞县。以后我曾经沿河湟谷地一路向西再经青海湖北缘迂回向西到达格尔木而舒泻自己久有的高原情怀,也曾经甘肃平川到中卫、中宁、青铜峡、银川领略了"塞上谷仓"银川平原的旖旎风光,也去过"草原钢城"包头和羊绒之乡鄂尔多斯,也为把现代工业文明与传统农业完美结合的玉林模式慨叹……但是,阿克塞真正拉近了我与我从事的课题的距离,使我真正产生了对我从事的研究事业的爱之情感,产生了我必须为之注入心血的冲动,以后的一切,不过是阿克塞故事的续写。就是在阿克塞滞留的8天时间,最终使我改变了预定的课题研究方向,民族社会学方法被引进了课题的研究方法系统。

阿克塞县有人口8000多人,哈萨克族基本上全部从事畜牧业,以牧养牛、羊为主。由于国家实行畜牧业免税和补贴政策,哈萨克族的总体收入水平要明显高于汉族;哈萨克族很豪爽,购物很少讨价还价;他们一生的收入似乎都是为了操办婚丧嫁娶,除此以外很少用作他途,没有哈萨克族个人会投资于除畜牧业以外的其他产业。阿克塞的汉族人口主要有两部分组成:一是有当地户籍的当地人,他们主要从事农业和个体经营;二是没有当地户籍的外乡人,他们主要投资经营企业或在石棉矿企业包工、打工。哈萨克族主营畜牧业,汉族把持工业和第三产业,这种族际分层和产业"分工"表现得如此一致,那么自然、那么井然有序!阿克塞县的企业规模都不大,无论资产总额,还是从业人员,还是年销售额,都属于小型企业;只有一家国有企业,其他都属于集体、私营企业;企业都已经完成了股份制改造,全县175家企业都是清一色的有限责任公司。所谓集体企业,在阿克塞县政府部门统计上称为乡镇集体企业,全部实行对外承包经营;承包人大多是本省陇东的汉族人;企业承包实行投资人包企业、承包人招包工队、包工头包用工的"三层连包";入股份额最多的投资人是企业当然的法定代表人,具有真实承包人身份;其他"投资人"仅仅是撮合公司成立的挂名"股东"或挂名"承包人",企业一旦经工商登记部门登记为公司,这些挂名"股东"或"承包人"就自动"隐退",企业实际上处于个人独资经营状态;也有两个以上承包人共同承包的情形,但承包人之间大多都存在亲缘关系,家庭式、家族式公司和第三产业领域的家计式企业,构成阿克塞县企业文化中的一道风景线;承包人获得企业经营权以后,自己并不直接雇用工人,并与之签订劳动合同,而是物色合得来的包工头,将用工这一块承包给一个自认为合适的包工头,由包工头负责招聘工人;包工头一般都是承包人的"老乡",他们胆大、见多识广,常年走南闯北,专做"猎头",很多包工头都有自己的"施工队",包工头是"施工队"的老大,他们相互认为是自己人,不需要签订劳动合同。这种环环相扣的"三连包",发包由发包方负责、登记属工商部门主管、劳动监察是劳动行政主管部门的职责,三摊"事"各归各口,既躲过了工商部门的登记审查,企业有了有限责任公司的法律身份,又规避了劳动行政管理部门的审查,又有企业与包工头私签的"集体"劳动合同。一切手续均合法、正当。实际上,这种所谓的"集体"企业是完全建立在集体土地所有权和采矿权基础上的,承包经营的发包方也是实实在在掌握着行政执法权的政府,而不是真正拥有土地所有权和采矿权的"集体"!集体企业承包就是在这种所有权人"缺位"或"半缺位"状态下进行的,真正的集体财产的所有权人不能行使发包权,行使集体企业发包权的是非集体财产的所有权人。企业集体所有权和经营权分离最终导致了"集体"人格和成员个体人格的分离、集体企业承包经营合同实际权利主体和义务主体的分离。这种分离的结果是所有权的主体——集体——既不是集体企业承包经营合同的权利主体也不是集体承包经营合同的义务主体,完完全全成了一个失去鲜活生命的概念或名词。集体企业所有权人"缺位"状态下的集体企业承包经营会产生怎样的一种结果就可想而知了。

在阿克塞县,民族身份和产业归属的契合,传统产业和产业主体民族身份的一致,民族政策和中小企业政策的抵牾,企业文化和民族文化的隔膜与对立,现代企业组织形式和"家计、家庭、家族"内核的撮合,集体承包、租赁经营企业中的集体人格"悬置",企业组织体内"族群差序"和族群"身份差序"的并存……这些问题挤在一起,真是太复杂了! 如果你能一时忘却现代文明和传统文化冲突的心灵激动,阿克塞县确实也有可人之处:这里的个体经营户和牧民一样享受免税、免费政策;中小学生一律享受免费教育;还有,夏秋季节黛绿的远山,孤荡蓝天的闲云,半山腰上骑在马背上驱赶牛羊的哈萨克牧民嘹亮的歌声……这真是一个不错的"世外桃源"。

四

2005 年暑假之旅,我真正认识到做调研是一件很苦的差事,尤其是像我这样以私人身份进行的民间调研,耗费体力、精力不说,人身安全也没有保障。至于经费保障,只要是做过国家社科基金课题的人都知道,国家社科基金项目的资助额比较低,捉襟见肘者颇为常见。我这个课题当初申报时受种种因素干扰,申请资助额本身很低,到 2006 年 5 月实际上就已经用完了前期拨付的所有经费。以后的调研、差旅、资料等费用的支出基本上都由我个人垫付。加之,课题经费开支实行工作单位建账代管,我们单位实行先行个人垫付、后凭发票报销的制度,而实际的调研活动并不是这样"理性",没有发票的情形总是多见。所以,常常出去一次,就"散尽了"家中的钱财,搞得家人的生活很窘迫、很无序,好不容易熬到"工资日",家人才算能松一口气。好在家人明白"穷家富路"的生活常理,对我也很原谅。有些时候出去一趟,回来拿一些发票也可以换回一些现金,但总是花出去的多,换回来的少。好心的同事和朋友不止一次地建议我"将就些",不要太过认真,讲了一些别人如何做课题的"经验"和"心得"。但我总认为,研究成果代表着自己的颜面,粗制滥造的东西终将是自己学术生涯中永久的伤痕。

2006年年底,调查问卷、实地调查的事总算可以告一段落了,我全身心投入了理论性工作中。一切似乎又回到了起点,智力取胜的"赌博"还得用智力作"赌注"完成最后关键的一跃! 从2006年8月至2007年3月,我查找了所有我能够找到的国家关于支持中小企业和西部民族地区社会经济发展的法律、法规和政策文件及西部民族地区的区情资料、地方性法规、规章、政策,并按中小企业政策体系分类归位。2007年4月,我拟就了课题提纲,5月真实开笔,12月底完成初稿。整个半年时间里,我没有在午夜后3点钟前睡过觉,健康状况受到严重损害,现在的颈椎病就是在那个时候落下的。为完成研究项目,我先后查阅1500多万字的资料,再经过2008年1月至2009年3月申报鉴定阶段的再行思考和2009年3月至7月的补充修改,前后研究文稿总字数已逾120万。2009年9月研究成果最终获得社科规划办结项证书。现今的书稿则是在结项稿基础上,再经仔细斟酌加工的结晶。也许,这样研究课题的做法有点"傻",甚至有些"悲剧"的韵味,但我认为对自己担负的工作尽职尽责总不会违背课题研究的初衷。

无论如何,我的责任心和原创性追求,终将使我从这场历时近3年的"赌博"中释怀,也足以宽慰默默支持我工作的妻子、女儿了! 我又有了一些如释重负的休闲日子。

陶清德

2007年12月26日初稿

2010年6月16日再修订

策划编辑:吴学金
责任编辑:张文勇
封面设计:肖　辉

图书在版编目(CIP)数据

中国西部民族地区中小企业发展制度建构研究/陶清德 著.
　-北京:人民出版社,2010.9
ISBN 978－7－01－009258－4

Ⅰ.①中…　Ⅱ.①陶…　Ⅲ.①民族地区-中小企业-经济发展-研究-
西北地区②民族地区-中小企业-经济发展-研究-西南地区
Ⅳ.①F279.243

中国版本图书馆 CIP 数据核字(2010)第 177068 号

中国西部民族地区中小企业发展制度建构研究
ZHONGGUO XIBU MINZU DIQU ZHONGXIAO QIYE FAZHAN ZHIDU JIANGOU YANJIU

陶清德　著

人民出版社 出版发行
(100706　北京朝阳门内大街166号)

北京瑞古冠中印刷厂印刷　新华书店经销

2010 年 9 月第 1 版　2010 年 9 月北京第 1 次印刷
开本:710 毫米×1000 毫米 1/16　印张:25
字数:356 千字　印数:0,001-3,000 册

ISBN 978－7－01－009258－4　定价:46.00 元

邮购地址 100706　北京朝阳门内大街 166 号
人民东方图书销售中心　电话 (010)65250042　65289539